魏言耸听

中国式现代化需要中国式旅游的现代化。

市场格局变化。多元化时代来临,多元化产品突显。城市大休闲兴起,乡村微度假兴旺,所以安全、近距离、短时间在当代的信息环境和市场条件下,旅游容易形成更大关注度,也能彰显更深层次的文化价值,从而达到更深层次的

这三年产生了一个最大作用,就是把行业泡沫压缩了。一是压缩了市场泡沫,二是压缩了资产泡沫,三是压缩了投资适应现实需求,挖掘潜在需求,培育未来需求,提高需求质量,这恐怕是真正的方向。

我们现在真正的短板是人才,人才是现在最大的短板。

消费突破点在哪?第一要足够大,才能起作用;第二是足够新,才能吸引消费者;第三是足够生活化,才能真正纳入以小集大,以文集新,需要深化。一是场景化、体验式。二是综合性、娱乐化。三是生活化、沉浸式。

标准是底线,个性求高线,创造是无限。

软开发一是挖掘闲置资源,二是提升现有设施,三是注入文化元素,四是介入城市更新,五是真实与虚拟结合。

优质旅游是高线,均质旅游是底线,精致旅游是追求。

靠文化去建设,靠特色降低营销成本,靠科技降低能源成本,靠经济降低无聊成本,靠保养降低运作成本,靠严格

高质量决策、高质量谋划、高质量项目、高质量产品、高质量运营、高质量服务、高质量科技、高质量人才、高质量

旅游研究四个层面:用旅游语言描述状况,用理论观点解释问题,用综合眼光分析结构,用科学态度探索规律。

一个伟大的事业,需要哲学,一个追求前景的产业,也必须追求哲学。

旅游发展有多方面意义,政治意义是以人民为中心,社会意义是满足人民群众幸福追求、经济意义是拉动发展、环境

传统文化现代解读,传统资源现代产品,传统产品现代市场,传统如果不和现代结合,即使有学术意义、有研究价值,

有一些是两个层面,前三个价值只能形成专业号召和小众旅游,后三个价值才能对应大众旅游。

所谓美好:美境、美景、美人、美食、美术、美乐,等等,这是美的对象;从容欣赏、慢慢享受,这是美的过程。

场景,一是场,空间营造;二是景,氛围营造;三是情,情景交融。要求很强的参与性、互动性。赶时髦没有好结果

文旅融合最终方向是休闲。

高质量发展,一是高质量决策,宏观决策科学、尊重市场主体、优化营商环境。二是高质量谋划,策划当先、规划

文旅消费第一是金钱消费,第二是时间消费,第三是文化消费,第四是品质消费。

休闲是生活追求,是体验生命价值,是文明彰显。

旅游消费有四个阶段:先问贵不贵,再问好不好,再问对不对,再问值不值。

以后工业化视角,挖掘前工业化资源,创造超工业化产品,对应变化中的市场。

幸福成为主旋律,幸福是一种感受,幸福是一个过程,幸福在路上,幸福在休闲中。

我们中国词汇这么丰富,为什么一说文化就是厚重?我到这儿去,文化厚重,又厚又重,对不起,我走,不去行不说客人喜欢自然。错,客人喜欢的是人工的自然,精致的自然,绝不是原生态。

以泛生态着力,就是我生态观念很强,处处都体现生态。

成为基本要求。

压缩了我们的工作泡沫。

下一步真正需要下力来抓。

靠小费降低人力成本，靠合作降低竞争成本。
高质量发展格局。

促进、文化意义是全面促进和提升素养、生活意义是提高品质。
所以，学术价值、历史价值、考古价值为一极，审美价值、娱乐价值、市场价值为另一极。故宫、兵马俑这六个价值都有，

是先驱，超前两步是先烈，超前一步甚至半步才是先进。
色、活动推进，少走弯路，少付代价。

化灿烂，说文化辉煌，说文化丰富，说什么都行，为什么非用"厚重"这个词？

图书在版编目（CIP）数据

成功一定有方法：一个江湖学者的旅游业观察/魏小安著.
上海：同济大学出版社，2024.1
ISBN 978-7-5765-0641-9

Ⅰ.①成… Ⅱ.①魏… Ⅲ.①旅游业发展—研究—中国 Ⅳ.① F592.3
中国国家版本馆 CIP 数据核字（2023）第 220868 号

成功一定有方法：一个江湖学者的旅游业观察

著　　作　魏小安
出版策划　《民间影像》
责任编辑　陈立群（clq8384@126.com）
装帧设计　景嵘设计
电脑制作　朱晟楠
责任校对　徐春莲

出版发行　同济大学出版社　www.tongjipress.com.cn
　　　　　（地址：上海市四平路1239号　邮编：200092　电话：021-65985622）
经　　销　全国各地新华书店
印　　刷　上海锦良印刷厂有限公司
成品规格　170mm×213mm　400 面
字　　数　421 000
版　　次　2024 年 1 月第 1 版
印　　次　2024 年 1 月第 1 次印刷
书　　号　ISBN 978-7-5765-0641-9
定　　价　98.00 元

本书若有印装质量问题，请向本社发行部调换　　版权所有　侵权必究

成功一定有方法

——一个江湖学者的旅游业观察

魏小安 著

同济大学出版社·上海

活下来都是好样的（代前言）

2023年，是中国旅游发展第45年，也是根本转折的一年。前三年，我抓住一切可能，断断续续出去跑。今年从二月开始，开始密集调研。

二月：昌平、海口、昌江、苏州、南京、横店、金华、杭州、珠海、斗门。三月：湖州西塞山、湖州南太湖、上虞、台州、天台、临海、温岭、郑州、中牟、沁阳、西安、黄陵。四月：天津、怀柔、武汉、红安、麻城、英山、蕲春、团风、黄冈、常熟、婺源。五月：无锡、成都、临沂、蒙阴、泰安、宜兴、石家庄、灵武。六月：衢州、开化、龙游、江山、大同。七月：青岛、西安、上海、沈阳、清原、黄山。八月：汉中、留坝、西安、怀化、芷江、安江、洪江、黔阳、大兴安岭、呼玛、漠河。九月：深圳、赤坎、新会、涞水、郑州、中牟。十月：温州、洞头、丽水、武汉、随州、广水、宜昌。

9个月时间，其间一次二阳，跑了80个地方，150天，看了300多个项目，参加123个会议，发言和讲课117次，接触了无数人。从几十年前就进入旅游业开始，就习惯调查研究，后来到国家旅游局，跟着老领导，凡是不清楚的，通过调查总能找到新做法，发现新经验。所以，我自命为"江湖学者，行业专家"，只要身体允许，还是愿意走一路，听一路，看一路，想一路，说一路，固然辛苦，但有收获。对行业变化有深刻感受，对各地发展有全面了解，对市场需求有直接经验，系统讨论创新做法。这些文稿，也是陆续总结的结果。

前三年我一直强调，不是复苏，是振兴，必须追求模式变化，形成新的发展格局。9个月密集调研，感受活生生的现实和大家的奋斗。在此过程中，自然形成两套较系统的观点。

第一，下半场，新开篇。中国旅游发展45年，1978年到2018年是上半场，形成了超大的市场规模，巨大的产业规模，强大的运营能力。2019年到2022年，是中场休息，只不过这个中场休息，不是养精蓄锐，再做安排，而是苦挣苦熬，是消费变化。从2023年开始，中国旅游开始复苏，但不应该是传统状态的恢复，而是开拓下半场，形成新格局。其中最重要的是文化和旅游在消费层面上融合起来，这才是真正的文旅融合。

第二，旅游发展，第一个时代是资源化时代，对应工业化早期和中期。第二个时代是产品化时代，对应工业化后期。今年，下半场，开始进入场景化时代，对应后工业化时代。中国已经实现全面小康，正在向中等发达国家迈进，消费也发生了根本变化。

形成这两套观点，感觉豁然开朗。能较好解释现实，也能明确判断未来。后几个月，我用新观点指导调研，用新思维和新眼光判断分析，效果颇好，各地领导和企业接受程度高，形成新思路快。因为在存量基础上谈深化，少花钱，多办事，办好事，好办事，锦上添花，更多产生效益。高质量发展一是品质，二是效益，我们往往把重点都放在品质上，显然是有失偏颇的。而效益提升，取决于供求关系和结构优化。时代变了，这是根本，大家常常把这句话挂在嘴上，往往忽视其根本含义。

因为在各地演讲，大家会把我的发言放到网上，中国旅游协会休闲度假分会有个公众号，陆续发表过我的一些文章，在行业中也有相应影响。9月，施文球先生联系我，表示想把这些文章汇总出版，引导行业。我自然求之不得，但要劳动施先生，又于心不忍。我深知，出一本书何等麻烦，选题、删减、文字编辑，而且现在又有严格规定必须遵循。前两年，我曾整理了两部书稿，都出不来，完全理解，只好作罢。这次也不抱很大希望，选了一部分文章，给了施先生。这些文章，只是毛坯，有些甚至是录音稿。但施先生不屈不挠，居然成书了，实在让我佩服。同济大学出版社的陈立群编辑，素未谋面，但对我的文章所知甚深。这是一本实证性研究之作，不是通常意义上的学术著作，所以对编辑而言，也是新挑战，既劳神又费时。我从心里表示深深的谢意。

新书即将付梓，写几句话。经过这三年，活下来的都是好样的，还能成长的更值得赞颂。旅游发展的脆弱性不值一提，旅游的弹性总在展现，旅游的韧性则成为主流。这种韧性，根本是生活的韧性，是对幸福追求的韧性。中华民族五千年的文明史，就是靠韧性支撑。敬天法祖，是民族的信仰，我们不注重人格化的单一神祇，而靠对幸福的追求，靠韧性，才有了今天的幸福。落笔，漫步庭院，尽赏秋色，蓝天高远，果实橙黄，红叶飘落，甬道深深。想起很多的秋天，想起悲凉的心境，想起悲惨的时候，而今一扫而空，只余秋日的辽阔。

魏小安　2023年10月25日

目 录

第一篇　事情正在起变化 11

中国旅游，再次转型 12

旅游业的新形势　新赛道　新商机 17

旅游业如何应对高质量发展 24

文旅研究要转型 34

因应时代，旅游业的变化 43

变迁时代的旅游业观察 52

丝绸之路旅游发展新思路 77

中国旅游：迈入下半场 80

关于旅游场景化的几个问题 102

第二篇　产业提升　发展创新 107

康养提升与休闲发展 108

露营，第三种生活方式 115

数字赋能文旅 122

乡村微度假，机遇和挑战 129

旅游创新与红色基因传承 142

城市有机更新与休闲建设 ·················· 148

高质量发展背景下的自驾车、房车营地提升 ·················· 153

旅游演艺：场景化的新发展 ·················· 162

大力发展索道产业化 ·················· 172

山地旅游，中国旅游的下一个热点 ·················· 176

第三篇 成功一定有方法 179

把脉西塞山乡村度假区 ·················· 180

东山文化大观模式点评 ·················· 186

只有河南·戏剧幻城主题文化园区 ·················· 191

大秦项目分析 ·················· 197

长安十二时辰，城市有机更新新模式 ·················· 205

弘扬黄帝文化，传承养生文化，打造康养圣地 ·················· 210

天津五大道，如何破局 ·················· 226

怀柔北沟村，瓦厂开新颜 ·················· 233

饮水思源到瀛湖 ·················· 243

白马集团转型观察 ·················· 250

梁溪古运河度假区——文化休闲，城市度假 ·················· 259

大同旅游集散中心，一个样本的发展模式探讨 ·················· 264

安江农校，打造绿色革命圣地 ·················· 269

赤坎古镇场景化发展 ·················· 272

第四篇　问计地方旅游 281

　　珠海斗门旅游问计 282
　　看好台州，创造未来 295
　　沁阳旅游新格局 311
　　淄博经验：建设友好型城市 320
　　泰安旅游转型发展，摆脱"快餐化" 322
　　衢州：建设友好型旅游城市 327
　　山西旅游的转型升级 346
　　房山形象讨论 350
　　秦岭福地　神仙留坝 353
　　大兴安岭怎么火 369
　　漠河旅游探讨三足鼎立，漠河旅游 384
　　深圳与大湾区旅游 386

编后记 395

第一篇 事情正在起变化

中国旅游，再次转型[①]

2018年文旅部组建，再次提出文旅融合，到底怎么融合？不能只从功能角度来研究，得有一些大的判断。学习二十大报告，我觉得现在可以系统地把这个事说一下，今天是第一次说个题目。

一、历史转型

为什么说再次转型呢？因为历史上我们曾经有过一次转型，是上世纪80年代，从事业到产业，10年转型。我们开始搞旅游，80年代初是民间外交，在行政上旅游局是外交部代管局，后来强调"友谊为上，经济受益"。1983年，旅游局上升为国务院直属局。1986年纳入国民经济计划，确立了产业形态，形成了发展转轨。在那个时候，关于旅游和文化的关系就有讨论。1984年，于光远先生曾经说，"旅游是经济性很强的文化事业，也是文化性很强的经济产业"。1986年，我们跟着国务院发展研究中心主任孙尚清先生做"中国旅游经济发展战略"课题，我当时请教孙先生对于先生这个话怎么看。孙先生说，这种两头说的话，永远对，但是两头说的话实际上不清楚。孙先生当时说，"我的看法要分阶段，现在旅游是经济—文化产业，30年以后可能旅游就是经济—文化事业"。这是他在1987年说的话，现在过去35年了，我还是比较认同孙先生的观点，什么事情都是分阶段的，我们要从不同阶段看不同的事情。

到20世纪90年代就是10年培育，1991年创新行业管理，1995年开展创建中国优秀旅游城市活动，1998年明确旅游业是国民经济新的增长点，基本是这样一个过程。市场化形成了，标准化系列了。国内旅游大规模开展，市场主体变化，产业培育逐步成熟。

[①] 据2022年11月4日在北京旅游研究基地的发言整理。

进入新世纪，旅游产业大发展，市场规模和产业规模并进，以国内消费为主体，入境旅游和出境旅游共同发展。2009年国务院41号文件提出，旅游是国民经济战略性支柱产业和人民群众更加满意的现代服务业。最近，"十四五"旅游发展规划明确，战略性支柱产业已经建设完成，旅游是幸福产业之首。

这样一个过程，意味着中国旅游完成了从事业到产业的转型，而且从这个转型中获益良多。这个过程，正是中国全面纳入全球化的过程，是经济持续高速增长的过程，也是中国旅游在世界上的地位逐步提高的过程。但是，这里面也形成了一个悖论，一方面是在经济大潮之中，要提升旅游地位，谋求新的发展，必须强化经济作用，包括旅游投资，等等。另一方面，由于旅游的综合性，也必须借助各方力量，尤其是要调动地方政府的积极性，提出旅游+和全域旅游等，这些事情的推进，客观来说也有另外一面，把旅游渲染得过大，也干了很多自己不该干的事。我们常常说小马拉大车，感觉是马太小了，实际上是车太大了，谁让你把这个车设计得这么大？不该你干的事你非得干。反过来说，该干的一些事我们反而没有干。

二、历史转折

学习二十大报告，我感触最深的不完全是"以文塑旅，以旅彰文"那句话，感受最深的是中国式现代化，这是二十大的号召，也是时代最强音。所以很自然，对应中国式现代化，要形成旅游未来发展的基础，也是导向，这就引申出一个时代新课题，也是大课题，就是中国式旅游现代化。中国式旅游现代化怎么把握，怎么理解，怎么推进？实际上，中国式现代化需要中国式旅游的现代化，对应二十大报告里中国式现代化的五个要点，可以说一下旅游。

第一是人口规模巨大，这就意味着大众旅游持续，而且可以长期保持巨大的旅游市场规模，形成巨大的需求拉动力量；第二，全体人民共同富裕，就是随着生活水平提高，对旅游的质量要求也会逐步提升，由此形成市场的垂直细化和体系化；第三，物质文明与精神文明相协调，这就是文旅融合的大势，要求旅游全面发展，尤其是文化的作用越来越大；第四，人与自然和谐共生，这是绿色旅游、生态旅游发展的前景，也是需求提升的方向；第五，和平发展道路，意味着入出境旅游都要恢复，促进国际合作，同时使旅游超越简单的外交工具概念，形成经贸工具、信息工具、认识工具。这五个方面都需要旅游领域落实，也是旅游各个方面都可以发力的。

所以学习二十大报告，中国式现代化，对于旅游来说是最兴奋的。全世界没有一个国家有这样的舞台，也没有任何一个国家有这样的战略，在这个框架下，我们应当形成新的旅游发展战略。所以，在这样的背景下，单纯强调旅游的经济性、产业性，无疑有很大的局限性。我们要按照中国式现代化，讲中国式旅游现代化，还只强调经济产业，显然不够，至少这五个方面，更加符合旅游性质，发挥旅游作用。

从另外一方面来看，旅游格局已经发生了根本性变化，现在这个格局并不乐观。我们也不必说这是暂时的，什么事都是暂时的，就看放在多长的历史时段内。

第一，消费能力下降，开始还可以说消费被压抑，现在只能是萎缩。即使形势恢复了，还能有多大消费能力？第二，市场格局变化。多元化时代来临，多元化产品突显。城市大休闲兴起，乡村微度假兴旺，所以安全、近距离、短时间、快速度，成为基本要求。第三，供给变化，传统格局几乎崩溃，对应需求的新产品逐步兴旺，这是传统旅游的根本转向。所以现在有两个基本判断，一是传统旅游企业怎么办？传统旅游企业这么大的存量，而且资产存量在萎缩。二是希望寄托于新的业态上，新业态有这么大的体量吗，能拉得动吗？比如说现在露营火爆，全国露营地有2000个，加在一起大概200亿元投资。200亿元投资拉起这么大一个产业来？显然拉不动。所以市场有一些亮点我们要关注，但是这些亮点能发挥多大作用，需要研究。第四，旅游投资全面下降，一是缺乏信心，二是找不到好项目，意味着旅游缺少发展后劲。第五，旅游作用逐步下降，收入和就业腰斩。这涉及原来的一些局限性，我们在强调经济性、产业性的时候，一是收入，二是就业，但是从中国式旅游现代化角度来说，相当一部分功能被掩盖了，比如文化功能、环境功能，尤其是生活功能和幸福功能，实际上是我们说得不够，认识不足，系统表述也不足。第六，旅游地位大幅度下降，很难用疫情以前的情况来判断，这是一个客观存在。

但是，怎么来看旅游地位，这就是一个新课题，不仅是在经济发展中的地位，也涉及社会、文化、环境、国际等各方面的地位，尤其是在幸福生活中的地位。所以，认识的出发点就是从中国式旅游现代化，对应中国式现代化，终点则是以人民为中心，谋求幸福生活。种植业保障生存，制造业满足供给，而要追求幸福，则必须有旅游，这是大旅游的概念，休闲生活越来越成为生活中的必需。所以，中国旅游再次转型，这是历史要求，也是大势所趋。

我最近谈这个观点，很多人都有不同意见。很简单，我们辛辛苦苦干了40多年，好不容易产业化、市场化了，现在回过头来说这个话，不能赞成。对于我们来说，这是一种颠覆，包括颠覆我们自己。在旅游产业化方面，我们干了多年，很多都是开拓性的，深有所感。但是，颠覆不是否定，是时代的变迁，是社会的进步。

三、历史推进

中国旅游再次转型，这不是回头，也不能走回头路。如果简单用回头来看，这个事就错了。此产业非彼产业，此事业非彼事业，这是历史变化，螺旋式上升，也是文旅深度融合的题中应有之义。中国旅游再次转型，就是新的历史时期的历史任务。新时期就是旅游新的转型期，新挑战也在于转型的方式和速度。

首先，旅游产业转型并不是非此即彼，不是说事业到产业转型就没有事业了，也不是说从产业到事业转型就没有产业了。我们很习惯用非此即彼的思维方式来看待事物，从根本上说，是形成产业与事业并行的格局。在发展过程中，中国从世界旅游资源大国建设成为世界旅游强国，我们对旅游的认识也在逐步加深，但思维形成了惯性，还没有跟上经济发展和社会变化的步伐。不能用贫困时期的观念来应对小康时期，更不能用小康时期的观念来应对中等发达。现在转型时期已到，中国式旅游现代化需要观念调整、战略调整、思路调整、方法调整，从研究角度来说，也需要我们多个学科共同合作发力。

其次，是大体划出事业与产业的领域，就是在旅游领域，事业是哪一块，产业是哪一块。一般来说，公域为事业，需要政府发力；私域为产业，需要市场发力。现在来看，薄弱之处在于旅游公共服务，涉及公共环境、公共产品、公共设施，形成系统，而且旅游公共服务要与城市公共服务结合，创造新格局。所以在这个事情上，再次转型，再次强调一下，决不能回到以前，一定是上升。

第三，处理好事业与产业的关系。即使是事业，也需要产业化运作；产业生存和发展，也需要事业支持。所以这个融合就是你中有我，我中有你。但是融合里面又要有区分，不光是文化和旅游要有区分，旅游自身也需要区分，哪一部分属于公共事务，这是事业，哪一部分属于市场运作，这就是产业。

第四，40年文旅融合，也是一个过程。融合前期是产品融合，是主体，从20世纪80

年代开始，文化就是旅游最关注的领域。1982年国家旅游局投资四个大项目，都是文化项目，为什么？因为那个时候这些是欧美、日本客人最关注的。所以那个时候就已经融合了，而且始终持续，形成市场融合。2018年机构改革，这是行政融合，是搭建一个新平台，而不是两张皮。二十大报告提出文旅深度融合，强调深度，是产业和事业融合，全面融合。以人民为中心，最终是生活融合，幸福生活。贯穿始终的是发展融合，所以不能偏于简单地来理解这个问题。旅游的根本特点是综合性，40年来，围绕着综合性特点形成了一系列工作抓手，也产生了实际效果。但是，以前强调综合性主要是外延扩大，边界越来越宽。新时期的旅游转型还是要围绕着根本特点进行。首先需要挖掘内涵，既需要挖掘文化和旅游两个领域的内涵，也需要挖掘旅游自身的内涵，这才是深度融合的要义。

第五，这样就需要一套新的旅游评价指标体系，甚至需要一套新的统计体系，来客观分析旅游发展的作用，引导旅游各方面的科学成长。旅游，是一个领域，其下包容各个行业。旅游，是一种生活方式，是幸福生活之首。

最后，"以文塑旅，以旅彰文"。我理解，宜融则融，主要在项目，任何旅游项目都有文化性，但不必牵强，有主有辅。能融尽融，主要在行业，现在的提法是文化事业、文化产业、旅游业，这都是经过斟酌的提法。文化可以分成事业和产业两类，所以文化领域相当一部分需要产业化。旅游则称为业，也包括事业和产业，但现在没有明确，所以，以文塑旅不仅是资源性的促进，更是主导性的促进。以旅彰文是功能性的体现。在当代的信息环境和市场条件下，旅游容易形成更大关注度，也能形成更深层次的文化价值彰显，从而达到更深层次的文旅融合。

在今天这个时代，我们学习二十大精神，确实需要深入研讨，确实需要放在一个更大背景上来看。所以我更关注中国式旅游现代化，这也给我们做研究工作的人提出了系列性题目，而这些题目的研究，光靠传统学科不够了。如果我们从大休闲角度从生活角度来看，更不能只局限在经济性、产业性，必须有一个更开阔的视野。所以，文旅融合也有学术方面的文旅融合，恐怕下一步更需要的是人类学、社会学、心理学、哲学、美学的融合。经济作用已经客观存在，我们原来争取旅游的地位，所以要把旅游说得如何重要，尤其是在经济发展过程中，一定要往经济方面强调，这就是一个历史过程。现在，已经不需要过分强调了，但是需要全面把握，全面挖掘，完成再次转型。

旅游业的新形势 新赛道 新商机[①]

导言：新定位

今天看到了外边的一个说法：来这里认识一个全新的中国游协，中国旅游休闲娱乐生态链接者。这很好，这是我第一次看到这个说法，实际上是游协本身对自己也有新认识，有一个上台阶的提高。我跟姚会长几位也都说过，中国游艺机游乐园协会，这是当年以生产者为主导的时候组建的协会。时代不同了，现在以需求为主导，我倒是觉得现在这个定位，才是真正一个好的定位。所以协会换个名字可能更好，叫中国娱乐产业协会，不能离开产业，因为是生产商出发，但是根本落点要落在需求，叫链接者，就是从生产商到服务商，这就是本质的提高。

一、形势判断

我从2月10号开始到现在，45天时间密集调研，跑了6个省，15个城市，看了大概五六十个项目，接触了几百个旅游运营商和企业家，包括投资商，感触很深。我不太赞成大家对形势如此乐观。第一，市场并没有完全复苏，我们现在只是旺丁不旺财。因为很简单，从人数和消费就可以看出来，一说人数恢复到了2019年的80%多，消费恢复到70%，中间差大概15个百分点。那就意味着人均消费更下降，这是一个判断；第二个判断，叫作市场虽然没有完全恢复，但我们的毛病恢复很快，开始故伎重演，有的甚至集中暴发，影响长远。可这些只是表面，比如说有的导游很恶劣，有的地方价格乱涨，有的地方供不应求，这只是表面。从根本上说，结构不优，企业不强，效益不高，这三个问题是中国旅游发展的根本性问题。在2019年，问题达到了高峰，所以我不赞成现在动不动就拿2019年当标杆。

---

① 据2023年3月25日在中国游艺机协会年会上的演讲整理。

我们回到2019年，是把这些毛病全恢复，仍然走原来的老路吗？显然不行。我们需要走一条新路，就是高质量发展，这也是中央的根本方向。但是中央提出质量发展，是质量和效益共同提升，这是一个根本性判断。多年以来，旅游业已积攒了大把资产存量，我有一次专门问，旅游业目前到底有多少资产？不知道，谁也说不清，包括文旅部产业司，要求各地提供数据，形成一个全行业资产存量数据，都产生不了。只能说2018年我们计划投资15000亿元，2019年计划投资20000亿元，只能说这样的数。这样的数都是虚数，但是行业到底现在有多少？比如说有没有40万亿元资产存量，有没有50万亿元资产存量，我想大数可能就在这里。反过来说，这么大一个资产存量，经过三年疫情，至少有1/4萎缩了。

这三年看到很多旅游企业倒闭，很心疼，但这是必然。实际上这三年产生了一个最大作用，就是把行业泡沫压缩了。一是压缩了市场泡沫，二是压缩了资产泡沫，三是压缩了投资泡沫，四是压缩了我们的工作泡沫。以前我们旅游集团一说话，就是天大，现在谁也不敢说天大的话了。

这实际上意味着在一个新的基础上，要谋求一个更好的格局。就是优化结构，强化企业，提高效益，这是根本。但是很遗憾，现在都没有做到，甚至没有足够的意识。下一步，适应现实需求，挖掘潜在需求，培育未来需求，提高需求质量，这恐怕是真正的方向。我不赞成现在一说，又是什么项目要投，地方又如何，我不赞成这个，这等于是把原来已经压下去的泡沫现在要死灰复燃，我就问一句，质量怎么提高？

昨天我去只有河南·戏剧幻城，这个项目把我镇住了，因为从一开始，我看到"只有河南"的有关报道，就得出一个结论，我说只有河南了。昨天看完了，还是这个结论，只有河南了。这样的项目不可能有第二个，因为昨天还有人问这样的项目能不能复制，我说，这样的项目为什么要复制？难道我们一个好项目出来，大家一窝蜂学，最后大家全死，好项目也死了，这就是一个好格局吗？绝不是。

我对这个项目评价很高，文旅融合也很棒，运营管理也很棒，最大难点就是资产包袱太重。现在这种运营，连银行利息都还不上。可是假设我们把财务成本放在一边，运营成本很好维持，所以昨天吓我一跳。我问每天接待多少人能保本，1000人。1000人就有50万元收入，就可以保本，超过了就有利润。可是这只是从运营层面看，要算投资成本，我不知道这个账怎么算。我只能说一个有情怀的导演碰到了一个更有情怀的老板，所以造出了这么一个独特项目，但我不希望大家抄袭，抄袭就是个死。

从旅游形势来说，我们现在真正的短板是人才，人才是现在最大的短板。因为这三年里流失了很多人，现在我们希望他回来，有那么快吗？再说，他已经换了一个比较稳定的岗位，有稳定的收入，为什么回来？所以这是一个根本问题。看一下，你这个地方的骨干有没有流失，只要骨干没流失就有希望。怕的是骨干都流失了，看着市场恢复了，但这不是我的市场。这个问题就相当于当年长征，10万中央红军长征从瑞金出发，一四方面军会师的时候只剩2万人，长征前四方面军8万人，到延安只剩6000人。这6000人就是骨干，建制仍然保留，骨干仍然保留，革命的火种在，就是希望。现在实际上也是这个问题，所以怎么样把这个最大短板补足，这才是根本问题。80年代旅游工作是最让人羡慕的工作，旅游行业是最靓丽的行业，现在完全不同了。从社会平均薪资来说，旅游薪资绝不高，我们又缺乏一套灵活机制，你怎么留住人？招数很多，但是这个问题恐怕今年最突出。

总体而言，今年喘过一口气，明年打好翻身仗，我不认为我们这么乐观是有必要的。眼看清明小长假要到了，五一又来了，我们就会迎接一个一个高峰，哪来那么多高峰？三年疫情，大家的兜里都瘪了，没那么多钱了。在这种情况下，还想着烧虚火，这显然不行。

二、文旅新赛道：城市大休闲与乡村微度假

这是我今天谈的主题。在这三年里边，自然形成了两个市场现象，一个是城市大休闲，第二个是乡村微度假，在低谷中崛起，在这三年里为旅游行业输了血，救了急。应该说，市场需求是自然发生的，也形成了一套新的供给模式，进一步形成消费惯性。

今年，拉动消费增长是国民经济发展的重中之重，各地和各行业都在寻找抓手，寻求突破点。消费突破点在哪？第一要足够大，才能起作用；第二是足够新，才能吸引消费者；第三是足够生活，才能真正纳入生活。这么说下来，我们原来的主体消费，比如房地产、汽车、家电、耐用消费品，这都是消费主流，实际上今年都困难很大。所以这段我跑下来，我就有一个感觉，全国各地，省、市、县三级不约而同，领导都把目光集中到旅游，但是他们集中到旅游，还是传统观念，才有景区免票、发放旅游消费券等措施。实际上集中了什么？休闲和度假，再深入一点就是城市大休闲，乡村微度假。另一方面就是热钱开始入

市，大家都在寻找好项目。什么是好项目，有前景、有市场，还得有足够体量，要不然谈不上好项目。这个项目很好，民宿，精品民宿很棒，就十间房子，靠十间房能拉动消费吗？得靠一千个民宿，一千个十间房子才可能拉动。所以我们就需要进一步研究。

从城市大休闲看，背景是城市化的全面转型。狂飙突进的城市化运动开始刹车，增量型模式基本过去，存量挖掘和深度发展构造了城市有机更新的新模式。有两种基本情况，一个是城市原有的消费项目提升，比如说百货大楼、shopping mall，现在又不约而同转向了休闲综合体，这是原有项目的提升。第二就是老旧厂区仓库改造，文商旅业态进入，构造新的城市休闲综合体。这两类现在都存在，但是后一类更加引发关注。

我这几年考察了53个城市有机更新项目，有一点让我很吃惊，没有一个失败的，即使在疫情期间，也个个成功。我问他们，你们叫什么？文商旅。我说不对，文商旅只是业态，从根本上说，是城市空间新变化、城市生活新提升、城市价值新成长。所以即使在疫情期间，这样的项目出来一个，成功一个，有的是火爆。比如大唐不夜城，长春的这有山，长沙的文和友等，我这是简单举一点例子。进一步就发展成街区化，或是老旧街区重建改造。比如说成都的宽窄巷子，北京的南锣。虽然南锣品质不怎么样，评价也很差，但也是外地人都要去的地方，北京人不去。所以，市场又区分出当地人休闲地和外地人打卡地，又区别这么两个现象。说明什么？说明容量很大，业态很丰富。下一步我们很重要的一个赛道就在这里，因为这个赛道足够大，城市大休闲和乡村微度假这两个赛道都是万亿元级赛道，可以容纳万亿元级投资，形成万亿元级消费。

说到新赛道就得说老赛道，老赛道就是我们的景区和酒店，就是这套东西。我就问，现在投资酒店你还投吗？投资景区做新的，值得做吗？很自然，对照下来，旅游传统业态需要做的文章是什么，挖潜、转型。真正增量、扩张的文章，要做新赛道。

从乡村微度假看，一是星星之火可以燎原，迅速形成了规模；二是包容业态丰富，乡村改造，民宿、营地、餐馆、娱乐，在乡村场景下各展奇才，各放奇彩；三是政府支持，农民融入，公司运作，模式创造。随着脱贫攻坚历史任务完成，乡村振兴成为国家战略，乡村微度假则成为突破点，也构造了新产业，更成为媒体热点。我不认为我们乡村振兴都要靠旅游，我绝不这么看。首先是产业振兴，没有产业支撑不了。旅游是锦上添花，可是现在媒体一报道，只要说乡村振兴，一定离不开乡村旅游。因为这个点好抓，而且锦上添花，这朵花好看。严格说，乡村微度假是乡村旅游的升级版，乡村产业的拉动，城乡休闲一体化的结合点。乡村背景，城市品质，构造新型生活，这是这个赛道的特点。

这两个赛道出来的产品，有足够容量，也有足够的拉动，值得各地政府和旅游部门好好抓。但是它和原来的东西有所不同，比如城市大休闲的项目，要找到一片好厂区做出来，马上变成一个城市的标志地、样板地。乡村就不行了，乡村是集小为大，要说弄两个村作为民宿村，做乡村旅游村就可以，但是指望它在市场上马上形成巨大影响，那肯定不行，而且这里面模式也不同。这就需要我们研究实际情况。新赛道已经形成，普遍效益较好，不仅助力旅游，还开拓了新领域。这两条新赛道，符合前面所说的一系列要求，也是两条大赛道。但是和传统项目不同，不需要规模庞大的单体项目，而是以小积大，以文集新，需要深化。一是场景化、体验式；二是综合性、娱乐化；三是生活性、沉浸式。其间自然会产生无数商机，需要内容扩展、项目丰富，有心者自然能够抓住。

三、新商机

从娱乐产业发展这个角度，面对这两个大赛道和新赛道，需要抓新商机。老赛道要优化存量，新赛道要扩大增量，这个新商机的根本是城市化，城市化是我们行业所向。比如主题公园，要有城市群支撑，但是城市乐园，大中小城市都可以干，所向披靡。我不认为中国还需要发展多少大型主题公园，虽然有很多投资商还是很牛。我半个月前去湖州龙之梦，我就说，我看到中国迪士尼的雏形了。他说，你把我看低了，迪士尼根本不是我的标杆，我的标杆是谁？是奥兰多，七个主题公园，我一定要做到。后来他问我，是不是太自以为是了？我说自以为是不是贬义词，你不自以为是，难道还自以为非吗？信心满满。

这种故事，我们可以说很多，但这种故事不代表行业的普遍情况。可是城市大休闲这个机遇，我们怎么抓？城市有机更新项目里，我们都可以配一点项目，城市的休闲综合体里，更需要我们的项目注入，这是一方面。城市化是我们行业的方向，乡村振兴是我们行业深化的领域，小娱乐、小游艺，铺天盖地的需求。所以我就感觉，哪怕一个县城，都需要一个城市乐园，为什么？需求到了这一步，所以中小规模的投资，中小规模的运营，服务周边就可以了，这个项目就可以立得起来。我不认为我们动不动的就是品牌，动不动IP。严格地说，中国的主题公园从技术到运营，在国际上不是顶级，但是一流，我们不能妄自菲薄，也用不着妄自尊大，我们真正缺什么，就是IP。人家IP是几十年积累出来的，那么强的讲故事的能力，一个一个主题人物、主题情节、主题场景都出来了，所以它的IP才值钱。我们现在指着一个IP就换钱，那不行。可是我们的品牌已经形成了，品牌到IP有一个转换，这个转换的根本就是以知识为资产。我对IP的理解就是以知识为资产，这就是IP，可以资产化的知识也是IP，是这套东西。这个还需要积累，还需要创造。但是我们不能把自己看低了。

在这两个新赛道里怎么抓商机？有一次我碰见四川一个企业家，他说要做十个主题公园，现在已经做了两个，我说你打住，你再往下做，做一个，死一个。一个在青海，一个在遂宁。这什么路数，选这些地方做主题公园？一个常识，就是主题公园一定要依托城市群，一个城市都不够。所以我在海南几次会议上都说，海南不能搞主题公园，因为当地人口太少了，靠外来的这块需求支撑不起来。那就要研究，新赛道蕴藏的，到底有多少东西？深入挖掘，就能够看到，就能够感觉到。

我这45天看了六七十个项目，有的项目我就觉得实在有前景，但是当地人没有意识到，也缺乏相应手段，也缺乏相应设备，实际上这都是商机。只不过这个商机用不着上来就晕，夸大其词，用不着想这些事。我们主题公园领域很习惯对标国际，环球影城、迪士尼，诸如此类的，一对标就是这个。全世界将近100年，也就这么几家，中国这才几十年，就非得要和你一般高，甚至要干掉你，可能性不大，也没有意义，违背产业发展规律。但是中国最重要的是什么，就是需求普遍很强，市场基础很大。所以我更赞成的是做一些小而精、小而乐、小而美这样的项目，来应对普遍的市场需求。这方面，商机遍地有，就看我们怎么挖。外地人评价北京人，说北京遍地都是钱，但都是小钱，北京人就连弯腰把小钱捡起来都不干，那只好我们外地人来干了。现在肯定是这样，商机很多，可是用不着动不动就夸张，动不动就追求如何伟大，我们从小事做起，把小事做好，这样行不行？

所以，这两条新赛道也给游艺机游乐园行业开拓了新领域，在这些领域里怎么追求，怎么认识，最终归结到什么，需要内容拓展。我觉得，中国旅游再次出发，现在有一个重要历史任务，就是内容拓展。大家老说同质化竞争，怎么才能避免同质化？但是没有同质化，就没有竞争，一定有同质化。要避免同质化，这种几率等于零。所以这个问题是一个伪问题，但是我们要在同质化基础上做到什么，努力来突出个性，追求异质，这个可以。就像我们做标准一样。今天上午发布了几个团体标准，标准就是大家都得这么做。很多人都问，标准和个性是什么关系？很简单，标准是底线，个性求高线，创造是无限。推行标准就是推行同质化，所以我们不能笼统反对同质化。可是，我们现在内容比较单薄，所以我觉得中国下一步旅游业哪个领域都有内容拓展的战略性问题。我们到底搞什么内容，或者说我们梳理一下，全世界到底有多少内容，形成一个内容数据库，拿这些内容和你这个项目一对照，你就知道毛病在哪，不足在哪，也知道方向在哪。一帮年轻人现在正在做这个事，我很赞成，我也希望开拓一条新路，梳理下来的旅游内容可能有一万项。比如说，主题公园有上千项旅游内容，度假区有几百项旅游内容，一个酒店都有几百项内容。我们全部梳理下来，针对具体情况，分门别类一对照，就清楚了，这对行业应该是一个大机遇。

所以，我觉得需要鼓劲，但不能鼓虚劲。说句老实话，你得活着，这三年不鼓劲，能活的也就活了，该死的也就死了，但是能活下来的都是好样的。经常有人跟我说，说点鼓劲的话，我说我说什么？那种虚头巴脑的话我不说。但现在我们确实迎来了一个新时机，这个时机不是大发展的时机，是一个大整合的时机，是一个我们挖掘潜在力量，谋求新发展的时机。所以在这个历史时机面前，确实应该看明白，鼓实劲，做实事，谋求实实在在发展。今年好好喘过一口气，现金流恢复了，这口气就算喘过来了，明年真正打好转型升级这场翻身仗。

旅游业如何应对高质量发展[①]

高质量发展是国家"十四五"期间的主题，也是各地和各领域关注的重点，我们现在各行各业都在谈这个，但很容易泛化。就是从思路型发展向质量型发展转变，最终要归结到效益型发展。旅游领域如何认识和把握，如何推动落实，如何形成新阶段的新动力，形成新格局，这也是大家关注的热点。在疫情管制调整的大形势下大家又开始"黄"着。

前几年我一直说没有后疫情时代只有长疫情时代，今天世界卫生组织已经宣布了，所以我们现在可以说是后疫情时代了，但是"黄"着不是好现象。疫情以前已经是问题迭出，2019年的时候我就谈中国旅游发展四大问题，结构不优、企业不强、效益不好、质量不高，这是四个大问题。在高质量发展的背景之下，这才是关键问题。

最大的短板是人才流失，而且很难回来，这也直接影响服务质量，所以解决根本问题才能重新开始追求高质量发展。

一、体系化，全面理解高质量

1. 高质量决策

我就说两方面的要点，宏观决策科学，尊重市场主体，优化营商环境。我们现在的高质量决策极少，我在旅游行业这么多年极少看到高质量决策，相反经常看到是低质量，这里的要害在政府官员好大喜功，投资商贪大求洋，规划者推波助澜，评审者随波逐流。我是属于规划者和评审者，到后来我拒绝参与规划、拒绝参与评审，因为我实在说不出漂亮话来。

有一次一个省要做一个规划，规划费很高，1200万元，一开始找到我。我说我不做，

[①] 据2023年5月9日在中国旅游协会灵山论坛的演讲整理。

因为我了解领导,这种事没法儿做。后来换了一个机构去做,做到中期我参加了一次中期评审。这个规划怎么做的? 未来五年投资10000亿元,然后一百个5A景区、一百个五星饭店、一百个旅游小镇、一百个国家级度假区,这叫规划吗? 算不上。后来我就提出,对不起我要提一个要求,因为这个规划总顾问我绝不当,我丢不起这个脸。结果当时是副省长在做,还有一位领导在做,两个人一块儿跟我辩论。我说别辩论了,你们辩不过我这个老旅游,但是你们的心情我可以理解。现在这个省就变成全国旅游沉淀无效资产、负面资产最大的一个省,为什么? 这就是高质量决策不足。我们还老讲科学决策,哪有科学决策? 就是长官决策,这是一个普遍现象。我们今天看到的,比如说刚才讲到的这些内容,为什么有这么多低效资产? 一个核心就是高质量决策。

2. 高质量谋划

策划当先、规划落地,设计特色活动推进,这才能少走弯路,少付代价。但是也很遗憾,我们绝大多数规划单位追求利益是很自然的,但是君子爱财取之有道,为了追求这个利益,官员想听什么我就给你说什么,哪有策划当先? 到最后规划的水平越来越低。所以总体来说这种高质量谋划基本不存在,让我们走了多少弯路、付出了多少代价。像这次淄博,淄博现象大家一说一定有高人,我说这背后没有高人,如果有高人这事就见鬼了,实际上就是方方面面的条件到这一步了才产生这种现象。

3. 高质量项目

所谓高质量项目绝不是好话项目,少花钱、多办事、办好事、好办事,这应该是我们的原则。但是现在忽悠,越忽悠越厉害。有一个项目,一个公司准备进去,说好了10个亿,而且人家说得很清楚,因为它的市场操纵能力极强,用10亿元把这个项目拿下来,保证当年客人翻一番。跟着又有一个公司去了,10亿元投资怎么能行? 我100亿元投资,马上就过去了,100亿元投资把这个项目拿下来之后什么事也没干,基本上没花钱,但是把这个项目控制住了。结果后悔了,后悔没用。

这三个月我在全国跑了30个城市看了一百个项目,我深知这股风到现在还没有断,而且形势一好又开始刮了,那我就问,什么叫好项目? 什么叫高质量项目? 就像刚才说到龙之梦一样，龙之梦这个项目绝说不上高质量，它就是一个大众项目，但是它活了。在今天一个项目能活这就算好项目了，还追求什么高质量？我们全国就一个陈向宏，就一个吴国平，因为他们追求高质量，包括我们陈总。他们追求高质量是从心里出来的，是从根上产生的，我们有这种追求吗？上面先看项目多大，你项目越大地方官员的政绩越突出，然后再算能带来什么好处，一个产业链就变成一个利益链，这样的项目怎么能好？

4. 高质量产品

它的要求是什么？资源配置合理，市场化、体系化、合理化，这种高质量的产品应该说现在市场冒出来一批，而且这批项目都超越了我们传统的概念，就像上午吴总问这几个项目都看过？"长安十二时辰"是什么项目？那不是景区，就是一种沉浸式的文化体验。只有河南·戏剧幻城，我看完之后很吃惊，因为他们说每天只要接待1000人，50万元收入，就可以支撑。从运营角度确实不难，即使在疫情期间都可以做到，现在疫情过去了更可以做到，但是难在资产太重了。资产重是有它的原因，一开始说20亿元投资就够了，可是这个事无处对标也没法儿抄作业，什么事都是自己折腾，折腾着不灵了推倒重来，20亿元涨到40亿元。最后胡总说咱们定个上限，60亿元投资，神仙都不灵，但是你能说这不是好项目吗？我只能说这确实是个好产品，涉及原因很多。这么大一个项目到现在省委宣传部部长没去过，我不理解。到现在公交车不过去，就别说什么城铁、地铁，都没有，为什么？因为它是一个县，这个县严格说已纳入郑州城区了，但你是一个县所以所有的城市资源过不去，你说它再想炒作怎么炒？想做房地产做得起来吗？

这么一个高质量的产品，但是资源配置不合理，所以市场化、体系化、合理化这三件都没有达到，但是我相信只要在资本运作方面能够喘过这口气来，这个项目确实是好项目。

5. 高质量运营

运营质量高、运营效率高、市场效果好、经济效益合理，所以我觉得我们这种高质量运营是什么，这种高质量运营前提就是第六个高质量服务。高质量服务有基础性、适应性和发展性。质量需要成本，这是常识，但是我们现在领导要求往往违背了常识。一些高质量科技涉及适用技术、成熟技术、高新技术。我认为旅游不需要那么多高新技术，我们需要的是适用技术和成熟技术，我们也没有在这样一个传统的行业里冒那种技术淘汰和技术迭代的风险，人家玩剩下了我们再玩都可以。

6. 高质量人才

现在我们不要说高质量人才了，一般人才都不足。但是这要形成一个合理的体系，就是高端人才、中端人才和适用人才，真正需要的是适用人才。我们的高质量人才需要创新性的、复合型的，全面把握、全面运作的，但是这种人才不需要多少。可是真正在现场盯在一线的人才恰恰是我们最缺乏的。所以第一是要形成合理的体系，第二要形成合理的流动，不流动不可能，但是最基本的一个点就是你的骨干能不能保住，能保住你的品质就能保住。这三年恰恰骨干大部分流失了，而且流失了人家不回来了，因为到了其他行业发现是个行业就比旅游行业强，挣钱挣得也多，工作也没那么累、压力也没那么大，那我为什么要回来？所以现在形势恢复了，我们希望他们回来但人家不回来了，回来就是有情结的，真喜欢的，回来的是这些人，但是这个合理度没有。

我们现在对高质量人才缺乏的就是工匠精神的弘扬，开拓上升空间，你没有上升空间人才凭什么要来？这是我们现在最大的短板，尤其是这几个月走到哪儿人家说你给我们服务提点意见，我说服务我绝不提意见，现在有服务就不错了，我还给你提意见？我就问你，这个服务员什么时候来的？有一个酒店老总跟我说你别提，这服务员我都不认识，也许是昨天来的，也许这餐吃完了拍屁股就走了。现在的孩子一言不合拔脚就走，在这种情况下我们怎么做？

7. 高质量的公共服务

它涉及公共产品完善、公共服务到位、公共空间形成，这个恰恰是我们现在发展的短板。随着城市化的发展，城市的公共服务已经上了一个大台阶了。我们原来旅游强调公共服务实际上是在补城市公共服务的短板，比如厕所革命。我琢磨这个事，而且从头到尾一直在操作这个事，不是李金早后来才"忽悠"厕所革命。1983年国家旅游局就召开了第一次旅游工作厕所会议，几十年一直在抓这个事。

但是我在想，为什么发达国家没有旅游厕所革命？很简单，城市公共服务发达，所以我们到欧洲任何一个咖啡馆都可以上厕所，街上没有多少公共厕所。可是到了发展中国家就不行，我就认了，我也不需要旅游厕所革命。比如说到了埃及，领队一再说你们一定要多花 1 美元小费，要不然你连上厕所都上不了。到了一个地方，公共厕所大家都排队交钱上厕所，人家这样我就这样，无所谓。

这些年来随着城市公共服务提升、空间扩大，补了很多我们原来旅游的短板。可是旅游自身的这种高质量公共服务应该说现在是我们最大的短板。实际上好多投资投在公共服务上。最后是高质量发展格局，就是我们要减缓同质化建设，创造差异化格局，减缓大起大落，形成稳定格局。这些方面我们来把握，这才叫全面把握高质量发展。我们不能一说抓质量就是抓服务，这么说太浅了。但是从发展角度说这些高质量实际上又构造了一个节奏体系，没有高质量决策后面什么都没有，没有高质量运营你想得再好做得再好最终达不到效果，这是一个关键问题，我们需要全面来把握。

还有一关键问题，就是高质量体现在效益上。多年来旅游的供求关系始终不匹配，由此造成了旅游企业效益不高。80 年代供不应求，那时候形成了阶段性的效益高峰，所以那时有一个说法叫旅游投资小、见效快、效益高、创汇多。实际上那时候描述的是旅行社，尤其是国旅总社，国旅总社拿大力提出来这么一句话。90 年代就开始转换了，那时候旅游企业被称为散弱差。开始还有个小字，小散弱差，后来想了想小不是毛病，旅游是一个生活性服务业，小企业多不是好事吗？但是散、弱、差是普遍的，之后就是起起伏伏。到新世纪 20 年代传统旅游企业始终不振，这些年 OTA 又成为抽水机，分割了大把利润。所以现在我们旅游企业一说都是又爱又恨，因为你离不开，他们这种垄断意识越来越强、抽成越来越高，好不容易挣点钱基本上都被他们分走了。

旅游作为服务业的组成部分本身不可能形成暴利，但是达到社会平均利润率这应该是底线，可是我们习惯用八九十年代的情况说旅游。这就形成一个普遍看法，一说旅游挣钱，就拿北京的国际饭店、建国饭店说事。建国饭店开业两年收回成本，之后十年挣回来十个，这是当时我们领导挂在嘴上的话。国旅总社一年收入利润率61%，那要讲资金利润率是600%，能拿这种事当事吗？可是大家还是这样一个感觉，甚至这样一种判断，很多投资商就是被这种误区所误导。质量需要成本是常识，收入不等于利润这也是常识，然而恰恰在常识方面管理部门和媒体往往违背了常识。管理部门动辄要求质量，媒体总是把收入当成利润，五一又被称为赚得盆满钵满，那是赚吗？就是个收入而已，利润到底有多少？

反过来我就问，全国现在所有旅游企业加在一起赚钱的占多少？就我了解的情况，大体上持平占50%，硬碰硬盈利就是去掉付息和折旧还能盈利大概占10%。这么一个情况下我们还说旅游好，还赚得盆满钵满？中央下发的全套质量建设纲要明确提出经济发展质量效益明显提高，经济结构更加优化。是质量效益明显提高，不光是一个质量，又提出服务业供给有效满足产业转型升级和居民消费升级需要，建成一批具有引领力的质量卓越产业集群。

我们现在这么大一个旅游产业，有几个企业能称得上具有引领力的质量卓越产业集群？我们可以想一下，所以很自然这是我理解旅游高质量发展两个要点。

关于高质量的核心，首先是要素变化，因为旅游要素分为三类，第一类是运营要素，第二类是发展要素，第三类是环境要素，这三类要素又形成了要素结构。我们现在很多问题是出在发展要素和环境要素方面，最后表现在运营要素出问题。当然你这个项目配置不好本身就有问题，但是要素的优化，结果的优化这才是高质量发展。

所以以上三个要素在旅游发展不同阶段权重在变化、结构也在变化，比如说八九十年代要害就是运营要素短缺，只能缺什么补什么，酒店不足建酒店，交通不足补交通。到了中期首先是发展要素，那时我们追求的是企业的竞争环境。现在来看环境要素越来越突出，也意味着政府在其中的作用越来越重要。尤其在今天环境要素上升到第一位，这也是长远竞争的根本。实际上各地旅游发展的不平衡也主要体现在环境要素方面。然后是结构要优化。反正总体来说这三大类要素形成结构体系，各类要素内部也形成一个结构体系，结构问题很多年我一直看重，我还专门组织了一批人写了一本《中国旅游经济结构研究》，分上下册，但是我们学界不看重、政府更不看重，企业好像也不看重，反映我们这个产业不成熟。初期发展产业不研究结构问题，随着产业发展的高级化，结构问题越来越突出。所以要素结构的最佳配置是各类要素的边际产出、总体均衡，长短相较、扬长避短、化短为长，然后是断长板补短板。问题在于何谓长，何谓短？市场不断变化，长短也在变化，今日之长明日之短，屡屡发生，你看着挺好的一个项目怎么就死了？有时候真要琢磨一下，分析来分析去发现原因极多。

二十年前我曾经召开过一个全国的旅游规划投资项目会，提了一个要求，每个省带一个问题项目来,我们研究问题项目恐怕比研究成功项目收获更大。结果来开会的没有一个带的,问为什么。他们说你让我们带点成功项目没问题,带问题项目怎么带?再说怎么分析?我说我准备了五个问题项目分析,这一分析大家听明白了这个事。有的是区位不对,有的是时间不对。比如某个项目五年之后进入市场肯定火,但是提前了五年,超前了必死无疑。有的是投资量过大,需要那么大投资吗?这个项目10亿元就够了,但是我们忽悠来忽悠去变成30亿元投资,10亿元成功的项目30亿元必败。

所以这些东西都在变化,这些东西如果吃不准的话你就感觉形势很难判断。各地有各地的长短,全国总体看主要是强化软开发适度硬开发。经过四十多年持续开发建设,文旅领域已经形成庞大规模。硬件建设阶段基本过去了,需要创造新的发展空间,这是我们现在最大一个问题。大家还在招商引资和忽悠搞大项目,现在到了这种程度,10亿元地方不兴奋,百亿元勉强可谈,几百亿元投资省长都兴奋了。你到哪儿有这样的项目投?再说需要这样的项目吗?但是大家还是这样。

所以就像刚才说的这样,2017年到2019年这几年是我们大投资,实际上埋下了一个根,就是旅游业供过于求。这个问题今年全面暴发,可是大家说旅游形式上我们还在大忽悠、大投资,那就意味着你不断加重这套东西。所以软开发一是挖掘闲置资源,二是提升现有设施,三是注入文化元素,四是介入城市更新,五是真实与虚拟结合,这五个方面是我们下一步真正需要下力来抓的。

二、适应需求变化,谋求跨界发展

这些年跨界已经成为普遍现象,传统的行业界限越来越模糊。无论文旅融合还是文旅+本质上都是需求引发——需求变化引发的新业态。另一方面是新业态来不及成熟就变成了旧业态,所以我们的产品缺乏沉淀,经营缺乏积累,消费也缺乏经验,这都是高速成长中的现象。一个迪士尼七十年了,我们中国有哪个项目能数得出来?

在高质量发展阶段这些现象都会自然调整,但是需要主动调整、赋能消费。现在消费者体能增长、技术增加……可是中国人不会玩,要追求好玩、玩好。我看现在教育也不错,小学生都要掌握一门技能,这就是好事,这实际上就是对消费者的一种鼓励。这样需要教育赋能、技术赋能、时间赋能、金融赋能、环境赋能和文化赋能,需要这6个赋能。

文化具有极强的公共性，旅游业也越来越具有公共性。以人民为中心，以高质量为主题，题中之义就是需要强化旅游的公共性。

第一是公共环境，旅游的户外活动特点要求更好的公共环境，包括自然环境也包括人文环境，甚至社区环境。有一个好的公共环境这个地方才能起来，所以经验我解读就一条，营造友好型城市，官不扰民民自富，这就是核心，剩下都是皮毛，你不弄烧烤弄别的一样起来。

第二是公共服务，各种各样的公共服务对地方管理有挑战，内含着外来人和本地人互动的过程。

第三是公共产品，随着中国城市化的发展，公共产品供给基本得到保障，但是在自驾车营地、乡村这些领域明显存在短板。

我们对中国旅游品质的判断，经四十年发展，中国旅游品质上了几个大台阶，第一个台阶是外部保障提升，交通畅达、通信保障、便利充足、支付便利，我们这一套东西现在在国际上是一流的，不敢说第一，但至少可以达到一流。

第二个台阶就是组织运转的效率提升，旅行社已经转型升级，门市服务社区化、电子商务普遍了，旅游产品多样化。

第三个台阶就是供给充足，各种产品丰富多彩，高端服务引领基础品质保障。

第四个台阶就是景区品质普遍提升，标准化成为基础，市场化推动发展，网络化开始形成。

我们不用说四十年前，就推到二十年前吧，这个状况都不可想象。所以总体而言，中国的旅游品质国际上居中上游，国内比较各行各业居于一流，那为什么还有那么多意见？第一是旅游是服务业的特点，感受深。第二是规模大，每年60亿人次出游，如果一亿人次出一个事故，每周都会有一个事故，说起来亿分之一的概率，大家就感觉旅游怎么老有事。

第四就是媒体放大夸张，盆满钵满是夸张，宰客欺客是放大。

第五就是典型案例影响，比如说云南、海南都是典型案例的影响。

第六就是领导的压力，不分情况追究企业，只要一有事，肯定是企业的责任，怎么就不想消费者的责任？比如有些长者经验丰富，所以他们不但可以免费旅游，最后还能挣钱。参加一个免费团之后每天留凭据，反过来投诉旅行社，追究企业旅行社赔偿消费，这也是一种模式。坏人变老了什么事都会发生，所以在这种情况之下我们动不动就追究企业责任显然不公平。

旅游服务提升困难在哪儿？一是流动困难，实际上就靠目的地的总体提升。二是成本提升，价格不同步，靠公平政策和社会环境。三是人员流动率过高，这要靠收入稳定和社会补充。四是青春岗位、青春职业，实际上要靠终身职业去培育。改革开放之初，旅游是高端职业，现在只是就业岗位。旅游就是形成岗位，你到海外看一看，它那里社会形态比较正常，我们现在已经恢复正常了。

还有一个技术落后，靠科技赋能。技术对旅游来说不一定是工具化，现在对我们来说是工具，还薄弱。第二是产品化，产品化我们又有点过分，实际上更多还是要靠工具化的管理。这样形成我们现在的问题，数量增长品质不能同步，硬件提升软件不能同步。成本增长效益不能同步，种类增加人才不能同步，渠道增加市场不能同步，专业增加秩序不能同步。太快了，我就感觉发展太快了，所以就跟孩子一样，糊里糊涂就长大了，看着是一个大个子实际上完全没有成熟。我们这些不能同步都有这些原因，所以就需要稳下来，再说了现在想快快得了吗？就说今年能恢复到什么程度？而且我的看法，今年我们只是喘过一口气，还没有真正翻过身，真正翻过身在明年。明年长远来说真正翻过身是我们结构优化、效益提升、质量提升，靠这些东西。品质头上五把刀——工业发展促进能源成本上升，红利减弱造成人力费用上升，社会多方乱收费影响收益，结构因素强化造成供求不均，追求奢华导致恶性增长。这些事不能指望……即使指望一时不能解决长远，所以就需要我们一步步推进。

消费的变化过程这么多年看下来，一开始追求的就是多玩，先问多不多，然后问贵不贵，现在问好不好，再继续问对不对，最后问值不值、绝不绝、红不红，这就是旅游消费的变化过程。

所以优质旅游是高线，我们不能把这个优质旅游扯到天上去。均质旅游是底线，能达到均质旅游就算过去了。所以精致旅游是追求，精致旅游在中国灵山拈花湾。我们在座的这几位都是精致旅游的代表，它不是简单的优质旅游。全国来看，东北傻大黑粗，西北大漠风尘，西南粗制滥造，华中辣遍天下，中原大而无当，产品都有相当的距离。第一长三角，第二珠三角，我评价中国优质旅游就讲这两个地，京津冀都不行，海南更不用说，海南有些项目也就粗制滥造，只不过海南自然环境好，一俊遮百丑。所以客人有一系列要求，眼界型的是大众观光，家常型的是民宿休闲，享受型的是各类度假，撒欢型的是主题公园，撒野型的是户外运动。还有一种自虐型的叫特种旅游，就是自虐，就愿意受这样的罪，有这样的人，所以我们怎么样对应？

这一系列东西最后归纳几句话，靠文化要去建设什么，别搞大而无当、华而不实、费而不惠的东西，靠特色降低营销成本，靠科技降低能源成本，靠经济降低无聊成本，靠保养降低运作成本，靠严格降低管理成本，靠小费降低人力成本，靠合作降低竞争成本。

所以我说，与其自相残杀，我们为什么不联合自救？这种话是1990年的话，到现在30多年了，但是我们市场就是这样。只要市场往下一滑旅游是脆弱的，我们自相残杀这套词又出来了，何必呢？可是我们把成本降下去，在这个过程中不降低质量，就很棒了，别动不动就追求高品质，没那么多高品质，均质是我们的底线。

这样就需要对应未来，说到底标准保底线，个性求高线，创造是无限。因为这么多年工作下来旅游行业里面标准化的意识已经很强了，现在大家就说个性和创造不影响标准，标准是底线，只不过我们在操作过程中把它操作成高线了。那怎么是高线，一开始搞这个5A景区的时候我就说了一条，达标就可以，不要有定额，有定额是选模范。既然有标准就有这个底线，可是在这个过程中自然而然就把它操作成一个高线的，大家就认为这是最高的，这是不对的。

所以说到底，旅游高品质发展需要我们全面把握，同时积极推进。现在困难大把，可是在这个过程中我也看到了希望，看到了信心，包括我们旅游者的进步和成长等。

今年我到海南，住酒店，老总跟我说，客人到什么程度？早餐一落盘子端到自己桌上，半盘子菜端到自己桌上，他说再好的酒店也经不住这样。所以他就说了四句话，写在门上，叫阳康高峰，第二句捉襟见肘，第三句互相体谅，最后一句大家高兴，这几句话一贴，跟着早餐时间延长到11点半，谁也不抢了，从从容容。这就是旅游者的毛病，可是再这样怎么办？他说我把早餐和午餐连在一起，午餐的时候反倒没人了。他就跟我提了一个问题，他说教育旅游者很重要，我说旅游者不是教育出来的，旅游者是在实践中摔打出来的，所以我们用不着出点事就声明是我们不对，我从来不这么看。任何一个事情我们要分析一下到底是谁的责任，如果把所有责任都推到了旅游企业头上，都压到了我们行业头上是不公平的，可是领导就这样，所以我们该扛也要扛一下，该变也要变一下，否则永远认为我们不对，这个行业还有希望吗？

文旅研究要转型[①]

一、何谓文旅研究

什么叫文旅研究呢，说不清楚。我简单想了一下，文旅研究，狭义是文化和旅游研究的融合，既包括文化内容也包括旅游内容。广义则是在文旅融合大背景下创造一个新的系列研究体系，形成一个学科群。这是我对文旅研究的理解。

我们如果谈文旅融合，40 年以前就开始了，且一以贯之。初期是产品融合，最早是在产品层面上，旅游需要文化，所以 80 年代国家旅游局投资四个大项目都是文化项目，比如北京慕田峪长城、西安历史博物馆、南京的秦淮河风光文化带，那是旅游项目吗？都是文化项目，为什么？因为那个时候我们主攻目标是欧美市场和日本市场，他们最关注的就是中国的文化，所以我们必须要做文化，这样就形成了一个产品融合。中期是市场融合，到后来文化市场和旅游市场慢慢融了，这是在一个更大范围的融合。所以，文化为魂，旅游为体的认识也普遍化了。后期是行政融合，2018 年文化和旅游部成立，我们大唱特唱文旅融合，好像文旅融合从此开始。实际上不然，这只是行政层面的融合。

但是，文旅研究始终没有跟上时代变化，基本上是两张皮，今天来看也是这样。比如说学术论文，文化研究就是文化研究，旅游研究就是旅游研究，见过几篇文旅融合，文旅研究这样的论文呢？很少，可是我们都在唱高调，都在唱文旅融合，到底怎么融合？在项目层面，文化引导旅游发力是天然需求。所以在所有的旅游项目上，文化一定是主导的，文旅一定是融合的，需要异质化的竞争，市场需求压着文旅不得不融合。但这只是在项目层面，在研究层面，基本上各说各的。所以多年以来，文化口的专家和旅游口的专家学者始终在保护和利用方面打来打去，也影响了实际发展。文化专家顽固认为，发展旅游破坏

[①] 根据 2023 年 6 月 18 日在中国青年旅游论坛上的发言整理。

环境、破坏文化，所以就要反对。另一方面，因为强化了保护，这些专家就站在道德制高点上，就可以批评旅游。

这么多年来，两面事，两面理，我和文化、环境之类的专家，辩论了不知道多少次，因为他们就是这种观点。但是这种两张皮太厉害了，严重妨碍了实际工作。比如说在2000年，20多年以前，新世纪旅游怎么发展，我们当时有一个工作构想，提出了三个区。一个叫国家旅游扶贫实验区，一个叫国家旅游度假区，一个叫国家生态旅游示范区，实行三区联动。和六个部门都谈妥了，开了专家论证会，起草了各类标准。最后觉得条件成熟了，然后把这三个区写到了国务院副总理工作报告里，每个区写了一段，最后进入了2001年国务院9号文件，完全成熟了，可以操作这个事了。

当时谈下来，各个部门都说是三个好题目，如果文件能够下来，我们出钱支持，一算一年可以给旅游增加800亿元投资。比如国务院扶贫办就说这个题目我们一年拿300亿元，环境保护部也说生态旅游区这个题目一年拿200亿元。最后是国家旅游局牵头起草文件，国务院六个部门会签。文件一层一层往上走，我一层一层追踪，四个副总理画圈，一想没有问题了，大功告成，到了总理那里。总理看这个文件之前，刚刚看到了一封北大教授的信，告旅游破坏环境、破坏文化。总理第一段批示请旅游局和环保部认真看一下教授这封信，旅游不能搞破坏。跟着又批了一段："我们现在这个区那个区搞得还少吗？还需要增加这三个区吗？"国务院秘书局局长找我，说总理批示下来了，我一看兜头一盆冷水。那个时候800亿元实在是大钱，旅游局不争这个权利，我们就想给旅游发展添一把火，增加一些动力，但是呢？没戏了。后来还有人问，这个事你不再努力了？我说不努力了，心寒了，才知道专家破坏力量有多大。后来这个教授给我传一句话"我不是有心的"。你有心也罢，无心也罢，你在干什么？

后来有一次电视台做一个节目，关于保护与利用，请他去。我一听高兴了，我说我一定去。结果到了现场一看，他没来，罗哲文先生来了。我说，罗先生你怎么来了？他说不知道，通知我来就来了。罗先生是泰斗，所以那天那个节目让主持人很失望。因为罗先生说一段，我就说罗先生观点我很赞成，我作一点补充。我说完罗先生说魏司长观点不错，我也要补充一下。整个对谈节目，本来主持人希望我们两个人辩论起来，第一我俩观点一致，第二罗先生是泰斗，我怎么可能和他辩论呢？但是为什么那人不来？你们说实话。

他听说你来，他不来了，什么事啊？

这些年变化了。一是行政上成了一体，所以彼此见面都客气，二是习总书记提出的活化利用思想的指引，所以现在情况好了很多。但是在学术和教育方面仍然是两张皮，这既影响了文化的深化，也影响了旅游研究拓展。我说两个学科题目，第一个叫文化旅游学，我不知道现在有没有专著。有多少论文在谈这个，我不知道。但是我想了一下，这是以文化为魂，旅游为体，两者融合的学问，这是一门新学科，突出的是理论构建。第二个叫旅游文化学，是在旅游发展中深化文化功能，两者互补的学问，突出实际引领。

我们不是讲文旅研究吗？二十大报告不是要求文旅要深度融合吗？怎么没有看到深度融合的成果？当然也可能我孤陋寡闻，但是我觉得这应该是需要关注的。这两门学问，都应该是文化专家和旅游专家共同研究的成果。从学理出发，应当形成一系列衍生学科，构造出一个体系。而且从现在来说，不仅是文化旅游学，旅游文化学，我说的是文旅研究。现在来看条件具备了。

一是研究基础，大家普遍感觉局限在旅游管理、酒店管理、资源开发、旅游规划、会展经济等领域，路越走越窄，可是泛旅游的研究越来越多。

二是项目基础，在具体项目发展中，文旅天然融合，也积累了丰富经验，因为我接触实践很多，深有所感。有时候觉得真是没有文化，他们就是需要好好引进文化。但是你发现跟他们讲，是对牛弹琴。

我最近出差，跟一些老板谈。后来我发觉，对牛弹琴，牛没有错，错的是弹琴的人，你干吗对牛弹琴呢？可是很多时候，就觉得不在一个频道，讲半天他听不懂，跟他讲什么？类似这样的问题实际上真是需要我们发力。

三是市场基础，人才需求，新兴和新型的人才，复合型人才需求普遍化，现在真正缺的是这些人才。但是这些东西需要认识突破，也需要文旅研究转型，这是摆在文旅学术界和教育界的普遍问题。但是你问问文化专家，根本不屑于研究旅游，多高大上啊？占着主流位置，每年有国家课题，有各种各样的身份和地位，屈尊做旅游研究，还文旅融合，门都没有。这就是天然障碍，跟这些大专家们谈谈，除非有项目，文化专家来了，为什么？项目有利益，这很简单。所以在这种情况下，我有时候有一种深深的悲哀。在这个领域我最佩服王恩涌先生。我跟王先生接触很多，作为这么一个大学者，从地理学角度切入，谈起旅游问题，头头是道。有时候听王先生谈完以后，特别受启发。这个时候，我才感觉什么叫文旅融合，但是在学理上感受不到。

二、跟踪时代变化

现在，传统旅游教育到头了，专业局限性强，学生人数下降，毕业生在旅游领域很少，坚持下来的更少。另一方面，人才成为旅游行业最大短板，质量问题越发突出，这是我今年的感觉。大家说，今年旅游能翻身吗？翻不了身，今年旅游只是喘过一口气，明年才可能真正翻身，但长远发展取决于人才。首先取决于人才数量，现在数量都不足，其次取决于人才质量。

现在的专业性、局限性越来越强。比如说全国民宿20万家，客房200万间，不经意之间，一个这么大规模产业起来了。全国星级饭店45年发展现在才150万间客房，还不如民宿的数量。但是哪个院校有民宿专业，没有。全国营地2000多家，如果是泛营地的概念，大概翻一番，有哪个学科建设做过？我今年已经参加了四次自驾车、房车营地的会议，我说，你们这么热闹啊？大家说现在形势火爆。缺什么？缺人、缺理论支撑、学科建设，我们哪个学校想过这个事，我们眼里只有高大上这些东西。当代文旅研究发展，必须要跟踪实际需求。

发达国家的文旅研究，融合方向是休闲学，没有什么文旅学，但是真正方向是休闲学，对应的方向是生活方式。所以休闲学几乎成为一个无所不包的学科体系，专业领域形成细化垂直体系。休闲学有理论高度、包容度大，专业则实用化，显现出新的生命力。我接触不少国外休闲研究专家，研究到残疾人休闲，妇女、儿童的休闲，细化到这个程度，休闲心理学、休闲历史。后来我问一个问题，怎么没有看到你们有休闲经济学呢？他们想了半天，说那个时代我们已经过去了。也就是说，发展到现在这个阶段，休闲学已经是一个高度包容、更综合的、理论性更强的一个大学科。社会没有到这一步，产业没有到这一步，理论也到不了那一步。问题是我们现在社会和产业都已经到了这一步，研究没有跟上。

所以，这是现在的一个核心问题。第一是现在的认识跟不上现实变化，这是一个很突出的问题。因为我们现在还局限在我们这么几个专业，严格说已经有点落后的学科，但是不会淘汰，因为产业始终存在，支撑学科的基础也存在，但是也有点落后。现实是什么？

五彩缤纷。变化是什么？是迭代和更新。第二是学科建设跟不上认识深化。我们现在的认识已经深化到一定层面，但是学科建设跟不上，这是很自然的。学科是对实践的总结，把它上升到科学高度必有一个滞后过程，但不能毫无反应。不说学科建设，研究层面应该能跟得上，但是很遗憾，现在也跟不上。第三是现在的教育管理跟不上学科建设。一个学科培育多年，好不容易形成了，突然发现落后了，甚至被时代淘汰了，无法容忍，辛辛苦苦一辈子心血，落后了，那怎么能行啊？

这两天我在准备一篇文章，突然意识到一个问题，而且感觉这个问题很深也很大。从旅游发展的历史看，分三个阶段。

第一阶段是资源化阶段，大体上八九十年代是以资源为主导，那个时候大家一说就是旅游资源如何丰富。后来我问，哪个地方旅游资源不丰富？20年前，我们搞旅游资源分类与评价国家标准的时候，讨论了半天，旅游资源到底怎么定义？这个定义到现在也不过时。能够形成差异性，对游客产生吸引力的自然和人文资源，就叫旅游资源，这是一个泛旅游资源的概念。可是直到现在，还在说这些事，已经完全过去了。很简单，我们一流的旅游资源转化成产品80年代进入市场，二流的90年代进入市场。现在我们还有没有开发的旅游资源吗？也就是说，资源开发的时代已经远去。文旅部好不容易保留一个部门，主要涉及旅游内容，还叫资源开发司，这个名称就已经过时了，再从工作内容看，哪有资源开发的事。我这两年参加旅游规划评审，痛感指导的落后，因为我们有一套规划的标准引导，上来先是资源普查，然后是资源评价。我就感觉这套内容应该淘汰了，现在资源普查已经做过好几轮了，还需要普查吗，还需要开发吗？实际上规划内容做的是什么，做的都是产品。现在如果勉强说资源，是环境旅游资源、社会旅游资源、生活旅游资源。

第二阶段是产品强化时代，就是现在所处的时代。这个时代会长期留存，不像资源开发，资源开发实际上已经淘汰了。产品强化这个时代长期留存，但是这种长期留存也会转化。

第三阶段叫场景化时代，这个时代正在来临。这几年全国有三个火爆城市，网红城市。第一个西安，倚老卖新。西安做了什么？做的是时尚，无论是大唐不夜城，还是长安十二时辰，乃至长恨歌等，但是兵马俑始终保留着，总体来说西安倚老卖新，以新带老，做了一把时尚。它做的是产品吗？不完全是具体产品，做的是场景。我今年看长安十二时辰，深深感触到什么叫场景化、什么叫沉浸式。

第二个长沙。长沙也是历史文化名城，但是感觉完全是一个娱乐城市、欢乐城市。这么一套东西跟历史文化有关系吗？有关系，但是这种烟火气，这种市民气、市井气，完全跟历史搭不起来。它的产品到底是什么？也是场景。

第三个是淄博，不用多说了，淄博培育的也是一种场景。乃至最近的贵州，村BA、村超，这些只是比赛吗？不是，也是场景。

所以，场景化的时代已经来临。这样的话，从资源化到产品化、到场景化，在学理上怎么把它归纳总结起来？怎么把它提升到理论的高度？我觉得这就是对学界的挑战。我这种感受是跑出来的，我的工作习惯是什么？比如说半年没有出门了，我一句话也不说，因为缺乏实感。这三个月，密集调研，高强度这么跑，跑下来有发言权，有感觉。所以实践中提炼出来的观点，不能说是理论，只是观点，但是从实践中提炼出来，是有生命力的。

我们下一步的方向，如果真正讲文旅融合，就是休闲学。这样的话，完善一个新的学科，引发一个新的体系，我觉得这是我们学界应该有的任务。

三、何谓高质量发展

高质量发展，我归纳十点，叫高质量决策、高质量谋划、高质量项目、高质量产品、高质量运营、高质量服务、高质量科技、高质量人才、高质量公共服务、高质量发展格局。也就是说，我们不能一谈质量就是服务质量，那是局限在原来小旅游领域来谈。现在不同了，文旅研究，文旅融合大格局，现在新格局也已经显现。文旅研究如何高质量发展？势必会给我们提出来。

我们现在有一套院校体系，内卷，规则严密，以文献印证文献，以观点论证观点，圈子里面自己热闹，挺好。大家这碗饭还可以吃下来，学生们凑合听听，满意不满意也不管，反正这是我的任务，再加上我们现在的学生对实践了解不多，对社会了解更少，拿上文凭就完了。这样一个状态，还高质量发展？我看不出来。另外是一套科研体系。这套科研体系，对应政府，高调运行，科研人员唱的都是政府高调，那还要你干什么？这一套，政府官员说完了，你无非是在注释政府官员一些话，有意义吗？所以，如何关注行业，如何对应实践，如何谋求发展，这是我们真正需要研究的。

全面深化文旅研究，第一就是一体化，文旅一体化，这是第一个题目，这个题目也是我们现在眼前最大的难题。旅游弄点文化的事不难，文化弄点旅游的事也不难，在于什么？肯不肯放下身段？文化专家有什么了不起，你也是吃碗饭？有那么高大上吗？产生大师级的人物，这个历史时代已经过去了，现在都是职业性的，说俗了是吃碗饭，实际上就是职业性。好好地研究一下文化，注入旅游领域，这倒是真正需要做的事，这就是一体化。

前年在贵州丹寨开非物质文化遗产的会议，文旅部有一个非遗司，还有非遗协会，王小峰会长也去了。那个会上我发言，发完言之后休息一下，有一半人出来了，跟我说，听下来，你发言最好，为什么，接地气。文化专家发言很好，都很正确，但是我们不知道该干什么。因为丹寨是王健林投资的，所以我对丹寨做了一些评价，提了一些建议，他们给王总汇报之后，王总在北京专门约我吃了一顿饭。我就问王总，怎么想起约我吃饭？他说你的发言太好了，说出了很多我们意识到但没有说出来的话。我当时很欣慰，这就是专家的作用。因为在几年以前我曾经写过一篇文章叫《旅游不需要野蛮人》，也是王健林说，要让迪士尼20年没有利润可言。王总就说我不是野蛮人，我是文旅人，王总也是文旅人，实在给文旅人长脸。但是反过来说这个事，这个一体化很难。

第二，占高地。理念上我们要占住高地，不能老被动，老当被告不行，同时实践上占高地，因为多年打架打烦了。我后来想，占领高地，琢磨一个新题目，创造未来文化遗产。这是在灵山，我和吴国平一块，聊出这么一个题目来。自然遗产是老天爷给的，文化遗产是老祖宗给的，我们这一代人给后人留什么？就留建筑垃圾吗？提炼三句话，今天的精品，明天的文物，后天的遗产，所以我们要创造未来文化遗产。开了一次会，树立这个理念，出了一本书。新建教授、吕教授都参加了。人家评价这本书，题目太好了，质量太差了。几个人一块开了一个会，分一下工，一个礼拜拿稿子送出版社，再一个礼拜印出来了。我就想抢占理论高地。之后我们又开了一次会，给全国12个创造未来文化遗产的示范单位发牌，现在准备第三次会。很自然，文旅研究也需要抢占理论高地，需要各方面专家，但首先需要我们主动。

第三，接地气。一个实用性的学科，如果不接地气，不知道实际是怎么回事，也不知道到底怎么做，能行吗？反正我就是这样，感觉不接地气就出去跑，什么时候跑不动了，就不说话了。当然，我是一个江湖学者，没有这么多束缚，也没有这么多要求，自由身，大家说你的情况很难得，关键是有没有这个意识。

第四，育人才。确实需要培育一批新的人才，尤其是那种复合型人才，太需要了。比如，现在说我们已经开始了场景化的时代，场景化的时代需要创意，需要设计，需要营造气氛。我们现在能培育这样的人才吗？这样的人才都在市场上产生，都是公司在培养。因为我们的老师也不懂。当年我们酒店管理这一套，不就是从引进国外教材，翻译教材开始吗？慢慢加入我们的内容，慢慢将这个产业培育起来，将我们这套体系建立起来。现在也是，我们面临着二次创业，这些东西什么都没有，教材有吗，没有，教师也没有。需求有吗，大把的需求，如果现在能够培养出500个场景化时代的文旅人才，保证一抢而空。

最后，促发展。因为我们教育的目的，是提高我们的人才素质，这是根本，培育民族的未来。但是一个最直接的目标，是促进行业发展。问题是，我们行业是什么行业，我们自己说不清楚了。现在要说清楚什么叫文旅行业都很难，也没有必要说清楚。

旅游研究四个层面，用旅游语言描述状况，用理论观点解释问题，用综合眼光分析结构，用科学态度探索规律，这是旅游研究四个层面，现在应该说基本做到了。一开始的时候，看第一版《中国旅游经济学》，王立纲教授的，基本上是用政治经济学的框架语言在说；第二本是南开林南枝教授的，是用西方经济学的框架来描述。现在我们可以用我们自己的语言来描述状况，这就是一个质的飞跃。但是一步一步，四个层面，尤其是在规律性层面，差得很远。比如说我碰到很多情况，批评这个事不行，为什么不行？违背规律，违背什么规律？违背经济规律。我就说不出违背旅游规律，为什么？因为我所看到的旅游规律实在不多，能够让大家掌握，成为工具，加以分析应用的更少。

简单归纳一下，80年代是以地理学为中心的资源开发，这个时代过去了。90年代是以管理学为中心的行业推进，这个时代没有过去，但是需要变化。新世纪是以市场学为中心的泛旅游发展。现在转型期，是以多学科合作为中心的深化促进，多学科，包括美学、人类学、社会学、心理学、文化学、消费学、市场学、管理学、经济学、地理学等一堆学科的综合。从理论来说，最早我们说劳动价值论，之后说服务价值论，然后是消费价值论，之后是市场价值论，现在进入了体验价值论和生活价值论。前面都有专著，而且都可以汗牛充栋，但是体验价值论专著很少，生活价值论专著更少，这是学科空白，这也需要我们来补足，但这一定不是一个专业的事情。如果到现在还是专业性的思维，实际上已经错了，不需要专业性思维了。

一个伟大的事业，需要哲学，一个追求前景的产业，也必须追求哲学，哲学涵盖一切。这不仅是本体论、方法论这些传统概念，而且是价值观，是精神追求，是探索终极。旅游发展首先要研究市场，其次研究市场和产品关系，建设一流产品。第三要上升到文化层面，有文采则行之久远，但是说到根本需要提升到哲学层面。最终是美学层面。这也是我们现在最大的短板。尤其官员和开发商，要提升审美趣味，提高审美水平，这是短中之短，官员和开发商的审美趣味和审美水平，基本上决定了一个地方的审美趣味和水平。我们看了这么多拙劣的东西，还称之为作品，这是下一步文旅发展最大的短板。所以要追求旅游的美，达到美的旅游。

旅游首先是一个领域，旗下是无数行业，有传统的、有新兴的、有潜在的、有未来的。旅游业不是一个简单行业，而是一个领域。因此，旅游发展有多方面意义，政治意义是以人民为中心，社会意义是满足人民群众幸福追求，经济意义是拉动发展，环境意义是生态促进，文化意义是全面促进和提升素养，生活意义是提高品质。尤其是新时代，旅游业不能再局限于经济产业。

旅游转型首先是要适应新时代新形势，同样，我们面临研究转型。一是重新定义旅游。旅游是生活，个人旅游是生活的一个过程，大众旅游则是社会长存的生活方式。休闲是生活追求，是体验生命价值，是文明的彰显。二是重新定义旅游业，是生活服务业的前端和高端。生活服务业是大领域，旅游是生活服务业前端和高端。段强会长曾经提出，旅游业是生活方式服务业，为什么呢？生活方式引导生活内容，丰富生活体验，提升生活品质。

最后总结几点。①旅游元哲学：契合人性。违背人性的东西不是旅游。②旅游元理论：符合常识。非得把简单的事、符合常识的事弄得让人听不懂，这就叫专家？深入浅出才叫专家。③旅游元基础：生活追求。从生活出发，来谋求旅游发展，全面认识文化旅游业。

说到底，全面认识，全面推进，就需要文旅研究深入发展，尤其是转型。一定意义上，转型也是一场革命，甚至是我们自己革自己的命。我今天说了一堆着三不着两的话，也没有指导学生们怎么写论文，我也不会写。也没有给老师们提出来下一步该怎么办，我也不会说。但是我知道行业需要什么，我知道下一步发展需要什么，我也希望我们能够结合实际、深入实际，研究需求的发展。学科创建很难，但是开始进入并不难，这就像当年一样，我们开始进入的时候是第一批，也走下来了。所以，我们文旅研究转型的时候，也面临二次创业。

这样一个时代，给青年学子提供了无数可能性，需要开拓思路、开阔眼界，抓住这种可能性。我也希望能够抓这些新题目，迎接这个新时代，尊重这个时代，发挥时代优势。

因应时代，旅游业的变化[1]

一、城市旅游三坐标

近年来全国有三个火爆现象，第一个是西安。西安一说就是十三朝古都，千年古都。但是西安并没有倚老卖老，而是倚老卖新。老产品中除了兵马俑仍然按部就班，《华清池》基本上已经被《长恨歌》替代。上午《华清池》吸引不了多少人，下午陆陆续续人来了，晚上变成高潮。从一天一场到两场，到三场，最多时候一天四场。所以姚总就说"哎呀，我真是心疼我们这些演员"，太累了，太辛苦了。反映的是什么？就是市场变化，市场需求的一种膨胀。新产品层出不穷，大唐芙蓉园、大唐不夜城，现在还有长安十二时辰。

2005年大唐芙蓉园开张，我就过来看了一下，看完之后，得出结论，这个项目没戏。我看不出这个项目怎么挣钱。13亿元投资，建筑体量巨大，怎么挣钱？看不出来，更别说投资回报了。可是当我出来之后，我看见一个新的商业模式。四个房地产公司已经进入曲江新区了。所以最终靠土地增值，一把赚回来了。但是那还是老产品，是传统。

大唐不夜城就不同了，完全做出了一个新的商业模式，一个平台化的商业模式，而且现在变成了西安首选。长安十二时辰上个月刚去过，沉浸式、场景化，构造了一个新热点，所以整个西安变成一个网红城市。我们最传统的、最有吸引力的东西，现在反倒淡化了。新东西是什么？新东西就是场景。

第二个是长沙。长沙也是一个历史文化名城，它索性直奔时尚娱乐之城走。它原来的基础是市井文化，所以强化时尚。比如说长沙的文和友，我到门口去瞄了一眼，因为进不去。要想在里面吃个什么东西排队6小时，领个号，然后去瞎逛。我看了一下，它不过就是"新怀旧"。"新怀旧"是什么？80后小时候的城市面貌和生活场景，文和友把它复制出来，

---

[1] 根据2023年7月15日在西安的讲话第一部分整理。

这种东西在我50后眼里这叫旧吗？完全不是旧。但对他们来说，是从小到大熟悉的场景，所以80后进入市场，新怀旧就起来了。茶颜悦色只不过就是网红打卡地，看不上这些东西是你个人选择，市场如此，你要接受。所以长沙的热闹构造了又一个网红城市，而且这两个城市都是以老托新，以新拉老，交互交融。老东西有没有？有，但是现在不是主流，主流是新东西。形成交互交融，这是很自然的。

第三个是淄博。不经意间又一个城市火爆，淄博更是舍弃了所有传统概念，靠烧烤出圈。所以叫"淄博现象"。有人说"淄博凉了"，我说淄博那时就不应该那么热，而且热到达到顶峰的程度，对全市都是一个考验。现在也说不上凉，只不过恢复正常了。

但另一个层面却是"淄博经验"。"淄博经验"我觉得才具有普世性。第一，城市管理突破，放松管制，放开市场，给市民机会。第二，城市理念突破。城市是为人的存在而存在，而不是为物的存在而存在。第三，城市文化突破。一个烧烤点亮了一座城市，成为一种独特的文化现象。说到底，烧烤只是一个引子，根本是温暖和温情。市民对政府也投桃报李，不需要管制，也不需要号召，淄博的牌子就成为所有人的追求。所以通过一件一件暖心的小事发散出来。第四，城市凝聚力提升。五一的客人凝聚也是市民凝聚，成为一个暖炉，人人在其中感受温暖，人人给大家以温暖。这样的经验可以推而广之。这些做法不需要巨额成本，但是需要共情心、同理心，需要从小事做起。

这三个城市，都不是我们传统的文化厚重，资源丰富的城市。它们成功的最核心的一点就是构建一个友好型的旅游目的地。

我最近去浙江衢州，因为衢州口号是"南孔圣地，衢州有礼"。后来我就说你们"衢州有礼"现在只是一个样子，上台唱一个大喏，就叫"衢州有礼"。在这个基础上，还要明确友好型旅游目的地。因为他们也说我这儿有多少资源，我这儿有多少这个那个的好东西，我说我根本不关心这个。衢州我来了好几次，我关心的是你的"有礼"到底怎么往下做。所以我就给他们策划了一堆"衢州有礼"，就是友好型城市、友好型旅游目的地的项目。还不错，我那天开车，他们给我打电话，说市委常委开会在研究我的讲话，希望把这个事落下来。所以我觉得一个友好型的旅游目的地，这是具有普适性的。

当然，要想让市民对客人友好，首先政府对老百姓要友好。就像酒店一样，管理层对员工好，员工对客人就好。放大到一个城市也是如此。可是我们碰到海南如何宰客，云南如何坑客，我们听到的都是这些，这能行吗？如果说中国旅游发展有短板，短板就是这个。

二、旅游市场新气象

从产品角度看，第一，长安十二时辰。这个大家都看过，我就不多说了。我们说沉浸式、互动式，这个地方体现最强烈。我原来曾经归纳过一句话，叫"处处是舞台，时时有场景，人人是观众，个个是演员"，应该说在长安十二时辰表现得很充分。

第二个场景的现象就是洛阳的汉服热，这实际上是国潮风的一个高潮，在西安也是。你在大唐不夜城，看见穿着唐服的人很正常，他也觉得很正常。到了洛阳更是如此，过马路来来回回走的都是。为什么会有这种现象，为什么会有国潮风呢？很简单，时代使然。比如说我们这代人睁开眼睛看世界的时候，我们是仰视。1978年改革开放，打开了国门，很多信息都进来了，很多东西我们都能看到。那时候看的感觉真傻眼了，不是一般的傻眼，就觉得他们在天上，我们在地上，甚至他们在山上，我们在谷里面，那时候是仰视。我记得80年代末出国，那时候出国也是看傻了。到新加坡去看圣淘沙，天堂一样。之后就是平视，就转变了。我前些年到新加坡，坐邮轮，有半天时间，我说去看看圣淘沙吧。到了圣淘沙，一个感觉，怎么看不下眼啊？满眼都是毛病，觉得这样的产品太差了。可是当时我们是奉若神明。所以就是一个平视眼光。这代年轻人，你成长的时代是中国蓬勃向上的时代，所以你们成长的时代就是中国和世界的平视，是平等的。没有这么一个仰视过程，也就没有这种自卑感。所以很自然，现在国潮风起来了，大家才知道我们老祖宗太棒了，有那么多好东西，这些好东西我们得挖掘，我们得弘扬。

第三个，淄博烧烤热是一种对烟火气的追求。因为烟火气这个东西，我们作为旅游专家，在全国讲了几十年了。我到哪个城市都批评，我说城市不像城市，为什么？没有人味。一个城市如果以汽车为尺度，追求的是大高楼、大广场、大绿地、大马路，一个城市如果没有以人为尺度的区域，这个城市简单说是没有人味。我们说了几十年，应该说这几年领导开始反应过来，开始调整，因为原来的路走不下去了。所以现在就在做城市有机更新，挖掘城市的细节，提升城市的品质。但是说到底就是一个烟火气。

第四个，特种兵旅游。特种兵旅游长不了，它就是一个短期现象。很简单，三年疫情大家都憋着，现在钱包都瘪了，又想旅游，所以就玩出了一个特种兵。我评价叫"穷且益坚，不坠青云之志"。这个东西能长远吗，绝不能长远。很简单，违背人性。因为这种东西都是我们当年玩剩下的。比如说我上大学第一年暑假，1978年，就走了一趟济南、泰安，爬了泰山，然后又回来了，五天时间，包括往返交通费，一个人花了20块钱。不住旅馆，到了泰山上裹一件雨衣，在山上忍一宿。第二天早上看日出。到了山下买几个馒头坐在路边就啃了，这不就是特种兵旅游嘛。这些东西都是我们玩剩下的东西，没啥了不起。但是这种现象绝不可能长久。可是有个阶段性的现象也挺好玩的。

第五种现象，宿集开拓，文化注入，品质提升。十年来民宿发展非常猛，但起起伏伏。2018年，全国民宿24万家，到2019年变成18万家，一年内跌了五分之一，为什么？膨胀太快。疫情来了，民宿反而火起来了。2020年民宿又恢复到20万家，现在大体上是这么个数。可也是一风起，一刀切，所以做民宿感觉太难了，创造了一种新形式叫宿集，民宿集合。现在全国有十来个，宿集有生命力。市场就是这样，你不知道哪块云彩下雨。我去年到宁夏看黄河宿集，就一个老村子，50多户人家，一个浙江老板建了新村，把这50多户人家都搬过去。这个村子土墙、土屋、土院，招了13个江浙沪民宿的头部企业进来，怎么改造你们自己弄。最后这个村子形成130间客房，但是给你感觉确实不同。一边是黄河，一边是沙漠。这个村子看着也很土，一进院子就不一样了，时代差出来了，每个院子都有一个小游泳池。我问经营怎么样。他说今年疫情很严重，但还可以，收入6500万元。如果正常时候，130间客房收入可以突破1亿元。这是一种好模式，它实际上是长三角的人过来投资，长三角的人过来改造，长三角的客人过来消费。就在宁夏中卫这么一个地方，它就能起来。

第六个，营地扩张，这也是一种新方式。因为国家规划到2020年全国营地达到2000个。现在有很多准营地，有很多伪营地，到底有多少谁都不清楚。实际上它体现的是一种对新生活方式的追求。所以今年以来，营地大把垮台，不是一般的垮。比如说原来营地转让可以500万元转让出去，现在50万元都没人要。可是从长远看，没有问题。

第七个，贵州的村BA、村超，是一个全面的场景体验。当然，大家各有各的关注点，有从体育角度关注，有从竞赛角度关注，有借此贬低我们的海参队，什么都有。但是给我一个感觉就是全面的场景体验。因为贵州那个地方叫文化千岛，文化太丰富了，历史上就有很多这样的大型活动。比如贵州每年都有姐妹节，到姐妹节的时候5万人出来，都是银饰，看得眼花缭乱，历史上就是如此。现在只不过是扣着新的点，玩一些新内容。

第八个，最好玩的就是最近东方甄选进入旅游，陕西、山西、甘肃，还到西安火了一把，让蓝衣大叔成了名，确实很好玩。实际上不是一个简单的推广产品，这个团队确实很厉害，文化很扎实，表现很充分，而且每种表现，都是一种场景化的表现。所以，说到底，根基在生活，互联网传播，数字化提升，但是场景化感受。所以最近这些现象，对我们做旅游演艺还是很有启发的。

三、几个趋势判断

第一个判断，资源性的时代早已过去。我们可以看出来，传统的旅游概念已经完全落后了，口口声声资源丰富，现在资源丰富甚至从长处变成了一个短处。很自然，传统文化现代解读，传统资源现代产品，传统产品现代市场，传统如果不和现代结合，即有学术意义，有研究价值，也很难进入市场。所以学术价值、历史价值、考古价值，这是一极。审美价值、娱乐价值、市场价值，这是另一极。有些可以画等号，比如说兵马俑，这六个价值同时存在，所以它就是顶级的东西。有些只能是两个层面，前三个价值只能形成专业考察和小众旅游。

我上礼拜在北京开一个会，讨论房山的旅游。房山的书记、区长都很重视，宣传部长先讲了一大把，就是讲资源。我就笑了，轮到我发言，我说你们这一套话30年前就可以说，20年前还可以说，10年前不能说了，今天更不能说了。其中要把周口店做成一个周口店文化主题公园。我说这个事想都不要想，周口店的学术价值、历史价值、考古价值顶级，所以是中国第一批纳入世界文化遗产的单位。但是后三个没戏，周口店不要研究做大做强，你就研究做小做专就够了。我很不赞成你们做一个周口店的文化主题公园。一个洞，几根骨头，完了，就靠这个东西挖掘？我们现在好多地方还是这种思路。

当然，最好的情况是文旅融合，价值全面体现，只是希望，不是规律。旅游者出门追求的是玩，是时尚和快乐，这一定需要文化，但不是文化厚重。如果总强调厚重，旅游者只能"用脚投票"。我们中国词汇这么丰富，为什么一说文化就是厚重？我到这儿去，文化厚重，又厚又重，对不起，我走，不去行不行？我们说文化灿烂，说文化辉煌，说文化丰富，说什么都行，为什么非用"厚重"这个词？实际上是什么？从一开始我们就不尊重市场。不尊重市场结果是什么？不尊重旅游者。你不尊重我，我当然走了。

进一步说，中国一流的旅游资源在旅游发展之初就形成产品，进入市场。代表性的自然资源是黄山和九寨沟，代表性的文化资源是故宫和兵马俑。二流的旅游资源在中期全面进入市场，之后就形成了一个泛资源的状况。现在大家努力的项目还是开发传统旅游资源吗？是借助环境旅游资源、社会旅游资源和生活旅游资源。或者说传统资源概念已经没有多大意义了，再强化资源甚至会形成资源诅咒，躺在资源身上，最后影响发展。但是传统的资源化思路，现在仍然形成路径依赖。大家一说旅游就还说旅游资源，我听都不听。当年甚至有资源性部门和市场性部门的说法，比如说建设部、文物局就说，包括这些专家都说我们是资源性部门，你们旅游是市场性部门。时代已经过去了，还有没有资源？有，少或者偏远，或者市场价值不足，都不能形成主流。

但是在文化部门，资源化思路仍然主导。所以这影响文化发展，也影响文旅融合。文旅部成立，好不容易保留了一个以旅游为主导的工作部门，却还叫资源开发司。现在还有资源开发的事吗？你们看看你们的工作内容，哪儿有资源开发。

我去年参加几个旅游规划评审，在网上参加，线上评审。我一看评审稿，就说不行。第一章一定是资源普查，然后资源评价。我说看看实际，有资源的内容吗？这是产品普查和产品评价。从根本思路上就需要调整，有些东西过去了，过去了该淘汰就得淘汰。比如说有一个资源评价的国家标准，有一个资源普查的国家标准，这两个标准都是我当年主持做的。现在我认为这两个标准可以退出历史舞台了，因为我们现在不需要旅游资源普查，也不需要旅游资源评价，都不需要了。这个时候我们还强化资源，只有一个结果，影响发展。

第二，产品化的时代强化进行。短短几年，随着数字化普及，已经从注意力旅游升华到影响力旅游。前几年"注意力经济"还是一个很时髦的词，但是现在不同了，现在叫影响力经济、影响力旅游。所以不是一个简单的市场营销引发注意，而是产品提升形成影响扩大，主动扩张。也就是说形成了产品强化拉动市场的新格局，是产品和市场双主导。这是目前旅游市场上非常重要的一个现象，就是产品和市场双主导。所以它一个方面，总觉得我的东西很好，就是市场营销不够。后来发现，花了大把的钱营销，没有多大意义。往回刨，到底为什么？是产品吸引力不够。这是一个根本问题。

现在怎么形成产品与市场双主导，这是对我们的一个挑战。因为从产品角度说，从历史到时尚，从厚重到轻松，恰恰可以补齐我们的产品短板。其中如何拓展内容，也成为重中之重。我感觉现在真正薄弱的东西是内容。怎么拓展？怎么挖掘？现在还是手工业的方式。

前一段参加了一个会，叫作"旅游供给侧改革"。我一看，台上共八个人，这四个人是供给的，就说我们有什么东西，我们做什么项目。这四个是需求的，我们有什么资源，现在短板在哪儿，然后谈能不能合作。这种模式是40年前的商业模式，现在我们还把它称之为改革？太落后了，太low了。反映什么问题？在全国各行各业里，旅游现在是一个落后行业。看看其他行业，农业现在先进到什么程度了？这么多年我们年年能保持粮食产量稳定增产，主要靠科技。我在黑龙江建三江，一个场景给我震住了，一个小伙子拿了台电脑在那儿弄，我说你干嘛呢，种地呢。他说你看，一个无人机在上面拍，下面十台拖拉机，无人驾驶，一台电脑就指挥了。跟着我就在佳木斯看了一个世界农业机械展销会，全世界好的农机都过去了，我们现在是走在前列。旅游有这种情况吗？

这个时代人才的力量充分显示，人才的落后也充分显示。资源化时代锤炼出来的人才已经落伍了。新型人才是多元化、复合型的一代，资源化时代锤炼出的人才，吃苦耐劳，做事扎实，基本上做一个成一个。但是那个时代已经过去了。

第二个时代的人才是产品强化时代的人才。这个时代的人才现在是主流。但是我想，没有几年也会过去。所以很自然，新型人才，多元化、复合型。我就观察到一个现象，我们做旅游演艺的没几个正经干旅游出身的。要是原来干旅行社的，原来干酒店的，你进这行，门儿都没有，因为思路完全对应不上。原来做景区的，有一部分人思想比较开放，还可以进入这行。干这行是哪些人？干什么的都有。但是有一个共同点，不拘一格。

产品强化是一方面，另外一方面就是产品细化，甚至垂直化。市场也在细分。我们从消费变化过程看是这么几个阶段：

第一个阶段，追求多不多。穷旅游、特种兵旅游追求少花钱、多看点。第二个阶段就问贵不贵，太贵了我就不去了。第一个阶段已经完成，第二个阶段有选择了。第三个阶段就问好不好。这就是一个品质化的阶段。第四个阶段问对不对。你喜欢的东西未必是我喜欢的东西。比如说我到哪儿都喜欢看博物馆，年轻人就不喜欢。当然现在年轻人也开始喜欢了。昨天碰到一个小男孩，8岁，我一个朋友的孙子，他点名要看兵马俑，要看陕西历史博物馆。花了500块钱请了一个讲解员，讲解员都很愣，没见过这样的孩子，3个小时一直听讲。然后就问值不值。值不值就是一种性价比追求。我不怕多花钱，但是一定要值。

少花钱,甚至不花钱,不值。我花了时间和精力,我就觉得浪费了。这几年就问炫不炫、绝不绝、红不红。很多人干嘛?就是打卡。你到这儿来干嘛?没什么,这是网红点,我就要打卡。这也是时代性的现象,这些东西长不了。网红不等于长红。真正能长红的东西才有价值。这是我们从消费变化过程看。大家还认为只要搞价格战就能活下来,不行,完全不符合这个时代了。有的东西很贵,但是你只要让大家觉得值就可以。

另外一个是全面感受。大众观光追求开阔眼界。家常型的是民俗休闲,享受型的是各类度假,撒欢型的是主题公园,撒野型的是户外运动,自虐型的是特种旅游。大体这么几类。实际上现在大众观光基本淡化了,不能说淘汰,因为观光是第一代旅游者的必然追求。只要有第一代旅游者,就一定会有观光型产品。但是观光型产品如果更丰富一些,吸引力自然更大。其他这些东西,自虐型始终还是少数,花很多钱,整个就是一个自虐。我曾经碰到过登珠峰的人,一个老板,三次登珠峰。我说你跟我说说你的感受。他说登上去就后悔,走一步后悔一下,但是已经上去了,不能下来。他第一次登珠峰还差200米到顶。夏尔巴人导游跟他说,"你不能上了,你已经到极限了,你要是上去就下不来了,现在下还可以"。到了大本营,哇哇大哭。第二年从尼泊尔南坡上去了,南坡上去没什么可炫耀的。第三年他从北坡又上去了。登一次珠峰150万元。这绝不是说你有体能、有经验、有技术就能解决,有一个底儿,得有钱。那一套装备上百万元,再加上百万元的登山费用,你没有两三百万元登珠峰想都不要想,但是就是自虐。他就说了一句话,三次珠峰下来,又把世界七大峰爬了一遍,他说"我有一个感受,人生无难事,再难能难到哪儿去"。今年登珠峰,2000多人在那个窗口期,所以珠峰大堵车,所有人都堵在路上了,死了5个人。明知有死的风险,为什么还去?自虐。

所以,不同的时代,不同的追求,不同的变化,不同的市场细分,这样形成现在这么一个格局。产品化的强化现在是主流,也会长期持续,但是会发生各种变化。

第一,专、精、特、新。专精特新在工业领域已形成潮流,而且国家现在大力倡导制造业的专精特新。但是旅游领域却是空谷足音,就没有这个概念,也没有一个地方说我是属于旅游业的专精特新的产品,有吗?没有听说过。我有时候想挖掘一些,发现也很难挖掘。但是在制造业,不光是专精特新的企业(一般都是中小企业),甚至一些专精特新的领域都出来了,比如说这个县专门干这个,那个县专门干那个,一干就干到世界第一,一说就是我这个产品全世界市场70%都是我的。我们有些产品自我定位是专、精、特、新的产品,因为我们一直在行业里面倡导精品,这是第一步。第二步叫经典。什么叫经典?百读不厌,百看不倦,这就叫经典。比如《长恨歌》现在就可以称之为经典。

第二,大而全,大而高,已经走到头了,不宜再追求。我看全国有十几个地方都试图搞乐高乐园。我的结论基本上是搞一家死一家。

第三,对应生活的场景化产品,这是开拓未来的格局。前些年有旅行社推免购物产品。到后来甚至推出免景点旅行。免景点怎么旅游?感受的就是场景,显现的就是这个趋势。场景化是大趋势,场景化时代正在来临。张瑞敏有一句名言,"万物互联时代,只有场景,没有产品;只有生态,没有行业"。他所说的生态不是一般的自然生态概念,而是一个产业链的泛化,各行各业打破界限成为一个生态圈。现在场景化消费已成为时尚,场景化发展必然成为旅游的前景。沉浸式和场景化正在成为大家共同的追求。这个时代的竞争就转向一个模式竞争。场景化模式,外延扩大,内涵深化,远远超出了传统的景区、景点。

场景,一是场,就是空间营造。二是景,是氛围营造。三是情,即情景交融。这就要求有很强的参与性、互动性。现在技术手段很丰富,什么样的技术手段?基本上你能想出来就能做出来。但是故事难编,所以要契合人性,直抵人心。

大概10年前,我碰见一个德国人,在中关村工作。他说有一个8K的设备,全中国就这么一台。他想做什么?想给各地拍旅游的片子。我看了这几个东西,确实身临其境。但是看完后,我说这个东西不灵,旅游者追求眼、耳、鼻、舌、身、心、神,全面的体验,不只是一个视觉感受。你这个视觉感受再好,能比得了吗?就像去年谈元宇宙一样,很多公司都很兴奋,也跑来找我。我说我对元宇宙不看好,其他行业我不管,旅游行业不必这么忽悠。很简单,如果元宇宙真成功了,我们全世界旅游几百年白干了,中国旅游40多年白干了,躺在家里什么都能看到了,干嘛还要出去旅游?但是我反过来问一句,即使都能看见,为什么还要出去旅游?大家追求的是这种场景的实感。

最简单一个例子,看云海在飞机上看是最好的。云海的变化起伏,可是你在飞机上看不兴奋,你感觉你在看电影。可要是你登山看云海,就会兴奋得一塌糊涂。登山看见的云海绝不如飞机上的云海。可是为什么你兴奋?就是因为有这么一个过程,你有这么一个体验,有这么一个沉浸。这就是我们旅游的意义所在。

变迁时代的旅游业观察[1]

中国旅游发展45年进入一个新的转折点，什么转折呢？一是深化开放，二是再次发展，但是基础不同，起点不同，不能同日而语。1978年到1979年，10个月内邓小平五次谈到旅游发展，30年之后黄山召开了一个纪念邓小平登黄山30周年活动，提出中国旅游从黄山出发。那个时代抓旅游就是抓改革开放突破点，国家外汇收入奇缺，旅游设施奇缺，几乎从零起步。但是现在不同了，我们现在外汇收入大把，旅游设施过剩，确实面临新的转折点。现在旅游拥有超大市场规模，国内旅游一起算，中国旅游市场规模世界第一，和我们外贸世界第一、我们高铁世界第一等算在一起，我们有一堆世界第一，都是讲规模，旅游也是这样。

第二有巨大资产规模。这个资产规模到底有多大？谁也说不清楚，前一段时间有人研究RZZR，找到了我。我说现在搞清一个最简单的事实，中国旅游存量资产到底有多大？他狠做一番工作，还找到了文旅部市场司、产业司，一块找数字，最后没有一个数字能说明中国旅游的存量到底有多大。为什么？因为有一个最简单的原因，旅游行业界限划不清楚。但是我想至少有一个巨大的资产规模，因为原来我做过这个事，在计财司当司长的时候，我说我们研究一下，中国旅游的资产存量到底有多大？查来查去，查到2008年有一个数，那个时候全国是8000亿元。现在我们一年旅游投资恨不得18000亿元，30年积累，只积累了8000亿元资产，现在看比8万亿元都要多。

第三，强大运营能力。这是我们中国成为世界旅游强国的根底，也是我们再次发展的基础，这个基础和以前完全不同了。比如说我现在到各地，有时候还看到他们开招商引资大会，一般我不参加这个会，今天还谈招商引资，这就是忽悠人。100个项目，一个项目

---

[1] 根据2023年7月17日在祥源集团年会上的演讲整理。

10亿元甚至20亿元，多的七八十亿元这种项目，一说这个省旅游投资达到3万亿元，这到底忽悠谁？你忽悠投资商还是自己把自己忽悠了？这就是现在行业存在大的问题，大家没有搞清楚我们现在到底怎么回事。所以我的结论，增量时代过去，存量优化开始，这就是我们根本性的转型，实际上祥源这几年的投资，多数也是存量调整。

速度性的增长过去，质量性的增长开始，所以现在只把参照系定为2019年显然不准确。因为我们对应2019年疫情以前，只是一个数量和规模的比较，现在应该从质量起步。2019年中国旅游存在四个大的问题，效益不好、质量不高、结构不优、人才不足，我们现在动不动回到疫情以前，还要回到那个时候吗？客观来说，这半年多中国的旅游行业喘过一口气，同时原来的毛病都在显现，并没有解决，只不过疫情厉害的时候毛病无从显现，现在又显现出来了。所以最近关于旅游吐槽挺多，当然表扬也很多。

所以我们就得想一下，我们到底回到什么时候？严格说回到过去一定是错误的，我们必须着眼将来，研究将来怎么发展。中国旅游面对转型升级的历史任务，转型主要在传统领域，包括旅行社、饭店、景区这三个主要领域，也包括正在成长已经变为传统的领域，比如温泉、民宿、营地，这都是大家当新业态来看的，这是新业态吗？温泉30年了，营地20年了，民宿10年，起起伏伏，严格说这些所谓新兴行业已经是传统行业了。应当对应市场需求变化，升级则是高质量发展，是全面要求，其中质量和效益是同等要求，效益背后才是根本原因。严格说，中国旅游是一个效益不高的产业，不要老说新兴，行业发展45年了，还是新兴行业吗？中国房地产业1998年才开始，比旅游晚了20年，现在也到了天花板，这个时候还说旅游是新兴行业，那叫睁着眼睛瞎说。旅游要做成新型行业，这个新型就要求我们效益好、质量强、结构优、人才足，其中核心就是企业。

现在所谓头部企业，都是按营业额说话，还是讲规模，真正讲利润的有几个地方？我这半年多，100多个企业项目只碰到两个。一个是华清池，一张口一年10亿元收入，10亿元收入里面门票大概占1/3，2亿元利润，一个《长恨歌》7亿元收入，5亿元利润，这样的企业让我听得目瞪口呆。它从来不说我一年接待了多少人，多少人对我有什么意义啊？上个礼拜西安下一场暴雨耽误了它三场，一个晚上演三场，一个晚上300万元没有了。我说你一年这么多收入，300万元没了就没了吧，对你来说这也是不可预见的东西。还有一个成都的白马文化集团，去年80亿元收入，一半利润。是做什么的？和你们很像，只缺一条，它不投资，从选址设计、建设、运营一直到后来的回报，是一个完整链条。前年我看这个企业的时候他们还是30亿元收入，这两年这么艰难，收入涨到80亿元。他也讲我的利润是多少，意味着什么，打不通产业链，光就一个项目这么说，恐怕不行，可是把产业链打通下来，这个可能会创造新的利润，只不过这种利润的概念和我们传统做项目的概念不一样。我们传统做项目，一个项目说一个项目，算项目这点账。可是现在不同了，这也体现了根本性的变化。

所以，旅游搞了这么多年，是一个效益不好的产业，我们能不能达到社会平均利润率？比如5%，工业制造业5%，它里面包含着很多东西，比如银行利率，整个投资成本、运营成本，最后凝结出来5%，社会贡献都在前面呢。我们旅游行业现在看连这个都达不到，所以我们最大贡献是什么？给国家养一帮人，这就是最大贡献。比如说首旅集团，原来1200亿元资产，算了半天这个板块利润比较多，那个板块就不行，其中最大板块是旅游、酒店这一块，这一块一说一年收入800亿元，利润多少？1亿元，1亿元利润，干不干了？哪怕把房子出租都不至于。我算了一下，如果用物业角度干酒店，一年什么都不干，踏踏实实20亿元的物业租金可以拿到手，现在才1亿元利润。他们说，魏老师你只看到这一面，另一面我们养了5万个员工，而且这5万个员工不能上街不能闹事，三年疫情可以减薪不能下岗，这就是国有企业的责任，这只是给自己找一个理由而已。但是确实如此，各种不同情况。但是说到底就是这么一个问题。所以我谈这么几个大的问题。

一、新时代

新时代不完全是未来，我们就处在新时代中。新时代也不完全是希望，更多可能是困难和挑战。

1. 外部因素

这决定了旅游眼前运营和长远发展，其中三个负面压力比较大。

第一是全球化变迁。

第二是疫情时代的变迁。现在我们说疫情过去了，我说疫情没有过去，过去的只是疫情管制方式，从去年12月初到12月底，一个月疫情高发，后来一下放开了，基本全民渡劫,大多数人都阳了。对于旅游而言,新冠肺炎疫情划出了一个时代,疫情管制也划出了一个时代,所以大家说今年开始恢复了,纷纷兴奋。我说了几次不必兴奋,是什么情况?旺丁不旺财,故伎重演。那个时候很多人不赞成我的观点,说好不容易看到希望了,魏老师给我们泼冷水。我说这个冷水必须要泼。春节不用说了,五一就是最典型的旺丁不旺财,一看平均一个人花费570块钱,还说今年五一远途旅游增加,航空旅游增加,570块钱连一张机票都买不起,市场到底什么情况?跟着故伎重演。

第三是不确定性的影响。这三年来疫情已经成为灰犀牛事件,是人们习以为常的风险,黑天鹅事件则是防不胜防,还会有什么?谁也不知道,一般说大疫以后有大灾,好在我们现在防灾抗灾能力已经全面提升。可是国际因素不确定性多有存在,唯一可以确定的就是不确定,下一步还会有什么?不知道。这是三个决定我们命运的背景因素,负面的多,还有三个正面的。

第四,从小康时代到中等发达,这是长远目标。全国14亿人达到中等发达,需要摆脱中等收入陷阱,这是希望所在,也是旅游发展根本动力。人均收入增长,需求多元化,消费多样化,这个话听起来都是耳熟能详,都是套话。可是往下想一想,怎么针对需求多元化?怎么达到消费多样化?这就是一种挑战。

第五,高质量时代来临,这是下一步全国发展总基调。同样,从规模到质量,旅游也必须追求,高质量不是高端代名词,是决策质量、运营质量、产品体系、服务质量、市场质量各个方面系统化,是一个发展质量总和。

第六,中国式现代化。这就会引发中国旅游的现代化,这是我们现在面临最大的课题。但是我看官员们天天把这个挂在嘴上,实际没有反应,什么叫中国式旅游现代化?我们必须有一个好的答案,这也是一个导向。

2. 变迁时代

45年中国旅游,发展是大趋势,但是其间发生过九次波动,有世界性的、经济性的、政治性的、社会性的、自然性的各种因素都有,影响最大的是1989年和2003年。这两次影响最大,这两次我直接参与其间。比如说1989年那个时候,全世界评论包括专家观点,中国旅游五年翻不过身,或者需要恢复五年才能达到1988年的水平。我们当时做了分析,分析下来只要一年半时间。为什么我们和外国专家看法差距这么大呢？他们从外部看中国，我们从内部感受中国，后来基本上一年半恢复了。那个时候我们给国务院写过几次报告，首长们都说旅游局报告写得不错，扎实，而且给了我们信心。2003年非典那个时候和新冠疫情刚开始一样，大家都恐慌，大家都觉得畏惧，不知道怎么回事。结果半年过去了，国务院明确宣布非典已经结束，一个月旅游恢复了，所以全年下来并没有受到多大影响。

然而所有波动加在一起达不到新冠疫情影响，这三年我们可以说什么苦都吃了，该死的就死了，该跌到谷底了就谷底了。比如说旅行社这个行业，原来一个说法5万家，一个说法8万家，最后只剩下不到3万家。旅行社是一个夕阳行业，不改革就得死，没有疫情也得死，所以我对旅行社倒闭不心疼，为什么？因为旅行社玩的是人也是人在玩，今天宣布倒闭了，明天注册又成立一个，多几家少几家怎么了？可是在这个时候舆论大起，旅游是脆弱的，从脆弱性到敏感性，到弹性、到韧性，说法有一个过程的。1990年国家旅游局专门开一个会就是研究脆弱性，最后得出一个结论，旅游不能说脆弱性，如果这个产业是脆弱的，还值得发展吗？后来世界旅游组织1991年也说了这样的话，不能说旅游是脆弱的，我们大家一起说敏感。前几年波动，又开始说旅游有弹性，旅游有韧性。这不是一个说法问题，对一个行业总体判断和认识，它决定了一系列东西。

但是现在不同了，这三年疫情，一个是影响程度无以复加，二是影响时间，三是影响深度，涉及发展后劲，所以这三年投资停顿，人才流失。这是新时代最大挑战，我们不必把希望寄托于需求爆炸，真正寄托是行业快速反应能力。如果有快速反应能力，有可能有希望。所以总体判断，今年依旧喘过一口气，到明年希望真正翻身。形势不必过于乐观，鼓劲不能鼓虚劲，说话不能说空话，个别成功案例固然鼓舞人心，但是解决不了普遍性问题。

现在中国的旅游格局已经发生根本变化，第一是消费能力下降，开始还说消费被压抑，现在只能说萎缩。很简单，总体消费市场，富人恐慌、中产萎缩、穷人没钱。我今年前5个月出差都是这个感觉，可是最近这一趟出差，感觉不同了。

我最近出差第一站去了青岛，到青岛感受到好几年没有感受到的现象，因为在此之前北京旅游已火了，但是北京小旗子一挥，接上旅行团一个一个走。我说这不行，这些都是老头老太太，哪有消费能力？青岛不同，我们在青岛住海天大酒店，这是一个高端精品商务酒店，人满满的，都得抢房，等房，吃早饭全是度假的，真是扶老携幼，市场变了？一想是暑期，所以活生生把一个商务精品酒店变成了一个度假酒店。跟着去西安，西安是网红城市，同样从早到晚，人来人往，浩浩荡荡。到上海，我还没有足够感觉。但就一个感觉，这个市场实质性在哪？在于神兽消费拉动力量。到了暑期，在青岛机场、西安机场，看孩子们一窝一窝地，他们的消费才是根本性消费拉动。一想也是，一个暑期过去，开学了，大家见面，你没有出去玩，你和你的同学们没有话可说。这就说明什么？说明我们的消费力量还是有的，所以也不能过于悲观，既不宜过于乐观，也不宜过于悲观。

第二，市场格局变化。城市大休闲兴起，乡村微度假兴旺，形成了两条新赛道。这两条赛道可以容纳万亿元级投资，可以形成万亿元级消费的赛道，而且可以长期持续，即使再有什么不确定因素，这两条变不了。所以安全、近距离、短时间、快速，这是几点基础要求。

第三是供给变化。传统格局几乎崩溃，对应需求新产品逐步兴旺，这是什么？这是我们传统观光的根本转向，但是赛道偏小，也同样解决不了危机。

第四，旅游投资全面下降，缺乏发展后劲。一个行业没有投资确实没有后劲，可是我们现在面临大的问题，投资投什么？我碰见很多投资商问，想投旅游投什么？我问，你们想投什么？数了半天，数不出来。我最近碰见一个投资商，要投贝加尔湖，我说这个对，他说看贝加尔湖，就是看中国三十年以前，太好的资源，太差的设施，太弱的交通，随便做一做就能赚钱。

第五，旅游作用逐步下降。很简单，收入和就业腰斩了，所以旅游地位达到历史新低。中国旅游这么多年有一个现象，只要国家经济发生问题往下滑，旅游地位就上升。1986年外汇短缺，当时石油收入的外汇出口减少了20亿美元。那个时候20多亿美元在中国是大钱，所以国务院开了三次常务会议研究旅游，第一件事旅游纳入国民经济计划，第二件事每年给旅游5亿元投资，第三件事研究旅游局升部。这个争议就大了，最后领导说一句话，什么时候中国旅游外汇收入达到100亿美元，那个时候再考虑升部。这是1986年，结果1996年达到100亿美元了。因为那个目标是邓小平同志提出的，所以1996年国家旅游局的局长专门给邓小平同志做了汇报，您当年提出的目标我们已经提前实现了，邓小平同志欣然，但是旅游局升部还是没有戏。这次按理说，国民经济这么困难，正是旅游地位提升的时候，中央层面没有什么反应，话都没有一句。省级就不同了，各个省开旅发大会，重视得一塌糊涂。

我今年参加两个地方的旅发大会，参加完了我说，这种会绝不再参加了，为什么？实在没有意思。就是官员自娱自乐，花4000万块钱，弄一个场面轰轰烈烈，搞一台大歌舞最后就完了，所以这种走过场的事还需要参加吗？同样离不开的有一个旅游招商投资大会，我更不参加了。反映一个什么情况？越往下，大家的追求越实际。2018年文旅部成立，我有一次发表一个观点，很担心旅游边缘化，结果这个事上了舆情参考。文旅部领导很重视，专门开了一个部长办公会，责成一个部领导约谈我。我后来说，我这个观点没有错误，第一我是担心，不是评价现状。第二，一个边缘化，我们走着看。错就错在这，说话场合错了，我不该在那个场合说这个话，就算完了。结果约谈完了那个部领导说到他办公室坐一会儿，进了他的办公室把门一关，"魏老师你说的话真对"，现在不就是这样吗？但是实际上客观判断，旅游发展有多大？影响有多大？三年疫情反而什么状况都得过来。

现在我的评价，就是在文旅部这个层面大体上叫文八旅二，到了省这个层面文五旅五，到了地市级旅八文二，到了县一级100%都是旅游。很简单，旅是市场化的，是实实在在的。县的文旅局长说，我能干什么文化？一大堆文物保护单位，天天要钱，我到哪拿钱啊？所以事情是这样一个事情，每一个层面有不同判断，所以我们也用不着虚头巴脑说领导如何重视。反过来说，一个市场化这么强的产业，领导重视与不重视有什么区别？不重视该发展我也发展，重视起不来还是起不来，所以这些东西反而不重要。

3．阵脚不能乱

但是持续三年，起起伏伏，大家气急，不能乱了阵脚。现在基本状况找不到北，有四个所谓新热点，很可能盲目发展，所以如果各位想再找这样的项目，建议大家不要找。

第一个世界级景区和度假区，这个事缺乏研究支持，什么叫世界级？而且景区、度假区完全不是世界概念。来一个世界级的红色旅游区，那不是开玩笑吗？实际是一个目的地概念，不是区的概念。二是数量有限，不能夸张，但是现在大家又都开始了。前一段贵州找我，说省委书记提出来要把贵州打造成世界级的旅游区，希望我写一篇文章呼应一下。对不起，这篇文章我不写，因为我看不出你世界级在哪。最近可以写了，那个贵州村BA、村超，是世界级的，构造世界级的影响。

第二个夜经济、夜旅游，规模夸张，项目刮风。我看到一个数字说中国夜经济将达到36万亿元，不能夸张到这个程度。2021年全国消费品零售总额44万亿元，一个夜经济36万亿元，蒙谁呢？可是因为有一批公司做这个事情，他们希望把这个事忽悠越大越好，我看这个事后患无穷，涉及一大堆问题。1990年，上海谈点亮上海，当时希望外滩这条街上商户晚上都开灯。商户一句话，电费谁出？因为政府说了，你这些设施我来帮你弄，问电费谁出，政府说我来出。半年时间过去，夜经济确实起来了，大家说不用政府出钱了，到底是上海人。现在我们折腾这些东西，就涉及这一点。且不问电力供给够不够，现在全世界包括欧美一些地方，空调都不能自由开，为什么？没有电。我们中国现在是电力供给最充分的国家，所以大家不觉得这个事是个事。二是电费谁出，三是光污染怎么解决，一系列负面因素，可是大家就这么忽悠，我很不赞成。一个地级市有一个片区做一个夜经济区是可以的，不能到处都是，县更没有必要，但是现在我们很多开始搞了。我的判断，基本搞一个死一个。

第三个虚拟现实、增强现实、元宇宙，等等，更不能盲目发展。这也是现在更夸张的问题。对这个事有两个判断，一个叫工具化，一个叫产品化，传统领域就是工具化，我们通过数字化提升效益，增加效能，这个需要强化，需要大力发展，但是产品化用不着那么多。一个最基本点，违背了旅游的原点。旅游者为什么出去？他为了追求这些感受，如果一个元宇宙把这些东西都替代了，在家里面什么都行，我们干旅游干什么？再说了做这些事情违背了旅游原理，怎么可能成？

第四，康养产业。康养产业是一个大赛道，但是并不简单。康养是事业，我们现在把事业产业化，旅游在康养里面充其量是之一。现在一说康养是旅游大赛道，康养与你何干？旅居项目有一批，这算是康养，现在也很火爆，也在努力宣传自己，也不可高估。而且这个坑也很深，弄了半天，挖一个坑把自己套进去，能行吗？

所以这四个所谓新热点，不是很可能，现在已经看到了盲目发展，更何况旅游投资全面萎缩，政府财政普遍困难，所以不知道谁忽悠谁，最后可能把自己忽悠了。

同时，新格局已经显现。一是传统资源开发殆尽，影响逐步淡化。二是传统产品统治市场，后劲逐步减少。三是传统市场全面转化，新老交替进行。四是跨界发展形成常态，传统企业式微。五是产业结构不断变化，新兴业态涌现。六是投资结构超越旅游，跨越领域进行。七是要素市场逐步突出，结构优化当先。所谓要素市场是什么？土地、资金、管理、技术、人才、信息，这都是各个产业发展的要素，旅游的要素市场大家关注的就是资金，其次关注土地市场，其他市场不关注，现在要素市场逐步突出。八是区位优势逐步变化，交通优势显现。一说我这个区位很好，光是区位能行吗？到底交通怎么样？一个地方交通便利了，你原来区位弱势现在强化了，一个地方交通不便利，再讲区位优势也不行。中国地理几何中心在兰州，应该说兰州区位优势最好，可是一条胡焕庸线划出了中国经济地理的区位。所以到西部投资，要好好想一想这个活怎么干，不能光讲一个区位优势。九是城市聚集格局突出，群体发展领先。下一步，京津冀、长三角、珠三角再加上成渝城市圈，顶多再加上一个中原城市圈和一个西北城市圈，基本这么几个城市圈。这几个城市圈城市聚集越来越突出，很自然在这些地方找项目成功的希望大得多。所以现在还说资源很好，说这个干什么？十是世界领先态势形成，新型发展引导。

所以，历史的必然、现实的逼迫、发展的引导都形成一个方向——旅游转型。

三、时代的变迁

1. 几个现象

近年来，全国有三个火爆现象。第一是西安，千年古都没有倚老卖老，而是倚老卖新。老产品中除了兵马俑依然按部就班，华清池基本上被《长恨歌》替代了。我前几天住在华清宫酒店，每天早上在园子里转一圈，清清静静几乎没有人，出去的时候看见人开始进来，一到下午人全进来了。三场歌舞，最多的时候是四场，一天四场 400 万元收入。新产品层出不穷，大唐芙蓉园、大唐不夜城、长安十二时辰，以沉浸式和场景化构造了新热点，所以整个西安成了一个网红城市，在西安大街上看见小姑娘穿着唐装，觉得很正常，穿唐装的人也觉得自己很正常。

第二个是长沙，也是历史文化名城，索性直奔时尚娱乐之城走。原来的基础就是一个市井文化的基础，现在强化了时尚。我到文和友，在外面看，进不去，因为要进去里面都是人，我就是看一看，知道怎么回事的。要想在里面吃一餐饭，可以拿票，六个小时之后，什么东西呢？80 年代的场景，80 年代的生活氛围，什么原因？因为 80 后现在变成主流，他们开始怀旧。所以文和友是一个新怀旧，茶颜悦色只是一个网红打卡地，而长沙热闹，构造了又一个网红城市。而且这两个城市都是以老托新,以新拉老。这样一个格局很有意思,可是动不动,我是历史文化名城,我要如何如何,这能行吗?

第三个是淄博。不经意间又一个城市火爆,淄博舍弃了所有传统概念,靠烧烤出圈,形成淄博现象。但是我说这里面有一个淄博经验。一是城市管理突破,放松管制,放开市场,给市民机会。二是城市理念突破,城市为人的存在而存在。因为我们这些年城市化发展,大马路、大广场、大高楼、大绿地,这四个大意味着什么,意味着城市依托着汽车,为了汽车而存在。可是一个城市如果没有人的活动空间,这个城市没有人味。淄博正好相反,淄博市政府没有传统这套,而且淄博历史上就是一个城市分了五块,不追求中心化。三是城市文化突破,一个烧烤点亮一座城市,成为独特文化现象。说到底烧烤只是一个引子,根本是温暖和温情。市民对政府也投桃报李,不需要管制也不需要号召,淄博牌子成为所有人追求,通过一件一件暖心的小事发散出去。四是城市凝聚力提升,所以人人在其中感受温暖,人人给大家温暖,这样的经验可以推而广之。

我第一次在网上看到淄博现象,第一个判断淄博突破中国传统城市管理界限,这个事大了。我最近到山东去了三次,到这个城市,到那个城市,官员一说都摇头,淄博的事不可能持久,官员太辛苦了,官员也是人。但是淄博经验不同,所以现在大家说淄博凉下来了。淄博不是凉下来了,只不过从高峰下来,现在恢复到正常,怎么说凉下来了?这些看法偏于激烈,热,热的在蒸笼上坐,冷,冷的在冰凌上卧,偏激没有必要。淄博的经验不需要巨额成本,但是需要共情心、同理心,需要从小事做起,这是我们看到三个城市的火爆。

2. 产品万花筒

要从产品角度来说,有一堆,呈现出万花筒的现象。

一是长安十二时辰,这是沉浸化、场景化最典型的。如果从城市有机更新这个角度来说,实际现在已经进入第四个阶段。第一个阶段是旧城改造,那是90年代开始,大拆大建,效果说不上好,但是让中国城市面貌都变了,变成了千城一面。第二个阶段是城市有机更新,因为我们城市发展到了天花板了,再往下怎么走?城市也没有这么强的力量,房地产也在萎缩,土地财政基本断了,所以现在就都转向了城市有机更新,挖掘城市传统资源,细化城市的风光面貌,这是第二个阶段。第三个阶段我看长安十二时辰。这个项目是

90年代的商城，36000平方米，生意很差，维持不下去了，所以陕文投想了这么一招，做长安十二时辰。我去以前以为弄一片街区，把街区搞起来，后来发现不对，就是一栋楼，用了24000平方米，搞了无数场景，从一进去就融入了。每天上午10点开始，有一个穿唐装的官员，拿着圣旨宣布开始，卫兵浩浩荡荡，大家一进去眼前就是演员，演员就在你身边。所以你一路走下来，各种场景变化，这边李白吟诗，那边杜甫吟诗，那边玄奘背着取经架子一路拜佛，一看旁边有人吵架都是演员，所以人马上就融入了。跟我去的一个小姑娘，人哪去了？化妆去了，一个小时化了妆，换了唐装，出来了，很兴奋，像明星一样，所有人跟她照相。客人平均在里面待5个小时，平均花费500块钱，化妆以后在小摊吃饭也不换，就那么吃，穿着唐装吃饭。

看完了和他们座谈一下，第一空间要扩大，你还有12000平方米可以用。第二时间要延长，现在每天早上10点到晚上10点，延长到夜里2点不行吗？这样消费会继续增加，吸引就是靠沉浸式。72台小歌舞，你走到这一坐，一台歌舞出来了，最长8分钟，一般5分钟，觉得没有看过瘾呢，怎么结束了？往前走又一台小歌舞，有点类似快闪。我那天不沉浸，就看，看完了座谈，但是看明白了。意味着什么？90年代的建筑现在也老了，至少需要功能的转换。出来我们又看那12000平方米，研究这个地方怎么弄？这就是一个情景。

第四个阶段，我最近去成都，就是我说的一个从30亿元两年变成80亿元的企业。他们做了一个什么项目？双宝浮玉园。双宝是什么？大熊猫和金丝猴，大家只知道大熊猫，其实金丝猴更需要保护。这个项目所在地原来华侨城在那做楼盘售楼处，楼卖完了售楼处没有用了，把它盘下来了，有一堆大熊猫和金丝猴展览，从邮票到摄影作品，到绘画作品，到国际交流作品，有这么一个展览。外面做了七栋，都是木建筑，做成七个餐厅，再加上环境。那个餐厅平均一个人花费700元，必须预定，但是确实做得好。从这得到一个启发，现在城市里有无数闲置空间，我们原来只看重老厂房、大仓库，现在这种最新闲置空间出来了，把这种东西弄出来，基本也是弄一个成一个。

第二个洛阳汉服热，这是国潮风的高潮，为什么会有国潮风？三年以来很时兴，很简单，因为这一代消费力量起来了。1978年改革开放刚开始，我们那个时候看外国是仰视，觉得太棒了，天堂一样。我记得第一次到新加坡看一个项目，其实当时看着就像天堂一样。过了N多年，有一次去新加坡坐邮轮，又看了这个项目，看不下眼，太差了。为什么？就是因为我们在不断提高。而这一代人他们出生和成长年代是可以和世界平视的年代,所以这一代人的民族自尊心、自豪感非常强。这才是国潮风的基础。

第三是淄博烧烤热,这是烟火气的追求。

第四特种兵旅游,穷且益坚,不坠青云之志。这都是我们玩剩下的,这叫啥啊?很想旅游又没有钱,才玩出这个东西,这个东西不可能长久。1978年,我上大学第一个暑假。我是旅游爱好者,约几个人去玩玩,北京、济南、泰安,再回来五天时间,包括往返的火车票,一个人20块钱。怎么玩啊?爬到泰山上每人弄了一件雨衣,就地躺倒睡一晚,第二天早上看日出,最后一站到济南,剩下的钱只够买馒头,坐在摊上要碗水把两个馒头吃完上火车,这都是我们玩剩下的,有什么了不起的?但是它反映的就是这么一个状况,所以它不可能长久,因为不符合旅游基本规律,只不过在网络化时代,便于传播。

第五个现象,宿集开拓,这是文化注入,品质提升,而且这真正体现出消费。我去年到宁夏沙坡头,旁边有一个黄河宿集。这个黄河宿集是长三角浙江人过去建了一个新村,把村里面的农民搬出去了。这个村招了13个长三角做民宿品牌型企业过来,每家做一栋加在一起130间客房。这边是黄河,那边是沙漠,土房子、土墙,外观都是这样,进了院子不一样了,每一个院子里有一个小游泳池,是一种度假感觉,再看客人都是长三角的客人,所以长三角的人过去投资,长三角的人过去运营,对应长三角客人。和他们一聊,今年疫情难过,总收入6500万元,如果没有疫情呢?突破1亿元没有问题。我们可以想一下,大城市中心酒店,130间客房一年有这样的收入吗?说起来宿集,实际是消费聚集。

第六个现象,营地扩张。原来规划到2020年全国营地达到2000家。这几年营地很特殊,因为城市出不去,营地就膨胀起来了,所以各种伪营地、小营地,乱七八糟无数,一年就兴起了。到底多少?没有统计,反正超2000家了,伪营地加一起怎么也得上万家。过一年又跌下来了,原来营地装备可以卖100万元,现在卖10万元没有人要,为什么?因为现在疫情管制放开了,所以营地一下跌下来了。但是它反映的是什么?是一种新方式追求。

第七,贵州村BA、村超,一直到现在还在火爆,这是一个全面场景体验。这实际上就是中国的狂欢节。这些现象不是偶然的,当然有地方操作的原因,更主要不是操作原因,是什么?是资源和产品和市场对应到一起。

第八,东方甄选进入旅游,开创新的格局。我们觉得东方甄选靠团队影响力,开创了新的营销方式,这只是新的营销方式吗?靠他们的文化挖掘和文化传播力量。所以我感觉今年有一个特点,文化的注入和对文化需求的增长,变成了今年新的现象。

我前天在西安给旅游演艺领导者研修班讲课,我上来就说有一个新情况,我们讲旅游演艺,实际上还有一个新的现象叫演艺旅游。怎么讲呢?我在青岛地铁通道里一眼看到三个演艺的广告,前两个不知道是谁,都是演唱会之类的,只有一个崔健,崔健还唱歌呢?他们就说,几台演艺拉动青岛一个月,无数人奔着这些人来的。所以我就说演艺拉动城市,演艺拉动旅游,确实是一个新的现象产生了,就是演艺旅游。演艺旅游和旅游演艺什么关系呢?需要我们研究了,这是新的现象。

从淄博引发,友好型旅游目的地开始产生。浙江衢州,始终提一个口号,"南孔圣地,衢州有礼",所以我到衢州说衢州有礼不能是一句空话,要落下来,构建一个友好型的旅游目的地,讲一番什么是友好型旅游目的地,什么是友好型产品、友好型社区、友好型景区。讲完之后,衢州专门开了一个市委常委会,觉得这是一个方向。衢州最有基础,衢州有礼,有礼的目的让客人感觉到温暖、感觉到温情,而不光是形式上的礼貌。所以一系列的现象,根基在生活,只不过互联网传播、数字化形成,但是最根本的是场景化感受。

在衢州,专门给他们提了一个项目,四位一体,格局太好了。这个项目做下来,衢州马上变成四省的中心。他们现在说是四省边缘,说边缘不是把自己说低了吗?把自己真正做成四省中心,而且这个项目是现成的——有一个古城,城墙、城门楼、古街道都有。有一片新区,这个新区是一个半岛,都是时尚的东西。还有一个岛,这个岛可以做成生态岛、娱乐岛。最后融下来就是南孔圣地,孔子的家庙,这四个在一起,什么要素都集中在一起了,而且交通极为方便。这个项目得好好做,这个项目按照我的构想花不了多少钱,一年可以成名,很自然这就是一个过程,这反映了阶段性的变迁。

3. 几个判断

第一,资源化时代早已经过去,传统的旅游概念完全落后。口口声声资源丰富,甚至从长处变成了短处,变成了包袱。我刚去过山西参加了旅发大会,山西旅游,思想认识落后主要在这,到山西一提都是资源如何丰富。资源时代已经过去了,还谈什么?我参加全国旅游局长会议,80年代末90年初上半期,局长一张口资源如何,介绍他的资源。到了

90年代后半期,没有人谈资源,谈发展困难、行业管理这套东西。到了现在,这套东西也不谈了,我也不知道局长谈什么。但是反映了历史过程。传统文化现代解读,传统资源现代产品,传统产品现代市场,传统如果不和现代结合,有学术意义,有研究价值,但是很难市场化。所以,学术价值、历史价值、考古价值为一极,审美价值、娱乐价值、市场价值为另一极,有些可以画等号。比如说故宫、兵马俑这六个价值都有,有一些是两个层面。前三个价值只能形成专业号召和小众旅游,后三个价值才能对应大众旅游。

进一步说,中国一流旅游资源在发展之初形成产品,进入市场,代表性的自然资源有黄山、九寨沟,文化资源故宫、兵马俑。二流的旅游资源在发展中期全面进入市场,大体上90年代下半期和新世纪前十年。之后进入泛资源状况,纷纷进入市场。现在大家努力借助环境旅游资源、社会旅游资源和生活旅游资源,或者说传统旅游资源概念已经没有多大用了,再强化资源甚至会形成资源诅咒,躺在资源身上睡大觉。但是传统资源化思路仍然起作用,所以资源普查、资源评价、资源开发,等等。当年我当司长的时候资源普查、资源评价的标准都是我弄的,现在看,这些标准可以取消了,我们已经不需要这些了。当年甚至有资源性部门和市场性部门说法,比如说建设部、文物局说他们是资源性部门,我们是市场性部门,和你们路子对不到一起。那个时代已经过去了,现在还有没有资源?有,但是少,或者偏远,或者是市场价值不足,都不能形成主流。现在只有在文化部门,资源概念非常普遍,大家一说我这里的文化资源如何如何,还是资源,为什么?没有进入市场,没有变成产品。

文旅合并,好不容易保留了一个主要的旅游工作部门还叫资源开发司,现在资源开发司六个处,有哪一个干资源开发的活?没有。我们顶着一个资源开发司的帽子,但是没有一点工作内容是资源开发,反映帽子不合适,反映我们认识落后了。

第二,产品化的时代强化进行。短短几年,随着数字化普及,我们已经从注意力旅游升华到影响力旅游,这不是简单的市场营销,是今年市场特别突出的现象。市场营销的目的只是引发注意,所以注意力经济这个词前几年也很时尚,这个时代也已经不足了。现在产品升级,影响扩大,这是主动扩张,也就形成产品强化拉动市场的新格局,是产品和市场的双主导。下一步,产品怎么升级,不要认为现在市场营销最重要,有升级产品再加以适度的市场营销,自然而然起来了。

我去年去敦煌，早上起来一看敦煌周边沙山上100多个网红直播博主，都是红裙子，这个那个的，敦煌用不着营销啊？对这些博主做工作，给你提供新材料，还有什么东西你们没有看到，还有什么东西需要强化，每天提供这个，直播的博主就够了，还做什么市场营销？再说品牌已经起来了。可是这些人，包括东方甄选，他们做的这些工作实际就是文化深度挖掘，体验深度感受，创造了一系列场景。所以现在是产品与市场双主导。我始终这个感觉，真是时代不同了。从产品角度来说，从历史到时尚，从厚重到轻松，恰恰可以补齐我们现在发展的短板。其中如何拓展内容也变成重中之重，产品和市场双主导，产品就是靠内容。

在这个时代，人才力量充分显示，人才落后也自然充分显示。资源化时代锤炼出来的人才已经落伍，产品化时代人才现在是主流，新兴人才是多元化、复合型的一代。所以不是说你是学旅游出身，你就适合干旅游，未必。学旅游出身恰恰什么都干不了，因为专业性真是不强，是不是？说旅游是一个专业，我说旅游是一个领域，不是一个专业，它下面有很多细分垂直的专业。另一方面，产品细化甚至垂直化，市场也在细分，所以在这个时候人才变成我们最大的短板。今年以来，首先是人才数量不够，因为三年多数人走了，形势一恢复，有些人说我好不容易换了岗位稳定下来了，这个岗位收入也不错，干嘛非得回去？所以就变成人才数量普遍不足。但是更重要是人才质量不足，多元化复合型一代人才没有真正起来。

从产品强化角度，需要研究市场变化。

第一，消费变化过程。第一阶段旅游者，追求多不多，花最少的钱看最多点。第二个阶段问贵不贵，太贵了，花不起，但是我要找更好的。第三个阶段问好不好，品质的追求开始。第四个阶段追求对不对，对应你的未必对应我，这就是市场在细分再细化。第五个阶段值不值，是对性价比的追求，只要性价比好，多花钱我不在乎，但是性价比不好，免费我都未必去。所以这几年一个海南宰客，一个云南坑客，市场评价都不好。但这就是博弈，有的老同志已经有丰富经验了，到云南去报一个免费团，一路上不断留凭据，这个团参加完了就投诉。投诉之后旅行社赔偿，最后他也玩了，结果不但没有花钱还捞了一把赔偿。这样的旅游者也太刁蛮了，太奸猾了，不能光说云南坑客人，得看什么样的客人。像这样的现象显然不应该成为市场主流，只是偶然的事情。

第二是全面感受，产品分类。一是大众观光，大众观光追求眼界，你去过多少个地方，网络上有中国最值得去的20个地方，最值得看的20个乡村，诸如此类的，太多了。二是家常型的民俗休闲，充实了乡村微度假，这是一个主赛道。三是享受型的各类度假，只要是度假生活，本质性的追求就是享受，所以一个度假地，要没有一些让人感觉到享受的产品就不行。四是撒欢型的主题乐园，主题乐园追求的就是撒欢，最典型的迪士尼、北京环球影城。迪士尼一路高歌，环球影城一路重压，负担太重，现在日子也很难过，平均算下来每天2万~3万人才能持平，可是这么大财务负担怎么往回收啊？现在真是看不出希望。五是撒野型户外运动，这肯定是下一步发展方向。

户外运动我们这一代人基本没有，因为那个时候没有条件，顶多在户外逛一逛而已。我是旅游爱好者，年轻的时候最喜欢两件事，一个是爬山，一个是游泳，所以骑着自行车把北京郊区的山爬了一个遍，最后觉得不过瘾，骑着自行车到承德，这是我们这一代人的玩法，基本不花钱，也没有钱。可是80后这一代人不行，因为都是独生子女，那个时候学校春游、秋游都不敢组织，只是放春假、秋假，万一出事呢？现在不同了，现在应该说孩子在学校教育里要求有户外运动技能，所以户外运动包括研学旅游，大把成长，实际上就是撒野，超越日常生活方式一种新型方式。最后是自虐型的特种旅游，登山、潜水、冲浪诸如此类，特种旅游都是自虐型的，花钱买罪受，甚至花钱买风险，人家喜欢。

所以，这种全面感受意味着什么，意味着产品细化。刚才说的是时间变化的过程，这个是空间细化的过程。产品化强化形成主流，这也会长期持续，但是会发生各种变化。第一，专、精、特、新，在工业领域已成为潮流，一说就是扶植专、精、特、新小型企业，但是旅游领域却是空谷足音，我们听到哪个企业说我是专、精、特、新，从来没有听过。哪些项目算专的，哪些项目算精的？精的好分，你做的品质好就是精，哪些是特？哪些是新？更不用说我们所谓的隐形巨人，这些都没有。

第二，大而全、大而高，已经走到头了，不宜再追求。今年看到全国七八处都想搞乐高主题乐园，因为迪士尼、环球影城谁也不要想了。天津有一段想搞派拉蒙，没有搞成，北京也有企业想搞六旗山水小镇，结果做一个死一个，现在企业都快垮台了，这条路走不下去。但是对于中国来说，毕竟有这么大的市场，所以任何一个小的百分点意味着我们有足够的市场。但是我们吃准了，比如说像城市乐园季高这些企业做的，还有戏。为什么？因为规模不大，投资量也不大，对应一个城区就够了，且可以重复消费。但是到底什么东西还能往下走，比如说像海昌的海洋乐园这一套，现在全国做了七个了，真正做成功的只有三个。按理来说三亚的海昌应该最好的，结果到三亚一看，没有做起来。其中一个重要原因就是市场判断，因为我当了两届海南省政府的旅游顾问，始终一个看法，海南是度假地不是观光地，海南不能做大型主题乐园。当时省委书记、省长都问我，怎么这样看呢？很简单，大型主题乐园靠城市群支撑，不是靠一个城市，要靠一个城市群支撑才能起来，海南有城市群吗？一共800万本地人，光说每年上千万旅游者，旅游者玩这个东西吗？这套东西在其他城市可以玩，凭什么在这个地方玩？我敢说海南做主题乐园做一个死一个。南山佛教文化园就很棒，只能有一个，而且借助了"寿比南山"这么一个题目做了这么一个东西，这是一种偶然，不能变成普遍。这30年我看海南主题乐园一个起来一个倒闭，除了南山文化园没有一个起来的，不是偶然的。

第三，对应生活，场景化产品，开拓未来的格局。有一段有的旅行社反其道而行之，搞免购物团，后来又搞免景点团，免景点怎么旅游呢？就是感受场景，所以现在就是这个趋势，这样的话就是场景化时代正在来临。张瑞敏先生有一句名言，万物互联时代，只有场景没有产品，只有生态没有行业，他所说的生态不是一般自然生态的概念，而是产业链泛化，各行各业打破界限成为一个生态圈。张董说，海尔世界白色家电第一，我一定要把这个帽子摘下来，我不认为这个帽子有什么荣耀，因为白色家电只是产品，我现在要做的是什么？是家庭生活场景的全方位的供应商，家庭生活需要什么，我提供什么，是这么一套东西。所以围绕这套思路他就形成了一个操作方式，叫人单合一，把4万多人的海尔集团拆分成了2000多个小组，平均一个小组20个人，20个人自己开发产品，自己研究场景，反正生产车间在这，下了单生产车间就动。所以这三年，人单合一制度，全世界70多个国家1500多个企业都参与了。一个独特的现象，凡采用这套的，这三年都在逆势成长。所以，场景化消费已经成为时尚，场景化的发展必然成为旅游的牵引。沉浸式和场景化正在成为大家共同的追求。这样的话，我们这个时代转向模式竞争，什么模式？就是场景化模式。

在西安有一个永兴坊，大概60多亩地，一年两三亿人进去，收入35亿元，卖什么？就是小吃，再加上非物质文化遗产，就这点东西。原来这个地方是一个酒店，酒店倒闭了，这个老板过去把地盘下来做，做什么？先把他自己的总部搬过去，把这片地占住了，跟着做这么一套，一把做起来，他说完全超出想象。实际是什么，就是对应了场景化需求，提供了场景化模式,所以外延扩大,内涵深化,远远超出了传统的景区、景点。场景是一个日常语言,它的模式化从戏剧和电影开始,成为商业化的追求甚至社会化的追求。场景,一是场,空间营造;二是景,氛围营造;三是情,情景交融,要求很强的参与性、互动性,现在技术手段很丰富,但是故事难编,所以要契合人性,直抵人心,这是根本。

一个变迁时代,资源时代早已经过去,产品强化时代是主流,而且会长期持续,场景化的时代是未来。反过来问一句,场景化时代需要什么样的人才?比如说黎志老先生,可以称为中国山岳旅游第一人,是资源开发的第一代,这一代人重要不重要?很重要,但是这一代人过时了。包括山西云丘山一个煤老板转型做景区,我跟这个老板说,你差不多该退出了,因为你这套思路完全传统。他还尽心尽力,兢兢业业,我说你越兢兢业业越影响发展。他说那怎么弄?我说让你儿子弄,他儿子留学回来的,思想新、手段也新,什么都行,怎么他不行,就你行啊?不放心,我说正是你不放心,影响了你的发展。我跟他谈一些新思路,他完全听不懂,但是他儿子一听就明白。所以我觉得现在最缺的人才是什么人才,场景化的人才,场景化的人才从哪来?我也不知道,因为大学没有专科教育,也没有理论研究,缺乏理论支撑。我问长安十二时辰,你们怎么想起搞这一套?他说逼的,怎么想起弄这些内容?原来做文旅还是有经验的,尤其场景营造,这样的人才真是符合发展需要的未来型人才。所以我就感觉,事情有难度,这样的话就需要一个战略调整。

四、新发展

1. 发展先看大势

第一,数字化大势。仅仅20多年,互联网已经覆盖一切,移动通信成为生活必须,数字化成为现实。传统旅游运营方式、工作岗位以至企业架构在发生颠覆性变化,我们是自然而然调整,但是主动地应对大势,产生颠覆性变化,这个很难。

第二,建设大势。以前长期制约旅游发展的基础建设短板已经全面缓解,交通、电力、能源、通讯、水乃至垃圾、污水处理原来都是难题,现在难题已经过去了,这就意味着形成高质量发展的基础。

第三,供求大势。经过40年发展,旅游领域各个行业供求关系都较宽松,尤其住宿业,已经供过于求,所以硬件建设上基本找不到明显短板和制约点。也可以说,硬开发时代已经过去，软开发竞争开始激烈，这是根本性的变化。有时候投资商我说你投什么，投景区，有的投吗？再说景区不确定性太强了，一有点事停工，一有点事免费，反正景区变成金蛋，什么时候得把金蛋抠出来，景区怎么做啊？再说了，现在全国3万家景区，很多景区早该淘汰了，为什么还能存在？就是因为市场。比如说宰你三个月，三个月做完了，员工回家，该干嘛干嘛，反正每年三个月，把刀子磨快点，这一刀宰下来就完了，这样的景区有多大存在价值？

很多景区应该转型了，但是都没有做到，最重要的一点就是这个。

不要说偏远地区，80年代北京建三个酒店，王府、台湾等三个酒店，都是最好位置。当时想做一个电话分局，北京电信局的态度是什么，可以，你们拿钱，你们拿钱我可以给你们配设备，要不然不能保证每个房间有一部电话。之后北京市政府又在上面加了一个码，从东四到东单这条路你们修，要不然我不能保证这条路通，也不能保证你可以停车，这是那个时代，我们城市建设全面落后。现在不同了，基础设施建设已经根本改变了我们的生活格局，乃至旅游格局。比如高铁一通，而且高铁这么发展。我现在基本原则五个小时以内肯定坐高铁，超过五个小时勉为其难坐飞机，高铁舒服。所以这样一系列变化意味着我们城市越来越精细，水平越来越高，在这个时候需要见缝插针，锦上添花。

2. 战略重点

第一个重点，旅游企业转型。传统旅游企业，以导游为中心的旅行社转型，以城市化为中心的酒店转型，以目的地为中心的景区转型，以沉浸式为中心的演艺转型，以营地为中心的自驾车转型，以旅居为中心的度假区转型，以烟火气为中心休闲转型，以生活为中心的乡村民宿转型，以结构调整为中心的全面转型，以泛旅游为中心的生活转型。这个旅游企业转型我谈谈看法。

现在趁热抄底，这个时机有了，但是抄底得有判断，到底抄什么底？你现在要想买旅游企业，大把，会挑来挑去挑花了眼。所以从集团总体考虑，研究产业链贯通。因为一个产业链贯通是一个集团结构性调整，这个调整完了以后产业链优势可以发挥出来。按理来说，我们有一些大集团，比如说首旅集团，产业链完整，却是板块型的，而不是链条型的。板块型各弄各的，段总归纳了生活方式服务业，我问他怎么想起这个概念，他说很简单，昨天东来顺、全聚德过来了，今天首都商业过来了，明天王府井过来了，业态越来越复杂了，拿一个帽子框起来。但是生活方式服务业提出了一个新概念，只不过在操作时难度大了。因为管理角度来说，板块化管理比较好管理，但是从运营角度来说，板块性的恰恰不好运行，所以只好做了几个平台。第一个平台搞了一个财务公司，算是资金平台，提出要求资金归集，各个企业必须归集到财务公司。可是有一些中外合资企业不听这个。二是搞了一个首旅置业集团，就是把一些中小酒店弄到一起，谋求转型，有几个项目转了，转完效果都很好。但是在北京办这些事难度挺大。比如说两个酒店弄到一起搞一个康养社区，来找他谈的人很多，一个要求员工不能下岗。结果最后有一个企业人家说，不就是 148 个员工吗？我都接，都是做服务，一个康养社区，都是做服务，你能上岗就上岗，不能上岗搞保洁、绿化，干这些事，不下岗就完了。这个项目原来每年 100 多万元利润，做完了之后首旅置业集团每年坐收 8000 万元租金。有一家投资公司过来了，说这个事我来投资，有一个服务集团过来专门搞医养、康养服务，而且集中了好多东西，品质一流，再加上泰康那种模式，旁边就是友谊医院，守着一个三甲医院。我看完了很感慨，真的做得不错，这就是传统旅游企业转型，但是他就说很难碰到企业说养员工，可是国有企业绝不能接受下岗。

这是一大类，实际演艺、营地、旅居、休闲、民宿都算是新兴业态，实际上新兴业态同样面临着转型需要。

第二个重点，新兴企业创新。一是不但新兴也要新型，二是新兴变化很快，迅速成为传统。人家说新业态，我就问现在新业态有什么。比如说搞一个商业景区，无非咖啡店、酒吧，一点小文创这点东西，这些东西新吗？现在很难看到什么叫新了。三是迭代快，后浪推前浪，你觉得新，刚起来就迭代了，又有新的东西出来了。所以，求新不要赶时髦。多年经验表明，赶时髦没有好结果，超前三步是先驱，超前两步是先烈，超前一步甚至半步才是先进。机会永远有，不同阶段有不同的机会，所以不存在机不可失，失不再来，我不认同这句话。我们有很多似是而非的话，这种似是而非的话实际上对于我们都是错误导向。

第三个重点，企业发展。提高全要素生产率，这是中央现在的要求，但是在旅游行业从来没用过这个词，旅游行业全要素生产率怎么体现？另外，头部企业集中度越来越高，这是市场必然，涉及旅游企业结构优化，满足需求。1996 年携程刚刚起来，到了 1997 年国家旅游局讨论，携程这样的企业算旅游企业吗？大家认为它是一个电子商务企业，后来携程没有办法，自己注册了一个国际旅行社，才认同它是一个旅游企业。现在旅游头部企业就是这些大的，中国旅游集团、华侨城、锦江集团、首旅集团靠历史规模积累走到这一步，算头部企业吗？不算头部企业，因为在行业没有平台性影响，也没有发挥平台性效应，只是自己做起来而已，而且更多靠政府资产划拨，有一些靠垄断经营，所以我们整个行业首先就是企业的结构优化。

下一步，这批大企业还可以，因为实力确实强，但是有一些东西不经意之间就起来了。有些积小为大，说起来企业比较分散的，甚至碎片化的，但是聚集了一个大行业，我们的民宿、营地都是这种。营地头部企业有多大？就是几个自驾车俱乐部，但是他们不做营地，营地都是分散化的。我就问，到底怎么理解大？可是必有这个问题。

第四个重点是结构优化，因为结构问题始终是多年旅游发展大问题，结构优化也是发展大问题。我一直很重视这个事，有一年我专门组织了6个博士一块出一个成果《中国旅游经济结构研究》。这本书出来以后影响不大，我很奇怪，这么重要的问题也是这么重要的研究课题，怎么影响不大？学术界影响也不大，因为大家没有意识到结构问题。实际上结构问题恰恰影响我们现在的大问题，一个是我们每个子行业都有子行业的结构问题，另外一个我们每个企业都有企业结构问题，不是说企业越大越好，应该说企业越优越好，它涉及我们企业一系列结构问题。现在泡沫进去，正是调整结构战略的时机。

第五个重点，需求促进。这是重中之重，我们始终不足，其中一个重要原因是认识和政策不全。大家想当然认为需求是天然存在的，旅游市场不拉自动，其实不然。旅游需求已经大大萎缩，即使没有疫情也不能想当然，包括需求政策，假日制度等都需要调整。这几年我们很多省市都推出了一个旅游消费券政策，浙江去年一年发了12亿元旅游消费券，实际上促进作用不大。不是我拿了消费券，我自己配一部分钱就出去旅游了。根本不是这个，是我们需求被压抑着，今年需求释放，但是实质性的需求依然不足。从专家研究角度，研究需求的也不多。我接触国际上的旅游专家，基本上每一人都有一个重点课题，都是研究需求，为什么中国旅游专家不研究？很简单，研究旅游需求没人买单，你研究需求谁给你买单？可是研究供给，找一个项目，项目方给我买单，找一个地方，地方给我买单，所以专家也是利益选择。

第六个重点是科技促进。旅游说到底，是生活性行业，是人与人交流，是人对人服务，我们只是高科技的使用者。科技是工具，不宜产品化，也做不到产品化。但是我们现在不足是工具化不足，所以我一再强调这个事，尤其前几个月 ChatGPT 起来了，我还比较仔细研究一番，我觉得这个事有戏，而且对旅游很有利。因为 ChatGPT 基本是白领革命，机械化是蓝领革命，但是那个时候需求转向转什么，更需要人对人的服务。我曾经去过机器人酒店，进去见不着人，进门也没有大堂，就一个机器人。拿身份证一刷，刷完了之后一套标准语言出来了，跟着吐出一张卡，你拿着这张卡就走吧。还没有到电梯门那，门就开了，你进了电梯，到了楼层一出来黑乎乎地跟着就亮的，到了门口门开了，还真是很自动化。然后进了屋，小强欢迎你这套话出来了。进一个酒店见不着人，给我的感觉恐怖。第一次你觉得新鲜好玩，每次这样住酒店我无法接受，因为这个时候更需要人对人的服务。所以我觉得下一步白领革命产生了，其他领域大把下岗，我们这个领域带来了一个新的机遇。

同样，我们一方面需要高端人才，多元化、复合型、场景化人才，另一方面我们还需要基层这些服务人员。到那个时候旅游又会被重视。为什么？因为我们变成就业的主要行业，美国人有一句话，一个人休闲就是另一个人就业。实际上我们现在讲文旅融合，强调文旅要深度融合，国际上没有这个词。我和很多专家探讨过这个问题，得到一个结论，文旅融合最终方向是休闲，所以我们的文旅融合如果从学问角度来说是休闲学，把这篇文章做大，才是我们的根本。这样的话，旅游业首先是一个领域，其下是无数行业，有传统的、有新兴的、有潜在的、有未来的，因此旅游的发展有着多方面的意义，政治意义是以人民为中心，社会意义是满足人民群众幸福追求，经济意义是拉动发展，环境意义是生态促进，文化意义是全面利用和提升，生活意义是提高品质，尤其是新时代，旅游业不能局限于经济产业。所以旅游转型首先要对应新时代新性质，明确融合性、强化综合性，其次发挥多方面的意义。

3. 高质量发展

现在的核心是优化存量，创造增量，形成高质量发展。通过转型疏解现有困难，老路走不通了，我们也不必追求重回巅峰。动不动就是 2019 年，2019 年不值得我们追求，转型开辟了广阔空间，增加了大量资源创造的新方式。高质量发展，一叫高质量决策，宏观决策科学、尊重市场主体、优化营商环境。二是高质量谋划，策划当先、规划落地、设计特色、活动推进，少走弯路，少付代价。所以现在一个办法策划当先，运营前置，你一个项目找不到合适的人这个事可以缓一缓，不要说看着这个项目好你就进，你没有合适的人，这就是运营前置。三是高质量项目，少花钱多办事，办好事，好办事。四是高质量产品，资源配置合理，市场化、体系化、合理化。五是高质量运营。运营效率高，市场效果好，经济效益合理。我们别想着赚大钱，赚快钱，那都不是旅游的事。六是高质量服务，基础性服务到位，适应性服务提升，发展性服务前沿。七是高质量科技。八是高质量人才。九是高质量公共服务。十是高质量发展格局。

总体来说，旅游高质量发展这么十个方面。我们一说旅游高质量就是服务高质量，那不对，不能是什么服务都是高质量。很简单，质量需要成本，没有相应的成本你怎么达到高质量？而且我觉得有些事情忽悠过分了，实际上纵容了消费者。花什么样的钱你得到什么样的服务，这很正常的。比如我在大排档吃饭就是吆喝，没有什么服务可言，但是烟火气让大家很喜欢。到宾馆吃宴会至少两个服务员，要不然宴会服务跟不上来。

反正我今年感觉就是这个，到浙江台州他们说魏老师你给我们服务提点建议，我说今年关于旅游服务我绝不提，今年有服务就不错，还高质量服务？我们现在往往连服务都没有。前两天我们住一个酒店，发现这服务员你问什么都不知道。在青岛第一天我们住的酒店，服务员都是新来的。问饭店老板，他说太头痛了，都不认识，他可能一个小时之前来的。所以大家不要挑，现在找一个好服务员，比找一个儿媳妇还难。尤其90后、00后，说走就走了，一言不和工作服一换走了，招呼都不打，怎么保证呢？所以在这种情况下，不能笼笼统统。我是担心高质量旅游说得过分了，纵容了消费者，实际造成了我们的被动。

十个高质量加在一起，才构成完整体系化的高质量，所以很自然需要一套新的研究，一套新的追求。所以要重新定义旅游，旅游是生活，个人旅游是生活过程，大众旅游则是社会长存的生活方式。休闲是生活追求，是体验生命价值，是文明彰显。所以我们现在这么看旅游，什么不是旅游呢？什么都是旅游。所以我们也别抱怨，说现在数字都是花账，旅游数字本来就是花账，中国旅游统计在全世界我们排在前列的，还经常要求中国旅游部门介绍中国旅游统计的经验，人家觉得你这套统计太棒了，完完整整。看国外旅游统计，更是一套乱七八糟，整个一个花账。可是我们要从生活角度看旅游，根本不需要统计，五一多少人出行，收入多少钱，看着都笑。因为我管过旅游统计，玩过这一套，最早的旅游数字是我编出来的。

4. 重新认识

但是，这个定义很重要，就是旅游是生活。重新定义旅游业，生活服务业前端和高端，生活方式引导、生活内容丰富、生活体验提升。所以旅游说到底就是生活服务业，但是我们在前端，我们在高端，我们走在前面。所以现在说旅游已经变成生命中不可或缺的，这个感觉今年尤其强烈，尤其暑期这一趟差，让我看这么多很好玩的东西，我才感觉对市场又增加一份信心。从生产商，从供给这个角度，我们怎么对应这个需求？就是三条。

第一条，旅游元哲学，契合人性。你这些事违背人性，这个事不灵，自虐型旅游也是人性，因为人性里面潜藏冒险、挑战这些东西，人家就愿意花钱玩这么一把，可是要违背人性这些东西就不行。我记得20世纪90年代初期，在广东看了一个项目叫飞龙主题乐园，就是蛇，进去以后头发竖起来了，大玻璃房里面三个小姐穿着比基尼躺在蛇窝里，很不舒服。我跟老板说，你这个事收了，原来干什么？就是养蛇的，你接着养蛇就完了，他说有人来，我说没戏，为什么？因为你这个事违背了人性，结果半年就收了。

第二条，旅游的原理，符合常识，你这套东西违背了常识，大家很难接受，尤其有一些东西，比如说一些演艺项目逻辑就不对，我只要看到逻辑上不对的看不下去，包括看电视，看着逻辑不对，我不看了。

第三条，旅游元基础，生活追求。所以说到底这样三个"元"。

很自然，这就需要我们全面认识旅游业。一是旅游资源无限制，差异吸引，现在严格说，旅游资源的概念已经不成立。我去年在网上参加了几个规划评审，第一章肯定是资源普查、资源评价，我说你这章得取消，或者换一个名，里面根本不是资源，都是产品。为什么，我们资源评价做好几轮了，资源普查更做过，你还搞什么，你做的都是产品的评价。可是说到底就是差异性，差异性越强，吸引力越大。

二是旅游行为无框架，合法底线。我赞成文明旅游，但是文明旅游不能一概而论。只要合法，旅游行为超出一点怎么了？动不动什么中国人把脸丢到了国外，中国人一年一亿多人出去，有这么几个人丢脸算什么？值得我们这么炒作吗？我问一句是不是违法了，如果违法，早被人家抓起来了。

三是旅游体验无穷尽，古今中外。什么样的体验都可以有。

四是休闲消费无止境，兴高采烈。我们让客人兴高采烈地花钱，欢天喜地地离开，而不是让他时时处处都觉得自己被宰，觉得一出去哪都是坑，这样的旅游体验绝不可能好，所以要倡导友好型的旅游目的地。

五是休闲产业无边界，全面覆盖。什么叫休闲产业？只要你闲着你有需求，你有消费，这就是休闲产业，真是全面覆盖。

六是休闲发展无约束，创业为王，所以很自然，契合人性才有文化性，自有商业性。

反过来说，按照未来发展前景，我们现有这些项目怎么创新？所以我们自身存在招才引智的需求，有这么一个平台现在全国都没有反应过来，哪个集团都没有反应过来。大家围绕着自己的一亩三分地，想着怎么把眼前这点事干好。然后围绕着这些我们来研究，这是从规模与品质，这是一个关系，下一步几个重要关系。

第二个部分大众与细分。我们不能老琢磨着大众产品，琢磨点细分化的产品，专、精、特、新产品。

第三个流量与留量。现在大家都追求流量，最重要你的黏性是留下来的量。

第四个浏览与沉浸。浏览是一个感受，沉浸是另外一个感受。

第五个是竞争与竞合。

第六个关系对立与融合。

所以未来有这么六个关系，这六个关系都需要处理好。所以我还是用张瑞敏先生的话，产品将被场景覆盖，将来没有什么特别聚集的产品，但是都会被场景覆盖，行业将被生态覆盖。讲《易经》，第一叫变易，变易就是不确定性；第二个不易，不易就是我们的定力；第三个简易，简易就是随机而变。所以一定意义上我们都面临着一场革命，只不过大家还没有迫切感受，这场革命要求我们的变易、不易和简易，才能谋求新的格局。

很多东西最终就是对美的追求，我曾经跟一个饭店老总说，你这个饭店做到这不错了，现在最大局限你们这个领导班子。领导班子最大局限是什么，不是技术，是你们的美感。结果人家老总每年两次高管进修，干什么，看美术馆、博物馆，看画展，每年两次集中弄这个。不知不觉眼光就变了，我说这就对了，你眼光变了，你才知道什么是好，什么是不好，否则的话你只能跟踪世俗，你不能引领世俗。

所以，这可能是祥源集团下一步一个更高的要求。

丝绸之路旅游发展新思路[①]

最近文旅部刚刚发布了第三批出境旅游的目的地国家,我们出境旅游的目的地已经达到 138 个。现在世界地缘政治很复杂,所以中国人出境旅游的恢复,第一个点是东南亚,第二个点一定是中亚五国。就此我们就得研究一些问题,就是丝绸之路文旅的国际化发展。

就发展过程看,有一个如何衔接和产品化的问题。丝绸之路七千多公里,其中包括中国段、中亚段、中东段和欧洲段。从目前情况看,中国段已开始火爆,中亚段开始起步,中东段相对稳定,这是大格局。如何打造一体化的格局,这是一个根本点;第二,基础设施如何升级和改造;第三,如何形成友好型旅游目的地和旅游方式,基本上就这么几个问题。

这几个问题,实际上原来我们是有认识误区的。上世纪 80 年代,中国旅游刚开始,确立了一个大战略叫一环两线。一环就是国家的大环,京、西、沪、桂、广,始终是我们入境游的主体。两线,长江三峡旅游线,丝绸之路旅游线。长江三峡旅游线很快就形成了产品,形成了影响,而且一直持续到现在,为什么?就是这条线可以产品化。可是丝绸之路旅游线始终停留在概念上。不能说我们不重视,原来国家旅游局曾做过两次丝绸之路旅游规划,世界旅游组织也专门召开过丝绸之路的专门会议,后来整个丝绸之路都纳入世界文化遗产,但为什么起不来?第一,是外部局限;第二是那个时期,国内旅游支撑不够;第三就是基础设施滞后。现在,时代变迁,国内旅游大为兴旺,所以到了丝绸之路发力的时机了。

在这个情况下,我们就需要研究丝绸之路的问题到底在哪里。问题在于大家老把它当作一条线来看。实际上是节点式的发展。所以今天这个沿线旅游城市会议,就抓住了问题要害。从中国人的旅游足迹看,常规过程是从港澳台到新马泰,到日韩,到欧洲,到北美,足迹逐步扩大,北欧、北美、北非、中非、南美。疫情打断了这个自然发展过程,现在又

[①] 根据 2023 年 8 月 18 日在丝绸之路沿线城市旅游合作会议上的演讲整理。

重新开始。所以，下一步扩大必然到中亚五国，高加索三国的产品现在已经推出了。

观察中国市场，这两年西部旅游迅速变热，宁夏沙坡头，去年即使在疫情严格管控下，也实现了新成长。今年甘肃尤其是河西四郡形成爆发式增长。之后是新疆，无论南疆、北疆，无论距离远近，都成为网红打卡地。陕西就不必说了，我今年第四次来陕西了，每次来都觉得陕西的旅游热度涨了一分。昨天下了火车，一个小娃娃追着妈妈说要吃羊肉泡馍。出了站就看见一堆小旗子，跟着一个一个团出来，真是网红热点旅游城市的感觉。很自然，这种旅游热潮下一步就会延伸到中亚五国，而且会采用多种方式追求各个目的地，这是中亚旅游的重大机遇，也是丝绸之路旅游的新高潮。

现在有几个主要问题。第一路线长、交通差、景点多、距离远。在中国段，交通差的问题基本解决了，但是在中亚段这个问题还很严重。第二有说头、少看头、没玩头。所以中亚五国，一方面是强调特有文化，增强民族气息，另一方面就是要挖掘其他产品。比如刚才吉尔吉斯斯坦基金会的董事长，他介绍的不是文化、历史，介绍山川、滑雪、营地，这实际上就找到了一个新的结合点。第三，小众市场，大众影响。真正走丝绸之路的人并不太多，可是影响太大了。所以就产生一个问题，历史文化价值高，旅游价值打折扣，市场价值不对等。我们是不是还要这么坚持下去呢？所以就需要我们一步一步抓旅游变化，抓突破。

第一步就是中国段的完善，第二步是中亚段的支撑，第三步是中东段的变化，第四段是欧洲段的衔接，基本就这四步。这样就需要形成新思路。线性遗产，带状产品，它会产生一个什么问题呢，让沿途这些城市都成为"过路经济"。"过路经济"留不住人，更留不住财富，所以我们要形成区域性产品，而且"一带一路"发展必然拉动区域发展，也需要区域的旅游发展。对策，第一是换件衣服，把线性的旅游产品变成节点式的旅游目的地；第二是戴顶帽子，什么帽子呢？民族兴盛，历史融合；第三是穿双靴子，就是呼应交通变化；第四是趟条路子，就是创造新的发展格局。

根本的就是组合发展。首先是资源组合，历史文化、中外交流、独特发展、民族文化融合发展、生态文化丰富、国际文化，合作发展，这是资源组合。第二是交通方式组合，一是主体交通方式组合，航空、铁路、公路。二是多种交通方式组合，飞机加大巴，旅行团运作，铁路旅游大众开拓，自驾车是中众，还有一个落地自驾车小众。比如从西安坐飞机到中亚五国任何一国首都，现在都可以落地，落地后给我一把钥匙，就可以开这辆车把这个国家玩一圈。这个方式下一步一定会最受欢迎，因为旅行团大家还是感觉不自由。落地自驾这种组合，远途靠飞机，游玩靠自驾车，这是最好的。第三种方式就是渠道方式组合，所以旅行社、电商俱乐部，包括自渠道、微旅游，这才能对应大思路。同时需要加强基础设施建设，就是公共设施完备、服务设施完备。第四个叫节点组合，就是城市化发展，是旅游的重要基础。昨天是古丝绸之路，今天是一个城市带，明天就是一个经济群。所以"一带一路"概念，要形成度假区发育。我们总觉得中亚五国做度假，能做吗？比如说二十年前我就听说过伊塞克湖，在吉尔吉斯斯坦，是当年整个苏联高官的度假胜地。基础设施完善，现在不需要太大动作，就可以直接对应中国人。再比如东南亚，东南亚度假在中国人来看，现在已经普遍化了，所以需要培育度假体系，而不只是观光。因为中国的旅游市场已经从单一的观光变成观光和度假并重，所以就需要依托城市发展，也需要培育旅游群体。最后要形成产品组合，就是从单一的观光旅游到复合型产品体系，文化观光为主，商务旅游谋发展、休闲度假求突破、生态旅游创差异、特种旅游出高端，最终达到五彩缤纷丝路游。

从国际合作角度看，高加索三国游，中亚五国游，丝路探秘游，都需要完善需求链、服务链、产业链，这就涉及几件事。第一，签证手续，按理说我们这么好的国家关系，免签、落地签，都很自然，这个事情如果解决了，就会解决一个大问题。第二是通关便利，这也是普遍问题，比如到越南，大家普遍感觉通关太麻烦，而且对中国人歧视。我到越南几次都是这种感觉，很不耐烦，给护照里面必须有小费，没有小费过不去，而且海关官员拍着桌子叫"小费"，这样的通关怎么能行？第三就是语言环境，需要好的语言环境，毕竟在中亚五国语言环境差一点，东南亚稍微好一点。第四就是沿途设施，包括消费环境，能不能提供全面服务，尤其是在远途，公共厕所能不能跟得上，这不是小事，是大事。这是一个长线。

中线就是边境游和延伸游，比如说哈萨克斯坦，阿拉山口，有一个中哈经贸园区，到那边去看一看，也算出一次国了，这就是边境游。再稍微往里面去一点就可以有更深的感触。短线就是口岸，一脚踏两国。很自然，产品就是旅游文化区、休闲度假区，这样的话就需要外交深化，经贸拉动和旅游融合。

总体而言，丝绸之路沿线旅游城市首先需要合作，然后促进发展，说到底是一个基本格局。中国人过去投资，中国人过去旅游，拉动了当地发展，拉动了消费，这是个双赢格局。我也希望借助市场的转折和大面积的恢复，丝绸之路的旅游能够得到一个好的新的发展。

中国旅游：迈入下半场①

一、上半场

简单梳理一下，用体育比赛的比喻，中国旅游从1978年开始到2018年，经历了40年，可以说就是上半场。1978年到1979年，10个月内邓小平同志五次谈到旅游发展，那个时候抓旅游是在抓改革开放突破点，国家外汇收入奇缺，旅游设施奇缺，几乎从零起步。因此在上世纪80年代，中国旅游是围绕着入境旅游的需求，不断补短板的过程，重点是建饭店、买汽车、修景点，基本这三件事。

那个时候国务院开会决定，每个省会城市建一家饭店，财政拿钱。第一家中外合资饭店是北京建国饭店，当时是12个副委员长、3个副总理画圈，才把这个饭店批下来，何其难？实际上更短缺是航空，紧张到什么程度，外国旅行团进京，出了机场先去颐和园，在颐和园逛完了吃完饭，还是没地方住，怎么办？临时调空军专机去南京，住一晚，第二天再回来。这个时期，没有深圳什么事，因为深圳那时候正是特区刚开始建设，有五湖四海一中心，只是对应香港市民的休闲项目。一直到1989年锦绣中华开业，深圳的旅游才正式进入中国人的眼帘，这也是深圳旅游发展的标志性项目。

90年代，是中国旅游产业体系成长、市场体系形成的过程。第一是产业体系成长，第二是市场体系形成，相对应的则是行业管理逐步形成的过程。90年代国内旅游蔚为潮流，出境旅游开始启动，行业管理形成，星级饭店标准推广，中国优秀旅游城市影响扩大，旅行社管理体系化，后期则是景区A级标准拓展。这几件事，都是90年代标志性的事情，也可以说就是在90年代中国旅游真正成型了，入境旅游、国内旅游、出境旅游完备，赶上了国际水平。

---

① 根据2023年9月6日在深圳改革开放干部学院的讲课整理。

90年代，深圳在全国就是标杆。那个时候我一开始在旅行社管理司当司长，后来到政策法规司当司长，再后来到规划财务司当司长，12年司长。工作所系，90年代每年到深圳来3次，最多的来8次。因为深圳那个时候出经验，总有新事情，有时候我都来烦了，深圳有点事我就得来。这说明什么，那个时候深圳在全国旅游发展里不可或缺。

进入新世纪，是旅游全面腾飞的过程。与之对应的是旅游影响越来越大，与各行各业的交叉越来越多，旅游范围也逐步扩大。在市场上，则是新业态新产品逐步产生，尤其休闲度假成为市场潮流。从行政管理角度，则是从政府主导转换为市场主导。进入新世纪后，应该说深圳也是赶上了这一波，比如说东部华侨城这是一个生态型项目，也是一个休闲度假项目，后来欢乐谷、欢乐海岸、欢乐港湾，更是在全国带了一个头。可是那个时候，全国已经普遍起来了，所以深圳这点事不显眼了。我记得有一次来，就问，还有什么新东西啊？想了半天说海岸边上有条路弄得不错，我们专门到那条路看了一眼，先看了看80年代那条船，明华轮，沿着路走了一下。我说这还有一点新意，不算个项目，但是有点新意。

这是我们前40年最简要的发展过程。2018年在政府机构改革中，撤销国家旅游局，组建文化和旅游部，这是一个转折性事件，标志着中国旅游上半场结束，刚好40年时间。

40年时间，中国旅游已经拥有超大市场规模，什么概念呢？如果我们用2019年的数字，一年60亿人出行，总花费6万亿元，这就是一个超大市场规模。

第二，有巨大的资产规模，这个规模到底有多少？谁也说不清，我曾经想捋一捋这个事，捋来捋去捋不出来。后来看了一下，国家旅游局曾经有一个规划，每年旅游投资要达到1.5万亿元到2万亿元，加在一起中国旅游资产规模得有几十万亿元吧。这个巨大的资产规模是一个存量，决定了下一步的增量、规模和方向，这个事该怎么做。

第三，有强大的运营能力。我们这种运营能力就取决于整个行业规模，现在也很难说清楚，这个行业到底有多大规模。首先是行业怎么划，现在说不清楚，尤其是这几年的发展，旅游行业界限越来越模糊了。不需要有一个清晰的概念，为什么？因为旅游是一种新的生活方式，超越了我们日常的生活方式，如果我们用一个新的生活方式来定义旅游，用生活方式服务业来定义旅游业，那就没有边界。但是，形成强大运营能力这没有问题。这是中国成为世界旅游强国的根底，也是我们再次发展的根本，上半场大体是这样一个过程。

这个过程说到根本是旅游的市场主导。

实际上，我在国家旅游局工作多年，一直在强化政府主导型的旅游发展，我们为什么强化这个观点呢，就是因为旅游太薄弱了，如果没有政府支持、没有政府主导，旅游怎么发展？后来我们发现，实际上政府主导是错误的，至少是不准确的。20多年前，我们和国家发改委一块筹备国务院旅游发展工作会议，这个会议要出文件，要写领导讲话。国家发改委一个副秘书长，带了三个司长、四个处长，国家旅游局我带了一个处长，他们说政府主导型这个词不能提，我说这个事大，我们得请示。最后请示了一番，因为我们都在辩论，我就说，从理论上来说，尤其是改革开放到这个时候，这个话确实不合适，但是从实践看，必须得让政府来引导。最后达成妥协，在首长讲话里不出现这个词，地方谈政府主导我们不反对。但是客观来说，就是市场主导，所以我们的上半场，形成了市场主导旅游发展的产业体系，这应该是一个最大的进步，也是一个根本性的基础。

二、磨合期

中国旅游2019年进入磨合期。首先是行政磨合，从上到下有样学样，国家叫文化和旅游部，地方都这样叫，而且地方还扩充，不但是文化和旅游，体育、广播、电视之类统统融进来了，最多七个部门。但是也有个别地区自己打自己的样，比如海南，海南叫旅游和文化厅。那些也融进来了，但是认为旅游最重要，比如西藏，西藏就是旅游厅，文化都没有，这是个别地区。这种行政磨合，实际上只是政府机关内部的事情。

其次是市场磨合，市场磨合基本没有大的变动，可以看到各地文旅集团纷纷组建。现在全国组建的文旅集团有217个，不光省，包括地市甚至县都搞文旅集团，一个县几家文旅企业啊，还搞文旅集团，时髦啊，可是作用不大。很多地市级的文旅集团就变成政府的平台化企业，政府借这个机会招商引资，借这个机会做一些政府力所不及的事情，真正从市场推动来说，效果不大。

然而磨合刚开始，就在2020年遇上新冠疫情。三年疫情，行业跌到谷底，最需要发力的时候，行业那个时候感觉缺位。这完全可以理解，抗疫第一，旅游必须让步。所以这三年企业自立自救，行业自生自灭。我现在看见旅游企业说，你们还活着，能够挺下来都是好样的，而且还产生了城市大休闲和乡村微度假两条新赛道，开拓了新市场。

这两条新赛道，尤其第一个，我着重说一说，这是疫情管制逼出来的。大家都在城市，那就开始挖掘城市，所以才发现城市里面有这么多好玩的东西，有这么大的潜力，就产生了一个新的赛道叫城市大休闲。这是新的市场需求产生的，一个新的产业体系也产生了。北京疫情前每年旅游收入5500亿元，500亿元是外国旅游者来消费的，500亿元是北京人自己消费的，4500亿元是全国人民到北京消费的。疫情管制，5000亿元一个大坑，怎么填？那段北京市政府开了几次会讨论这个问题，我说没别的，北京旅游要从根本上转型。这个时候大家才发现，北京挺好玩的。因为北京人有一个什么特点呢？从来不玩北京。北京政府官员多、商人多，平常出差机会很多，根本不想在北京旅游，好不容易有点时间，带着家属去海南，要么出国。这条路断了，只好在北京。应该说这个转型给北京补了一个急，最重要的是什么？一个新的市场需求起来了。

同样，深圳也有这个特点。深圳人谁在深圳玩啊？大家问，深圳有什么好玩的？不就是这几个点吗，早就玩得够够儿的，去哪啊？珠三角嘛，全国各地嘛，很自然，要不然云南、海南，就这些。可是同样也是产生了这个转换，一条新赛道。

再一条新赛道，乡村微度假。深圳没有乡村，深圳只有城中村，所以乡村微度假对深圳基本不成立。但是在全国，是普遍性的，这也是疫情促进的，可以容纳万亿元投资和万亿元消费的新赛道。背景是乡村振兴。

反过来说，这也充分体现了行业弹性和韧性。弹性是什么？反应快，韧性是挺得住，但绝不是脆弱。因为中国旅游发展只要一遇到低谷，一遇到波折，大家就说旅游是脆弱的。1990年，国家旅游局开一次局长办公会就讨论这个词，最后的结论不能说旅游是脆弱的，那个时候就说弹性。后来世界旅游组织也反映过这个问题，也明确说旅游不是脆弱的。脆弱是什么？是看着坚固，遇难则碎，这叫脆弱。我们不是，来的时候我们反应很快，下滑，过去的时候我们起来也很快，恢复。所以反映的是弹性和韧性。

另一方面则是市场机制的强化，企业力量的强化。这三年里面，政府主管部门基本缺位，就是靠市场机制。在很多方面，其他各个部门对旅游企业的支持比旅游部门大。2020年五一之后武汉疫情刚过，我出去跑，看了一个营地。问营地老总怎么样，他说有信心，投资2800万元，原来计划五年回本，由于疫情想八年回本，但是由于政策支持，三年可以回本。为什么，乡村振兴政策、体育、教育、环保政策，这一堆政策叠加一共给了1200万元支持，怎么能想到？而且形势一恢复，看今天来多少人啊。我说，文旅部门给了多少支持？20万元，跟着说了一句"蚊子也是肉"。也是啊，最需要的时候看不着，可是各个部门支持旅游很大，实际上反过来说，在这个过程中，市场机制得到了强化，企业力量得到了强化。

上半场，中国旅游发展是大趋势，期间发生过9次波动，有世界性的、经济性的、政治性的、社会性的、自然性的因素这都有，影响最大的是1989年和2003年，然而所有波动加在一起也达不到新冠疫情的影响。一是影响程度无以复加，二是影响时间长达三年，三是影响深度涉及发展后劲，投资停顿、人才流失，这两条最大。一个产业没有投资就没有发展后劲，人才流失了有钱也没有用，所以这是下半场最大挑战。我们不必把希望寄托于需求爆炸，今年就是市场恢复了，大家说需求爆炸，我今年讲了几次不要这么乐观。今年只是喘过一口气，希望明年能够真正翻身，但是我们要培育行业快速反应能力。所以，鼓劲不能鼓虚劲，说话不能说空话，个别成功案例固然鼓舞人心，但是解决不了普遍性的问题。严格说，我们现在仍然处在行业艰难的时候，市场只是在复苏，不是真正实质性的启动。

所以，现在只把参照系定为2019年显然不准确，疫情前可以参照，只是一个规模和数量的比较，现在应该从质量起步。2019年中国旅游存在五大问题，企业不强、效益不好、质量不高、结构不优、人才不足，我们现在要回到2019年，还要回到那个时候吗？现在一说市场，一堆问题产生了。所以中国旅游面对着转型升级的历史任务，转型主要在传统领域，包括旅行社、饭店、景区等，也包括一些正在成长但已经"传统"的领域，比如说温泉、民宿、营地，大家还说这是新兴业态，不新了。有人类历史就有温泉，能叫新兴吗？广东是温泉大省，广东的温泉产业在全国走在前列，但是我们能把它看作新兴产业吗？不是，包括民宿、营地都是这样。

所以我们应该对应市场需求变化，升级则是高质量发展，是全面要求，其中质量和效益是同等要求，效益才是背后的根本原因。我始终痛感，旅游行业市场热闹，可是赔本赚吆喝，基本就是这样。好多东西要不是深入实际，真觉得不可思议。比如说西安大唐不夜城，每年到大唐不夜城玩的有十几二十亿次人次，什么时候都是人来人往。可是这个平台公司只能维持成本，不赚钱，怎么可能不赚钱呢？到现场看，大家都是打卡，有几个人花钱的？这是典型的赔本赚吆喝，但是赚了一个人气，也可以，因为毕竟旅游者的时间留下了，时间留下了消费就会扩大。在大唐不夜城打一下午卡了，总要吃和住吧？在其他地方，不在这条街上，所以有附加效益。但是说到底就是效益问题，磨合期也是一个过渡期，从上半场到下半场不是一蹴而就的。还是用上下半场的比喻，磨合期也是中场休息，但不是养精蓄锐，而是苦挣苦熬。

三、下半场

如果说从2018年到2022年是一个特殊过渡期，从2023年开始中国旅游进入下半场，也应该是一个新开篇。回顾今年看到的这些东西，发现和以前看的东西都不一样了，很自然，这个过程中思维和眼光都变了。问一下，深圳现在处在哪里？全国多数地方叫身子进入下半场，脑子还在上半场。深圳是身体都没有进入下半场，或者说得不客气一点，上半场深圳在全国始终是领先，到后来有点默默无闻，到了下半场，开场深圳就落后了。

1. 今年市场情况

一是市场恢复，消费启动。二是新品迭出，五彩缤纷。三是网红影响，市场变化。这个得解释几句，网红现在是大家都追求的，问一句，网红能长红吗？我看到一些网红博主也和他们聊过，确实起作用，市场也在变化。比如我去年到宁夏沙坡头，前年到甘肃敦煌，早上一起来，看到沙丘上100多个网红博主，都穿着红裙子，侃侃而谈。我对这两个地方说，你们用不着做营销，他说那是啊，我们干的事是服务这些网红，提供题材，缺什么有什么条件给你们补足，他们给我们做了。甚至发展到一个极端的情况，比如说宁夏沙坡头星星酒店，很多人先预订星星酒店，如果没有房不去，一个酒店本身变成了目的地，发展到这一步了。

四是西部崛起，均衡发展。今年的市场变化，先是东部火爆，珠三角、长三角、环渤海，因为又是客源产出地，又是主要消费地。跟着就是西部开始，宁夏、陕西、甘肃、新疆，新疆独库公路变成"堵哭公路"。我2021年走了一趟独库公路，那个时候疫情管制，一辆车都没有。今年一看，堵一天一夜不算什么，什么道理？还是市场需求的变化。三年给大家憋够了，好不容易可以出去了，出国有点含糊，因为现在国际上地缘政治太复杂，所以国内跑远途。远途一跑才发现西部魅力无穷，所以很自然就起来了。

五是政府发力，从下到上。今年政府发力很有意思，从县一级开始，因为县这一级对旅游的市场恢复最敏感，所以他们首先发力，然后到地市、到省，最后才到了国家层面，就是完全是一个自上而下，是一个推动的过程。

六是外部不足，自我循环。现在，入境游几乎谈不上，出境游勉勉强强开始。最近文旅部发布了第三批，全世界一共138个出境的目的地，全世界轰动。美国的商务部长说，原来中国人一年300万人到美国，花费300亿美元，也就是一个中国人到美国平均花费1万美元，全世界没有这么高的。但这个势头还没有起来呢，日本、韩国就下去了。地缘政治这么复杂，所以基本上我们还是要靠内循环。

七是死灰复燃，沉疴难治。最典型的是海南宰客、云南坑客。疫情以前，这两个地方评价就不好，疫情管制一放松，这两个地方毛病又出来了。而且不管是坏人变老了，还是老人变坏了，现在旅游者有丰富经验。我就感觉有一点不公平，对我们行业不公平，只要客人一投诉，领导就很重视，而且责任一定是旅游企业，这是不公平的。

海南也是这个问题，海南人说我们很委屈，我们热带人，性格都很温和，都很善良，是东北人在我们这宰客。因为有一个词叫东北省三亚市，大把东北人过去，甚至东北人在那常住甚至开店。宰人的是东北人，不是我们，但是污水泼在三亚头上，怎么办？可是这些问题普遍存在。我们总觉得这些问题是市场管理问题，不完全是这个问题。如果把这些问题都纳入于市场管理问题，那还是强化政府主导，最终解决不了问题。因为在市场管理方面，海南和云南管理力度是最大的，但是问题还是解决不了，根本问题是什么？是市场供求关系问题。

前一段国家发改委下了一个关于促进消费的文件，其中提到丰富文旅消费，全面落实带薪休假制度，鼓励错峰休假，弹性作息，促进假日消费。这是一个根本性的促进，其他促进都是毛毛雨，起不了那么大作用，关键是怎么落实。因为文旅消费第一是金钱消费，大家现在看重的还是金钱消费；第二是时间消费，我的时间谁做主？现在我的时间自己做不了主，时间消费不行，金钱消费也跟不上去；第三是文化消费；第四是品质消费，文旅消费的根本是这么四个方面，我们不能只关注金钱消费。所以很自然在下半场我们涉及一系列的问题。

2. 背景的变迁

新时代不完全是未来，我们就处在新时代之中。新时代也不完全是希望，更多有可能是困难和挑战。从旅游角度看，有六方面背景因素，决定着旅游眼前运营和长远发展。

第一是全球化变迁来临。俄乌冲突改变了世界格局，逆全球化现象也在发生，世界性的经济危机也可以看到，能源危机、粮食危机、金融危机、就业危机，这一系列问题都存在，进一步就是供应链全球化。20世纪50年代以来世界旅游业格局也正在发生根本性变化，区域性发展有可能成为主流。所以我对我们入境旅游总是担心，我们包括引进外资一系列问题都涉及地缘政治因素。上半场40年中国国际环境始终比较好，世界对中国改革开放持欢迎态度，发达国家的旅游者对中国充满了神秘感和友好，尤其是八九十年代中国入境旅游增长很快，这是根本原因。现在不同了，要到美国去问问，美国对中国有偏见的人很多，日本、韩国、欧洲都是如此。我们自己宣传，我们媒体上看到的都是好的，实际上不这样。很自然，中国人出去也有这种顾虑，所以，很可能中国入出境旅游下一步主要是地区性的发展，区域性的发展，东南亚、中亚、中东会变成热点。

现在情况都在变化，有制裁、有防范、有围堵、有疏离，根本原因是世界格局变迁，有作用力有反作用力，国际环境不理想。中国产业链优势的发挥，双循环战略的长期性对于各地和各个行业都发生复杂影响，旅游则很难说双循环，内循环加大循环能环起来就有生机。从深圳来说，深圳入境旅游主要就体现在数字上。很简单，港澳入境统计数据一看，是大头。深圳入境旅游始终蓬蓬勃勃，买个菜也过来了，吃个早茶人家又回去了，这也算一个人次，这个对我们有多少实质性意义呢？最近香港年轻人开始过来消费了，开了一个新局面。将来深圳入境旅游主要体现在商务旅游方面。中国一线城市，又是大湾区城市，国际商务流动是刚性的，按照规律各个国家只要形势稍微好转，第一批客人一定是商务客人，商务客人利益是刚性利益，所以这是我们将来的重中之重。第二批是休闲度假客人，传统的观光性客人对我们来说不重要。

第二，不确定性影响。三年过来，疫情已经成为灰犀牛事件，是常见以至于人们习以为常的风险，黑天鹅事件则是防不胜防，还会有什么？谁也不知道。一般来说大疫之后有大灾，好在现在我们防灾抗灾能力已经全面提升。国际因素不确定性也多有存在，唯一可以确定的就是不确定。本来今年暑期大家觉得很乐观，结果高温、酷暑、洪水稀里哗啦都来了，这些东西应该在预料之中，这么大一个国家哪年没有地方有灾情啊？都有，但是今年灾情这么厉害，尤其全世界这么厉害，只能说明全球变暖，造成了一系列不确定。

第三，基础设施变化。交通、能源、通信各个方面基础设施已经畅行无阻，形成了下半场的强大助力。同时，城市化的发展构造了旅游发展推力。我前几年出国七八次，明显感到一点，中国的基础设施在全世界一流，不能说顶级，但是至少是一流的。包括到美国、欧洲那些国家都会感觉，现在怎么这么落后啊？我记得当年到德国去，早上在汉堡吃早饭，我们一块去的人提议，咱们去趟不莱梅吧？我觉得不可思议，好几百公里怎么去啊？吃完饭买张票上火车，一个多小时到不莱梅了，逛一圈一日游，晚上回来吃晚餐，那个时候感慨发达国家就是发达国家。现在呢？这种状况在中国稀松平常。原来阻碍旅游发展的主要因素现在缓解了。反过来说，假设我们现在谈旅游投资，现在旅游投资可以投在实处，原来旅游投资一大部分都投在基础设施上，政府管不了，你既然想投，连着一块投吧。

第四，从小康时代到中等发达，这是长远目标。14亿人进入中产阶层，需要摆脱中等收入陷阱，这是希望所在，也是旅游发展根本动力，人均收入增长，需求多元化、消费多样化。

第五，高质量时代来临，这是下一步全国发展总基调，从规模到质量旅游必须追求。

第六，中国式现代化。二十大号召，也是时代最强音，对应中国式现代化，需要研究中国式旅游现代化，这是一个大课题，到现在还没有人做系统研究，什么叫中国式旅游现代化？再具体一点，深圳的旅游现代化，这也是摆在我们面前一个课题。对应中国式现代化我们怎么做，怎么研究深圳式的旅游现代化？这形成旅游未来发展基础，也是一个导向。

3. 格局变迁

中国旅游格局可以说发生了根本变化。一是消费能力下降，刚开始还可以说消费被压抑，现在只能是萎缩。富人恐慌、中产萎缩、穷人没钱。在这种情况下，还说我们消费能力强，这是空口说白话，这是一个现实。所以这就使我们的市场发生很大的变化。

二是市场格局变化。多元化时代来临，多样化产品突显。

三是供给变化，传统格局几乎崩溃，对应需求新产品逐步兴旺，这是传统观光旅游根本转向。但是新产品赛道偏小，同样解决不了危机。

四是旅游投资全面下降，缺少发展后劲，而且现在投资商面临一个问题，投什么？很多投资商都问我，想投旅游，投什么？为什么想投旅游？看着旅游红红火火。看到的都是市场现象，没有看到实质，尤其没有做过实质性供求关系分析，这个投就是盲目的。

五是旅游的作用逐步下降。很简单，旅游收入和就业腰斩了，旅游地位也达到历史新低。客观来看，现在各级政府对旅游重视达到了历史新高，这是一个奇怪现象。按理说，政府应该重视最前沿的东西，深圳产业发展是20+8，这是深圳，这才叫前沿，这才叫未来。一个往下滑的产业为什么要重视？很简单，规模大，市场需求大，虽然人均花费减少，但是总需求量还是不少。所以市场起起伏伏，但是不能乱了阵脚。

4. 找不到北

所谓新热点很可能盲目发展。第一是世界级景区和度假区，这是文旅部提出的目标，所以现在各地纷纷呼应，我有点不太赞成。甚至有的省提出来这个省要作为世界级景区，省委书记提这个目标。有一次他们跟我说，书记提出来，你能不能写一篇文章呼应一下？我说这种类似"大跃进"的做法我不呼应。严格说这种景区、度假区这种概念，都是中国的概念，国际上叫目的地的概念。另外一方面，不能刮风，都世界级了，全世界认你账吗？

第二，夜经济、夜旅游、规模夸张、项目蜂起，简直好笑，违背常识，大家也信。看到一个数字，中国夜经济总体消费规模可达36万亿元。2022年中国商品零售额总额44万亿元，一个夜经济就达到36万亿元，不是开玩笑吗？居然有人信，有些县都在搞这些东西，我实在不赞成。

第三，虚拟现实、增强现实、元宇宙，更不能盲目发展，这也是现在更夸张的领域。去年就开始忽悠，几次开会希望我去谈谈，我说我不赞成，你们让我去，我就泼冷水。很简单，这套东西在传统领域只能是工具化，不能产品化，演艺和夜旅游可以产品化，更多的就是提高效率，增强服务。因为旅游是一个使用终端，不是高科技创造者，充其量是高科技使用者。

第四，康养产业，这是大赛道。康养总体来说叫作事业产业化，严格说是政府不负责任。很多事情应该政府做，政府做不下来，推了一个概念，推向社会，开始忽悠企业，忽悠消费。更何况旅游充其量是康养其中之一，不是主体，我们干嘛把这个帽子往自己头上戴？更何况旅游投资全面萎缩，政府财政普遍困难，我不知道谁在忽悠谁，最后可能忽悠了自己。

同时，新格局已显现，第一，传统资源开发殆尽，影响逐步淡化。第二，传统产品统治市场，后劲逐步减少。第三，传统市场全面转化，新老交替进行。第四，跨界发展形成常态，传统企业式微。第五，产业结构不断变化，新兴业态涌现。第六，投资结构超越旅游，跨越领域进行。第七，要素市场逐步突出，结构优化当先。第八，区位优势逐步变化，交通优势显现。第九，城市聚集格局突出，群体发展领先。第十，世界领先态势形成，新型发展引导。

历史的必然、现实的逼迫、发展的引导，都形成了一个方向，高质量发展，这是根本。

5. 市场变迁

近年来全国有三个火爆现象。第一个西安，千年古都，但是并没有倚老卖老，而是倚老卖新。老产品中除了兵马俑仍按部就班，华清池基本被《长恨歌》替代。今年预计华清池总收入10亿元，其中2亿元是华清池收入，8亿元是《长恨歌》收入。新产品层出不穷，大唐芙蓉园、大唐不夜城，现在则是长安十二时辰，以沉浸式和场景化构造了热点，整个西安成为一个网红城市。我今年到西安去了四次，下一步还得去。有新题目、新经验、新现象，我肯定要去。

第二个是长沙。长沙也是历史文化名城，直接奔着时尚娱乐之城走。

第三个是淄博。不经意间又一个城市火爆，舍弃了所有传统概念，靠烧烤出圈。一个淄博现象，一个淄博经验。我今年在山东走，好几个地方说，淄博这个事长不了，为什么？官员太累了，官员受不了啊，前一段又说淄博凉下来了。我说淄博不是凉下来了，淄博只是正常化了，那种高峰时期淄博撑下来就算不错了。但是，淄博经验可以推而广之，这些做法不需要巨额成本，但是需要同情心、共情心、同理心，需要从小事做起。

从产品角度，呈现了万花筒现象。

一是长安十二时辰，这个得重点说一说，因为说到另外一个题目，城市有机更新。我们的城市改造、城市更新，经历四个阶段。第一阶段是上个世纪八九十年代，城市改造，大拆大建，迅速推动了城市化发展，但是对城市文化和传统毁坏也是不可逆的。这个阶段早过去了。

第二个阶段开始城市更新。城市更新以北京798为龙头、上海新天地，等等。这一批在城市建设过程中开始更新，现在变成全国的潮流。道理很简单，因为我们狂飙猛进的城市化运动走到现在到头了，传统的城市发展模式土地财政也到头了。现在全国的市长们不约而同目光向内，目光向下，开始城市更新。而且三年疫情中，城市更新培育出来的项目恰恰对应了城市大休闲。我这三年看了100多个这样的项目，让我感到吃惊是什么？没有失败的，个个都挣钱。我一开始看着还觉得新鲜，后来发现规律性，因为这样的项目，第一都在城市比较好的区位，第二传统基础设施比较完善，第三不需要大投资，但是需要智慧大投入、文化大投入，第四平台化运作。这样的项目只要一起来，市场马上跟进。这个更新浪潮主要是老厂房、老仓库，主要是这些项目。只有一个项目判断不准，重庆十八梯，就在朝天门码头旁边，是一个老旧街区改造出来的，投资120亿元，投资商是杭州新天地集团。我问董事长，这个项目商业怎么回报啊？他说我三个八，第一个八年培育品牌、市场，第二个八年收支平衡，第三个八年追求商业回报。一个民营企业怎么有这么长远眼光呢？董事长说我不管，就要做一个经典。除了这个我吃不准，剩下的个个挣钱。这一批城市更新项目基本是老厂房老仓库。

长安十二时辰是第三代，这是90年代一个商场，3.6万平方米，挨着大唐不夜城。商场维持不下去，怎么折腾都不行，所以他们搞了这么一个项目。这个项目搞完之后，平均下来，一个客人在里面花500块钱，停留5个小时，所以这个项目火爆是看得到的，盈利也是看得到的。这就是逼出来的，实际意味着我们哪怕十年前建的东西，现在该淘汰也得淘汰。淘汰怎么办？就得转型。我觉得这一类项目在深圳也是可以做的项目，也是下一步发展的重点项目。下一步到底搞什么啊？先看一看我们城市有多少闲置的东西。

第四代，迭代很快，我在成都看的这个项目很有意思。华侨城集团在成都建了一个楼盘，也建了一个欢乐谷，在那旁边原来有一个售楼处。房子卖完了售楼处没有用了，有一个企业来接这个盘，把售楼处改造成双宝浮玉园，一个文化消费项目。双宝是什么？大熊猫和金丝猴。他们有很多基础，有摄影作品、绘画作品，反正一堆东西，让大家来参观，更主要在那吃饭。所以搞了七栋木建筑，木建筑很简单，但是就做到高端。我在那吃了两餐饭，平均一个人1000元，在成都吃饭这么便宜的地方，它能做到平均一个人1000元，但是确实做得好。

所以高端就有市场，由此我在想，城市里到底有多少闲置的东西，我们得把这个账盘清楚，闲置的东西怎么用？把存量挖掘出来，这个基础没有，少谈增量。有一次我到上海参加一个规划研讨会，一个规划单位做了一个规划，又是五星饭店、多少5A景区，又是这一套。我问一句，这个规划基础怎么做的？上海现在闲置建筑有多少，闲置农民房子有多少？这些基础没有盘清楚，上来就谈增量，造成结果是什么？供求关系进一步不均衡，更供过于求，这不叫发展规划，说句不客气的话，叫糟蹋上海的规划。同样，如果今天给深圳做一个文旅发展规划，上来说搞50家精品酒店，搞10个5A级景区，又说这么一套，你们接受吗？一算账需要花4000亿元投资，人家说4000亿元投资还用你规划吗？

第二个洛阳汉服热，这是国潮风高潮。

第三个特种兵旅游，穷且益坚，不坠青云之志，这是阶段性现象，实际上反映管制放松了，孩子们有玩的愿望但没有玩的能力，就创造一个特种兵旅游，最极端的一个人花五天五夜把中国五岳走了一遍，我不知道干什么。我觉得年轻人精力旺盛，这都可以理解。

第四，宿集开拓，这是一种文化注入，品质提升。民宿这个行业全国都热，起起伏伏。2018年全国民宿24万家，2019年跌到20万家，2020年18万家，2021年又恢复了，这也是疫情所产生的需求变化，让这个行业在变化。现在看起来，我的基本看法是民宿不要再搞，但是需要提升。现在有一种方式叫宿集，全国有十几个宿集，品牌不错，效益也不错。

第五，营地扩张，这是一种新方式追求。国家规划2020年全国2000个营地，实际早就达到了。2022年全国准营地、伪营地大概八九千家。所谓准营地、伪营地，有一片绿草地当营地，弄起来了，其他根本不管。今年一把滑下来。去年一个营地转让可以500万元，今年50万元都转让不出来。但毕竟是一个新方式追求，这么大一个国家，别说2000家营地，20000也不多。

第六，贵州村BA、村超，这是全面场景体验。那个地方有历史传统，这些地方我都去过，比如说贵州榕江。我第一次去榕江，都柳江上山清水秀坐竹筏，上了竹筏之后几个竹筏过来了，载歌载舞一路就下去。到了一个侗寨上去，千人的侗族大歌，侗族大歌什么概念？多声部无伴奏和声，真是震撼。历史上就有这种传统，所以它现在玩这些东西很热闹，好玩。

第七，东方甄选进入旅游，开创一个新格局。大家都说这是俞敏洪的营销方式，这不是一个营销方式，实际反映了下半场新现象，是产品和营销双主导。

第八，旅游演艺和演艺旅游，全国的旅游演艺现在大概将近300场，盈利的有1/10，基本不赚钱，更多是作为景区附加的一个节目。可是今年演艺旅游厉害了，前段到青岛，就在街上看到三个演艺广告，我问他们，这个东西起作用吗？太起作用了，就这三场演出拉动青岛旅游一个月。最疯狂的是前段西安三个小男孩演艺，无数人过去，有的人卖房子炒这张票，我真的无法理解。但是对城市旅游拉动作用确实大，这形成一种新力量。

第九，天津海河跳水，这是最新的东西，彰显城市活力。

第十，友好型目的地开始产生，从淄博开始，创造友好型旅游目的地，是最终追求。

这些东西理下来，有哪个靠传统资源？因为旅游资源丰富所以旅游起来了，有一条吗？没有，这就是现在市场新现象，是万花筒现象。根基在生活，但是互联网传播、数字化提升、场景化感受，所以这样形成方式变迁。

6. 方式变迁

万花筒现象产生根本在于旅游方式变迁。一是观光与休闲变化，二是自驾车成为主流、三是团队与散客，所以现在国内旅游除了研学团队和少数老年团队，全部是散客。入境旅游和出境旅游各个启动，现在还没有规模。这是一个根本性方式变化，这种方式变迁，已经普遍化，但是认识不足。我到湖南，他们还在谈，那边有一个古村不错，但是现在路不行，大巴上不去，旅行社不能组织客人去。我说你们打住，这思路从根上就是错的，现在还琢磨旅行社、大巴这一套，自驾车上去就行了，只要路通，能停车就可以，我说你们这是什么思路啊？

所以在互联网基础和数字化社会之中，传统旅游方式基本被淘汰。

7. 新业态特点

一是碎片化，新业态没有大项目，基本上都是碎片化，不管是民宿还是营地，包括我们城市休闲这些东西。

第二积小为大，说起来一个项目小，但是一堆小项目凑在一起就是大项目。我最近到大兴安岭，跟大兴安岭谈这个。我说你们别想着招大商，100 个项目一个项目 1000 万元，10 亿元的招商完成了。一个项目 1000 万元现在难度不是很大，但是要说准确，这 1000 万元怎么花、怎么赚，把这个格局搞清楚。在这里面政府花 1000 万元就够了，基本上这个格局可以达到。

第三个掉头快，变化多。一个项目，可能两三年就变了。

第四个渠道平台化，已经基本被大厂垄断。

8. 下半场开局特点

一是在消费层面，文旅深层次融合，对文化追求达到了旅游历史新高。我们原来讲文旅融合，不是政府说融合就融合的，行政融合只是行政融合，也不是根本融合，根本融合在消费层面。现在这个时代大家对文化的追求提升了，所以文旅在这个层面上融合了，而且这种融合越来越深。

二是投资层面，已经不需要高大上，而是小项目聚合，但是追求小而美，小而精。政府需要提供好的投资环境和营商环境，而不是折腾大项目。现在好多政府还在琢磨这个，迪士尼别想了，环球影城也别想了。全国有七个地方在搞乐高主题乐园，好像深圳也在搞一个，我看不出来，这套东西到底能有什么效果？这种大项目说起来很过瘾，成功的有多少？反正这几年我看到的全国百亿元以上投资大的文旅项目基本都失败，只有一个活了，就算成了，剩下一看，项目必死，但是人家还要投，我实在不理解。

三是市场层面，起起伏伏。春节是大规模客流，清明不如人意、五一旺丁不旺财，到了暑期真正复苏未临又碰到高温酷暑、暴雨洪灾，不确定性又一次成为确定，所以气候对旅游影响越来越重要。这样城市旅游在市场的权重也自然越来越高，实际上是深圳的一个机遇，原来都说大自然，后来发现大自然靠不住的事太多了，城里还是稳妥。

总体来看，恢复与倒退交织，秩序与混乱交织，希望与困难交织，问题与缓和交织，这恰恰是新开篇的必然。2023年呈现出来的特点不是短期的表现，而是下半场长远趋势的萌芽，趋势就是自下而上的，也会形成星火燎原之势。所以，对应消费层面叫安全、近距离、短时间、快速度。对应供给层面，就是小精特新的趋势。政府层面应该是亲、和、质、保的对策，亲商、和缓、品质、保障。

9. 阶段性变迁

总体来说这是下半场的开局特点，可以得出几个判断。

第一，资源性时代早已过去。深圳就没有资源性时代，上来就是产品化时代。我记得有一次做全国旅游发展规划，开座谈会，广东旅游局一个副局长说了一个观点，说从传统旅游资源来说，广东旅游资源不能说丰富，可是从新兴旅游资源尤其休闲度假资源来说，广东全国第一。这个观点新颖，哪个地方都说我旅游资源如何丰富，全是这套话，但是深圳不同。

第二，产品化的时代强化进行。所以包括产品细化甚至垂直化，市场也在细分，产品化的强化成为主流，也会长期持续，但是会发生各种变化。

第三，场景化时代正在来临。我刚才说十个市场现象，既不是资源，严格说也不是产品，是场景。天津跳水是什么，天津伯伯疯狂展示城市活力，一不留神变成全国民间跳水大赛，真是很好玩。反映的是什么？反映这种潜在的追求，这不光是需求，是一种追求。

海尔集团创始人张瑞敏先生有一句名言：万物互联时代，只有场景没有产品，只有生态没有行业。他就说，海尔是全世界公认的白色家电世界第一，要努力摘掉这个帽子。因为白色家电提供的都是产品，但是对应家庭生活场景，是这种需求。生态，不是一般自然生态，而是产业生态，产业链泛化，是各行各业打破界限成为一个生态圈。

同样，场景化消费已经成为时尚，场景化的发展则必然成为旅游前景，所以沉浸式和场景化正在成为大家共同的追求。这个时代的竞争转向模式竞争，什么模式？场景化模式，所以外延扩大，内涵深化，远远超出了传统景区景点。所以现在还要投资做景区，我感觉脑子真的进水了，脑子还在上半场。场景是日常语言，它的模式化从戏剧和电影开始，之后成为商业化追求甚至社会化的追求。场景首先是场，空间营造，第二是景，氛围营造，第三是情，情景交融，这要求有很深参与性、互动性。技术手段很丰富，我们现在基本上能想起来都能表现出来，但故事难编，要契合人性，直抵人心。

比如说河南只有河南·戏剧幻城，占地600亩，让我很吃惊。本来我在网上看到《戏剧幻城只有河南》，我对它的评价加一个"了"字，只有河南了，不可能有第二个。看完之后，现场效果很好，而且他们说每天只要接待1000人就可以打平手，因为平均每个人进去花500元，1000人50万元收入，每天可以打平手。可是投资60亿元，财务成本怎么办？投资回报怎么办？这个账没法算，所以从这个角度说也确实只有"河南了"。最近王朝歌在廊坊又搞了一个《红楼梦》，一个剧场十几亿元，反正有老板愿意出钱，愿意实现她的梦幻，这不是坏事。可是我就想，如果这样的项目我们搞一个砸一个，艺术上很成功，市场上很失败，投资上面更失败，这能说是好项目吗？所以我们真得研究这个事。

四、新开篇

发展先看大势，不对应大势，甚至可以不干。第一，是数字化大势，仅仅20多年，互联网几乎覆盖一切，移动通信成为生活必需，数字化成为现实。传统旅游的运营方式、工作岗位，以致企业架构都发生颠覆性变化。第二，是建设大势，以前长期制约旅游发展的基础设施短板已经全面缓解，交通、电力、能源、通信、水，乃至垃圾污水处理，现在难题都已经过去，这就意味着形成高质量发展的基础。第三是供求大势，经过40年发展，旅游领域的各个行业供求关系都比较宽松，有些已经供过于求。在硬件建设上，基本找不到明显的短板和制约点。也可以说，硬开发的时代已经过去，软开发的竞争开始激烈。

1. 战略开篇

二十大报告提出：以中国式现代化全面推进中华民族伟大复兴。对应中国式现代化，形成旅游未来发展的基础，也是导向。引申出时代的新课题，也是大课题：中国式旅游现代化。

中国式现代化，需要中国式旅游的现代化。一是人口规模巨大，大众旅游持续；二是人民共同富裕，质量要求提升；三是物质文明与精神文明相协调，形成文旅融合大势；四是人与自然和谐共生，绿色旅游发展；五是和平发展道路，入出境旅游恢复，促进国际合作。五个方面都需要在旅游领域落实，也是旅游各个方面都可以发力的。全世界没有一个国家有这样的舞台，也没有任何一个国家有这样的战略。在这个框架下，形成新的旅游发展战略。

（1）历史回顾

80年代，十年转型，从事业到产业，民间外交—经济受益—纳入国民经济计划，确立产业性质—发展转轨。

1984年，于光远先生说：旅游是经济性很强的文化事业，也是文化性很强的经济产业。

1986年，孙尚清先生说：分阶段，经济—文化产业，30年，文化—经济事业。

90年代，十年培育，市场化形成。创新行业管理，国民经济新的增长点。新世纪，大发展，市场规模和产业规模并进，战略性支柱产业提出并完成。

（2）历史转折

处于新时代，面对新挑战，中国旅游，再次转型，是历史要求，也是大势所趋。

首先，旅游业已经不是新兴产业，45年发展，新兴阶段早就过去。其次，中国旅游业已经形成了巨大的资产存量，但是投资效益不高，即使在疫情之前，这个问题已经显现。第三，旅游企业运营效益不好，这也是普遍存在的现象。

新时代，就是旅游转型期。新挑战，也在于转型方式和速度。我们对旅游的认识逐步加深，但是思维形成惯性，一条大路，高歌猛进，还没有跟上经济发展和社会变化步伐。现在，转型时机已到，中国式旅游的现代化，需要观念调整，战略调整，思路调整，方法调整，需要共同合作发力。

（3）历史任务

首先，旅游产业转型，并不是非此即彼，而是形成产业与事业并行格局。产业是基础，事业是保障。第一次转型，是对应以经济建设为中心，尤其是国家紧缺的外汇需求，完成从事业到产业的转型。"经济产业，适度超前、永远朝阳"。此次转型，是对应"坚持人民至上"，对应人民群众对幸福生活的追求，需要完成产业与事业并行，是一个螺旋式上升过程。

其次，是大体划出事业与产业的领域。公域为事业，需要政府发力；私域为产业，需要市场发力。现在的薄弱之处在于旅游公共服务，公共环境、公共产品、公共设施，形成系统。与城市公共服务结合，创造新格局。

再次，处理好事业与产业的关系。即使是事业，也需要产业化运作，产业生存和发展，需要事业支持。

最后，40年文旅融合。文旅融合并非从现在开始，前期是产品融合，是主体；再融合，2018年机构改革，是行政融合，构造新平台；新融合是产业事业融合，全面融合，深度融合；以人民为中心，最终是生活融合，幸福融合。贯穿始终的是发展融合。

以文塑旅，以旅彰文。我理解，宜融则融，主要在项目。任何项目都有文化性，但不必牵强，有主有辅。能融尽融，主要在行业。现在的提法，文化事业、文化产业、旅游业，这是经过斟酌的提法。文化可以分为两类，事业和产业，旅游则称为业，包括事业和产业，但是现在没有明确，所以能融尽融。

以文塑旅，不仅是资源性的促进，更是主导性的促进。以旅彰文，是功能性的体现，在当代的信息环境和市场条件下，旅游容易形成更大的关注度，也能够从更深层次彰显文化价值，从而达到更深层次的文旅融合。

2. 重点开篇

第一，旅游企业转型。以导游为中心的旅行社转型，以城市化为中心的酒店转型，以目的地为中心的景区转型，以沉浸式为中心的演艺转型，以营地为中心的自驾车转型，以旅居为中心的度假区转型，以烟火气为中心的休闲转型，以生活为中心的乡村民宿转型，以结构调整为中心的全面转型，以泛旅游为中心的生活转型。

第二，新兴业态创新。一是不仅新兴，也要新型。二是新兴变化很快，迅速成为传统。三是迭代也快，后浪推前浪。求新不要赶时髦，赶时髦没有好结果。超前三步是先驱，超前两步是先烈，超前一步甚至半步才是先进。机会永远有，不同阶段有不同的机会，不存在机不可失时不再来。

第三，企业发展，提升全要素生产率。头部企业集中度越来越高，是市场必然，涉及旅游企业的结构优化和满足需求。

第四，结构优化。结构问题始终是多年旅游研究的大问题，结构优化则是发展的大问题。现在泡沫尽去，正是调整结构的战略时机。

第五，需求促进，是重中之重，我们始终不足。其中的重要原因是认识和政策误区，大家想当然认为需求是天然存在的，市场不拉自动。其实不然，旅游需求已经大大萎缩，即使没有疫情，也不能想当然。包括需求政策、假日制度等，都需要调整。

3. 认识开篇

不能身子进入下半场，脑袋还在上半场。

旅游业，首先是一个领域，其下是无数行业，有传统的，有新兴的，有潜在的，有未来的。因此，旅游发展，有着多方面意义。尤其是在新时代，旅游业不能再局限于经济产业。

旅游转型，首先要应对新时代的新性质，明确融合性，强化综合性。其次是发挥多方面的意义，创造大影响。第三是优化存量，创造增量，形成高质量发展。第四是通过转型，纾解现有困难。老路走不通，也不必追求重回巅峰。只能开新路，下半场开辟了广阔的空间，增加了大量的资源，创造了新的方式。

重新定义旅游：旅游是生活。个人旅游，是生活的一个过程；大众旅游，则是社会长存的生活方式。休闲是生活的追求，是体验生命价值，是文明的彰显。

重新定义旅游业：生活服务业的前端和高端，生活方式引导，生活内容丰富，生活体验提升。

全国旅游发展规划中将旅游定位为幸福产业，"好日子"，种植业保障生存，制造业缓解供给，服务业提供便利，都是"日子"，而旅游休闲创造的是幸福，是"好日子"中的"好"。所以，幸福产业旅游打头，是题中应有之义。

旅游元哲学：契合人性。旅游元理论：符合常识。旅游元基础：生活追求。

复杂变化的旅游格局，鲜活生动的企业实践，给旅游研究提供了雄厚基础和丰富资源，也提出了新课题，正是旅游研究和学科建设的大好时机，也是一代学者成长的大好时机。下面提出几个新课题。

第一，中国式现代化，需要中国式旅游的现代化。人口规模巨大，大众旅游持续；人民共同富裕，质量要求提升；物质文明与精神文明相协调，文旅融合大势；人与自然和谐共生，绿色旅游发展；和平发展道路，入出境旅游恢复。各方面都需要在旅游领域落实，也是旅游各个方面都可以发力的。在这个框架下，形成新的旅游发展战略。

第二，新时代，就是旅游转型期。新挑战，也在于转型方式和速度。首先是旅游产业转型，形成产业与事业并行格局。上世纪80年代，我们用了十年时间，使旅游从事业转向产业。90年代开始，迎来了大发展，中国也在这个过程中，从世界旅游资源大国建设成为世界旅游强国。我们对旅游的认识也逐步加深，但是思维形成惯性，还没有跟上经济发展和社会变化的步伐。现在，转型时机已到，中国式旅游的现代化，需要观念调整，战略调整，思路调整，方法调整，需要多个学科共同合作发力。

第三，需求研究，是国际旅游研究的重中之重，我们始终不足。其中的重要原因是需求研究没人买单，所以社会学、心理学等专家无从介入。包括需求政策、假日制度等，都需要调整。

第四，科技促进。旅游是生活性行业，是人与人的交流，是人对人的服务。我们只是高科技的使用者，科技是工具，不宜产品化，也做不到产品化。现在需要强化工具化。

第五，休闲基础理论。不同于旅游研究，实践迫切需要指导，也需要明晰。

第六，基础研究的基础，是数据整理和数据分析。感受的多是噪音，经过整理是数据，再次提炼是信息，升华之后是智慧。

旅游研究四层面，用旅游语言描述状况，用理论思维解释问题，用综合眼光分析结构，用科学态度探索规律。

简单归纳：

上世纪80年代，以地理学为中心的资源开发；90年代，以管理学为中心的行业推进；新世纪，以市场学为中心的泛旅游发展；转型期，以多学科合作为中心的深化促进。

美学、人类学、社会学、心理学、文化学、消费学、市场学、管理学、经济学、地理学，劳动价值论—服务价值论—消费价值论—市场价值论—体验价值论—生活价值论。

要全面认识旅游业：旅游资源无限制，差异吸引；旅游行为无框架，合法底线；旅游体验无穷尽，古今中外；休闲消费无止境，兴高采烈；休闲产业无边界，全面覆盖；休闲发展无约束，创意为王。

一个伟大的事业需要哲学，一个追求前景的产业也必须追求哲学。哲学涵盖一切，不仅是本体论、方法论等传统的概念，哲学是价值观，是精神追求，是探索终极。旅游发展首先需要研究市场，其次要研究市场与产品的关系，建设一流的产品，第三需要上升到文化层面，有文采则行之久远。但说到根本，需要提升到哲学层面，最终是美学层面，这也是现在最大的短板。提升审美趣味，提高审美水平，尤其是官员和开发商，是短中之短。要追求旅游的美，达到美的旅游。

4. 高质量开篇

高质量发展，是国家"十四五"期间的主题，也是各地和各领域关注重点。从速度型发展向质量型发展是长远战略，最终要归结到效益型发展上来。文旅领域如何认识和把握，如何推动落实，如何形成新阶段的新动力，形成新格局，也是大家关注的热点。在疫情管制调整的大形势下，大家又开始狂热，这不是好现象。疫情以前，已经问题迭出，结构不优，企业不强，质量不高，效益不好，是突出问题。在高质量发展背景下，这才是关键问题。现在最现实的短板就是人才流失，且很难回来，因为旅游企业已经没有更大的吸引力，也直接影响旅游服务质量。所以，解决根本问题，才能重新开始谋求高质量发展。

第一，高质量决策。宏观决策科学，尊重市场主体，优化营商环境。

第二，高质量谋划。策划当先，规划落地，设计特色，活动推进，少走弯路，少付代价。

第三，高质量项目。少花钱，多办事，办好事，好办事。

第四，高质量产品。资源配置合理，市场化，体系化，合理化。

第五，高质量运营。运营效率高，市场效果好，经济效益合理。

第六，高质量服务。基础性，适应性，发展性。

第七，高质量科技。适用技术，成熟技术，高新技术。

第八，高质量人才。形成合理体系，形成合理流动，形成工匠精神，开拓上升空间。

第九，高质量公共服务。公共产品完善，公共服务到位，公共空间形成。

第十，高质量发展格局。减缓同质化建设，创造差异化格局。减缓大起大落，形成稳定格局。

全面推进新开篇，需要把握好六对关系：

一是规模与品质，大众旅游首先是规模，导向在于品质。

二是大众与细分，大众市场不是笼统，趋势一定是细分。

三是流量与留量，不仅要追求流量，更重要的是留量，停留时间与人均花费。

四是浏览与沉浸，打卡即旅游的现象不能长久，沉浸式感受才是根本。

五是竞争与竞合，竞争是上半场的利器，下半场是竞合，需要异质性，特色互补。

六是对立与融合，生产与消费融合，消费与消费融合，服务与自助融合。

变易—不确定性；简易—随机而变；不易—定力。

下半场的林林总总，归结到一个焦点，就是人才的竞争，又体现为智慧的竞争。所以，真正需要的不是招商引资，而是招才引智。尤其是场景化人才和智慧，最为短缺，要从年轻人中间挖掘，以应对发展的需要。其次是平台化的人才，以建立平台化的机制。最后是复合型的人才，以适应跨界融合的需要。

关于旅游场景化的几个问题

一、关于旅游场景

1. 解读旅游场景

旅游场景有三个维度，每个维度又有若干元素。

第一个维度是场，空间营造，需要一个空间。其中一个元素是场所，可大可小，可高可低。一个元素是场合，即人与人交流的场所形成场合。一个元素是场面，即互动和活动，大活动营造大场面，小活动需要小场面。

第二个维度是景，包括风景、风光、风貌、风物四个要素。关键是氛围营造，所以现在又有一个新词，叫氛围经济。

第三个维度是情，核心是风情，要达到情景交融，这就要求有很强的参与性、互动性。技术手段现在很丰富，基本上你能想得到的这种场景，技术手段都能满足，但是故事难编。所以要契合人性、直抵人心。

比如四大气象景观，泰山日出、黄山云海、钱塘江大潮、吉林雾凇，说起来是景观，根本都是场景，都包含了人的感受和追求。

场景是感受、体验、参与、沉浸，是这么一串词。首先对这个地方要有感受，到哪都会有感受，没有好的感受还不能有坏的感受吗？二是体验。我们觉得深层次的，实际上不是，只是表层。三是参与，参与场景，最后是沉浸进去，沉浸，是六识全放，深度感受。是这么一个过程。关于场景，我们可以用风这个主题，说出一堆词来，先有风景然后有风光，再有风貌、风情，最后是风物，风物是当地特种产品，包括非遗。之后，是风云、风月、风韵、风流、风骨。十个风，都是元素，这实际上都是和场景紧密联系在一起的。

2. 旅游场景化的基础

第一个基础是市场的变化，这是根本。

第二个基础是已经形成的资产存量，需要深化利用，也需要重新利用。目前，闲置资产不少，就是浪费。客观方面，已经形成了对场景化的巨大需求。主观方面，则是行业开始认识和追求。

第三个基础是从资源到产品再到场景，融合、过渡、衔接，有这样一个过程。这三个时代的产品，三个时代的主题，实际上到了场景化阶段，是融合了产品化阶段和资源化阶段的，这里面有过渡和衔接。现在产品化是主流，不能说什么都做场景，也未必什么都能做出场景来。所以有衔接，也有过渡，但方向一定是场景，这是我们的发展方向。简单来说，资源型的时代早已过去了，产品强化的时代现在是主流，场景化的时代预示未来。

第四个基础是已经形成的场景雏形。原来到有些地方，曾经说要构造中国风景县，人间新天堂，现在则说场景县。一是生态场景，二是森林场景，三是山地场景，四是生活场景，这是基础，而且这些基础都非常结实。

3. 场景化的好处

场景首先是旅游的组成部分，而且是前沿组成部分。其次是卫星式的覆盖，是集中表现。第三是旅游生产要素。一是提升市场吸引力，形成品牌号召力。二是少花钱，多办事，办好事，好办事。激活资产存量，起到锦上添花之效。三是增加原住民参与度，共创共享共赢。四是能够充分挖掘地方潜力，盘活闲置资源。

二、旅游场景化发展

1. 场景推进

第一要建立场景化思维，形成场景化眼光，思维一变天地宽，眼光一变新路多。第二就是场景化设计，在存量基础上开展，死的变成活的，小的形成大的。需要场景规划和体验设计。第三是场景化建设，包括环境、内容、活动，都要注入文化元素，尤其是本地文化。场景建设不但需要产品开发，更需要市场开发，长安十二时辰就是场景化建设，最终文化密集、感受密集。第四是场景化运营，就是在运营中形成沉浸感，强化参与感。第五是场景化语言，百花深处山谷香，清清溪水夏意长，五色斑斓山川美，冰雪雾凇民宿忙，这是描述四季，就是场景化语言。旅游面对的是未来，整个文化就是一个大场景，所以每个点都要琢磨怎么做场景化文章。大家动脑筋把这个东西做出来了，才会发现这个东西好玩，而且老百姓也很好参与。

2. 场景分类

大的场景：第一是自然场景，山水相间，森林密布，云起云飞，星空灿烂。第二是文化场景，一是文化设施，二是文化氛围。三是社会场景，街巷风情，广场艺术，这是最重要的场景，主要是生活场景。

城市的场景化与场景化城市，上海正在向一个场景化城市演化。

乡村的场景化与场景化乡村，无乡不景，无景不乡。

景区的场景化与场景化景区。景区的场景化是在现有基础上活化，深化，需要更多的体验设计。如此，则达到场景化景区，成为网红打卡的密集地。

固定的是场所，变动的是景象，流淌的是感受，即心流。

有旅游即有场景，传统旅游只是固定场景，当代旅游则是复合场景、流动场景，全面综合，锦上添花。

从各个角度都可以对场景分类，分类的意义在于元素整合和深度利用。

3. 场景体验

一是场景设施，城市文化性公共建筑需要大投资，多数场景设施都是闲置设施再利用。二是场景设置，是重中之重，需要主题性、沉浸式、体验感。三是场景活动，可以是既定的，更多是变化的、生成的、流动的。

不同场景，不同客群。场景不是年轻人的专利，也是长者的感受地和沉浸地。但是，应针对不同客群，设置不同场景，安排不同活动。闹的场景引发狂欢，静的场景产生意境。

老天爷和老祖宗留下来的，是普适性场景，对应普世性客群。非遗则不同，区分性更强，针对性也强。

4. 场景与社区参与

生活场景的核心在于社区，文化场景的根基也在于社区。社区文化一在挖掘在地文化、二在凝聚、表现生活。三在创造新型文化。社区参与也自然形成城市和乡村场景化的重点。社区参与一是可以构建友好型目的地，二是可以激发爱国爱乡之心，增强凝聚力，三是可以创造就业机会，增加收入，四是有利于自治自理。

5. 场景评价

什么是好的场景？能吸引人，能留住人。一是美，需要艺术化；二是特，需要个性化；三是多，需要元素集合；四是融，能够融入，能够体验。

6. 场景红利

有场景就会形成红利，这也是旅游下半场的红利之源。金钱消费只是表层，时间消费充分体验，品质消费成为追求，文化消费深入沉浸。另一方面，这种红利会甘霖遍洒，各得其利，也会激发各方，凝心聚力。

7. 增强场景活力

场景需要仪式化，表演性。

总体氛围：人人是演员，创造角色。个个是观众，融入其中。处处是场景，烘托感觉。时时是情节，未可预期。

8. 场景研发，新型知识生产

创意发散。创意第一是创异，郑板桥当年有一副对联：删繁就简三秋树，领异标新二月花。第二是创议，就是创出争议来。不怕争议，争议一定意义上就是树立个性的过程，就是树立品牌的过程。第三是创艺，要创出艺术来，要确实有艺术品位。第四是创亦，是亦此亦彼的亦，这个亦实际上说明，由于场景化是新现象，从发展特点来说是模糊的，空间非常有弹性，是不断变化的。第五是创翼，说明场景化是灵动的，是飞翔的。第六是创弈，是博弈，是竞争。第七个是创忆，即形成记忆，创造回忆。第八个是创义，仁义，和谐；第九个是创遗，创造未来的文化遗产。第十，最后归结到一个益，就是要创出效益来，即以经济效益为基础，同时达到社会效益和环境效益。

9. 场景化人才

这是现在最需要但最短缺的人才。电影人，善于做背景；文化人，能够编故事；旅游人，知道做市场。什么是场景化人才？多元化，复合型，有创意。怎么发现，怎么培养，恐怕还是靠市场，在项目运作中产生。可以从场景化人才培训起步，再到系列教材，旅游刚刚开始的阶段，培训主要靠翻译外国教材，而场景化教材无可借鉴，意味着我们与国外比肩，和外国同步。

无场景，不出门；无场景，不旅游；无场景，不生活。

第二篇 产业提升 发展创新

康养提升与休闲发展[①]

度假与康养是很契合的，度假地一定是康养地，康养地也一定是度假地。今天来了之后，我把会场周边的易拉宝看了一遍，基本上我都去过，只是看到西藏有一个地方没去过，剩下的地方差不多都去过，所以情况很熟悉。

这个事情有两个方面。第一是康养要提升，这是二十大提出的高质量发展的要求，康养没有高质量是不行的，所以必须提升。第二是休闲促进发展。

一、关于康养

二十大报告提出，推进健康中国建设，由此康养自然需要摆在重要位置。三年大疫，大家格外感到康养的重要，成为一个全民刚需，这样一个超大规模的需求自然引发关注。

但是康养不宜产业化，从一开始接触康养这个领域，我就感觉，不宜提产业化。康养产业的发展尤其从国家导向来说是错误的。这是国民福利，我们上去把它产业化，这条路就很容易走歪。如果全面产业化就会产生无数弊端，尤其大众利益会受到严重侵犯。康养本质上是社会事业，普遍需求就要靠公共服务均等化来解决。但是需求又在不断提升，这需要相应的产业化，形成康养体系。所以我总体的看法是康养不宜产业化，但是康养里面拔尖的这一块需要产业化，而且没有产业化，形不成好的模式，也不可能真正往下走。

比如从旅游来说，康养度假会给很多地方开拓一个新领域，因为我们有些地方观光资源绝非一流，有的甚至二流都不够，交通也不是最好。可是这个地方自然风景非常好，山水森林方方面面都非常好，非常适宜做康养。在新的时代面前，这些地方都会抓到新的战略机遇。

[①] 根据2023年2月18日在中国旅游报组织会议上的演讲整理。

由此，大力发展健康服务业，以生命科学和生物技术为基础，包括三个层面。第一个层面是基本层面，这就是医疗治病，这是永恒的需求，这才是刚需。第二个层面叫提升层面，是营养和保健，这是工业化需求，也是一种工业化时代的需求。第三个层面就是综合层面，养生休闲，是最重的需求，这也是我们不断提升的需求。

所以很自然，高质量发展是主旋律，康养的发展方向必然是品质提升，休闲就是一个良好载体。这个事情，以后工业化视角，挖掘前工业化资源，创造超工业化产品，对应变化中的市场，这是发展康养度假中基本的思路。

二、天人合一

第一，天人合一，这是中国传统，也是休闲追求的境界，这是康养的趋势。

第二，身土不二。这是一个韩国词，本质是我们中国的词，也是天人合一的意思。养生是永恒需求，身体离不开土地，养生需要自然。

从历史过程看，自古就有养生需求。有了人类历史，就会对养生有所记载。极端时代是抽疯的时代，但是于今为盛。我记得很清楚，"文革"闹得最凶的时候，产生了一个风潮叫打鸡血，这个词今天还在我们日常生活中存在。那时候我看到清华大学校医院每天早晨六点钟，每个人抱着一只大公鸡，排队打鸡血，那是极端抽疯的时代。之后又有甩手、红茶菌。我就很奇怪，这么一个意识形态极端化社会抽疯的时候，居然大家对养生看得这么重。

今天是正常的环境，和平的发展环境是养生的基础，生活条件改善是养生的条件，这不是我们以前那种养生。进入老龄社会追求养生的品质，城市环境压迫催生了养生动力，传统文化复兴造就了养生环境。宗教意识缺乏，这是中国的特点，也形成了养生泛化。因为中国人的宗教意识是泛神论的意识，在这种情况下对养生的追求，一定意义上类似一种宗教意识。

最后就是终极追求难圆，谁都想成圣，但是很难成圣，这意味着什么？养生追求最终变成一种文化。我们要研究这些，要想作为一个度假康养胜地，文化第一位。先把问题弄透，形成特色。比如我刚才碰见伊春的几位领导，我是在那里出生的，小兴安岭，那个地方太棒了，养生就在那里待着吧，别操么多心，呼吸好空气就够了。

可是有些地方，把自己的很多优势反而贬低了。比如说四川广元，我看广元的领导也在。我到广元第一件事就说广元真正的优势是什么，是翠云廊，是古关古道古树，这是真正的东西。但是广元就强调则天故里。武则天和广元到底有多少关系？"故里"了半天没起到多少市场号召作用，反而把真正的优势贬低了。这就是总想把自己所有的资源都挖出来，但是，做什么事情、对应什么市场，挖什么资源，才能把优势突出出来。所以同样在养生这个事情上，尤其是我们度假养生胜地你怎么做，怎么胜出？

传统的养生是农业社会形态，自然生活的方式，这种东西可以独立进行，心态从容，方式比较简单。直到今天终南山还有五千隐士，我和几个隐士聊过，问他们的生活形态，为什么要做这个事，各有各的想法，但是还是传统的方式。很简单，消耗一部分自然资源，但社会资源消耗极少，那是个别人。现在养生不同了，现在是工业化社会、城市化生活，我们的城市生活太挤了、太急了、太忙了、太脏了，所以养生的愿望越来越强烈。

这三年，旅游崩塌进入谷底，同时产生两个亮点。一个是城市大休闲，第二个是乡村微度假，这就是休闲康养合一的表现。我们不要觉得现在形势恢复了，又可以按照以前那个路走了，那是不可能的。城市大休闲、乡村微度假这两个赛道需要开拓，这是一个长期的大赛道，传统的观光旅游还会有所淡化。所以，既然想进入这个赛道，就得尊重这方面的规律。

三、健康发展

1. 体系化

现在来说，完全回归古人的方式不可能，全面更新也做不到，比如说像欧美那样的生活方式做不到。所以要游走在传统和现代之间，形成健康服务业的中国模式。首先说需求，不能老说全民刚需，这只是基本需求，真正的需求是有支付能力的需求。这样的话首先需要一个产品体系，其次就是要有一个服务体系，最后需要一个管理体系，这样形成一个完整链条。现在好多项目一建，打出来就是康养项目，这个不灵，就是一个房地产变种。

这样的话，我们就要考虑几个层面。

第一是基本需求，基本需求就有基本层面的公益性。满足基本需求要有公益性，这个公益性是政府的事，严格说不用我们研究。第二个，我们需要研究什么？提升层面的混合性，就是既有公益性又有商业性。所以我反对产业化,但是必须有产业,要把握在这么一个度上。第三,到了综合层面,一定是商业性的,这就需要一些高端东西,高端的东西没有商业性怎么行。

所以很自然,休闲产业发展需要养生提升,养生需要休闲拉动,就是这么一个关系。

由此,第一需要产品融合化,单纯的养生很难活下来,那就变成养老院了,变成疗养院了,很难回本,一定要和其他产品融合在一起。产业就需要体系化,这就意味着相应的规模,没有相应的规模做不起来。我看过不少这样的项目,回想一下,有的项目投资很大,但是也没做起来,比如说在离成都80公里的地方,有一座鹤鸣山,历史上就是道教圣地,有一个上市公司董事长去开发。他就跟我说这个地儿神,有一株全国体量最大的金丝楠木,3900年。这是我认同的,而且那个地方确实很神,5年的房子瓦上面长树,树长得很大了。他说希望找什么样的病人,就是西医已判"死刑"了。这样的病人到这里来,保他不死。他敢说这样的话,当然这个事过去十几年了。他还跟我说你身体不好,有糖尿病,你要拿一个月时间到这里来,保证根治,我就笑一下而已,如果能根治糖尿病,可以得诺贝尔医学奖了。虽然信心满满,但项目没做起来,投了5亿元,其中一个什么原因?单一的项目,规模偏小,没有体系化。

第二个要点就是扩大化,所以度假区要泛化,养生也需要泛化,康养也需要泛化。度假和康养结合就需要一个更大的市场,一定要做到。

第三叫品牌提升化,严格说,我们现在的康养品牌基本没有,全国基本没有,更别说提升了。但是下一步,我想至少今天在座的各位,先立起你的品牌来。而且我看今天打出来的品牌还是旅游品牌,甚至还是观光旅游的品牌,这不行。既然参加这个会,既然到这里来,应该打康养休闲品牌,否则到哪儿去,开什么会,都是这一套,那你的品牌何在?所以我觉得这个问题确实要我们研究。

2. 从问题入手

现在的状况是,大众养生自生自灭,这反映了我们公共服务的短板。公共服务现在严格说还够不到大众养生这个层次,能解决疾病救治已经不得了了,但是随着社会进步和进一步的发展,必然会出来。

另外是房地产项目转型，造成什么情况？硬件不硬、软件更软，大把的房地产项目觉得康养上面还可以打一打，一说就是康养项目。我碰见一大堆，看完扭头就走，好像不值得一看，无非换了件衣服，硬件也不行、软件也不行。

还有就是传统养生文化弘扬不足。当代的养生文化，忽悠人的，一说就是老庄这一套，然后就是《黄帝内经》，自己都看不懂，还拿这个忽悠人。

当代养生文化，西方这一套仍然缺失，尤其是体系性的、高科技的。现在国内看到的只有一个博鳌，有一个当代医疗旅游示范区。这个地方太棒了，花钱也多，那就是顶级，疫情这么严重还排满了。一把体检，50个大项，300个小项，体检一人收费12万元，需要检查7天。检查完了各科医生围绕你会诊，最后派一个医生跟你谈半天时间，把你身体所有问题说一遍，然后治疗方案说一遍。需要继续治疗就继续，不需要就回去，这真是当代医疗技术集大成，这样排队还排不上。你以为12万元很贵？你想花12万元人家未必要你，这套东西就缺失。

所以，古也够不着，今也够不着，中也够不着，西也够不着，这是很尴尬的事情。不要认为有青山秀水就可以忽悠康养，没有这样的东西不行。

第四，科技教育人才严重不足，甚至空白，这个领域需要专业人才，我们真是严重不足。

第五，模式没有建立，还在探索过程中。康养休闲或者康养度假模式，究竟什么模式好，没有标准答案，也没有标准，只能一个地方一个情况，一个地方一个研究，一个地方摸索自己的模式，但是现在没有。所以一方面被认为是房地产的转型，另外一方面被认为是金融支持，因为很多康养项目都是和金融保险绑在一起。

最后一个问题，不宜产业化，必须产业型，这个关系我们怎么把握？

3. 类 型

第一个就是泰康人寿，已经成规模了，但引起争议。它倒不是房地产转型，因为每个项目都是围绕着康养需求专门建的房子，大多数是房子已经盖好了，我来转型。但是它引发的争议就是涉及金融风险。据我了解，泰康没有发生这种事，可是类项目就这种模式。一开始在昆明有一个，当时很火爆，后来把老板抓起来了，就是一个乱集资诈骗。更何况泰康发展扩大，在扩大过程中市场营销方面不对，几乎三天两头就会接到电话，还是房地产的一套。后来我说我了解泰康，你别跟我说这个了。这种模式对应的基本是中高端市场。

第二个就是雅苑，在乌镇旁边，品质非常好，但运作也招嫌疑。因为基本上都是这种运作方式，先拿200万元押在我这里，三五年后把钱退给你，实际上就拿你这两三百万元三五年由它来运作，最后可能转换成保险资金。这个东西现在法律上也没有绝对保障，政策上、法规上现在都不明确，但是就这么做了。

第三种类型是康养社区，这是城市更新的一种项目，但市场运作很难。北京的一个，就是北京的天桥饭店和新北纬饭店，两家饭店攒到一块，找了一个专门做康养的公司，又找了一个投资商进入，三家合作搞了一个康养社区。我看完了，赞不绝口，它的模式基本上是这套模式。要从业主说，两个酒店不干了，当时谈的时候有一个条件，148个员工一个不许退。投资者投了3亿元重新改造，完全按照康养这一套，把日本、韩国、新加坡包括我们的台湾，几种服务模式集中到一起，服务无可挑剔。我当时看完了都动心，价格也不是很贵，一人一间房，一个月租金5000元。在北京5000元租这么一个大房子很不容易了，无非就是开始时，钱押在那里，搁在银行能有几个钱？后来我问了一下，难度在哪里？在市场运作，尤其难在社会观念。比如你家里有老人，你觉得这个条件对他太合适了，但是你敢送吗？跟老人都不能张嘴，你一张嘴老人就说你什么意思，你不管我了？现在进来的都是些什么人？基本上都是些教授、艺术家、医生，他们自己明白，自己决定，自己进来。当然那里的设备、设施、服务绝对世界一流。

第四种模式就是雅达溪山模式，是一种旅居模式，也是养生休闲一体化模式。这个规模大了，项目第一期总投资60亿元，二期总投资80亿元，规模也很大。商业化运作很成功，而且到什么程度？和日本松下合作，日本松下不光做电器，也研究人的康养需求和配套的康养技术和康养设备，这些技术糅在一起，一共有60多项先进技术，把这60多项先进技术都放到房间里，松下的全套技术都进来了。松下集团一直想找这么一个项目来实现它的理想，就是技术全面实现，通过雅达溪山这个项目实现了。所以先看一个松下康养展览馆，然后去看房子，看完房子就知道这个技术怎么落实的。这样的模式有希望，因为形成规模了。

这些类型，总体来说需要总结推广，也需要发展环境。现在怕什么？我们做什么事情，动不动就是一风起，之后就是一刀切。现在恐怕面临一风起，这条路就容易走歪。所以我就想问一句话，你们想做康养度假，有人吗？我先不问有没有钱，有人吗？要是没有这样的专业人士，就踏踏实实专业做旅游，能活就活。所以下一步，在这个领域真正的竞争是人才竞争。我们现在也没有这样的专业培养，更别说本科生、研究生，都没有。实际上就我看到的这些地方，骨干还是做旅游的这一批人，因为我们是做服务出身的，我们知道怎么让客人满意。通过做服务出身，转化过来做康养服务，需要专业技术，专业技术不懂可以培训。比如说老人怎么翻身，80岁老人怎么翻，81岁一直到95岁的老人怎么翻身，都有专业要求，翻不好就容易骨折。像这些东西可以专业培养，但是基础的管理人员还是要靠做旅游出来的这批人。这样的话，我觉得以项目引导，这可能是我们的一条路。

4. 政策支持

政策包括三类：第一类公共服务政策、公共卫生政策，来解决公益化，来解决基础需求，或者缓解基础需求。

第二类土地政策、金融政策，支持产业化。现在好多老板想干这个活儿，就怕不合法，哪个文件说过这些事？哪个法律上说过这些事？想投钱不敢投，所以要靠这两大政策来支持。

第三类就是消费政策和养老政策，支持消费。现在严格说，中国4亿中产，都是我们康养休闲度假的基本市场。但是现在缺乏产品，大家不知道哪里有，也不知道有什么，我们做这个项目的人又缺乏市场。这些有一个过程，比如说雅达溪山的市场怎么来的，主要是口口相传，比如说在这个地方北京过去的有几千人，其中北京副部长以上的干部退休了之后过去的有70多人。为什么？大家口口相传，觉得性价比好，所以这个问题，说到底就是性价比。

最终是追求幸福最大化，因为康养提升与休闲发展的根本都是提高幸福感，社会观念的变化已经从不会休息就不会工作，到工作就是为了休闲。幸福成为主旋律，幸福是一种感受，幸福是一个过程，幸福在路上，幸福在休闲中，康养给我们提供的就是幸福，这是一种实实在在的生活追求。

露营，第三种生活方式[1]

这三年中，一个新现象引发了行业关注，就是露营火爆，为什么？这是憋出来的火爆。我们的生活太憋闷了，好不容易有点机会窜出来，远的地方不能去，怎么办，露营，甚至城市公园也开始搭帐篷了。原来城市公园是不让搭帐篷的，现在不同了，到公园一看，小帐篷遍地，孩子在帐篷之间跑来跑去，窜来窜去，真是生活的一种特殊感受。所以，严格管制使这种格局升温了，城市大休闲和乡村微度假成为主要产品，给处于低谷的旅游业输了点血，喘过一口气。露营恰恰处于这个结合点，就是城市休闲和乡村微度假结合。

第一方面，是城乡提升的需要。公共服务均等化，公园增加公共内容，乡村开始完备，使露营得到重视，促进发展。《质量强国建设纲要》揭示了露营的发展方向，扩大数量，必须提高质量。露营其实和其他旅游行业还不一样。比如民宿，我认为现在民宿到头了，数量已经到了天花板，怎么提高质量，尤其是怎么提高效益，这是核心问题。全国营地就两千多家，按照我们现在汽车的保有量，两万家也不为过，两万家就意味着我们还有十倍成长空间。但是我们一系列的工作，尤其一系列政策配套能不能跟上去，严格说我们要的不是政策配套，我们要的是管理体制完善，我们要的是运行机制完善。政策来了一阵风，走的时候一刀切，说切你就切你。

我前一段在安徽，有个老板做了一个景区，做得不错。后来我就说你得往休闲度假方向走，山下面有一块地，有绿地，很好，有树林，我说在这搞一个营地。他就找政府商量，政府说你先搞着，一边搞一边走手续，他说行，投资5000多万元，一把木屋建出来了，一把营地的基础设施都建出来了。建好了突然要整顿，一夜之间5000万元设施一刀切，推土机下去全推平。当时他们的员工就围着这个推土机掉眼泪，开推土机的司机也在掉眼

---

[1] 根据2023年2月27日在珠海露营大会上的演讲整理。

泪，只有官员板着脸，推。为什么？中央的决定，中央能决定到一个营地？这就是一刀切，实际上秦岭这个事引发了一系列的事，当初建也是政府让建的，现在拆也是政府要拆的，我找谁说理去。

可是，他们是介于民宿跟营地之间的项目，我们这种发展，慢慢地夯实基础。所以我现在看下来，做营地，我先问一句，土地手续办了吗，他说没办。我说没办你等死呢，他说没有，现在有新政策了，正在评估，评估完了土地就开始招拍挂了，我们准备迎接招拍挂。如果真正招拍挂完成了，有了土地手续你就可以报建了，出来以后你才能踏踏实实用。所以我从来不相信基层政府官员的承诺，这种承诺说翻就翻。可是有了这个文件给我们开路，我们一步一步，你把这个事办下来就踏实了，长治久安。

从根本上说，要开拓新的生活方式，所以中国式现代化需要旅游现代化，这是二十大的号召。学习二十大报告，让我感兴趣的不是那句旅游的话，以文促旅，以旅彰文，推动文旅深度融合发展。我感兴趣的就是中国式现代化。中国式现代化需要中国式旅游的现代化，这是下一步全行业的大课题。什么叫中国式旅游现代化？就是按照中国式现代化，人口规模巨大、市场规模巨大，所以大众旅游就要持续。我们一说高质量发展，就觉得是高精尖、高大上，不是。所谓高质量发展一定是要高质量的体系，大众旅游是基础。

第二个方面，人民共同富裕，质量要求必然提升。我们对消费者现在有点纵容，尤其是媒体，只要企业和消费者有矛盾，把责任都打在企业身上。只要消费者提点意见我们就觉得不得了了，甚至省长会批下来要重视，得分析一下这个意见对不对。我十天前在海南棋子湾度假村，非常好的一个度假村，春节期间早餐都吃不上，什么原因？就是我们中国有这么一种"饥饿引发的恐慌心理"，这是几千年民族心理的积淀。一看早餐人多，有的人恨不得把十盘子菜都弄到自己桌上，有的人一摞盘子搬到自己桌上，你用得了吗？所以老板写了几句话，"阳康高峰，捉襟见肘，相互体谅，大家高兴"，这四句话挂在餐厅门口，大家也不吐槽了。他说我最难的是找不着人，服务员都招不上来。所以质量要求提升是必然，但是我们确实得有一个完整的质量概念，形成一个完整的质量体系，尤其是对大众旅游这种巨大的市场规模，怎么保证市场。当年黄金周，国家旅游局讨论，当时一位领导提出安全、秩序、质量、效益，提了四句话。我就说，不必提这么多，黄金周期间质量下降是必然的，黄金周期间第一是安全，第二是秩序，别出人命的事，别挤得一大堆受不了，这两条保住了，就保住了我们的质量，这个时候还求高质量。再说了，黄金周期间是运营效益最低的阶段，可是媒体一说就是黄金周赚了个盆满钵满，把收入当为利润，不考虑成本，能这么说话吗？但是变成一个误区，所以我觉得确实是从需求端和供给端两方面都需要提升。

第三方面就是物质文明、精神文明相协调，这是文旅融合大势。我们的深度融合还不在于文化与旅游融合，更不在于这种工作上的契合，更主要的就是两个运行协调，这就是文旅融合。

第四方面就是人与自然和谐共生。生态旅游、绿色旅游要发展，露营恰恰在这个点上形成了一个融合点，一个契合点，一个发展点。

第五方面就是和平发展道路，我们入出境旅游恢复了。

所以这五个方面，各方面都需要在旅游领域落实，旅游各方面都可以发力，全世界没有一个国家有这样的舞台，也没有任何一个国家有这种战略。我们需要在这个框架下，形成中国式旅游现代化新的发展战略，这个战略也应该是指导露营行业发展的一个方针。所以我不太赞成强化露营产业，你们可以说，但强化露营产业，给人感觉在磨刀，说生活才能吸引人，所以需要产需互动，共同成长。把时间花在美好的事物上，这才是有质量的生活。所谓美好，曰：美境、美景、美人、美食、美术、美乐，等等，这是美的对象，从容欣赏，慢慢享受，这是美的过程。

第一，年年进步，逐步提升，因为十年内，露营变成了一个时尚词。刚才孙总也还在说，2008年我们谈露营，那时候大家基本听不懂，你们在说什么呢，搭几个帐篷就能促进发展？现在露营已经成为各地旅游发展的新课题，一个基础条件。中国汽车工业的发展，十年变成世界第一，汽车消费增长已经成为世界第二，所以一个轮子上的国家形成了，汽车文化兴起。美国当年形成轮子上的国家，就是30年代，产生了汽车旅馆、汽车电影，各种汽车文化。本来我还想中国的汽车旅馆应该很有发展前景，后来发现不对，突然我们搞了一个经济型酒店连锁，一下就把汽车旅馆这个市场空白全顶了，所以到现在我们没有汽车旅馆，但是大把经济型酒店。可是经济型酒店对应不了我们真正的汽车国家，实际上又给我们选出一个空，很自然露营发展是必然的。大疫三年，蜗居静默，露营疯狂。但是这也有一个难点，比如我家小区里有两辆房车，我天天散步，就看这房车一年到头在这趴着。突然一天房车不见了，出去玩去了，这利用率也太低了。可是我们的难点在于，我买得起房车但不知道停在哪，所以我们有些露营地就采取这样的方式，你买了房车就停在我这。平时我给你保养，甚至我还可以给你代为经营，你要用的时候开走，实际上就把需求跟供给之间的环节打通了。我希望我们有更多房车，但是需要更多露营地来承载。我那个院算比较大的，所以在院内路边上还能停下房车，其他哪有这样的地方？可是这是一个必然的，这样的话需求不断增长，正能量推动城市化蓬勃发展。三高交通体系，高铁、高速公路、飞机，然后服务体系逐步形成，新一代消费者成长，这是从正能量角度说，在推动我们露营行业发展。负能量、水泥森林、高楼峡谷、空气污染，而且强度达到极端，所以我们的城市生活太挤了、太忙了、太急了、太脏了。这就是我们城市生活，这种城市生活谁都不喜欢，但是城市聚集了发展机会。

第二我想谈一下露营生活，这是未来的生活。因为中国式现代化的命题也是发展目标，但只是愿景，现状是不平衡、不充分的供给。一方面资源掠夺、自然破坏、污水横流、垃圾围城，另一方面是社会缺乏底线、人际缺乏信任、生活缺乏温暖，所以才需要突破，这是很自然的。人的天性缺什么想什么，多什么烦什么。古人的生活态度和生活方式，现代的生活设施和未来导向，这是未来生活。所以，露营是美好生活的重要组成部分，也是未来生活的一个切入点。

古人很从容，因为在农业社会，我们现在想从容也从容不了，但是你总不能永远这么紧张，永远一点从容都没有。所以人就需要这样一个条件，需要这样一个变化。当然，这里面也有难点，所以我们经常把原生态挂在嘴上。露营和大自然接触最好、最近，才保持了原生态。我的话，以原生态着眼，什么意思？原生态只是个说法，不是做法。你要做法那是东北少数民族，拿木头搭个房子，那是原生态，这种原生态我们能接受吗？所以我们营地最大一个问题，就是夏天苍蝇蚊子。在中国夏天你能在户外找一片地方安安静静吃顿饭，没有蚊子苍蝇骚扰，这是极致，是一种享受。我到瑞士就问，你们苍蝇蚊子怎么解决，他们说我们没有苍蝇，因为没有露天垃圾，就没有苍蝇来源。我说蚊子呢，有一个女人跟我说，我每个礼拜带孩子在草地上玩，没蚊子咬。我想了半天，什么原因，因为它是一个山地国家。我们恰恰是这个问题，你看着很好，那真是原生态，就是待不了。

我第一次到呼伦贝尔，哇，大草原，心旷神怡，就想在草地上躺一躺，找不着一片可以躺的，全是牛粪羊粪。后来他们一看，清理出一片地方我可以躺一躺。看着百花开，耳朵听着百灵鸟叫,那真是享受。以原生态着眼,以次生态入手,我们着手的是次生态,说客人喜欢自然。错,客人喜欢的是人工的自然,精致的自然,他喜欢的是这个东西,绝不是原生态。以泛生态着力,就是我生态观念很强,处处都体现生态,以泛生态着力。以深生态着魂,着魂是什么?就是人不是万物之主,人是万物之灵,但是你和万物之灵能抗衡,这叫深生态。

国际上这20年有一个深生态理论的发展,也有一套深生态的做法。现在形成一个更高端的,叫作荒野运动,那是原生态。美国专门设置了很多荒野公园,而且州政府立法,这个荒野谁都不能动,爱怎么样怎么样,当然人可以进,不能够破坏,砍树都不行。留下的只有脚印,带走的只有照片。说到底它一定是现代的生活方式、生活设施,我们能想象你到一个地方没有水、没有电、没有厕所、没有卫生间,那你能干什么?我们当年插队就是这样,我们恢复插队生活怎么可能呢?所以很自然,田园生活城市一体化这是一个家园梦想,生态生活,低碳环保。所以我见到比较高明的地方,先规划小动物的生存空间,再规划人的生活空间。

我们研究度假社区的时候,在广州花都看了一个楼盘,他们跟我说了一个故事。有一个老板去吃一餐饭,中间突然站起来,顺着落地窗户从这边走到那边,兴奋得一塌糊涂。跟着把售楼小姐找来了,下单买五套房。人家问他什么东西让你这么兴奋?他说就看见一只变色龙,多少年没见过,居然在这个社区见到了。然后就看了一下那个社区,动物通道,他们就研究什么样的动物通道多高,就像我们修青藏铁路一样,一定得研究羊的穿行通道是一个道理。同样,假如我们在一个景区能见到小松鼠,能见到野兔、野鸡,这个营地的层次比其他高一大块,这就是生态生活。

第三就是森林生活,生物多样性、多元化。第四叫文化生活,文化生活两个方面,一个方面是传统,传统叫经典,一个是现代,现代就要追求时尚,这两个东西可以并行不悖,不要认为是冲突的。第五就是艺术生活,美就是生活,所以人的艺术,艺术的人。第六是创意生活。第七是数字生活。第八是休闲生活。第九是运动生活。第十健康生活。所以就是未来的生活。我们用这套东西来对应营地的发展,因为健康,有生理健康,有心理健康,还有社会健康。情感生活、邻里生活、立体生活、幸福生活。这么一堆生活中的人,如果说我们能充分展示,就有吸引力。

我为什么强调生活带动，实际上我们建设一个营地，培育一种生活我们必须要有体验。所以作为生活态度标志的露营，首先是追求自由，其次是追求自然，再次是追求自为。我感觉是一个自为的人，而不是一个被社会规定的人，不是一个被枷锁套住的人。最后就要追求自主，我想玩什么我玩，我要自主。最后是自在，到你这个地方就是这五个"自"，这就是一种生活态度，它是对城镇化的反叛。深层次看，是对人类发展过程的体验。原始社会，部落生活，我们是洞穴生活，然后就是帐篷生活，之后才是房屋生活，才是城市生活。我们现在是全过程体验。什么是追求？发达国家中年人为主，中产阶层是一个稳定的需求，中国是从小白领起步逐步过渡，这是一个不稳定的过程。但是小白领长大了，就会习惯这种生活。反正我不喜欢，比如我住营地，我总感觉不如住酒店舒服，什么星空度，我也没这种追求。但年轻人不一样，现在年轻人慢慢变成中年人了，所以他的这套东西已经稳定了。但是让我们老人改变这么多年的生活习惯，那不太可能。

再讲讲露营生活方式。作为生活现象的露营，短期看是个人的一个生活过程，长期看就是社会的一种生活方式。作为生活方式的露营，集中了未来的生活元素，是感受自然生活的领域，也是提高生活品质的兴奋点。所以日常生活是第一生活，休闲生活是第二生活，露营生活是第三生活。我们人类的生活方式就这三种，我们是其中之一，可怜的人只有一种生活方式，就是日常生活。所以，第三生活的特殊要求是什么，反城市化，有城市化，就是外观看起来反城市化，但是里边实际上是城市化的生活本质，城市化的生活设施。所以家庭式、团体式。户外的方式，追求大自然，实际上是追求伪自然，大自然是感觉而已。

总之，①有条件的住宿。住宿都有，但我是有条件的，有的条件还要分档次，就像我们分 4C、5C 营地一样。②有追求的餐饮，这个餐饮不是撸个串。现在动不动就撸个串，我觉得把餐饮贬低了。它应该是有追求的、有聚集的娱乐，这种娱乐和我在家、在城市的娱乐不一样，它一定是有聚集，就是有人在一起。③有特色的购物，同等道理，这个购物一定是有特色的，有自然的享受，这个享受的前提是有自然。④有安全的探秘，你可以探秘，但肯定要安全。⑤有浏览的景观，光看景观不错，但你得有一个浏览过程，比如一个营地后边就是一条山沟，山沟有溪水流出来，我进去浏览。⑥最后是有文化的环境，这种环境一定要讲究文化，一定是自然文化、时尚文化的这种结合，所以浓缩起来对营地的要求就是这些。

我们需要培育新型生活，重新认识露营地。营地的建设，从商业模式探究，合理推进，各在其位，各司其职，政府、行业部门、社团组织、企业、消费者。我们的消费者要求是什么？有知识、有经验、有判断、有快乐，不能捡到碗里就是菜。我看有些地方这一点做得比较好，他们的消费者有要求。然后消费者我培育，你不懂我教你，然后让消费者有指示了，他自己再积累经验。这样他对一个地方就有判断了，最终能达到快乐。这里面是产销互动，共同成长，所以就需要一种链条式发展，需求链、服务链、运营链、产业链。

最后就是培育新型生活，追求国民幸福，所以我也希望，因为我们这个组织这么多年来在行业里形成了很大号召力，很大影响力，大家聚在一起交流经验，希望大家首先要提升理念，理念提升了你就知道这个事到底该怎么做，如果只是说具体的操作性经验，都是行业内的看一眼就知道。可是这种理念的提升，实际上对我们的发展来说是一个根本性的。我希望，明年谋求真正的发展。所以在这一年里我们更多要总结经验打好基础，迎接市场高峰的到来，迎接我们投资回报效益的到来。

数字赋能文旅①

一、大势所趋

发展先看大势,第一个就是互联数字化大势。仅仅20年,互联网几乎覆盖一切,移动通信成为生活必须,数字化成为现实,传统旅游的运营方式、工作岗位,以至企业架构都发生了颠覆性变化。第二个是建设大势,第三个是供求大势,时代在不断变化,这是我们的一个基本背景,而且这种变化是以加速度的方式进行。农业社会几千年,工业社会几百年,互联网社会几十年,下一步人工智能的社会,几年,甚至几个小时就能改变世界,这种加速度远远超出我们的想象。

工业革命分四个阶段,机械化增强力量,电气化加快运转,互联网强化大脑,人工智能全面进入。现在已经进入人工智能阶段,只不过现在是弱人工智能,如果达到强人工智能,那就不可思议了。从旅游来说,可以概括为人、人、大、云、平、移。第一是人工智能开始全面进入,第二是机器人,现在旅游领域小打小闹,比起工业领域,旅游这点机器人就是小玩闹。大就是大数据,大数据在旅游领域是薄弱的,资源没有聚集,消费者行为画像缺失,生产力焕发尚待努力。文旅部有一个大数据中心,就是我们的旅游研究院,我有一次跟他们开玩笑,你们叫大数据编造中心,领导需要什么你们就编什么。但真正的大数据是什么,是携程、抖音、美团、同程,它们的数据,那才是真正的大数据,但是里边有很多商业性数据。所以,简单做这种大数据分析也就唬唬人而已,甚至比起农业来,旅游领域都是落后的。第四是云计算,旅游电商走到了前列,终将铺天盖地。第五就是平台化,电商强势,我们传统企业还缺乏平台化优势,因为物联网必将形成旅联网。第六个就是移动终端,借助移动互联网,形成全覆盖、全过程。新算法层出不穷,现在的最新的是叫大

---

① 根据2003年4月20日在未来景区大会上的演讲整理。

模型。

所以我们对应狭义的智慧旅游，就是以互联网为基础，以新技术为手段，以细分化为目标，形成为旅游者全面服务的网络，这是一般说的狭义旅游。广义的智慧旅游是什么？智慧的旅游者，智慧的开发者，智慧的服务者，智慧的管理者。针对广义旅游者不断变化和细化的需求，在旅游发展各个方面，运用智慧头脑，凝聚智慧团队，采用智慧手段，达到低成本、高效率、个性化、精服务的结果。这话有点绕，实际上一是我们的主体和服务客体，二是我们的领域，三是我们的最终目的，低成本、高效率、个性化、精服务。所以笼统说大数据不准确。横向是消费者、供应者、管理者，纵向是不同层次、不同年龄、不同要求。互联网+是一对多，互联网这个一对多，全覆盖；+互联网是什么，是多对一，全聚焦，我们各方面都必须要+互联网。首先要关注旅游者，融入旅游生活。

其次是调整运营，传统产品供应商，传统中介服务商，必须自我革命，不然要被革命。新型的电子商务起来了，最后跟进管理更需要智慧。可是我们现在的状况叫找不着北，因为疫情持续三年，起起伏伏，但不能乱了阵脚。现在基本状况是找不着北，一说市场形势恢复了，又火爆了，五一又如何如何了，春节大家就如何了一把。我说春节没啥新鲜，我们只不过喘过一口气，清明呢？平平淡淡过去了，现在又五一，五一会是我们旅游的传统痼疾，就是我们传统的毛病大暴发。现在市场还没来得及复苏，毛病都复苏了，怎么宰客，怎么坑人，市场秩序乱七八糟，乃至发生一系列事故，这不是传统毛病大暴发吗，这个时候我们有必要这么乐观吗？

再说了，五一又是一天假期调两个大周末，调成五天，这个事就荒唐。现在有的企业提出我不调休，休就休，不休就算了。为什么？这叫粉饰太平，为什么需要这种粉饰？要不然就是三天假，三天假自然加一个周末。这五天假，大家觉得这很好，生生调出两个周末来，还寄托于五一大暴发。我见着很多人都说五一千万别出门，已经把刀磨得快快的了，这时候你非得把脑袋伸出去，挨宰活该。可是人家说五天假，我说五天假我们休闲度假一把不好吗？非得出去挨宰吗？像常熟这样的好地方，我要在这儿待五天我一点都不烦，是不是？每天早晨来一个炒浇面，中午小酒喝一喝，下午逛一逛，闲一闲，晚上来一把大酒喝一喝，再看点小节目，多好。非得跑到景区去，疯了。

所谓的新热点很可能盲目发展，一个是世界级的景区和度假区域，这个缺乏研究支持，严格说这都是目的地的概念，不是区的概念，而且数量有限，不能刮风。

第二个是夜经济、夜旅游，现在规模扩张、项目风行，已经刮风了，有的县也在折腾这些东西。我就问你这么大把投资下去，挣几个钱？我刚刚在黄冈，黄冈有英山县，山水汇流到英山县，很漂亮，把这个河岸打造得也很好。有一个节目，一刻钟到20分钟，一共5个演员，4万县里的老百姓聚过来看，实际上大家来凑个热闹。后来我说这节目可以了，别再做了，你别再把它折腾到四五十人，又声光电，又得什么50分钟、一个小时演出，多大成本。你这么一个小县，你这个书记、县长与民同乐，够了，而且你可以随时，比如三天来一场，五天来一场，都可以。你这一小县城，说一句话就过来了，有点声光电的东西，这时候你瞎折腾它干什么？但是现在我看这股风已经刮起来了，我很担心，这种状况如果这么发展，将来会如何？再说，夜经济需要电，去年有一段我们缺电，好多地方连居民用电都开始限制，以为我们现在是发达国家，发达省份，不是这样。

第三个就是虚拟现实、增强现实，元宇宙，等等，更不能盲目发展，这也是现在更夸张的领域。所以我就区分了一下，传统领域，数字是工具化，演艺和夜旅游可以研究产品化，不能笼统。这一年多忽悠元宇宙最凶的是谁，就是做元宇宙的这些公司，我干这个业务当然得忽悠了。包括夜经济，夸张到什么程度？全国44万亿元经济规模，一个夜经济36万亿元，2022年全国消费品零售总额44万亿元，这一比你就知道这数字有多夸张，有多荒唐。同样，元宇宙这套东西也是这样，更何况现在旅游投资全面萎缩，政府财政普遍困难，我不知道是谁在忽悠谁，最后很可能是忽悠自己。所以，重点要区分好工具化与产品化。

科技兴旅，甚至科技救旅，成为一个貌似主流性的思路。虚拟现实、增强现实、元宇宙、平行世界，喊得震天响，乱花渐欲迷人眼，可能结果恰恰是浅草才能没马蹄。我和很多旅游集团探讨过这个事，这些集团都组建了科技公司，也听了一些专家宏论。我深感此事是个坑，弄不好是个大坑，起不到雪中送炭之效，倒可能雪上加霜。去年此时，热点是元宇宙，今年热点已经变成ChatGPT。今年就是喘过一口气，到明年才可能翻过身，所以从根本上说，我们还是要靠自己，不能赶时髦。

二、旅游特点

旅游业是传统服务业，传统旅游企业主要是靠人对人的服务，科技含量不高，这是旅游业的特点，也是旅游发展短板。多年以来借助科技与发展的力量，各行业都产生翻天覆地的变化，比较而言，旅游业的科技支撑甚至比不上农业。上世纪80年代计算机进入酒店业，软件管理普遍化，90年代随着互联网进入中国，也在旅行社普及，之后是平台化电商，开始在旅游业攻城略地，企业成为主流。现在网红直播等方式已经耳熟能详，智能监控、全面管理、大数据分析等手段也开始全面引领。在这样的基础上，数字化发展呼之欲出，领先者得天下，又激起了一部分人的雄心，越是这种时候越需要冷静思考。

第一，旅游企业不是科技创新企业，我们只是科技使用企业。手机也是高科技集成，我们每个人都有手机，但我们只是使用者，不是创新者，更不是科学家，借助科技进步会越来越便利。需要研究什么？怎样使客人达到更大的便利化，管理更智能化，这对于每个行业都是适用的，旅游并不特殊。

第二，科技是一个体系，旅游需要研究体系化的运营，比如说先进装备技术、建筑技术、节能技术、物流技术、采购技术、管理技术等，都需要研究和推广，而不只是互联网数字化。我们在其他方面技术都差得远，怎么就盯着一个数字化没完没了，其他技术如果能真正落下来，对我们的行业推动一定会超过数字化，但是我们都不关注，为什么不关注？就是因为我们是传统企业，传统行业。

第三，在科技采用方面有高新技术、适用技术、成熟技术三类，需要强化推广成熟技术，全面采用适用技术，适度采用高新技术。不能认为只要是高新技术就是好的，只要是新的就能成功。一是高新技术需要摸索，作为使用者，没有必要加入摸索过程，这些高新技术企业在研发，我加入进去，这个坑大得无比。第二是高新技术迭代太快，也不能没完没了参与迭代过程，所以很自然，成熟技术、适用技术才是重点。

第四，旅游是一个领域，各行有各行具体情况，也有具体要求，不能一锅烩，笼统说。

第五，多年来，旅游在数字工具化层面见到成效，但在产品化层面尚未看到。多年前我碰见一个德国人，在北京中关村，他就说他有套设备，中国只有这一套，那时叫8K高清。他说中央电视台要用都要找他。他就做景区和目的地的8K高清这些东西，我看完了就一句，这东西意义何在。效果确实很好，我就问意义何在。他说你们不是都说这事很棒吗。我说我没看出来，我看着很棒，但就是不知道意义何在，到现在为止，在产品化层面我仍然没有看到。比如我们有时候会看一些东西，这是数字化的东西吗，可以说是，但是你也就是看一看而已。所以搞类似项目的电影公司，我专门去过，花了无数努力，我说你这个事挺好，但前景不大，为什么？我能看现场，为什么要看电影，就是一个最简单的逻辑。

所以具体分析，主要说数字化在旅游领域，涉及三种情况。第一种情况是工具化，多数旅游企业都是工具化，这方面需要下大功夫，越强化越好，这方面也是我们现在的短板。因为工具化可以强化便利，提高效率，这几年预约扫码这套强制性要求，客观上大大提升了旅游运营的工具化水平。第二种就是产品化，主要体现在演艺和夜旅，表演炫目，无人机也普遍采用，效果颇好。在这个领域，虚拟现实、增强现实，乃至元宇宙倒是可行的，沉浸式、场景化在这里展现。但就是我一开始说的，给我最深感触的不是这套东西，是长安十二时辰那套东西，因为是人和人接触，人和人交往，人和人交流，可以直抵人心。你那套东西只是炫目而已，炫目的东西看多了也就不炫目了。第三种是两者兼具，相互促进，主要体现在旅游营销方面，生活化、互动化、追求实际效果。所以，这三种情况现在都存在，边界也大体清晰，不宜混同，更不宜泛化，多数旅游企业是工具，不能产品化。

现在短板是大数据分析和实际应用，我们常看到的大数据是大忽悠，有些数据甚至违背常识，可是深化大数据是资源。另一方面，强化虚拟会影响现实，理想的虚拟，不满意的现实，反差加大，多年以来我们这个矛盾始终存在。我们用最好的景观来营销，客人来了都会打折扣，这一张照片，或者这一段短视频，那是人家积累了多少年，抓了多少时机拍出来了，你想看到，门都没有。我们老拿这些东西来营销，能行吗？我们宣传用最好的美食招徕游客，但是客人顶多能吃到徒弟做的菜。这个解决之道是什么？是用现实生活展示，丰富多彩，什么情况都有，也对应实际，但是强化虚拟就是强化反差，效果适得其反。

从根本上说，为什么要出去旅游？这是旅游业的元问题，元宇宙和平行世界强化了虚拟跟现实，未必有利。神游不能代替身游，旅游者追求眼耳鼻舌身心神的全面感受，这才是深度体验。什么都神游了，那我们旅游这么多年白干了，哪儿都不用去，躺在家里什么都有了，这不荒唐嘛？所以，这种忽悠我不能接受，所以，产品分类，市场分层，Z世代不能代表一切，这也是现代一个误区。年轻人代表现在，不代表未来，未来是下一代年轻人的。一说就是年轻人代表未来，我说，代表什么未来？我也代表现在，老年人也代表现在，是不是？代表未来是你们的孩子代表未来，他们的成长过程就是未来成长，年龄是不断变化的，消费也不断变化，哪怕是年轻人也在成长变化。

三、怎么做

第一，传统行业全面推进，一是基础推广与流程变化，酒店行业已普及，也见到显著效果。二是技术应用与组织调整，旅行社行业需要全面进行，形成以导游为中心的产业转型。三是技术创新与发展创新，在景区行业正在进行。四是新兴业态，起步高，需要得力工具。

第二就是推广全过程服务，基于位置的移动服务。

第三就是O2O，线上线下配合。所以，新型手段，新型运作。

第四就是旅游业的一个根本特点，就是综合性，要求超越基础，超越市场，全面整合，企业的网站功能多元化、形式多样化。

第五，旅游演艺和一部分夜旅游项目可以研究虚拟现实，增强现实，增加惊艳感，培育沉浸感，形成场景感。

所以，通过大力加强数字化，赋能文旅，但不要赶时髦，赶时髦没有好结果。机会永远有，不同阶段有不同机会，不存在机不可失，时不再来。我从来不认同这句话，这句话都是专家忽悠大家的，你们要抓紧时机。尤其中小旅游企业，从容采用成熟技术，从容面对眼前，别赶时髦，别瞎花钱，在元宇宙之类忽悠面前还是要凝心定力，做好该做的事情，谋求真正的创新。

但是最近我很关注ChatGPT，快速产生，快速迭代，所以现在有了第四次工业革命的说法。新型算法可以自训练、自生成，尤其对于大数据，达到不可思议的聪明。这是一场白领革命，大家都紧张，我这岗位还能保住吗？反正我知道我们的机关干部下一步效能会大为提高，工作会大为轻松。但是有一个前提，领导不能懂，领导要懂了，领导自己干了，还要你干什么？所以很自然，该来的总会来，与其担忧不如担当。

第一，新型算法将极大便利旅游者出行，因为它不仅提供数据，还提供解决方案。

第二，旅游领域有海量数据，我们只是在最浅层次利用，深入挖掘将形成海量资源，资源就不同了，资源产生价值，而且资源本身会创造价值。

第三，人员流动随时产生海量需求，新型算法可以从容应对，迅速应对。我看了几个大企业的水平，同时有57万人在平台上移动，随时跟进，数据随时出来。下一步就能到什么程度？一直到某某人，比如我现在在这儿演讲，通过新型算法马上就能判断出我在讲什么，现场有多少人，哪个题目大家最关注，这都会产生，到这个程度那不就神了嘛，可是在神之下，我们就是虫子。

第四，无数官样文章将从此改变样貌，生动文字，创新思维，源源而出。现在已经产生这种现象了，杂志收稿子，看着稿子很好，可是同类稿子来了一堆，都是ChatGPT产生的。

第五，传统的旅游规划将成为过去式，从思路形成到文本产生，直到画图，都会变化。我原来琢磨过这个事，旅游规划现在已经堕落到了工业化生产，把资料往里一输，现成框架，跟着文本就出来了，有的文本甚至连替换一下都没有，一看是抄的。但是下一步连这种工作都不需要了，你只要把资料输进去，把要求输进去，分分钟出来，那我就问，我们这个行业怎么干？

第六，旅游企业运营形态变化，旅行社只剩导游，酒店将大幅增加人对人的直接服务。

第七，旅游产业的产业链，乃至生态链也都会形成根本变化。

第八，这是最得力的工具，而且是不断进化的工具。

总体而言，旅游全行业必将强化人对人的直接服务，而且是在大数据、个性化基础上的精准服务，高质量服务不再是一句号召。也正是在这个意义上，我赞成新型算法，赞成这个ChatGPT，跟不上就淘汰，利用好则升级。而旅游者也将把更多时间和精力用于享受旅游中的美好生活。现在旅游者出门，尤其散客出门，一半精力在搜索，在自己安排，他觉得这是一种自由，实际上这是一种束缚。可是跟团实在是没法跟了，除了老头老太太还跟团，剩下的谁还跟团。所以在这种情况下，这不仅是解放了我们的旅游运营者，也直接解放了旅游者，同时也会解放我们的旅游管理者。数字化赋能文旅，下一步走到这儿的时候，才能真正见到实实在在的效果，那就看我们能不能跟得上了。

乡村微度假，机遇和挑战[1]

我这两个月在全国走了十几个省，26个城市，看了上百个项目，接触了无数人。我感觉旅游还没有实质性恢复，总体叫作"旺丁不旺财"。而且，我们的毛病都实质性恢复了。春节海南宰客，春节后云南的导游威胁游客；等等。这段时间又碰到一系列这样的事。

实际上我们现在最大的短板是什么，就是人员流失。一个企业只要骨干不流失，这个企业就算不错，至少服务能维持。如果骨干都流失了，即使形势恢复了，你有这么多人吗？现在中央又提"高质量发展"。我觉得这个时候确实我们面对一堆新挑战，不能盲目乐观。

可是也有很乐观的一面，我接触了这么多企业，一问情况怎么样。还好，恢复到2019年的多少，一问全是这个。只有两个人，第一个，陕西华清宫姚总，他们搞了一个《冰火长恨歌》，是去年冬天开始搞的，搞了8天，火爆。跟着疫情控制停下来，跟着疫情管制又变动了，又开始了。本来想搞20天，结果收不住，搞了30天，一共38天时间，这一台歌舞，收入8000万元。我就问，8000万元收入，能有3000万元利润，掉过来说吧，5000万元利润，他不跟我谈人数。第二个就是篁岭的吴向阳吴总，昨晚我们在一起，他跟我谈，也没谈人数，上来就谈收入多少，利润多少。三年疫情这么困难，尤其是去年，去年困难到了极点，还有500万元利润。

三年疫情，我们的旅游企业能活下来就是好样的，篁岭不但能活下来，还能挣点小钱。今年就不是小钱的概念了，为什么？得往里面深挖一下原因。三年疫情，产生了新的市场现象，我归纳下来叫作"城市大休闲，乡村微度假"。

---

[1] 根据2023年4月26日在中国景区协会江西篁岭的演讲整理。

一、关于乡村微度假

第一，城市大休闲，城市大休闲的背景是什么？是城市有机更新。狂飙猛进的城市化运动现在已经走到头了，靠增量发展走不下去了。土地财政不灵了，房地产到天花板了，地方怎么办？所以各个城市现在关注的都是存量挖掘，城市更新，就产生了城市大休闲。恰恰在疫情期间，大家没地去，大人不许出省，孩子不许出城市，怎么办？挖掘城市吧。所以一个城市更新，一个城市大休闲需求，两个对应到一起。

第二，乡村振兴背景下的乡村微度假。原因好几个：第一个原因，也是没地可去。怎么办？城市周边吧，看看村里有什么，这一把乡村起来了。最典型的就是北京。2019年北京旅游总收入5500亿元，其中500亿元是外国人旅游带来的，500亿元是北京人自己带来的，5000亿元是各地人民带来的。疫情一来，北京旅游面临一个5000亿元的大坑，怎么填？填不满，只能等形势变化了。这反而促进了北京乡村旅游的发展。北京的乡村旅游原来在全国很差，名称都不对，北京文旅局定的名叫"民俗户"。土不土？这个大首都，叫民俗户，是乡村还是城市？城市也有民俗，也有民俗户。南方都叫"民宿"，北京还叫民俗户，怎么土怎么来，始终没起来。可是疫情一来，市场变了。比如北京古北水镇。2020年，武汉疫情刚过去，也是五一前，他们在建古北水镇时建了20个四合院，始终没推向市场，吃不准。后来想试试吧，五一前这20个四合院网上一挂，5分钟内五一期间订满。半小时后，三个月订满。非常吃惊。

另一个原因就是高端消费回流。我们原来一年1.3亿人次出国，花费三四千亿美元。世界旅游组织说是5000亿美元，就说4000亿美元吧，相当于3万亿元人民币。3万亿元人民币的消费出不去，回流了。这些人对价格不敏感，对质量要求很高。所以去年这个时候，北京的什么破院子也1万块钱一晚。我就跟年轻人说，什么破院子你们也花这个钱？他们说没办法，孩子要求去。孩子的刚性需求带动家庭的刚性需求，就使微度假如火如荼。市场格局变了，我们必须变。我今天就是这题目。这个题目好，实际上意味着乡村旅游上了一个新台阶。

今天又是篁岭，篁岭是什么？种的是风景，晒的是生活，表的是情怀，是乡土气，加上文化气、书卷气，融合到一起，不是简单的乡土气。简单的乡土气，陕西、甘肃这些地方最多，在那儿晒起来，黄土高原、蓝天白云，晒得比这儿漂亮。这儿是绿，不如他们那么艳丽。可是这种书卷气，江南的这种书卷气，徽州的这种书卷气。所以我赞成你们一个说法，叫作"徽风赣韵"，徽州的书卷气，加上江西的这种乡土气，融到一起构造了篁岭。篁岭是一部书，需要好好梳理，好好总结。从机制、体制、管理，到产品决策、构思、建设、开发、运营，是整个的系列。这个系列，如果从2008年开发开始算，到现在也有不少年了。如果从2014年走向市场开始算，说起来八九年时间，但是创造了一个新品牌。

所以篁岭的微度假，刚才董事长还在说，今年有个现象，高端的东西很好卖，但是大巴车也很多。原来大巴车占两三成，今年大巴车占到五成。我说大巴车多了不是好事。大巴车是最典型的"旺丁不旺财"。老头老太太来了，甚至自己提着面包，提着矿泉水，除了这点刚性的钱他不得不花，剩下的钱他一分不花。我们追求这个有意义吗？

更何况，如果我们只追求数量，只追求客流量，实际上影响了另外一个量，就是留下来的量。我们应该更重视黏性，更重视留下来的量。这是我们的核心，而且也是下一步发展的一个方向。

二、特色与发展

微度假对应的自然是长度假。第一，时间比较短。第二，距离比较近。第三，行程比较快。微度假大体上是说走就走的度假，这是个新现象。我们从休闲角度来说是说走就走，但是度假不同。原来一说度假都是很复杂的事，包括老外度假也很复杂。比如说欧美的旅游者，他们要到中国来一趟，三年的预算、三年的计划，才能来中国大体上来半个月，把中国京、西、沪、桂、广走一圈，算是到过中国了，这确实很复杂。

可是微度假给我们开创了什么？度假这个事一点都不复杂，简单得很，说走就走。而且现在的微度假实际上一定意义上已经超越了刚开始的微度假。刚开始微度假只是城市周边，现在不同了。我们这么好的交通条件，所以到哪个地方大体上五个小时车程，不管飞机还是火车，还是自驾车，五个小时车程范围内都可以达到。

乡村旅游发源于100多年前的欧洲，这是工业化发展创造的新需求；兴起于40年前，是工业化后期的普遍需求；鼎盛于现代，这是后工业化时期的刚性需求。中国现在处于第二个阶段，兴起阶段。45年改革开放，培育了现代中国乡村旅游的需求基础和供给体系，所以我们和西方起点不同、基点不同，还有一条最大的不同，我们的规模大。所以讲中国式现代化,第一条,庞大的市场规模和人口规模。现在大家看我们人口绝对数量在下降,我们快进入老年社会了,觉得是危机。一个前提,我们14亿人口,这个前提不会变,需求会变化。

所以在这个基础上产生的乡村微度假一定是长远的,广阔的,一定是规模庞大的。应该说在脱贫攻坚过程中,乡村旅游就发挥了巨大作用,引发各方面关注,也产生了大批示范村,积累了丰富经验。全国一数,各有各的模式。在乡村振兴发展过程中,乡村旅游升级为乡村休闲。原来乡村旅游就是转一圈,进农家院,吃农家饭,上农家炕,睡农家炕,就是这一套东西,那是最低层次的。之后是农家乐,上世纪90年代开始普遍。之后就到了乡村休闲。乡村休闲大体上是这15年起来的,浙江开拓民宿普遍化。

现在微度假成为主流。微度假,需求是普遍的,需求又是分层次的,有些需求是垂直化的。所以就要求供给体系完整。我们村村都这么搞吗?乡村振兴根本在于城市。城市消费愿望发散,城市消费输出,城市转换力量的乡村化。严格地说,乡村振兴,五个方面的振兴,尤其是我们的乡村旅游、乡村微度假。乡村旅游自己就可以做,乡村微度假一定是城市力量,靠农民自己搞不起来。

现在讲乡村振兴的内容,首先是种养+,这是传统的一二产业。其次是产供销,已上升到流通领域。现在是闲娱文——休闲、娱乐、文化,这就是乡村微度假的主体内容。最后是康乐行,这是客人的追求。所以乡村微度假,这12个字都包括在里面。也就是说我们容纳了一二三产业,包容了各方面生活内容,然后形成了这样一个综合模式,篁岭就是一个典型。

从乡村旅游的发展来说,上世纪80年代中期起源,成都郫县为代表,徐家大院是个典型。40年农家乐星火燎原,全国普及,上千万人就业。到90年代中期升级,以古镇、古村为代表,乡村休闲开始起步。原来都是原子化的整合,产品逐步提升。新世纪以来大发展,以莫干山下的洋家乐为代表,乡村微度假开始萌芽,乡村旅游全面普及,近几年成为热点。

现在洋家乐也不火爆了。我第一次到莫干山,到德清,我说去看看洋家乐吧。不行,我说,看都不行吗?不行,必须得住。我说那行,给我订间房。对不起,订不上房。第二次我就提前说给我在那儿订间房,一晚上6000元,提前三个月预订,我只提前一个礼拜。后来县长说我在那儿有间房,你住我那个房子,住了两晚上。按照酒店星级标准的眼光,就是个三星饭店，大概有三四十种乡村娱乐项目。那种地方，在浙江一抓一大把，在江西更是一抓一大把，不就是有点青山绿水嘛。但是人家玩的花样多。而且交通不便，说起来莫干山，实际上高速公路下来，走乡村公路，乡村公路下来有一段砂石路，走完这段砂石路有一个柴门，才到裸心谷大门。出来一个人，一问，查了一下，有预定，进去，这才可以。晚上说吃个饭吧，我们三个人，号称米其林，这个餐馆就九张桌子，9000元三个人。宰到什么程度？可是人满了，现在大概降到3000元了，也用不着这么牛了，因为大家都觉得你这儿也没有什么了不起。后来我和这对夫妇聊了两次，我是去调研，感受完了就聊，聊完了就知道。反映的是什么？反映的是新的需求的对应。

所以疫情的变化，需求无处释放，海外消费回流，乡村微度假借机发力，成为旅游领域渡过难关的助力，也成为长远发展的新赛道。这个赛道可以容纳万亿元投资，可以形成万亿元消费，这个是大赛道。我碰见很多旅游投资商，他们问我现在有什么可以投，我说你们看有什么可以投。景区没得投了，酒店没得投了，主题公园没得投了，还可以投什么？只有这两个，一个是城市大休闲，一个是乡村微度假。

三、变迁与模式

历史上是三次升级，第一次叫对资源的简单利用，第二次是对资源的综合利用，第三次是对资源的深入开掘。现在是什么，是创造新的资源。所以你这个地有没有传统旅游资源不重要，我们原来一说就是名山大川，名胜古迹，没有这个不能干旅游。那是观光旅游的资源概念，现在不同了。现在只要能形成差异化，能形成吸引力就是资源。社会旅游资源和生活旅游资源已经远远超越我们传统的观光旅游资源。乡村微度假恰恰体现了这一点，形成一系列重大作用。

因地制宜，因时制宜，因市制宜。所以三个制宜形成了一个模式，就是借助自然，延伸，多样化。有六种基本模式：第一，农家乐，现在大体上已经淘汰了。这个词基本上都淘汰了。我前两天在常熟，我说常熟这样的发达地区还用"农家乐"，你把这个词取消了吧。他们一想也是，我说你们说惯了，农家乐很low，你叫民宿行不行？你叫精品民宿行不行？叫乡村精品酒店，这样的概念行不行？你还用"农家乐"？

第二，高科技的农业观光园，地级市都有。这种模式以农业为主，以科技支撑，以旅游为辅。我没见过亏损的。

第三，农业新村。农业新村有一堆，说句老实话，我评价不高，但是它也是一种模式。我评价像兵营，把老村一拆，建一堆房子，有的讲究一点，就像别墅一样。有一次我陪澳大利亚专家到北京的韩村河看，出来我摇头，他也摇头。他问我你为什么摇头，我说这哪儿像乡村啊，城市化太厉害了。那儿还搞了一个城市公园。我就问他，你为什么摇头，他说难怪说中国是警察国家，你看看这些乡村，一排一排房子，整齐得像兵营。我当时一愣，我没想到他从这个角度看问题。后来一次开会，我听建设部副部长讲，他也是激烈抨击兵营式的农村。但是有这么一批还做起来了。比如说像江苏的华西村，河南的七里营，有这么一堆。

第四类，古村落开发。应该说古村落开发迅速在市场上形成热点。篁岭还不太一样，我昨天一听，篁岭是个穷村，穷村能有好房子吗？结果一走，哪儿来这么多老房子，有一部分是搬迁过的，但是叫"集中利用，异地保护"，方式都很好。这些地方一般都做得很好。反过来我们可以对照一下，全国搞了多少个所谓古镇，一个古镇投资几十上百亿元，全国的古镇投资我估计得有几千亿元，有几个搞好了，有几个搞成了？可是这些古村不同，为什么？乡村气、烟火气，我们有根，那些古镇没有根。长沙有一个铜官窑古镇，华联集团开发的，投资120亿元，建设之前就到北京找到我，我听了听。我说两个问题：第一，长沙的城市发展方向是哪里，长株潭。你这个地方背离了长沙的城市发展方向。所以这个项目能不能成，吃不准。第二，一个铜官窑，有几个人听说过，而且铜官窑在晚唐，因为没有原料了，就没落了。中国传承下来的窑口一共12个，12个窑口只有一个景德镇做得不错，有一个青田做得还可以，剩下的都起不来。一个唐朝就没落的窑口，你们还想当个文化主题来搞？这个事我更看不准了。果然120亿元投资进去，傻了。建好之后我又去了一下，他们说你有什么招儿啊，怎么办啊？我说只有一个招儿，取消门票。一年1亿多元门票，就靠这点收入。我说你把门票取消了，里面盖那么多房子，你就好办了。人进去没有门槛了，客人随便去，里面那些房子都可以出租了，现在闲置房一大把。所以像这样的古镇做不起来，可是古村落都起来了，就得研究到底是什么原因。

昨天还说到袁家村，袁家村做得很棒，但是谁学袁家村谁死，为什么？因为学的都是表象，就是弄个小吃。要学袁家村骨子里的东西，它的管理体系，一个系列，能人经济，学得来吗？学不来！同样，就像篁岭一样，你可以输出，但是别人学你学不了，谁学谁死。

第五类，农业绝景和胜景。比如说云南的梯田、广西的龙胜梯田，这就是农业绝景和胜景，全国还保留了一批，但也不多了。这批都非常偏僻，但是如果做好了都能做出网红来。

最后一种模式，与景区兼容。乡村有一些小景区不怎么样，但是和乡村振兴联系在一起就行了。这是六种基本模式。

还有三种延伸模式。第一种，观赏农业，采摘林业。这个追求什么？新鲜、收获、家庭化。这一般都在城市周边。第二，休闲渔业，体验牧业，追求差异体验和竞赛化。这一般都在林区、草原，都在这些地方。第三种，手工业，非遗，乡村艺术。这一类延伸模式是什么？就地取材，就地取财，就地市场，就地升值。

此外，还有五种创新模式。第一种，绿道。这是连接乡村旅游的慢行系统。广东起步，江苏提升，逐步推广。第二种，休闲农庄。现在已经有国家标准了，是农家乐的提升版、放大版。第三，景区依托。第四种模式叫度假社区。这是第二居所、第一生活，乡村环境，城市生活。度假社区有一个概念，先规划小动物的生存空间，再规划人的生活空间。这个理念非常棒。在广东花都我看到一个楼盘，是典型的度假社区，他们讲了一个故事，很好玩。有一个老板去吃饭，坐下来，一会儿站起来，沿着落地窗一直走到头，回来异常兴奋，把售楼小姐叫过来。小姐问，看见什么这么兴奋？他说看见一条变色龙，小时候看过变色龙，多少年没见过了，居然在社区能见到，买五套房。这就是度假社区的概念。

现在的概念叫旅居。我见到规模最大的在江苏宜兴，雅达溪山。旅居一期工程投资60亿元，二期工程投资80亿元，开盘就卖完。北京有70多个退休部长在那儿买房。为什么？康养做到位了。大家都说康养。康养怎么产业化？乡村微度假也涉及这个问题。日本松下集团不光生产家用电器，研究了60年，一共研究了65项涉及生活中的康养设备设施的高科技项目。它研究出来在日本无用武之地，所以雅达溪山和他们合作，到那儿先看一个松下健康生活馆，把65项内容展示出来。跟着看它的楼盘，楼盘里都有体现。

最后一个模式，庄园文化。有历史传承，但是中国没有像样的庄园文化。欧洲看那些庄园古堡，那真是让你震撼。这方面我们差得远，只不过现在开始探索。为什么？因为我们市场需求有了，有高端需求。

所以目前看，第一，星星之火可以燎原，迅速形成规模。第二，包容业态丰富，乡村改造，民宿、营地、餐饮、娱乐，等等，在乡村场景下各展其才，各放其彩。第三，政府支持，农民融入，公司运作，模式创造。随着脱贫攻坚历史任务完成，乡村振兴成为国家战略，乡村微度假则成为一个突破点，也构造了新产业，更成为媒体热点。

有一点我很不认同。现在媒体报道乡村振兴，一看都是乡村旅游。好像乡村旅游变成乡村振兴的一个重点，错了。之所以这么报道，第一，乡村旅游做完了特别热闹。第二，拍出来片子非常好看。第三，老百姓得到实惠，采访老百姓说的都是好话。乡村振兴的根本还是产业振兴、人才振兴、文化振兴。但是形成一个误区，大家都觉得乡村旅游不得了，我觉得不能这么煽，煽来煽去，最终我们被动。因为政府期望太高，我们又达不到，你怎么弄？除非是比如说省委书记的联系点，市委书记的联系点，那另当别论，那肯定能做起来。

我在四川宜宾看了一个村，投资7000万元，请了几个建筑大师过来设计，然后县里面的文旅集团托管。我说："你这儿是领导联系点吗？"他说："对，就是领导联系点。"7000万元投资哪儿来的？乡村振兴资金。大师的设计费呢？人家说大师不要设计费，大师愿意作这个贡献。这儿运营比较简单，就是市场不足。这么大体量一个村子，没有大城市依托是不够的，但是也做起来了。

乡村旅游的升级版，乡村产业拉动，城乡休闲一体化的融合点，这都是乡村微度假，是乡村背景，城市品质，构造新型生活。我强调一个观点，大家原生态可以说，别按原生态做，"以原生态着眼，以次生态着力，以泛生态着魂"。要是原生态，我们这儿路都不要修，还通水通电？通它干什么，非常不原生态。你能说篁岭是原生态吗？绝不是，是次生态。只不过我们追求一个生态理念。原生态挂在嘴上说说可以，别扯得过分，扯得过分会很被动。

四、问题分析

最终是什么？乡村背景，城市品质，构造了这么一种融合型的新生活。乡村现在最简单的问题是有没有上下水，有没有洗手间，能不能洗澡？要是没有这些，基础都没有。因为我们现在生活水平已经到这一步了，全民小康了，尤其是城里这些娃，很难想象没有洗手间的日子怎么过。我很习惯，什么状态都能接受，他们就觉得不行，再下一代的娃娃更不得了。我前一段碰见一个小娃娃5岁，跑到我家里来玩，我就问他，都去哪儿了？他说到了乡村一个地方，我说那个地方怎么样，说那个地方怎么没有两层的房子，因为他跑到人家家里，都是复式的，他天然地认为房子就应该是复式的。所以看不到复式的房子他都吃惊。这个娃娃太娇生惯养了，但是他就是这样，这就是他的生活环境。所以核心在于新型生活。

主要三类问题。第一类问题，产品和市场不对应。乡村旅游对应的是周边市场。乡村休闲对应的是中程市场，乡村度假应该对应远程市场。当然包括周边市场。对应大城市，对应城市群，这是很多地方的根本问题，需要清楚定位，确定规模，形成特色。好多地方一说做，我说，你对应谁？比如说到张家界，大力发展乡村旅游。我说你打住，你张家界城市人口一共20万人，相当于一个大县的城市人口，你还乡村旅游？这点扩散出去的消费能力，能满足吗？要做就做乡村度假。对应什么？对应长沙。长沙人过来就算成功了，张家界人在周边玩不算你成功。

这是一个普遍问题。大家看到的都是它能做成，我也能成。它在大城市周边，成了，你在一个犄角旮旯，能成吗？这个问题太普遍了。包括一些大项目，贵州一个大项目280亿元投资，我看完了，事我看明白了，商业模式我看不明白。500万平方米建筑，28000间客房。他说我这个简单，一天来10万人，每人花2000元钱，一天收入2亿元。这个老板这么算账。我说，你知道10万人什么概念吗？首都机场一天流量10万人，不说话了。可是一个几乎完全相同的项目在浙江湖州，250亿元投资，龙之梦，也是28000间客房，7个主题公园。我看完了，我说这个有戏。最近我又去了，这个老板更牛了。我说在你这儿看到迪士尼的一个雏形。我本来是捧他的话，他说，迪士尼怎么能够成为我的参照系？我的参照系是奥兰多，7个主题公园。250亿元投资，硬碰硬地投进去了，28000间客房，现在14000间投产了。不要说效益好，因为没算财务成本。挣的这点收入，这点支出，账上看着有点盈利，你这算盈利吗？把财务成本打进去，还盈利这才叫真盈利。他说反正我自己的钱，我自己投资，我不算财务成本。他这么算账，你怎么办？所以这是一个普遍问题。同样的这种巨大项目，巨无霸式项目在长三角就成，在贵州就不行。什么原因？就是这个原因。

第二类问题，基础设施不足，公共服务少，卫生条件差，产品供应不足。随着城乡公共服务均等化，这个问题在逐步缓解。但是又产生一个新问题，停车问题。现在乡村旅游最大一个问题就是停车，尤其是山村。山村本来就没什么平地，再满足停车，我不知道怎么解决，现在是全国普遍性的一个问题。所以基本上哪个地方好停车，哪个地方就有客人。别说这个了，城市生活都这样。大家约个饭局，第一，这个地方有地铁。第二，这个地方可以停车。有这两条大家就去。

第三类问题，单体规模小，对应市场小，经营单一，同质化强，恶性竞争，质量不高。这类问题只有在市场发育过程中，形成分工体系，逐步成熟。这个问题一开始就有，现在仍然突出。比如说这一个乡五个村，各村都搞接待，那只能同质化恶性竞争。应该是这个乡一个村集中搞接待，这个村养土鸡，那个村种菜，那个村养土猪。我们现在一说到村里去，说这是土鸡。大家就开始问什么土鸡，超市买来的鸡，炖给我们吃。因为农村随着规模化需求的产生，规模化供给是不足的，哪儿来那么多土鸡、土猪给大家吃？没有。但是还打这个招牌。所以在这个过程中形成分工体系，逐步成熟，包括一个村也是这样，谁搞接待，谁开餐馆，谁开商店，总有一个分工体系。这个分工体系就是谁的优势强，谁就做成了。

第四类问题，假日结构不合理，使得我们乡村消费时间大起大落。日常状态叫"三起四落"。礼拜一到礼拜四低谷，礼拜五开始，礼拜六、礼拜天起，三起四落。这不是个正常状态。如果乡村微度假进一步开展，这个状态会很大程度上缓解。当然假日结构不合理是一个根本问题。黄金周这么多年以来，一直在讨论这个问题，也提了无数提案，还是解决不了。所以现在有人又提出来，能不能延长假期？包括今年五一，本来公共假日就一天，这儿挪个大礼拜，那儿又挪一个，弄得大家班都上乱了。这不是好事。还积极研究应对黄金周。我说黄金周，第一，秩序。第二，安全。

这个东西怎么解决，我不知道，反正我知道情况在不断变化。比如说英国一个企业集团采用四天工作制，结果比原来五天工作制效率还要高，效果还好。现在ChatGPT一出来，白领革命产生了，多少人下岗，但是又创造多少岗位。反过来说，四天工作制，我觉得对我们来说不是虚幻的。比如说在发达国家10年全面实行四天工作制，但是中国20年是可以的。这意味着什么？我们每周都有一个小长假。微度假就不是微度假了，得看到这个前景。

所以现在就形成新的格局：

第一，城市化。城市化的发展，导致城市第一缺生态，第二缺健康，第三缺人文，第四缺快乐。按照生活水平来说，现在比以前不知道高了多少倍，可是幸福指数没有增长，快乐感也没有增加,这正是乡村旅游长期且持续增长的市场需求。但市场不能笼统而论,分层、分时、分地、分项,这样来把市场琢磨透。

第二,模糊化。城市日益扩张,边界逐渐模糊,城区成为核心区,近郊区成为城区,远郊区纳入城市带或城市群,这是一种情况。比如我们在长三角或珠三角走,基本见不到乡村。另外一方面又形成城中村,所以就产生了一个新概念,叫作城际乡村,乡村小城,家园一体,休闲发展。美丽中国,美丽自然,美好心态,美好生活。这就是一个新格局。

五、价值判断

这样的话,我们就需要转型升级。都市群使城市联成一体,工业化压缩乡村空间,使乡村资源逐步短缺,全面升值。乡村资源一定升值,这是看得到的,就像我们当年买房子指望它升值一样。乡村生活也是短缺生活,也会全面升值。新的理念,敬畏自然,珍重资源,善待文化,尊重前人。新的模式,市场提升,模式创新,需求在不断提升,我们的模式一定要转变。乡村酒店,乡村休闲,所以文化主题村,专业生产村,都在不断发展。

所以,我们应该用景观观念看待农村,不能一扫而光。用综合理念经营农业,通过旅游提高土地利用率,提升农产品附加值,用人才观点发动农民,使农民也成为文化传承的工艺美术师。

再进一步,看得见山,望得见水,记得住乡愁。但是尖锐的问题是什么,我们还有乡吗?追忆乡愁,首先是愁乡。不仅是传统民居、乡村民居的保护,根本是乡村生活和乡村文化,这样的乡我们还有多少?古人说"解甲归田",军人退伍了解甲归田,官吏退休了是告老还乡,现在,有田,有乡吗?凑合在城里住一住吧。我们已经没有这一套了。

浙江现在搞一个新乡贤运动,就是把村里出去的人吸引回来,叫作"新乡贤"。这个活儿真是干得不错,起的作用还很大,吴向阳就是新乡贤。自古皇权不下县,乡村靠什么,靠自治。乡村的这种自治理、自组织,族长是第一位的,乡贤是第二位的,乡规民约起的作用比法律还大,自古以来就是如此。

我再说一个观点,乡村的价值。

第一,作为产品的价值。从历史价值来说是观光,从文化价值来说是体验,从精神价值来说是家园。作为一种旅游产品,最终是追求家园。家园是中国人的终极追求。但是我们当代社会，在城里面你有个房子蜗居就不错了，你还追求园？所以家园的梦想只有在乡村才能真正实现。

第二，作为衍生的价值。首先是环境价值，这里面的生态环境价值不光是自然生态，也包括人文生态。二是山水价值。这是一种扩展。三是农副产品价值，在这个过程中得到提高。这种提高对当地老百姓来说是一个最重要的利益格局。

第三，作为实体的价值。一是从资产价值来说，这些地方资产价值老旧，没法评估。但是不评估怎么招商引资？比如说这个民居，老房子500年了，你怎么评估价值？实际上很大程度上不是资产评估，而是文化价值和感受价值的评估。二是土地价值转换。这些地方只要得以利用，我尽量不用"开发"这个词，因为这个词太粗暴了。在我们旅游领域应该强化利用，少谈开发。只要得以利用，尤其是得以深化利用，土地价值一定转换。当然这里有一个基本农田管理问题，有一系列管理问题。油菜花开完了，干嘛非种水稻？当地又缺水，和农民争水，你搞一个四季花海不行吗？我们的花无数，一定有适合的花。四季都是花海，我们到这儿来晒花海，也是个晒嘛。三是产业基础得到提升，也就是在古村发展过程中一定要研究怎么形成产品，怎么培育产业，这样才能把事情做到位。

第四，作为市场的价值。首先，区位价值在变化，在农业社会时期，古村区位价值都高，要不然不会形成这样的格局。但是随着工业化发展，原有区位价值大幅度下降。现在随着交通改善，区位价值又在提升，这就是变化的过程，从高到低，又到高。二是判断市场价值。真正的价值在于聚集，所以这里面如果形不成聚集，这样一个格局只是说好，市场价值还是体现不出来。历史聚集是一回事，现在要培育新的聚集方式。三是品牌价值，基本上是永恒的。一个地方如果品牌形成了，基本上就是永恒的。但是新的东西只要起来了，照样可以形成。大家很看重网红，说句老实话，我不太看重网红，因为网红都是阶段性的，应当追求长红。长红之中还得有一个常红，就是通过经常的红，达到永久的红，长久的红。到这一步，才真正到位了。网红就是一时，一帮孩子玩玩闹闹，如果能网红当然好。而且现在的这种数字化手段，这种传播体系，一把红不难。

第五，长远价值。一是资源可持续。绝不是说一堆老房子，摆在这里注意维护就是可持续了，包括生活状况的可持续、文化感受的可持续。二是环境可优化。这个过程中也不是绝对不动，绝对不动也是不可能的，只不过动的方向是环境越来越优化了。三是市场扩充。扩充是两个方面：一个是量的扩充，每天来的人很多。二是质的扩充。内涵越来越深，我不认为来的人越多越好，往往来的人多就毁了。至少大家觉得这个事很头疼。但是质的升华让人停留更长时间，这个就值得研究。

所以我觉得这五个方面的乡村价值，就是我们做乡村微度假最需要关注的五个方面。把这些东西做起来了，实际上我们就能保持一个长远的红。对于篁岭来说，现在客源也不愁了，品牌已经起来了，你们还在争取5A。我很支持争取5A，但是我觉得这不是最重要的。要5A无非就是要一个市场评判，通过政府背书达到一个市场认可。但是现在市场对你已经充分认可了。可是现在最大的短板是什么？容量有限。所以这个时候你就需要研究另外一个问题，就是轻资产输出，品牌输出，就像袁家村一样。我前两年到山西忻州，有一个忻州古城，去了以后，出来一个人迎我，我一看，说咱们见过，他说是袁家村的。我说你袁家村怎么跑这儿来了，管理输出了。而且这种，因为有作品，所以这种轻资产管理输出对你来说就容易了。反过来说，没有重资产的投入，哪儿来的轻资产？大家都说轻资产运作。我就问，没有别人的重资产，哪儿有你的轻资产？现在你的重资产已经进去了，品牌已经形成了，要强化自己的模式。能够模式化是什么？能够模式化就是培育自己的轻资产。通过轻资产输出方式来形成篁陵的二次创业。

旅游创新与红色基因传承①

一、三个故事

2006年，孟良崮大概碰到一个什么活动，想重新再做一下，找到我，我就来考察了一下。我那时候还有一个年轻人的团队，我说你们去做做这个事，他们就一句话，我们不做。为什么？孟良崮，说半天就是国共两党打仗，共产党打赢了，有什么了不起？这个团队有这样一个意识，这个事怎么做？后来我就说，这样，我给你们说个新的思路，如果我们从人类的战争史上来看孟良崮，你们怎么看？这是一场伟大的战争。对了，就按照这个思路去做。所以，又一次到孟良崮，我仔细看了一遍，感触很深，我才知道这仗打得这么激烈，这么艰苦，而且最关键我们的对手很强硬，很高明，所以我当时就说，如果说我们红军、八路军、解放军，我们对手都是笨蛋，我们有什么了不起？可是，我们真正碰到了高明的对手，才显出自己高明，所以怎么看孟良崮，一定要超越传统的思路。

这样的话，我说第一，张灵甫将军是抗战名将，解放战争，他也是一员战将。当时双方的这种战场态势变化，真是惊心动魄。七十四师将近4万人，被围在孟良崮，外边是华野11万部队，再外边是国民党40万大军。所以张灵甫提出来中心开花战略，就是我在这儿咬住了，你40万人围歼华野11万人。从战略构想说，这个战略构想极其高明，但是从战役实施来说，国民党实施就是不到位。所以，这场仗也有遭遇战的性质，也有攻坚战的性质，也有围歼战的性质，最后打下来了。打下来之后，给张灵甫换了一身军装，送他回到国民党防区，华野的一帮军人都给他敬礼，为什么？尊重对手。

所以，就抓住这么一个思路，来做这个事行不行？最后形成了一个规划，也形成了一个完整设计，其中有一点就是势均力敌，就是尊重对手。做完之后我很满意，但是我有

---

① 根据2023年5月17日在中国旅游协会组织的临沂会议上的演讲整理。

一个担心，担心领导不接受我的思路。当时李群在这儿当书记，李书记看完这个规划，好，这个规划做得好。我当时就感觉这个领导思想开明。我说这个故事是什么意思，后来除了规划还有建设，设计也是他们这帮年轻人做的。做完之后，迟浩田将军来看了一下，也是满口称赞，之后在红色旅游规划设计建设的项目里边还获了一个奖。因为原来有个纪念馆，但是那个纪念馆第一很小，第二很不提气，反正传统的思路就是只要是我们对手都是笨蛋，我们打他们都是如行云流水一般，就把他们打败了，可能吗？我们往往把复杂的历史简单化，把残酷的战争美化，这样的红色教育真正能起作用吗？所以，这是我说的第一个故事，我就感觉没有创新，红色旅游也走不通，甚至走不出来。

第二个故事就是瑞金。我原来也去过几次，前些年去瑞金，我就问讲解员，独立房子在哪儿？讲解员愣了，说什么独立房子？我说你是瑞金的讲解员，你不知道独立房子？后来馆长在旁边，馆长说他知道，说就在那个位置，早就没了。我说，没想过复建吗？他说没想过。独立房子是什么概念？就是在瑞金时代有一个独立的房子，那是中革军委的最高决策层，三个人在那里，博古、周恩来、李德，简称为独立房子。大的问题在哪儿，就是毛主席在瑞金的时候是他政治上的低谷时期，没有决策权，甚至参与不了决策，可是我们现在看瑞金，毛主席还是最高领袖。

后来我就说，如果你们这点不调整，就无法解释红军为什么要长征，因为毛主席不能接触决策，所以决策乱七八糟，我们第五次反"围剿"才完全失败，红军才不得不长征。如果我们把这个问题如实反映出来，对毛主席的形象只有提高，对党的历史我们会有更深刻的认识。后来，那馆长在那儿说，咱们再到里边去看看，里边有面墙把这段历史简单说了一下。我就在想这个事，因为我们走到哪儿，就像刚才那个话，我们是从胜利走向胜利吗？我们是从失败走向胜利，从胜利又走向失败，从失败又走向胜利，最后我们胜利了。如果说我们不能尊重历史，不能客观反映历史，这对红色旅游的发展不利。而且，确有一个简单的问题，全国的红色旅游点主要的我都去过，或者说绝大多数我去过了，我真是这个感觉。因为我第一次到瑞金，就在想一个事，毛主席那时候挺闲的，吃水不忘挖井人，他没事帮老百姓挖口井，又做了才溪乡调查，又做了长冈乡调查。这两个地方都有纪念馆，我也都去了，去的时候门可罗雀。什么原因？就是他被排挤出来的，按主席当年的话来说，那时候连鬼都不上坟，甚至长征的时候，李德提出来不能让毛泽东参加，还是周恩来力争，主席才参加了长征,才有了我们党今天的历史。这么复杂的历史我们就这么简单化,就这么一边倒地传到下一代,显然是不行的。

第三个故事,就是诺曼底。1998年我去法国开会,当时巴黎办事处的主任问我,你想去哪儿看看。我说我想去看看诺曼底。因为诺曼底登陆,这是扭转二战战局的一次经典战役。从巴黎去200公里,3个小时。到了诺曼底之后,雪白的一栋建筑,外边是盟军各国的国旗、军旗。进去之后,一层一个大厅,就是二次大战的战场态势图,草草看了一下,坐着电梯下去了。电梯下去,打开之后,也不敢出去,因为外边是黑的,之后慢慢走出去,这儿亮一个点,那儿亮了一个点,每个点都是那种展示,希特勒屠杀犹太人,就这么一幕一幕,心情极其沉重。突然一下,盟军在诺曼底登陆了,之后就是一路高歌。

出来之后,看着蓝天白云,反差太大了。后来我突然反应过来了,二次大战,苏联军队牺牲了2700万人,这里边没有一句话,整个二战就是盟军打的,诺曼底登陆就是最经典的战役,最伟大的军人就是美国军人。人家也讲政治,但是他政治讲得很高明,这时候你看二次大战的态势图,才知道,怎么讲故事,怎么讲政治。

所以我觉得,第一,讲政治没什么可含糊的,红色旅游就是讲政治,所以很自然,我说的这个就是理念和手段。我们现在处在一个什么情况?我觉得红色旅游下一步会大大兴起,为什么?因为现在国际形势变了,地缘政治的复杂化,这是最大的变化,这就意味着原来很多东西,想友好都友好不起来了。

第二,就是国内的变化,尤其年轻人现在变了。最近一个趋势,很多年轻人开始学毛主席著作,还把毛主席很亲切地称为教员,为什么?就是因为感受到国际上的这种压力,产生了反弹。因为他们和我们不一样,我们是经过历史的,改革开放刚开始,我们是仰望发达国家。他们从出生就是平视,这种平视结果增强了民族自尊心。现在你还欺负我,所以这种民族心大大起来了,这就意味着红色旅游的市场前景,这是一个根本性问题。

二、超越性

所以,需要超越传统意识形态,要具备国际化眼光,弘扬民族精神。现在红色旅游的范畴又扩大了,新中国成立后的东西很多也纳入了红色旅游,比如说红旗渠、焦裕禄,都纳入红色旅游了,国民党抗战的很多东西也纳入红色旅游了,所以我们现在的范围比以前开阔了很多。这样的话，红色之旅第一是政治工程，第二是文化工程，第三是市场工程，第四是国际工程。我们现在强调的只是政治和文化，就像刚才张总说的，叫好还是叫座，这套演艺大家叫好，但是目的不是评奖，可是各地一般的目标都是评奖。我们不同，做旅游的就得研究既叫好又叫座，所以就得研究市场工程和文化工程。

从全世界的角度来说，各个国家都有红色旅游产品，只不过用词不同，国际上的统称叫历史怀旧产品，具备主题性、经典性、品牌性、持续性、大众性、国际性，具备这六个性。比如美国自由钟，就是美国的爱国主义产品；滑铁卢战役地，这是典型的历史怀旧产品。怎么评价拿破仑，史学家有很多争议，但是法国人的看法这是他们的民族英雄，可是他最后倒霉是在滑铁卢。不但是一个纪念地，而且年年在那儿有场景复制，每年都有好多志愿者自己带着枪，自己骑着马，到那儿组成部队，然后就表演一番，有的是热情。历史事件场地，就是我刚才讲的诺曼底登陆，历史人物产品，林肯纪念堂，政治产品就是柏林的纪念碑，诸如此类，哪个国家都有。比如我们领导人出访，到了这个国家一定要在纪念碑献花，一定要有场景，这是一个国家的象征，也是一种民族精神的象征。

我就感觉发达国家的这些做法，政治意识很强，但是政治意识不是直接表现，更不是灌输，以我为主。同样一个事，我说这个事就得以我为主，手段巧妙，形式多样，全面配置，已经形成了一套国际化模式。这套模式我们得学，也要以我为主，就形成了一个永恒精神，求生存，创发展，谋幸福，从地方到中国，到世界。新时代新思想也同样，理想、拼搏、科学、敬业，这套精神需要我们弘扬，这才是我们把历史现代化，把传统当代化。

三、怎么做

由此研究红色旅游到底怎么做。一是要有核心吸引力，红色旅游的核心吸引力何在；二是核心竞争力就是你的展示情况到底怎么样；三是中国的典型，这样就形成产品差异度。因为红色旅游现在最大一个问题就是同质化太强，比如说长征之路现在已经变成国家公园了，怎么从同质化里边挖出异质化，形成特色，才能做起来。四是品牌知名度，第五是顾客忠诚度，第六是市场美誉度。

现在有一个好处，因为红色旅游可以公费开支，所以党建也需要，公司团建也需要，研学也需要，看起来市场很热闹，但是我关注的是到底产生什么样的效果。

现在主要的问题，第一，现代感不强，陈列落后，解说僵化，这是普遍存在的问题。我看到现代感最强的是邓小平故居纪念馆，现代感很强，什么新手段都用，很棒，可是就感觉这不是故居。故居一定在村里，现在整个村子搬迁了，就留了孤零零一栋房子，旁边摆了个纪念馆，这点我不太赞成，可是已经做成这样了。总体来说这是普遍情况，大家说我们要尊重历史，这叫尊重历史吗？大家说我们还得什么原汁原味，不可能原汁原味。可是，陈列落后，解说僵化，完全没有吸引力。前一阵我在大别山，还专门看了大别山的陈列馆，是一个民营企业做的。我说你很有情怀，他说那是，他爷爷就是老红军，一定要把这段历史留下来。我说这很好，我说留的方式太丑了，你就不能留点生动一点的东西？

第二，亲近感不足。政治工具，政治表现，亲近感实在不足，反正我们塑造的历史人物个个都是伟人，哪怕是个普通战士也是伟人。可是我就问一句，人到哪儿去了？这么艰苦的环境下，会把人从根本上激发出来。精神很伟大，但是人还是人，我们能不能有点活的东西？因为过了很长时间我才知道，比如红军长征到遵义，用茅台酒洗脚，很多老同志回忆过这段，说太舒服了，我们知道这段吗？不知道，而且那几天遵义的饭馆里，大吃大喝的都是我们伟大的中央红军，大家馋是很自然的，改善一下伙食也很自然，没有抢，照付钱，这就很伟大。我们说的红军都是不食人间烟火，都是爬雪山，过草地。过草地那么艰难，后来我才知道，草地基本上走快了三天，后来的部队，因为没有粮食，或者缺乏粮食，走七天，可是给我们的感觉，草地好像走了半年，漫长的路，怎么走不到头，这不是历史。

如果按这种历史描述，红军长征完，这些人都死光了。8万中央红军从于都出发，到了延安，只剩6000人。这叫6000精英，6000骨干，但是建制没有乱，还完整保留，所以才有后来的发展。但是，我就老觉得我们说的这些东西都假，不符合真实。因为我对党史军史烂熟，所以我到那儿一问，人家都愣了，你还知道这段呢？

第三，系统性不够，就人论人，就事论事。

第四，攀比之风，贪大求全，现在起来了。现在有钱了，大家又觉得红色旅游重要了，所以一系列大项目都起来了，项目越大越违背真实，我们不需要这些东西。

第五保护不力，统筹不足，这个问题也普遍存在。针对这些问题，我们有一个调整过程。红色旅游十化，理念提升，范围扩大，我一共说了十个化，说是十个化，一个意思，就是红色旅游发展一定要和当代紧密衔接在一起，才能真正起到作用，反过来说，红绿蓝各色，要结合起来。

最后说一下临沂，我这是第三次来临沂，也算有所了解。首先，临沂不能只靠红色，只打一张红色牌有点可惜了，有点委屈了。红色沂蒙，时尚临沂，这句话我很赞成，红色是一个底色，但是一定是五彩缤纷。临沂的历史传承这么系统，名人这么多，名事这么多，就这一把名人就够了。但是我不赞成说文化厚重，我到哪儿都不赞成这个词，旅游者出来追求时尚，追求快乐，是玩，你弄一个又厚又重的文化压到他肩膀上，对不起，我走，他用脚投票。我们说文化丰富不好吗？说文化多彩不好吗？非得说文化厚重？所以，丰富多彩的临沂历史和文化，悠久的历史，多彩的文化，这条线严格说应该是条主线。

其次，就是你们说的大商，这是个大商聚集地。看一下地图就明白，苏北、鲁南，就集中在临沂，历史上就是如此，现在还是如此。这种大商产生了人气，产生了活力，这才是根本。还有好多东西，真是不到现场你都不可思议，比如石头，一说就是太湖石，费县的石头绝不亚于太湖石。现在好多地方我到那儿一看，这个园子里摆着石头，我说这是费县的吧。你怎么知道，我说一看就知道，太湖石发白，费县的石头发红，这是同一个品种，类似这样的东西太多了。水城，这个水城，九水绕临沂，这个水城在这个地方，尤其在江北，这是很难得的，这就意味着我们将来做的最大文章是什么，是休闲度假的文章。现在很多思路还是观光旅游的思路，包括红色旅游这套也是这样，无非就是时间延长一点，多了点研学，多了点党建，但是从根本上拉不动消费。

所以要全面挖掘资源，以红色旅游作为底色，通过红色旅游发展进一步拉动消费。比如大别山红色旅游，一个班半个月，实际上这半个月有三天听课，有三天转，剩下一个礼拜叫作实践体验，就是把大别山走一遍够，但是只能说实践体验，不管说什么，产生这种效果就可以。所以大别山干部学院八栋楼，提前半年才能预定，实在生意火爆，这是我所见的又叫好又叫座的一个非常突出的例子。所以，还需要进一步扩大思路，扩大范围。总体来说，就是要谋求红色旅游创新，不能说红色旅游就是吃老本，光吃老本是吃不下来的，只有创新才能谋求一条新路。

城市有机更新与休闲建设①

一、城市更新的生命力

疫情三年，大家都动不了，培育了一个大市场——城市大休闲。很多地方孩子们不能出城，大人不能出省，怎么办？大家来挖掘自己的城市，另外一个大赛道就是乡村微度假。最近我考察了国内大概70多个城市更新项目，将近20个城市，看下来我很吃惊，深深感到城市有机更新这个赛道的可贵。我们过去的发展过程是疯狂的增长过程，增量为主，大拆大建，房地产为主，土地财政，基本就是这条路。这条路现在已经到天花板了，走不下去了。所以全国的市长都在研究怎么眼光向内，怎么来挖潜，这样就产生了一个理性调整过程。

实际上，城市有机更新的过程一定是一个理性调整过程，走得比较早的是杭州。杭州在15年前就提出了建设生活品质之城，就提出这么一个城市战略转折和城市发展目标。不追求城市规模迅速扩大，不断膨胀，追求什么？城市的深化。应该说这个理性调整过程现在大家都接受。原来城市的发展，大广场、大绿地、大高楼、大马路，这四个大是什么？都是以汽车为尺度，而不是以人为尺度，这样的城市会把人压倒，但是不可能有多少吸引力。现在是微调整、有机化、精细化、生态化，开始以人为尺度。在这个过程中，项目调整，综合体形成，甚至达到了一些片区调整，应该说这几年见到了显著效果。

这几年疫情这么压着，怎么搞？后来我发现所谓城市有机更新的核心在有机两字。原来城市也更新，那是粗暴更新，不能说我们原来城市不更新，基本上这40年我们的城市已经更新两轮了，怎么能说没更新？但是，这种粗暴更新违背了城市发展规律，成功的项目不少，失败的项目也不少。现在不同了，我看了七八十个城市项目，几乎没有败的，只

---

① 根据2023年5月21日在无锡瀛湖论坛的演讲整理。

有一个项目我看不准，就是重庆的十八梯，因为投资量太大了，108亿元。我当时还问，这么大的投资，资本上怎么弄，怎么回报？老板跟我唱高调，说是杭州新天地集团投的，唱什么高调？他说他是长期主义者，考虑24年，第一个8年形成品牌，第二个8年打平，第三个8年回报，我说很好，境界很高。剩下的全都成功。

为什么？这就是城市更新特有的规律，和我们原来那种城市大片区改造完全不同。城市更新项目，尤其那些老厂房、老仓库，第一位置都不错，当年在城市里处在偏的位置，现在基本都是中心位置；第二改造成本很低；第三就是市场需求起来了；第四是土地性质不变，所以，没有土地这套啰嗦事，原来是工业地产，现在还是工业地产，只是功能变了。有这四条，这样的项目基本上做一个成一个。

这就给我们开拓了一条新路，尤其这几年，由于疫情压抑产生的城市大休闲，两者对应到一起了。我对这个事非常看好，而且我看到的项目花不了多少钱。基本模式，一个平台公司进去，之后做一个总策划，形成一个总方案，然后开始完善一点基础设施，大部分基础设施不用做，原先都很好。跟着就开始招商，一个一个小商户进来，按照总体设计磨合，这一个片区就起来了，起来之后跟着市场就起来了。这点让我非常吃惊。

二、四个阶段

实际上，我们客观分析或回顾一下，这个过程是四个阶段。

第一个阶段是城市片区改造，大体上就是上世纪八九十年代，那个时候是非常粗暴的大拆大建。到了新世纪前十年是一个过渡阶段，好多地方因为拆和建走到头了，谁也走不下去了。在这种情况下，第二个阶段就开始了，就是老厂区、老仓库，北京的798算是最早的，各地都在开展。同时，也有一些片区性的改造成功了，比如上海的外滩，成都的宽窄巷子，完全就是片区性的改造。但是，上海人真是精雕细刻，比如外滩3号，光刷外墙，30个工人用牙刷这么刷，整整一个月把外墙刷出来，里边的老东西一丝不差，能保留的全部保留下来，它这个东西一出来就觉得有味，整体的城市功能变了。同样，成都宽窄巷子也是这样，给了大家很多启发。

但是也有不成功的。前门投资100多亿元改造。我去参加一次会，他们问怎么弄，不死不活，不上不下。我说很简单，就一条，这个路太宽了，允许摆摊，前门一定活，但是大家都愣了，谁也不敢干。不敢干就不死不活吧，反正是政府的平台公司，花的是银行的钱，怎么蹭都能蹭下来。所以，这两个阶段过来，成，我们也看到了，败，我们也体会到了。

现在实际上是第三个阶段的开始，各个城市的老厂房、老仓库原有功能差不多结束了。我到合肥，有一个合肥1972，是原来的一个劳改工厂，1972年迁出了合肥，老厂区就一直这么废着。现在通过城市有机更新搞成了这么一个文商旅项目，也很好。现在第三个阶段开始了，就是我们这几十年一些新建项目的更新改造，所谓新项目现在已经变成老项目了。其中最典型的一个就是长安十二时辰。它是一个商场，不是老商场，这个商场36000平方米，运营不下去了，传统的商业模式已经完全走不下去了。所以陕文投就把它改造成了长安十二时辰这个项目，用了24000平方米，一把火爆。平均客人进去后待5个小时，花500块钱。人挤人，到了那儿你才能感觉到什么叫沉浸式，什么叫场景化，什么叫抓人。那天跟我去的一个小姑娘，进去一会儿，我说跑哪儿去了，化妆去了，化妆，换了唐装，1个小时。然后我就看凡是化了妆的这些，换了衣服的这些，中午吃饭的时候衣服都不换，一直就这么地在里边逛。这就意味着哪怕是去年建成的商场，因为业态落后了，也得淘汰，这是第三波。我当时就说，你们比全国的城市早走了三年，现在好多城市还没意识到这个，三年之后都会意识到，这也就意味着这种模式可以输出。

第四个阶段，这是我上一次出差感受到的，就是城市闲置空间利用，调整功能。在成都看了一个双宝浮玉园。双宝就是大熊猫、金丝猴，浮玉就是它搜集了很多文化性的东西，展示很多文化性的东西，几乎没做什么建设。基础是什么？是华侨城欢乐谷的一个售楼处，因为欢乐谷卖完了，这个售楼处就没用了，就拿过来了做了这么一个项目。我在那儿吃了两餐饭，后来得出一个结论，到成都能在双宝浮玉园吃一顿晚餐或午餐，就不白来成都。真是做得好，做得精致，环境也很好，开拓了一个城市更新的模式。我们可以想一想，城市闲置空间有多少，包括这么多年我们新建的很多东西，现在都闲置了，这样的空间有多少。把这些东西利用起来，这个城市才可能真正有活力，真正有生命力，这才叫有机更新。有机的核心就是城市有自成长的一面，这是一个核心。

但是我们原来的城市，尤其这几年城市建设，造成一个什么结果，市民休闲空间越来越小。所以几乎每一个城市都有一个现象，跳广场舞的大妈和居民打架，几乎每个城市都有这样的现象。谁都对，没有人错，错在哪儿？错在城市休闲空间过小。但是这几年随着城市有机更新的变化，打架越来越少。上海有一件事给我印象很深，上海人民公园改造，改造完了之后开门第一天，夜里四点就有人去排队，八点开门，无数人往里冲，为什么？原来这些人各有各的团队，在人民公园里各有各的一块领地，可是一改造没有了，现在他们要恢复自己的领地。一个城市的休闲空间紧张到这种程度，可是现在不闹了，很厉害，一下就转过来了。北京也是这样，北京这些年弄了很多口袋公园，我很赞赏，这是老百姓需要，我们也可以干的东西。刚刚从山东临沂过来，临沂这样一个地级市，370个口袋公园，临沂有前景，就凭这一条它就有前景。

三、休闲城市发展与有机更新项目深化

所以同样需要研究一下，说到底是一个城市治理理念的调整，是这么一个问题。我们需要研究什么？这样的项目，反正我现在看到都成功，但是以前有一堆项目都失败。这个成功在哪儿？就在于需求起来了，我们的供给，我们的产品到位了。因为我们说到休闲城市，城市更新的根本是休闲空间和度假时间，我们通过城市更新就是在拓展城市的休闲空间，给老百姓提供更多度假空间。在这个事上可以领先，但不宜跟风，要减缓同质化，轻文旅，泛休闲，微度假，核心是这么三个。这样的话，体验，场景，社交，内容，从文化场景构建到新消费场景，最终是新生活追求。

我看这些项目的时候就跟他们聊，你们的自我定位是什么？就是文商旅。我说不准确，文商旅只是业态，真正定位是什么？是城市空间新成长，城市价值新提升，城市生活新提升，这是根本。而且你要从这个角度来看，意义就多了，否则就是文商旅。文商旅过时了，无非就是业态调整，因为需求在变化，业态必然要调整。各地有各地的长处，这样的话，从发展角度来说，新老交织，新老交融。城市更新的区域，定位就是城市空间在成长，创造新的价值空间，这就需要功能化、场景化、特色化、休闲化、生活化、生态化，需要这么六个方面，城市就不需要生态吗？今天上午看了三个实例，感觉极好，很有休闲感觉，无锡不得了，发达国家的感觉，确实如此。

从运营角度来说是轻资产，模式就是创意、设计、招商、运营、管理，业主方投资基础设施建设，收租金，做环境，客户自己再二次设计改造，内容向文创方向集中，最后是客人。下一步自然是休闲生活，土地性质不变，项目都是改造，所以手续简便，政府也简单。

这样来看，第一，根本在于人才，人才取决于经验。队伍是摔打出来的，人才是锻炼出来的，轻资产最重的是人才资产。

第二就是处理好各方面关系。一是政府，政府的认识、决心、方式是不是到位。现在政府都不错，在这个事上基本没有阻拦，不像别的事，总有部门出来挡，这个事我看没有挡的。二是企业，企业就是平台化、网络化，与落地商户。三是居民，居民就是利益共融、目标一致，这样减少阻力。实际上现在比较突出的问题还是一个市场管理问题，有关部门总觉得这个东西得管头管脚，管到底，一切都得听我的。如果还是这么一个思路，我们的城市更新项目就做不好。所以，发展条件是什么？就是政府支持，立法立规，设立基金，土地规定。问题是什么？权属不清，四至不明，现在好多地方权属不清，比如这个片区，有无数业主，这种地方基本就搞不起来，除非下大决心。比如广东的赤坎古镇，3000户搬迁，光搬迁费就60亿元，没有这样大决心，大投资，这事就做不动。所有人到赤坎都说，这个事太好了。最后他们采取什么方法？是政府产权的房子，我先动，动好了再引导老百姓。到现在赤坎古镇八年时间，90亿元投资，大概今年可以开业。所以，这个问题是现在最大一个问题。反过来说，找什么地方干？只能找权属比较清楚，四至分明这样的地方来做这些项目。好多地方非常好，但是，恰恰做不动，有些地方看着一般，但是清楚，分明，一把就起来了。

第三就是创意，创意必须需要创造，这就需要我们减缓同质化，追求异质化，因为服务是同质的，但文化是异质的，挖掘本地文化，创造表现手段。历史和逻辑的一致就是我们城市的有机更新发展，最终就是一条路，就是休闲区域和休闲城市。比如高新科技产业都是有区域，有经开区，有高新区，那还需要城市更新项目吗？但是，传统产业做不动了，传统商业都做不下去了，传统的很多服务业也做不下去了，大家都在转型，转到哪儿？就是转到休闲，这就要求一个休闲城市，必须得下大功夫，来完善环境，追求服务，提供更好的感受，叫什么？会心一笑的城市。

无锡拈花湾，拈花一笑，这是佛家境界。会心一笑是什么？会心一笑应该是古代的文人境界，或者说是儒家境界，诗书画，是这一套，才能创造会心一笑。不要认为年轻人没文化，他们的文化比我们丰富很多。在当代，要找任何文化资料，网上一搜全有了，他们能够理解。所以，休闲是让大家慢下来，让大家深入体验，在这个过程中才能感受儒家境界，感受古代文人的境界，会心一笑，所以我也祝愿无锡的会心一笑，更大幅度发展，更深层次发展。

高质量发展背景下的自驾车、房车营地提升[①]

一、高质量发展十要素

今天讲的题目旅游高质量发展，这个背景下我再谈谈自驾车和房车这方面怎么高质量发展。高质量发展是国家"十四五"期间的主题，也是各地各领域关注的重点，从速度型发展向质量型发展是长远战略，最主要归结到效率型发展上来。我们在文旅领域如何认识和把握，如何推动落实，如何形成新阶段新动力，形成新格局也是大家关注的热点。

高质量发展背景下，现在最现实短板是人才流失，而且很难回来，因为旅游企业没有更大吸引力，也直接影响旅游服务质量，所以解决根本问题才能重新开始谋求高质量发展。现在高质量发展有一个误解，大家谈高质量发展第一就是服务质量。我今年以来出差全国跑 22 个省，34 个城市，看了上百个项目，我们确实得研究一点深层次问题。

1. 问题体系化，全面理解高质量

（1）高质量落实在发展上

第一是高质量决策，这意味着宏观决策科学、尊重市场主体、优化营商环境，主要是三个要点。但有时候想一想，这三方面我们做到了多少？比如说自驾车已变成中国旅游市场的消费主体。关于自驾车，我们有多少宏观科学决策？比如营地发展到现在 20 年了，20 年来我们行业反复呼吁，总算盼出 14 部委的文件，但是你要仔细抠一抠这个文件，有多少真正符合我们实情，让我们觉得解渴的东西呢？还是缺乏。所以没有高质量决策我们谈何高质量发展？

[①] 根据 2023 年 5 月 27 日在石家庄营地大会上的演讲整理。

（2）高质量谋划

现在讲的什么策划当先，运营前置。有一些投资商比较聪明，跟我谈项目，谈来谈去最后问我，魏老师能不能推荐合适的人？他说我们干不了这个，投资商花钱而已，没有合适的人这个事我宁可不干。因为没有合适的人这个事干起来有可能败，这就是运营前置。同样规划落地、设计特色、活动推进，说到底是什么？少走弯路，少付代价。中国旅游发展到今天已经45年了，45年里我们走了多少弯路，付出了多少代价，我们关注过吗？我们研究过几个失败项目？媒体分析都是浮皮潦草，捕风捉影。实实在在深入分析，谁给你这些材料啊？你把材料挖出来都不容易。

（3）高质量项目

我评价高质量项目不是高大上项目，少花钱多办事，办好事，好办事，这样的项目就是好项目，哪怕你项目投资100万元、1000万元符合这几条就是好项目。你这个项目投资100亿元败了，或者勉强维持，这不是好项目，更谈不上高质量项目。

（4）高质量产品，

资源配置合理，市场化、体系化、合理化，这种资源配置合理意味着你资金、技术、人才、土地乃至市场环境、周边关系方方面面配置是合理的，达到了市场化、体系化、合理化这叫高质量产品。

（5）高质量运营

运营效率高，市场效果好，经营效益合理。我为什么用经济合理而不用好这个词呢？因为对旅游项目来说，赚大钱发大财胡说八道，全世界都是如此，做旅游能达到社会平均利润率就算不错了。世界平均利润率比银行贷款利率高两三个点，这算好项目了，算好质量运营，我们习惯还是暴利。你一个传统劳动密集型服务行业到哪找暴利啊？除了在发展早期因为那时候供不应求所以有暴利可言，从上世纪90年代以后最近30年来旅游没有暴利可言。我们要用暴利这个标准来衡量想都不要想，能够达到经济效应合理就行了。如果你的这点经营利润抵不上银行利率，你不是白干吗？那是负的。如果只是顶得上银行利润给银行打工，超过三个点给老板打工，再超过两个点是给自己打工，所以我评价这几项。

（6）高质量服务

高质量服务我们现在要求高。高质量服务首先是基础性服务，要先解决这个问题，能够解决这个问题听下来已经很不错了。有一次我在黄山吃一餐饭，老板说今天服务大家不要批评，因为服务员刚来的我也不认识，也许服务完了他走了。现在的年轻人一言不合就走人，后来感慨找一个好的服务员比找一个儿媳妇还难，这是发自内心的感慨。这个情况你要求什么？基础性服务该有的我们保住。第二个适应性服务，随着情况变化我再逐步适应。第三个发展性服务，我们很多人所说的高质量服务，那是一个目标，现在达不到。尤其是这轮疫情结束，我到海南去，一个500间客房的五星级饭店，他那个酒店什么程度？早餐抢光，老总说严重的问题是教育游客，不要老说服务不够。一个五星级饭店能供上早餐了，但是客人来了抢盘子，一摞盘子搬到自己桌上，半盆子菜搬到自己桌上，你再供应你也供应不上。后来他写了四句话"阳康高峰，捉襟见肘，相互体谅，大家高兴"，贴在餐厅门口，同时早餐时间延长到11点半，他说我看你还抢，一下子没有了，大家从容吃饭，你赖谁啊？赖餐厅、酒店服务不好，冤枉人家了。

（7）高质量科技

旅游不是高科技产业。我一再强调我们是传统服务业，所以对我们来说首先是适用技术，什么样的技术最合适我们用什么样的技术，因为这种技术会帮我们降低成本提高效率。其次是成熟技术，成熟技术更是我们需要普遍采用的。最后才是高新技术。高新技术不要急，我最反对旅游赶时髦。去年元宇宙一堆人忽悠，我说忽悠什么？到今天元宇宙没有了，今年又ChatGPT了，你急什么啊？人家玩完了，玩剩下我们再玩也够我们玩的，不必赶时髦。

（8）高质量人才

高质量人才的核心是形成一个合理体系，形成合理流动，形成工匠精神，最后开拓上升空间，这也是我们现在行业最大的短板。因为这三年很多人离开旅游行业，发现我原来在旅游领域里面真是鸵鸟，我以为我们最棒，最后发现我们工资并不高，工作辛苦程度很高，我干嘛还回来？流失了不少骨干。我们这个行业人才流动是必然的，人才流动很正常，但是怕骨干流失，所以我们要形成合理的体系。我见到很多老总就问，你骨干保住了？只要骨干保住了你服务品质保住了。服务员本来就是流动的，所以形成合理流动，关键是什么？要给他们开拓上升空间，所以我们行业有很多误区，要慢慢调整，现在看慢调整不行了。比如说一开始大家认为旅游是一个青春岗位，这个误区误导了我们40年。旅游怎么是青春岗位呢？如果说一个服务员进了酒店，进店第一次他想我将来怎么办，他不可能好好钻研服务。如果他认为这是我的终身职业，这个概念不同了。所以必须得有上升空间，必须得有工匠精神。

（9）高质量公共服务

意味着公共产品完善，公共服务到位，公共空间形成，这一块是我们最薄弱的一块，因为现在城市公共服务提升了，又在强调城乡公共服务均等化、均质化，实际上不太可能，但是很多公共服务都缺乏。

（10）高质量发展格局

减缓同质化建设，创造差异化格局，减缓大起大落，形成稳定格局。

这么来看，这个事我们就可以看得比较明白了，高质量发展十个方面，而不是动不动你的服务质量不行。服务质量不行只是一个表层，背后有各种深层次原因。

2. 高质量体现在效益上

因为多年来旅游的供求关系不匹配，由此形成一个现象旅游企业效益不高。上世纪80年代供不应求，形成了阶段性的效益高峰，90年代开始转换，被称为散弱差。这个词我发明的，我一开始说小散弱差。后来有人说魏老师这话不对，小不是毛病，我一想确实小不是毛病。我们旅游是民生企业，直接服务老百姓，你的触角多一点小一点怎么是毛病呢？但是散弱差多年来一直存在，之后起起伏伏，新世纪这20年传统旅游企业始终不振，这些年OTA又成为抽水机，分割了大把利润。质量需要成本，这本是常识，我们说你要有高质量服务，那我就问你，这个成本撑得住吗？收入不等于利润这也是常识，然而恰恰在常识方面管理部门和媒体往往违背常识。管理部门动辄就是要求，尤其是黄金周期间、小长假期间你的质量要如何如何，这个时候是我们质量最差的时候，要求什么质量？

我记得第一个黄金周，在1999年，那个时候国家旅游局党组局长办公会讨论，当时我们一个领导提出安全、秩序、质量、效益，我说后面两个词最好不要提。安全第一位，保住安全，黄金周平安度过，秩序第二位，能保住秩序大家过得去。这个时候一定质量最差，效益最差，可是媒体一说赚得盆满钵满，把收入当利润，这违背了常识是不是？同样今年五一又是这个话，我说这个五一旺丁不旺财。按照正式发布的数据，整个五一全国国内旅游人均花费540块钱，还说今年长距离增长，增长了很多，远途交通费用、近途交通费用、住宿费用、吃饭、旅游费用加在一起一共540元,这叫花钱吗?这叫出去打了一个水漂,这样的五一让人满意吗?就是旺丁不旺财。可是在中央下发的《质量强国建设纲要》中明确提出经济发展质量效益明显提高,经济结构更加优化,又提出服务业供给有效满足产业转型升级和居民消费升级,建成一批具有引领力的质量卓越、产业集群,应该说我们旅游距离很大、差距很大,从这个角度我们看这个事我们应该有一个新思路。

二、自驾车、房车营地新发展

第一,阶段性火爆,有时机。因为这几年房车和营地确实产生了阶段性火爆,所以很多人又认为机会来了,又觉得我们可以狂热了,我最反对这种东西。

这几年疫情管制让大家无处可去,产生了两条新赛道,城市大休闲,乡村微度假,房车和营地恰恰卡到这个点上,所以迎来一波逆流下的发展。这是阶段性的火爆,这不意味着我们始终可以保持这个格局。可是它反映了我们有这个时机,远的地方不能去,观光景区不能去,到处管制,孩子在家里憋得嗷嗷叫,怎么办?出去城市休闲,所以城市公园产生新的现象,扎营帐篷,现在政策允许了,公园可以扎帐篷。

将近20年前,我看到过这个现象,当时觉得非常新鲜。在江苏太仓,有一天下午我说咱们看看你的城市。进一个公园,满地帐篷,孩子在帐篷里面钻来钻去,天上都是大人放的风筝,城市大休闲的感觉。实际上经济到了这个程度了自由放任就有了,这两年是阶段性的反应也是阶段性火爆。最近一段又有一个舆论出来,营地垮了,营地不行了,怎么动不动就是非此即彼啊?有反复很自然,是我们市场深化结果。

比如城市性休闲营地,严格说不是营地概念,但是我们现在把它纳入了,我很赞成,至少老百姓想玩有地方玩了。原来大片绿草坪只能看,上不去,现在我可以在那扎营多好啊,我可以玩一把烧烤这也很好。可是指望这样一个持续火爆的局面不可能的,因为疫情管制方式变了,我们各种各样玩法可以了,可以去景区了,可以去远程度假了,甚至可以去东南亚,释放了大把消费能力。这种情况下指望房车和营地还像以前那样,不可能。关键是市场需求变化,我们把这个把握清楚,政策、文件它充其量是对你的供给,对生产方起一点作用,对需方不起作用。

第二,持续运营。持续运营的核心是性价比,严格说房车也好营地也好高质量不可能达到，因为它玩的不是高质量。房车再讲究，能比酒店舒服吗？我到哪去房车、树屋、帐篷诸如此类的东西看一圈走，我不住。有一次在安徽住一个树屋，本身睡得不舒服，早上5点醒了。他们说醒了你可以看曙光，我一看到处都是光，漏进来。本来晚上说，能拉的都给我拉上，结果还是不行，逼着我起来。见到他们人员，说给我找一个酒店补一觉，一夜没睡好。昨天住这个房车也是这种感觉，你不要笑，我说的什么？因为我们这一代产品它追求的新鲜体验、新鲜感受，严格说不是高质量，但是这里面的核心在性价比，我花了这份钱我得到了这么一个体验，值了，就可以了。如果我们性价比能够比较高，你就能够可持续，如果性价比很低，即使花钱少我的感受也不好。因为客人的旅游消费过程也是不断变化的。第一阶段我们追求多不多，花最少的钱看最多的地方，这是第一个阶段。第二个阶段贵不贵，太贵，消费不起，不去了。第三个阶段好不好，这个时候对品质的追求产生了，第四个阶段值不值，就是性价比，即使我花钱多，但我觉得很值，因为确有相当一批消费者对价格不那么敏感，对品质特别敏感。第五个阶段问绝不绝，你有没有独特的东西？有没有极品？现在问红不红，网红打卡点我才去，没有网红打卡点我不去，实际上就是消费不断变化的过程。

  这样一个过程就应该让我们研究，你房车营地追求点在哪？以后房车和营地一般来说都是山清水秀之地。总会有一点新鲜感受，也是一种新体验，听了一夜雨这也是新体验。反正我很多年没有感受过了，虽然老醒但是不烦，就是你的诉求不同。所以在这种情况下你还追求高质量？我就问我们的高质量体现在哪，我们对房车和营地来说应该有另外一套质量评价体系。比如，交通能不能顺畅？这里面不说便利，因为对自驾车来说便利有时候反而不重要。318全程走下来我还没有碰到过这样的人，但是至少这个四川318太多走过的人，他们追求什么？他们追求的不是便利，而是顺畅。

  有一次我在林芝色季拉山口，海拔4720米，居然在山口堵塞，车塞得看不到头，已经12点了。后来我说我们往下走，打一个电话让下面再来一辆车接咱们。我们从4700米走到3700米，走了大概10公里，下面一辆车上来把我们接下去了。我们到了鲁朗，吃完饭睡了一觉，我们司机才从山上下来。318确实很好，走10公里一路泉水潺潺，一路鸟语花香，海拔那么高没什么感觉。但是我就说这个，这也是一些基础性要求，什么意思？我们要有一套质量体系。这种体系除了基本性服务外，剩下更多的应该体验价值，情感价值。

你有了东西大家才能感觉到你这个值,性价比高。所以我说持续性经营核心在性价比。

第三,新生活体验,长远观。长远角度看这就是一种新的生活体验,而且这种新的生活体验很可能将来就变成常规性的生活体验。比如说欧洲、美国都有老人家在城里面有一个小房蜗居,可是弄一个很好的房车停在营地里。平常在营地住,高兴了开车出去转一圈再回来,到冬天才回到小房去,把房车生活营地生活当作新生活方式,甚至常规性的生活方式。我们很快也会走到这一步,未来我们真正的市场时机就是新生活体验,新的生活方式感受,新的生活场景创造,这是根本。这样才能迎来我们的长远。眼前市场波动很自然,什么时候市场都会有波动,大家说现在不容易,我问一句,什么时候容易过?我干旅游43年了,进这行第一年我就觉得这行不容易,到今天还是觉得不容易,意味着不容易是一个常态。我们有过几次能挥洒自如,有过几次这样的时候?不多,但是现在不同了。现在意味着市场竞争这么厉害,但是市场机会永远有,这就需要我们谋求一个新格局。

最后说一说我们的漫山花溪谷。我来之前对这没有任何概念,到了石家庄出站,我感觉果然是天下第一庄。因为我刚从江苏、浙江这些地方过来,明显感觉到石家庄就是土。一路走有点意思了,到了花溪谷感觉豁然开朗,没有想到在我们石家庄居然还能有这么一个项目。所以昨天看下来感受了一把,晚上烧烤了一下,听了一夜雨。这个地方我说三句话。

第一句话,时尚领先,它是一个很时尚的项目。同样我们做营地房车它有一个天然的问题,就是同质化很强。你到一个营地看房车差不多同质化很强,所以需要时尚。比如说昨天最后还有一场摇滚主题晚会,没有开始我就走了,因为心脏受不了,但是我很赞赏。石家庄居然是中国摇滚之城,国际上都是有名气的,我实在想不到,反映了城市内在核心它是开放、包容的,这是核心问题。我们怎么把一个营地做得时尚,而且领先,不容易,因为我没有说一流,我只能说领先,全国数下来这达不到一流,但是能够领先已经够了。

这种时尚什么?第一靠烟火气,第二就是靠活动,靠内容,靠热闹,要是没有这些东西你搞什么营地啊?首旅集团在延庆龙安投资1.3亿元大营地,当时政府拍着胸脯什么都行,建成了烧烤不行,为什么不行?原因只有一个,这是北京,所以不能烧烤。想搞点活动不行,为什么?这是北京。这样的营地有得搞吗?必死无疑。但是如果我们说城市管理能松动一些,就能够给我们提供更多商机。

第二句话,未来生活。我们创造的是什么?创造未来生活方式、未来城市形态、未来

159

生活场景。随着经济发展，尤其高科技发展，我们所用的人越来越少，人的休闲时间越来越多。我们早就研究过四天工作制，研究到最后的结果，再过20年什么情况？一个员工每周工作4天，每天工作4小时，一周16小时工作制。那个时候谁有班上让大家羡慕，他又去上班了，他居然有班上，绝大部分是休闲。休闲一定有各种花样，其中房车营地就是未来越来越宽的一个赛道，宽到无法想象。因为它是一种生活方式，它一定会变成大众追求的一种生活场景，这就是未来生活。这个未来什么时候可以实现呢？不长。我们可以回想一下20年前我们能想到今天吗，甚至十年前我们能想到今天吗？想不到，我们凭什么现在想到十年后的事，这种科技的进步推动社会发展和生活提升，包括我们生活方式的转换都是一种加速度。当然也可能打起仗来是另外一回事，要不然什么巨大天灾，那也是另外一回事，不确定性的东西永远有，但是可以确定我们老百姓对幸福生活的追求，可以确定。二十大明确了人民的幸福生活就是我们工作的方向，我们做的就是这个事，旅游业是幸福产业的龙头。我们房车和营地应该成为这个龙头上面的一颗明珠。

第三句话，品质当先。因为这一行它有天然局限，它品质不可能更好，要达到五星饭店水平想都不要想，你硬件够不上，你达到什么？但是硬件不行软件补，只不过这里面还有一个消费特点，很多事情客人自己愿意动手，他不需要你伺候那么好。可是我们有些人懒，比如说锅圈烧烤，实际对应我们中国人消费特点，创造一种新方式。我全世界走了五六十个国家，没有见到烧烤服务程度到这一步的，为什么发达国家没有？因为人家不需要。为什么我们有？因为我们市场规模大。这就是我们的特点。可是这里面确有一个我们要研究的问题，我们的服务特点，根据我们的产品特点、消费特点研究服务特点。反正我普遍感到不足，确实不足，简单说，第一叫不舒服，一个是有硬件局限，但是不能不方便，你要方便。同样夜里我醒了头顶上下雨，我看这块玻璃还敞着呢，它是可以看见的，我想把玻璃拉上，我发现这个事很复杂，算了，被子蒙头我睡觉吧。你这倒是追求一个特点了，但是我就说，能不能告诉我一下，这个东西怎么关上啊？这就是服务不到位。

再比如说，我们营地一个普遍问题是餐饮不行。大家一个烧烤就认为能够解决一切，绝不是这样。因为到处都是烧烤，只能强化我们同质化，我去一个营地就行了，干嘛去那么多营地？你看我们高尔夫球场，打高尔夫的人他有一个消费习惯，打过越多的球场说明越牛。我问过很多打高尔夫的，他们上来说哪个球场你打过吗？人家叫板这些东西，一说这个球场你打过，不得了，也很高端。我们营地好像还没有这样的消费习惯，比如说你开房车的，跑过多少个营地啊，跑过越多越牛，越有特点的越牛，但是大家不感觉我们营地有什么突出特点，也就意味着一个，营地个性化发展，这是我们竞争一个要点。说到底一要舒服，二要方便，这两条都不足，怎么解决？我不知道，各有各的路。

当年搞饭店星级标准时我说咱们归纳一下，五星十个字，一星卫生、二星方便、三星舒适、四星豪华、五星文化，越是高层次越追求文化，而不是追求豪华。我到行业一讲大家说这好记，五颗星十个字，每颗星包容下面的要求，卫生是最基础要求。所以我们既然有硬件局限那就软件补，软在哪？补在细节。我们细节上面欠缺比较多，这个普遍，说句老实话我住过营地不太多，我看过很多，因为我住营地实在缺乏兴趣。房车我也缺乏兴趣，总觉得不舒服、不方便。何必呢，我一个老汉不受这份罪，人家说，你把我们营地房车当作受罪？我说某种意义是这样，但是对年轻人来说是新场景、新体验、新挑战，这不同，所以不同的年龄有不同要求。对于我们来说品质当先，这恐怕是我们下一步竞争的要点，因为你有了品质才可能有品牌。我们老说品牌第一，没有品质支撑你说什么品牌，那叫胡吹。我经常说我们旅游营销要敢吹、会吹、经得起吹。敢吹会吹大家都会，但是经得起吹，你能经住几分？如果说你的营销远远压倒了客人感受，你这个营销是失败的，因为对客人来说货不对版，对客人来说，老有意外之喜，老有超值，这叫性价比高。

这方面我们还有很大差距，当然我们时间也不长，经验也不足，但是多长时间算长呢？一说旅游新兴产业，我说中国旅游发展45年了，你已经中年了，还新兴产业？我们中国房地产多少年？1998年开始，比我们晚了20年，房地产说自己是新兴产业，上来就说我是支柱产业。我们自己要有一个客观判断，这样下一步在高质量发展背景下，我们房车营地也要追求高质量，但这个高质量需要一套新的质量评价体系，需要一套新的服务评价体系，需要一套新的体验和场景体系，谋求一个新发展。

旅游演艺：场景化的新发展[①]

一、关于旅游演艺

旅游娱乐消费成为一种新的社会消费方式。这种方式不同于日常生活的娱乐，具有更深的文化性和传承性，也不同于一般观光旅游，是旅游生活的盐，具有更多创新性和差异性。

对应市场需求，一个新产业已开始形成，形态多种多样，模式千变万化，电影人、文化人、投资人、旅游人，各种组合，正在创造一种新格局，谋求新发展，这就是大家干的这些事情。需要以战略为导向，战略方向就是场景化。所以我们下一步一定要追求这种场景化，以人性为基点。一个事要不符合人性，这个事就不灵。以特色为灵魂，以场景为方向。

从国际上说，主要是三种类型：第一种叫户外演艺，埃及、希腊、西班牙。第二种是室内演出，法国红磨坊、英国音乐剧、纽约百老汇，这都是代表性的，那叫长红。一台《西贡小姐》演了近2000场了。现在对中国来说，演2000场不算什么，《仿唐乐舞》都演上万场了。第三种类型是广场演艺，遍布城市，丰富多彩。这是我们中国现在最缺的。

三个主要作用：第一，展示文化。尤其是展示本地文化。第二，创新产品。第三，追求意境。其中广场演艺作用最大。记得第一次出国看见装成雕塑的，愣了半天，真的，假的？后来看了半天，下面有个盒子，拿个小钱过去，你过去就感觉到这是一个真人，突然一动吓你一跳。现在这种场景在中国也开始出现了。

中国的发展就不同了，1990年国家旅游局从旅游者消费链出发，提出"行、游、住、食、购、娱"六要素。当时设立了一个文娱生活指导处。作为一个工作机构，选择了全国七处节目及机构加以推广，当时在我这个司，三个人。我就问，工作怎么开展？没有日常工作，那这个处都没有存在的必要。结果有一次局里机构调整，我们主管副局长大怒，"他妈的，

[①] 根据2023年7月15日在西安的演讲整理。

我出去撒一泡尿，丢了一个处"。因为那时候讨论文娱生活指导处放在哪个司，谁都不发言。结果就趁这个空，大家决定把文娱生活指导处转到了综合司，所以他就说丢了一个处。但是始终没有见到突出成果，工作机构也撤销了。

原因在哪儿？不能说国家旅游局没有这个眼光，眼光很长远。初级阶段的需求，市场不成熟，但是对应外国旅行团的一些项目表现出生命力。那时候对应国内市场的项目统统垮掉。可是唐乐宫，北京一个梨园剧场，这两个始终撑下来了。为什么？对应外国旅游者，因为外国旅游者他们有这个消费习惯，他们觉得看完这个东西感觉特别好。这是第一个阶段。

起步、探索、创造，40年坚持不懈，各类节目起起落落，多数都是红磨坊模式，多数做不下去。北京搞了一个大铁塔，典型的红磨坊模式。我去看了一次，看完了，过了一年，我问怎么样了，关张了。为什么？没人。因为那时候外国旅游者消费不足，国内没起来。

最后，超越了室内，开拓了山水世界。所以一个"印象系列"，叫作"成功的开端，不景气的后续"。"印象系列"后来也打住了。我有一次到武夷山，有一个印象大红袍，我就问，你们对这个印象印象如何？他们说印象不怎么样，他们问我要不要去看。我说那我就不去了，还有一次到海南看《印象海南岛》，我说这是完全不懂海洋的人弄出来这么一个东西，应该说地方很支持，省委书记看这场演出都让秘书买票，说不能拿赠票，最后也垮了。

然后就是梅帅元，"帅元系列"，它的系列是好产品突出，一般性存在。我后来看到他，我说："你这个梅老师，好东西那么好，但这个东西，就是一个大PPT，就靠光影这一套东西表现。"他说："哎呀，甲方的要求不一样。"比如说在承德搞那个康熙大典，那是一个房地产公司，拿一把钱让我做，那我就做吧。做完了，房子价格涨了很多，所以这个节目就不关注好不好、火不火，他都不关注。他说这样的项目我怎么可能把它做好。

之后就是"又见系列"，就是王朝歌系列，是国际模式翻版，现在又开始"只有系列"，大规模。实际上是两难，一个叫作戏剧追求，还有一个是市场追求。我去了之后，比较细致地探讨了一番。真是很吃惊，600多亩地，这么一个项目，60亿元投资，如果不考虑投资，不考虑财务成本，日常运营每天接待1000人就够了。那么大的项目每天进1000人，根本显不出人来。一个人花费500元，一天就是50万元收入，完全可以养活自己。但是60亿元投资，这怎么弄啊？现在谁也不知道怎么弄。最近王朝歌又弄了一个《只有红楼梦》，在河北廊坊，又傍了一个大款，这个项目好像是80亿元。所以才有资格说"要消灭旅游演艺"，因为是一种戏剧化的追求。如果讲对标的话是百老汇和伦敦西区。这只能换另一个词了，叫"演艺旅游"，它不是"旅游演艺"，但是过程是这么一个过程。

旅游实景演出，成为中国的突出创造。一是实景运用，二是文化凝聚，三是手法应用，四是规模巨大，五是市场呼应。很多旅游演艺大家都说很成功，但是不能只看到成功，很多旅游演艺也就死了。活有活的道理，死有死的原因，我更希望分析一下为什么这个项目死，怎么来起死回生，我更关注这个。项目成功就是我归纳的这几点，因为创造力和乡土与现代的深度结合，创造了文化旅游与市场的良好结合，创造了中国旅游的全新体验，创造了世界旅游的亮点，也孕育了世界性的发展潜能。山水实景演出最重要的元素就是场景感。

我第一次看《印象刘三姐》，真看傻了，老外也看傻了，他们无论如何想不到中国人能玩出这一套东西来。所以就说文化人创新，商业化模式，消费提升，文化追求，群体巨大，新一代产生，性价比合适。基本上山水实景演艺成功要点就在这儿。失败的要点就是内容不足，故事性不足，而且有些表现手法较简单。因为现在这些东西要想复杂可以很复杂，想变简单也可以很简单。另外有一些是过于复杂，这就败了，就是这种秀。

现在华侨城形成世界最大的演艺格局，十台节目、十个场地、5000个演员，常演常新，既积累经验，也积累了人才。陕西旅游集团《仿唐乐舞》成为经典，《长恨歌》形成品牌，《延安保育院》一炮而红，形成系列。同时，主题公园配歌舞，景区配歌舞，度假区配歌舞，成为新常态，这是一个综合配置，对应市场。

二、旅游演艺的挑战和发展

首先，40年前我们人均GDP300美元，现在12000美元。什么水平消费什么产品。

其次，从交通不便到四通八达，什么道路创造什么市场。我们原来说这个地方偏远，现在"偏远"这个词已经没了，现在就是交通。40年前去一趟乌鲁木齐坐火车四天四夜，现在坐飞机四个小时，这就是本质性的变化。

第三，从城镇化起步到城市群，什么聚集形成什么规模。大规模城市群就把消费聚集到一起。所以我们很多旅游演艺恐怕难也难在这儿，交通不便，人口聚集不够，做什么做。

第四，从农民眼光到世界视野，什么变化产生什么要求。比如说横店影城，一开始就是农民做的，就是农民产品。现在不同了，我今年到横店去，一下给镇住了，有一片街区完全就是上海外滩那一套，而且比外滩那一套做得还吸引人。这么多年不断迭代，就是什么变化产生什么要求。这是我们40年的时间变迁，也是我们旅游演艺生存和发展的大背景。

竞争是大投资、大场景、大效果。第一个是秀的系列，各种资源整合，各种方式整合，万达形成了一个最大的投资格局。比如说武汉的一个秀，海南的一个秀，海南那个秀投资40亿元，武汉那个秀投资60亿元。这些老板们想什么？只要我花大钱，请一流人才就能做出最好的东西，恨不得把好莱坞的大导演请过来。但是这些最后都失败了。百花齐放，争雄竞秀，这不是个好引导。

第一，投资过大，价格偏高。第二，金玉其外，内涵不足。第三，门槛较高，难以维系。第四，一次轰动，这是大片效应。第五，劣币淘汰良币。很自然就是这样一个状况。关键是这种状况很多人还在追求。

比如说疫情前我看了一个项目，投资280亿元，在贵州，不得了，那老板牛，七台演艺，而且买断了俄罗斯大马戏团，他的买断是什么概念？人都给我过来，全世界哪儿都不能演，就在我这儿演，收购了广州的战士歌舞团。所以我那次去，晚上吃饭，都是俄罗斯小姐服务，有几个军人参与，我说，你们什么路数啊？他们说是战士歌舞团的。我看完了，跟那个老板聊了一番，我发现他非常固执，你说什么他都不接受。他请了一个职业经理人，是个香港人。香港人出来追着我问："你怎么看这个事？"我说："两个字，必死。"过了一个礼拜，这个职业经理人辞职了，现在这个项目无声无息了，280亿元投资。一年期间500万平方米建筑干起来了，这可以说是旅游演艺的一个集合。

最近看浙江的龙之梦，250亿元投资。我第一次去龙之梦的时候，见了童老板，我说我给你推荐个项目，你去看一看，你们俩的项目几乎一模一样，思路也一模一样。可是我对那个项目判断必死，对你这个项目判断可活。所以今年又去了一趟，童老板等着我，陪着我看，然后又聊又喝酒吃饭。这个老板也是固执得不得了，我跟他说什么，"我已经想到了"，我跟他说什么，"你这个意见不对"。最后突然问我一句："我是不是很自以为是？"我说人要不自以为是，难道还自以为非吗？自以为是不是个贬义词。结果他还是不托底。探讨商业模式，逼着我去看了三个演艺的场馆，其中有一场逼着我看。然后又专门打电话问我，觉得怎么样？我说还行，过得去。为什么说可活呢？很简单，因为在长三角，所以就能活。但是我第一次去的时候，他说我要搞1500辆大巴，方圆300公里的客人都免费拉过来。我说"打住，童老板"，我就问你一句，你对你这个项目到底有没有信心？如果有信心，你干嘛要干这样的事。如果没有信心，你拉来一大堆免费的老头老太太，你干什么呢，不是自己贬低自己嘛。总算把他这个想法遏制了。1500辆大巴，你知道什么概念吗？这是一个中等城市，一个地级市的公交概念。你这个项目别养别人了，就养这些司机就够了，荒唐。但是就是我说的这个，大手笔，根本不在乎这个。结果就形成了这么一个格局。这个格局下一步还会发展，反正我的看法，我们的方向是小、精、特、新，我们的目标是场景化，你追求这些干什么？弄一个死一个，等着看吧。

包括《只有红楼梦》，那个剧场我去看过，去年专门去看了一下，一个剧场投资10亿元。那咋整？我今年去看了西安大秦项目，看完了座谈讨论。我说大秦项目就自身来说必死。可是这个项目总体加在一起肯定活，这个项目养这个剧没有问题。后来他们董事长说，"你这个观点我严重不能同意"，我说你当然不能同意了，要按照我的观点，这个项目可以不做。但是从方向来说，很好，西安是千年古都，现在怎么就变成一个唐朝了？是周、秦、汉、唐，秦汉是你的核心，可是现在秦汉的文化很少，秦汉的感受不多。什么原因？因为唐可以弄得很热闹，这就是秦汉故事没有完全出来，秦汉的故事挖掘出来更棒。把这些东西整一整，所以这个项目的文化方向我非常赞同。但是我们做一个项目不能只考虑文化方向，我们不是文化人，我们是旅游人，必须把商业模式想清楚。如果商业模式不清楚这就不行。

我曾经归纳了一个叫"A+B+C"的模式。A是文化中心，我们做演艺这一套就是做文化，就是提升吸引力，是构造一个吸引中心。吸引中心可以不挣钱。第二是B，商业中心、利润中心。第三是C，C是一个可持续发展中心。最典型的就是曲江新区这一块。这一块的A从大唐芙蓉园开始，通过地产运作，最后谋求回报。包括这三个遗址公园，大唐不夜城应该说是一个商业性项目，所以大唐不夜城起来之后，原有的这些债务负担就释放了。但是大唐不夜城那条街本身并不挣钱，作为一个平台化的公司它并不挣钱。我一听一愣，一年几亿人进去，它不挣钱？就是不挣钱。因为什么？它就是一个平台，里面没有找到合适的商业模式。本身这个大的商业模式很成功，可是具体的商业模式没有找到。应该说长安十二时辰开创了一个新的商业模式。所以很自然，这是我们现在的难点，也是我们现在的挑战。

现在听到这些大项目，就一点判断，不灵。这是中国特色，人口众多，需求外溢，所以城市休闲空间短缺，度假产品不足，城市大休闲、乡村微度假这是两条新赛道，也是大赛道。大家很自然就想大规模，规模小难以适应需求，难以形成品牌，难以创造效应。但是并不完全是单体规模，以小积大，以散对应，以活创造，小项目照样能做出好成绩。

比如现在好多地方打铁花，打铁花最早看到是在河北蔚县，张家口那儿，现在有泛滥之势。一个打铁花大家就觉得很吸引人，可是不能光靠一个打铁花。所以众多花样，汇总项目，集中消费，丰富功能，娱乐第一，快乐度假，商业充实，新型生活，这是全面要求。在这个过程里面需要深层分析。从发展方向来看。

第一类，广场演艺的民间性，需要大力推行。这和我们城市的管制直接联系在一起。上海曾经玩过一把，发街头演艺牌子，给你营业证。第一批100个，大概有300人报名。很奇怪的一个现象，报名的300人绝大多数都是海外归来的，因为他们有国外生活经验，他们知道这个前景，而且自己学了点小技艺，最后批了100个。但是我在上海街头从来没有看到过，为什么？和我们的城市管制矛盾了。城市管制需要这么严格吗？怎么老百姓过点好日子，大家玩一玩，政府就这么反对呢？老百姓摆个摊，一个摊就可以养活一家人，怎么城管老要管呢？这和我们城市管制直接联系在一起。

但这也是将来一个方向，所以有些景区，我说这么好一片地方，景区有广场，你这个广场招几个民间个人的玩者过来，让他来玩，也是一个道理，下面摆个盒子，高兴了放点钱。现在要饭的都可以扫码了，他们怎么不行啊？这个要起来，实际上第一丰富我们旅游演艺市场。第二，更接地气，更加生活。但是有一点，对我们现有的旅游演艺是一个挑战。

第二类，室内演出的传承性正在锤炼。室内演出一定是传承，没有这种传统传承怎么形成经典？但它也在变。红磨坊我看过三次，第一次震撼，第二次平平，第三次越来越退步。很简单，市场不足。市场不足，品质就下降，品质越下降，演出效果越差。它就变成一种恶性循环了。在韩国乐天也看过这么一场，它一半是红磨坊模式，一半是韩国自己民族的东西。

第三类，实景演艺的震撼性，分类发展。实景演艺很好，确实有震撼性。但是不同类别、不同模式、不同商业。柬埔寨吴哥有一场演出《吴哥的微笑》，他们说是中国人搞的。结果一看，很熟悉的张艺谋的感觉，他们说张艺谋确实指导过这个，是云南的文旅集团到那儿投资做的这个。一张票100美元,700个座位满满的,主要是中国人。但是做得好,大家就觉得这个好玩。我不认为中国需要那么多实景演艺,我也不认为我们这些实景演艺的节目都能够持续下来,但是只要做好了,真正成为精品,你就有这个震撼性,就可以传承。

第四类,日常演出的亲和性,吸引参与。有很多日常演出不追求大,长安十二时辰给我的感觉就是这个,十二时辰有72个演出,最短5分钟,最长8分钟,往那儿一坐,表演就上来了。怎么就完了?觉得还没有看过瘾呢。往前走走,往那儿一坐,又一个表演上来了,就类似于快闪性的。它这种日常演出很有亲和性,吸引力反而更强。

再有一个是晚宴秀的普遍性,锦上添花。尤其在民族地区,哪儿都有晚宴秀。说句老实话,我很烦。因为我是老人家了,我就喜欢清静一点的,喝点小酒,聊会儿小天,我不喜欢这么闹哄哄的,但是它就是这么闹哄哄的。贵州千户苗寨,一堆姑娘过来,高山流水,几个人绑着你的胳膊,酒就倒嘴里了,太痛苦了。我说,这叫热情吗?后来我就火了,我说:"你们给我打住,你们这种热情我不接受。"再说了,酒也不好喝,强灌,这就不行。

反过来说,场景化自然是下一步的重中之重。现在我们多数追求的还是技术手段,是所谓震撼效果,这会形成一种盲目性。没有文化最终什么也没有,电影手段只是初步,文化需要积累,娱乐需要轻松,演艺需要市场,客人需要丰富的。我说的是大白话,但是你琢磨琢磨,就是这些大白话才是我们这个行业的根。

所以,聚集文化,突出特色,延长产业链,扩大产业面,形成产业群。中国故事,弘扬中国,故事中国,中国表达。同样,我们每个地方都可以换成这套语言模式。西安故事,弘扬西安,兰州故事,弘扬兰州,哪个地方都可以,但是不能一个模式走天下。技术发展,手段有很多突破,这个我不看重,手段突破不难,难的是你到底表达什么东西。现在的产业格局,从春秋时代到战国时代,春秋时代正在过去,下一步一定是若干个头部企业把控这个市场,影响这个市场,引导这个市场,一定是这样。

所以有一部分,是争当头部企业,这是一部分企业,可以这样选择。再有一部分,跟着头部,顺水推舟。第三种是专精特新,规模不大,但真是做出特色来。所以说起来一个不大的产品,可是会形成很大的市场影响,这就看怎么玩了。最根本的是人的感受和人性的表达。比如说长安十二时辰和戏剧幻城比较起来,我更喜欢长安十二时辰。因为我在戏剧幻城能谈的就是这套戏剧的事,没谈旅游演艺的事,我谈的是戏剧的事,比如说你这儿要做成世界三大戏剧之都,第一个是百老汇,第二个是伦敦西区,第三个就是河南幻城,这么玩这个事,他们听得很兴奋,这个思路很好。

这么大一个市场,分层分类,每一个点都有你生存的道路,都有你发展的前景。本质的追求就是传统文化现代解读,传统资源现代产品,传统产品现代市场,要让历史变得时尚,让文化变得可亲,让自然可以接触,让旅游进入生活,这就是我们追求的东西。

第一,达到"五看"。第二,形成"五可"。第三,强化"五度"。第四,建设"五力"。旅游演艺,场景是天然追求,所以营造场景是根本任务,旅游演艺如果没有场景感怎么行?一开始还说我们要增加一些参与性,看演出,演员从那个地方下来串一下,我们觉得这就叫作参与性。这根本不是参与性,这只是增加点元素而已。

参与性,第一个叫心的参与,客人从心灵上接受你的东西,感受你的东西,他自然而然就参与了。第二是身的参与。德云社相声,台上台下打成一片。然后剩下那些都是花样,都是调料。所以有时候我们过于追求形式,反而弄得客人很别扭,因为中国人现在还不太习惯于自告奋勇冲上舞台,还不太习惯。现在还好一点,我们这一代人完全不行。到现在这一代年轻人,有时候需要参与也上去几个人,这就很好。实际上就是这么一个过程。可是根本是什么?场景。所以场景的感染力、浸润力、吸引力,就形成我们的竞争力、竞争要点。

最终是建设"五力"。第一,视觉震撼力。这是我们大家都在追求的。第二,历史穿透力。你是在讲历史故事,大家感觉你讲的就是眼前的故事,就是我们身边的故事。第三,文化吸引力,尤其是本地文化,包括历史文化这种挖掘。第四,生活浸润力,大家觉得这就是一个生活过程,生活场景。最后一个是快乐激荡力。所以我们最终追求的是这个目标。

这样的话,从旅游演艺角度来说,第一,场景的技术手段越来越丰富,且不断迭代,数字化成为趋势。但是技术并非唯一,甚至不是第一。

第二,场景展现方式多样化。像冯小刚电影公社,它这套手段很丰富,而且你也觉得有点意思,它不硬。横店影视城23台演艺,横漂无数,所以资源配置很方便。我就问演员,横店还缺演员吗?早上弄块牌子,需要50人,人家马上问,什么场景?民国。"哗"一堆人走了,一会儿民国服装来了,他自己家里就备着。一说战国,盔甲都上来了。所以他们做这些东西特别方便,就可以变成资源。它不像我们,我们一台小节目是专业化配置。所以有好多东西不能追求那个。

第三，讲故事，这是普遍的弱项。不会讲故事，甚至没有故事，就是炫。所以看完了之后，大家无从回味。看完之后回想，除了这种炫的场景之外无从回味。但是有些小场景不同，比如说网师园夜游，终生难忘。再比如说拈花湾，拈花湾这几年搞的一套东西，就是你在路上走，一会儿出来两个人给你来一段，一会儿水上来一个船给你来一段，走到最后是一个大场景，一个当代的这种雕塑，两个雕塑慢慢并到一起，跟着放一把礼花。一个小时你从从容容走，不觉得累，但是老有亮点。我问他们有多少演员。加在一起大概有20个。可是给你的感觉是内容丰富，而且不断有新东西出来。同样，比如说他们做的南京的金陵小城，现在还只是一个样板，加在一起现在是47亩地，47亩地我们觉得能做什么呢？就做成了一个南京的标志性地方。中央领导只要到南京一定得去。晚上是最高潮的时期，在那儿走，看水面上一只小舟过来了，两个演员在那儿咿呀呀呀给你唱，这都是小表演，可是效果非常好。因为它是在一个场景中来谋划这样的项目，所以我也不认为现在我们很多地方夜生活的项目如何如何，我也不这么看，太丰富，成本偏高，想得都偏简单，这不是我们的方向。

比如一个地级市有一个夜景地就可以，不能整个城市都亮起来，整个城市都亮起来能源浪费，谁花钱？再说了，碰到能源紧张的时候你这个事就没戏了。同时还有一个光污染，得考虑当地市民需求，我要睡觉了，你还在那儿闹，这么亮，那怎么行？所以好多东西有这一面必另有一面。但是这种小场景那感觉实在是好。

第四，拾遗补阙。旅游演艺有些项目是主体，甚至变成演艺旅游。有些是时间利用，比如晚上就是时间利用，各有主辅。但是有些是辅助压倒主体，多数都是拾遗补阙，不宜喧宾夺主。需要追求什么？小而活，小而亮，小而特。

第五，培育经典，形成长红。因为电影是大片效应，一轮过去了，戏剧是长效，可以重演，演艺则是天天演，一定程度上形成流水线工作，演员有反感，工作人员有疲惫感，所以要求更高，难度更大。但是只要形成经典，就会产生品牌吸引力，效益也大幅增长。大家这几天不是看了好多台嘛，这好多台我评价"有强有弱"，甚至可以说"有成有败"，只不过我们这么看，这个热闹，也许里面就埋着败的因素，所以我们必须得客观冷静分析。

分析有几点：第一，符合不符合人性。契合人性，这个东西就没有问题。第二，是不是有趣，是不是好玩。第三才是炫的这些东西，炫的这些东西是我最不看重的，也是现在大家最追求的，越炫成本越高，成本越高，越无法持续。

所以我们这四个方面，有的很强，有的很弱。但是我们中国人最弱的就是讲故事，包括张艺谋这些大导演都不会讲故事。这样的话，就需要研究本地文化，做出自己的特色。不是都需要做大做强，有些就是需要做小做专，别动不动就是我多大影响，你追求那个干什么？比如说四川武隆有一个《印象武隆》，我印象还是不错的。但它就是这个问题，太难。从重庆到武隆，坐汽车坐四个小时，现在还好，武隆通了飞机，但是你那么远一个地方你来追求这么一台演艺的成功，它不可能成功，它就是武隆旅游一个点缀而已。所以我看完《印象武隆》，做得不错，确实不错，以川江号子为主旋律。可是同样是重庆，《1949》就不同。看完《1949》，我说这个项目一定成功，错不了，因为它在沙坪坝，和城市的休闲中心紧密联系在一起。沙坪坝什么时候这么多人，所以围绕这么一个市场环境，有了这么一台歌舞，又是主旋律，百分之百。现在看起来，它那台节目很成功。当然更大功夫是花在表演上，花在讲故事上。

像这些东西确实需要我们好好研究一下，我相信中国的旅游演艺一定有一个比较好的未来。但是这个项目是不是有？百花齐放，自己琢磨自己的文章，按照自己的特点打出自己的品牌。

将来中国的旅游演艺这个市场，第一个就是必看的东西，在市场上已经形成品牌的项目不会多，十几二十个，那是大家去了必看的东西。比如说北京这么大一个旅游城市，去了没有必看的东西。上海这么发达的工商业城市，到了上海也没有必看的东西。不像到西安，《长恨歌》得看，不是这种概念。所以至少这些中心城市都应该有一台让客人去了必看的东西，叫头部项目。

第二，百花齐放。大家各做各的文章，各对应各的市场。一方面，有饭吃，另一方面，还能有肉吃，这就很不错了。什么东西都追求影响，全国影响，你追求什么？完全没有必要。

第三，广场演艺、室内演艺、晚宴秀，这个遍地开花，你只要能做得下去你就做，做不下去你就换，这是很自然的。

我以为不必追求做大做强，大未必强，强也未必需要大。中国古人造词是"强大"，古人造词没有说"大强"，古人的词汇太有道理了，我们非得把它颠倒过来说"大强"，说"大强"就是找死，大而不强，最终在市场上不灵。

大力发展索道产业化[1]

30年前我参加过一次关于索道的会，谈了一番观点，谈完我走了。他们说从你离开后这个会剩下的内容就是批判你的观点。我赞成索道，支持索道发展，他们一大堆人都反对，我也不知道他们反对从何而来。这么多年来一提到索道他们感觉到晦气，我也感觉到晦气，所以我觉得我们现在第一件事，就是为索道正名。

因为索道现在已经变成我们国民消费，尤其是旅游消费中一个不可或缺的现象，但是在索道这个概念上缺乏论证。我们叫索道行业还是叫索道产业呢？因为一般来说促进发展的时候强化产业，强化管理的时候我们就强化行业。索道有它的特殊性，特种设备，所以把安全放在第一位，我们哪行哪业不把安全放在第一位？我觉得这种特殊性并不突出。

一、何谓索道产业

我今天就说索道产业化发展，何谓索道产业？索道是悬挂式空中移动方式，对应着一个需求系列，形成了集合和衍生，可以称为索道产业。我没有查过资料，我不知道到底怎么定义。很自然我们要讲产业化，第一是全产业链。索道全产业链前端应该是研发和制造，是科研技术机构和制造机构的集群，自然也会形成供应商集群。很遗憾现在中国的索道主要供应商集群要不是奥地利，要不是法国。所以我有时候一看索道奥地利的，人家说您是专家。我说，不用专家一猜就是这两个地方。这说明我们前端很不够。中端是运营机构，以现在的索道形态为主体的存在，这是运营机构。我都不知道这些东西叫不叫企业。按说我们索道就是企业，就是企业运营，可是想了半天还有好多是事业，还有好多乱七八糟，所以我只能说一个存在。后端是设备维护、市场延伸、新品研发。

---

[1] 根据2023年7月22日在中国索道协会调研会上的发言整理。

所以索道产业首先是全产业链，应该说我们现在全产业链非常不足，我们用不着老比国际上那些东西，它发展100多年200年了，我们和它这样比没有意义，而且很多规则它制定的。我们现在问题是，制定规则的人修改规则很轻松，服从规则的人亦步亦趋，一点不敢改。所以才有澳大利亚蓝山7000米的索道，照样拿了世界自然遗产，我们中国一说索道就是破坏环境，根本原因是什么？就是我们服从规则，而且我们跟着老外走亦步亦趋，过分了。

第二，既然作为一个产业，也形成泛产业群，包括滑雪设施，城市缆车系列，景区新型交通。比如说溜索，溜索完全不是交通工具，景区溜索就是一个娱乐工具，江河联通设施，等等，范围越来越广，便利性越来越强，甚至会超越今天的想象。

所以，我们要超越索道行业概念，先发展后规范，特种设备安全管理是另外一回事，但是如果什么都动不动就得强化，这个行业没法发展。

因此，需要形成索道产业概念，构造一个全面发展概念。

二、需求前景与主要问题

我们怎么理解索道产业乃至产业化，一个前提就是市场需求，旅游可以说是最大的索道市场需求者，也是最大推动者。

2019年中国的旅游人次60亿，收入6万亿元，大体这样一个概念，人均花费1000块钱。三年疫情跌下来了，今年大体可以恢复到2019年水平，有6万亿元旅游消费，有60亿人次，其中包含了多少对索道的需求？这就是一组数据。

中国有3万家景区，大体上1/3是山岳型景区，1/3是滨水型景区，1/3是城市型景区，大体是这样的格局。1万家山岳型景区多数都有索道需求，我们现在这点供给能满足吗？当然不能满足。在这种情况下，拥挤、堵塞是正常现象，不可能不拥挤。所以，探讨高质量发展，第一就是需求增长，现在需求有几个特点。

第一个特点是巨大需求，第二个是刚性需求。中国960万平方公里陆地面积，大陆型国家形成了对索道的刚性需求。地质构造复杂，山地多，河湖多。同时，14亿人口，面临老龄化社会。城市化发展扩张迅速，生活水平提高，追求舒适，所以就形成对索道的刚性需求。第三个新型需求，户外运动、山地运动、滑雪、滑沙、滑草、缆车、溜索、直升机、热气球，各种各样组合，就构造了新型需求。第四个发展需求，市场竞争很激烈，地方竞争非常普遍，产品竞争在升级。所以很自然，集中在索道产业，就是全面持续增长。现在增长太慢了，太不能满足需求了。所以我们看到的是持续性拥挤，持续性排队。加上假日制度，又是集中性消费，所以排队和拥挤不是问题，这是常态。怎么解决？靠发展来解决，不是靠管理来解决。归纳下来：第一句话叫人多了，想玩了；第二句话人懒了，还要玩；第三句人骄了，要求高了。这就是现在状况，这是一个需求的变化，这种需求变化就是一点，索道绝不能停，一定要大发展。

另一方面，是现在的主要问题。

第一个问题，争议不绝，有项目就有争议。第二个规划缺失，不同步。本来这个地方做规划时应该把索道规划进去，可是那个时候不敢规划，怕不行。所以景区开始建设了，再慢慢争取，能不能建一个索道。第三审批严格，甚至审批停滞。第四管理混乱，九龙治水水更大，也不知道谁该管，也不知道索道到底是什么类型企业。第五，事故隐患，安全保障机制。其实我觉得这不是问题，现在安全保障机制很不错，全国主要的索道我都坐过，40多年下来，我只碰过一次在玉龙雪山停了大概半个小时，上不着天下不着地，但是脚下大片山茶花，我说这个索道停得挺好。第六，季节变化，经营无法持续稳定。所以就需要我们产业培育，需要大市场，形成相应替代性，核心就是山地交通结构怎么优化配置。

三、认知把握

第一，我们对索道的认知，总体把握。索道是一个复合型工具，两个方面。一是四个主体，交通工具、观赏工具、体验工具、商业工具；二是三个衍生性的，娱乐工具、文化工具、资本工具。比如说这么多索道，坐一次二三十分钟，这么多轿箱，几乎千篇一律，不能让它变得更有文化一些？甚至就不能弄点广告吗？再比如说，坐30分钟，听到极其枯燥的那套景区的东西，就不能文化内容更丰富一点吗？让大家二三十分钟体验过程也是一个文化过程。说到资本工具，资本市场根本不关注，索道值得我们关注吗？三特是唯一一个上市公司，从发展来说有十个索道方面上市公司不为过，应该是下一步资本关注的重点，资本关注了，资本炒作了，这个产业才能起来。

索道有七个特性。第一个特性环保性，刚才夏老师讲的那些，通过方式比较，就知道它的环保。第二个安全性，到底发生过几个事故，动不动强调安全性，我觉得索道安全性没有必要强调过分。在我印象中，40多年来好像只有马岭河峡谷出一个事比较大，剩下的都是小小的事，但是它运载了多少人？如果从事故率来说它是各种交通方式中事故率最低的一个，反过来就是安全性最高的一种。第三是方便性，纵览河山。第四舒适性，综合配置。第五覆盖性，老少皆宜。第六保障性，所谓保障性是什么？索道是国民权利，是国民的消费权利，也是国民一种享受权利。最后投资性，投资回收保障，现在大把的景区想做点资本运营文章，都拿索道做文章，为什么？太有保障了，所以这么好一个投资工具，这么好的资本市场运作题材，怎么起不来呢？很简单，我们自己说得不够，我们自己证明不够，我们自己表达不够。

这种情况下，下一步涉及建设条件、建设方式等，这些都涉及，这都是一些技术问题。更重要的问题是什么？是我们要堂堂正正促进索道产业化发展。不必老是你攻击我，我维护一下，你骂我，我反着骂你一下。因为我是第三者，我就敢骂你，但是索道协会不敢说，觉得得客气点，这些事无须客气。再说了现在时代已大大不同了，真正硬刚性的反对意见已经少了，可是余波尚在。

最后综合下来，是三个问题。第一个，索道是什么？从市场角度来说，索道是复合型工具，满足了巨大需求，提升生活品质，提升了吸引力。第二个，为什么要索道？从运营角度来说是保障安全、提高效率、复合发展，是提升竞争力。第三，怎么发展索道？从可持续角度来说，简化手续、综合考量、全面配置、提高文化力，所以一个吸引力、一个竞争力、一个文化力，最终是扩大产业面，延伸产业链，形成产业群。

下一步，我们不是只从工程技术角度来说索道这个事，这么说太窄了，必须从国家战略，要从人民生活幸福，要从高质量发展这个角度重新论证索道，促进索道发展。假设说，中国的索道发展到5000家，基本概念大体上至少5000亿元投资，如果发展到1万家是1万亿元投资，1万亿元投资大索道，1万亿元投资满足50亿人次需求，这不为过。我们14亿人口国家，每个人坐过五趟就是75亿人次，这都是大数，但是至少满足50亿人次需求，是可以的吧？这样来说，这个产业小吗？这个产业不是未来的产业吗？所以在这样的情况下，我们想得大一些，说得大一些，说得更理直气壮一些，这样来发展未来的索道产业。

山地旅游，中国旅游的下一个热点①

从人类的生活看，山地构造了一种独特的生活方式。

人类的生活之地，大体可以分为平原、山地、草原、水滨四大类。在历史过程中，由于生存和繁衍的自然选择，人们主要趋近于平原和水滨。所以山地被长期边缘化，也由此形成了山地居民坚韧、平原居民深入、草原居民奔放、水滨居民开放，这样的不同特点。随着现代社会的发展，山地越来越引起人们关注，也形成了对平原和水滨居民的巨大吸引力。世界范围内，欧洲的阿尔卑斯山，北美的落基山，南美的安第斯高原，非洲的乞力马罗山，都是著名山地，也自然形成了一种山地聚集生活，创造了丰富多彩的山地文明。但是，由于生活艰苦，交通不便和信息相对隔绝，山地文明形成的特点，一是形态多样化，我们说十里不同风，百里不同俗，说的实际上都是山地。二是历史延续性，因为相对封闭，但是对自己的文化看得更重，形成了历史延续。三是对自然的敬畏。四是对宗教的本能。五是对外来人的亲近。这些，正是现代社会生活的短缺要素，也会引发市场兴趣。

我到很多地方，大家都说，我们的农民很纯朴，我们的山民更加纯朴，只要是外来人，他们就特别热情。我说对，因为他们见人见得少，但是，如果进入了市场，就会有急剧转变。

全世界与山地关系最紧密的还是中国，由于印度次大陆板块碰撞，整个中国就是在喜马拉雅运动中逐步形成了民族发育的地理环境，地形西高东低。中国的山地包括高原和丘陵在内，大约有660万平方公里，占大陆国土总面积的69.4%，由此形成了世界上最丰富的山地景观，也构成了民族文化的成长环境。

在中国古代文化中，早就有"仁者乐山，智者乐水"之说，充分反映了中国人的生活与山地的关系。从生活方式看，农业文明的时候，聚集在平原，平原的生活方式基本上是

---

① 摘自230208《山岳型景区开发与祥源创新实践》序。

谋生；到了工业化时期，工业文明要求聚集在沿海，沿海的生活方式谋求发展。我们40多年走过基本上就是这条路。到了后工业时期，进入生态文明，山地生活方式应该是社会生活的高端，山地也一定要创造一种幸福的生活方式。

山地旅游在全世界发育了几百年，成长背景是工业化的发展，所以很自然，世界山地旅游就是从欧洲起步，扩展到北美，进而推演到世界。但是，由于地形有所不同，所以，山地旅游方式也各有千秋。欧洲以阿尔卑斯山为主体，形成山地徒步和滑雪的主要旅游方式，进一步升级为小镇方式。北美是山地度假和峡谷探秘结合，大规模户外运动成为主流，也引导了全世界的山地旅游，总体形成了资源多样化，产品多元化的状态。

当代社会，科学技术升级，使人类的活动能力极度扩张，活动范围无远弗届，上天入海已经不是新鲜事。但是，容纳大规模旅游客流的领域，毕竟不是这些产品。尤其是休闲度假的刚性需求，迫切需要开拓新领域。所以，山地旅游被市场推向了前沿。

从旅游角度看，中国形成了山地形态多样，山地景观丰富，山地民俗特色的多样化状态，使得中国的山地旅游有可能走到世界前列。遍观世界主要山地，中国优势太强了。中国的山地旅游在世界上并不落后，而且有一批山地旅游目的地，可以说达到了世界高端。观光型的，黄山，九寨沟；度假型的，现在已经形成了一批。最具代表性的是湖南莽山，创造了山地无障碍旅游方式。我们各种各样类型都已形成，进一步就涉及山地旅游提升。

客观来说，山地旅游面对着一系列困难。第一是交通不便，多数地方都涉及这个问题。第二是其他基础设施不足，就是说基础设施不足，能不能提升，能不能投资，能不能完善，这里必须考虑性价比，因为人口少，不值得大投资完善基础设施，也有市场不足的因素。第三个困难就是季节性制约，如果一年只能接待三个月，旅游发展起来很困难，如果能经营半年，说得过去，超过半年就可以挣钱。第四就是实际运作，因为山的品牌一般都大，但是，落实到具体项目上难以把握。我们讲山沟，山是品牌，沟是实际运作。因为沟有可运作的土地，但是很陡峭的山不行，浅山丘陵没有问题。第五就是投资回报，如果只靠市场化投资，成功的只是少数。所以，政府必须发力。

这样的话，第一，长短相较，哪里发展旅游都有长处和短处，需要客观认识，全面分析，既不能妄自尊大，也不宜妄自菲薄。第二，扬长避短，按照国际经验，一是大中小结合，高中低结合，不能老说高端，也不能老说大众。二是突出重点，形成聚集，切忌全面开花。

简单说，旅游不能村村点火，户户冒烟。三是以点带面，不能以传统的观光方式强化旅游线。第三就是化短为长，换个角度，换个思路，短处就是长处。交通不便，反倒可以做高端。我到很多交通不便的地方，有一个好处，资源独特，这个时候还用大众观光的路来做，做一个死一个。积极转换是一种吸引力，生活方式是根本。

对山地旅游做一个解读。第一，山居，就是在山中居住，以禅为伴，这是一种意境。所以，山地旅游如果只局限于观光旅游显然不对，有些名山大川我们可以这么做，山上游，山下住，但是多数得研究山居，而且山居会形成最终的商业模式。第二，"山游"，这就是山地观光，云起云飞。第三，"山玩"，丰富感受，体验自然。第四，"山动"，要增加大把运动项目，形成丰富多彩的吸引力。第五，"山吸"，清新空气，畅快呼吸，这是我们大家共同的感受。第六，山野，城市居住的人，到这儿总算撒野。所以有一种旅游类型就是撒野型，要不要讲文明旅游？要讲文明旅游，但是，撒野也要纵容，这个底线是什么？底线就是别违法，只要不违法，想怎么做就怎么做。第七，"山赛"，就是在这个过程中会形成一种竞赛，形成一种追逐，这样的话，旅游者会有一种成就感。第八，"山索"，就是索道开路，拉动发展。联合国教科文组织的专家，没有一个人说，因为你修了索道，破坏了环境，所以不能进入，而且大家都是盛赞，这条索道修得好，保护了环境。我就奇怪，我们这都哪儿来的思路，到底是为谁？第九，"山文"，就是文化积累，深度享受。所以山居文化，需要深入挖掘。就是我刚才说的，两步，一个是当地人的认识，一个是外部人的挖掘。第十，"山享"，就是全面体验，享受生活。

很自然，山地旅游一定会成为下一步中国旅游发展的热点，因为度假已变成刚需，可是全世界主要度假都在滨海，而中国滨海资源不足，说起来18000公里海岸线，真正能做度假的不超过10处。就是说世界主流性产品，中国资源不足，中国人度假不能都到海外，下一步中国人度假，就会转向山地度假，乡村度假，这是前景，需要全面推进，深度结合。

第三篇 成功一定有方法

把脉西塞山乡村度假区 ①

一、类 型

世界范围看，度假区大体四个类型。第一类滨海型或海洋型，这个类型是全世界度假主体也是度假高端，最顶级的东西都是海洋型的。中国为什么集中在海南，为什么三亚，这是人的天性，所以海洋型的东西有它独特优势。

第二类山地型。山地型度假主要体现山地运动，比如说欧洲阿尔卑斯山、美国落基山，主要体现是山地运动，再加上一些山地住宿，构成山地度假区。

第三类是湖泊型度假区。湖泊型度假区在世界有一些，在中国因为自然条件不好，大湖都被污染了，而且大湖附近现在严格控制，没有多少发展余地。

第四类乡村型度假区。乡村型度假区严格说全世界没有头部企业，甚至没有头部的乡村度假区。可是我们到欧洲，尤其是西欧，小镇、庄园这些东西都是乡村型度假区。

所以，首先要明确西塞山度假区是哪一类。这个问题搞不准，不明确，就不知道干什么。因为各种类型度假区有不同特点，有不同优势，对应不同市场。我判断西塞山度假区就是乡村型旅游度假区，或者严格说就是乡村型度假区。乡村型度假区就得发挥乡村优势，就得突出乡村特点。我看现在很多东西很棒，资源很棒，现在形成的状况也很棒，我就不知道大家为什么不满意。你们老说 104 国道，104 国道怎么了？我今天走来走去我没有任何感觉，我就不知道怎么 104 国道变成你们如此困难的问题，我不理解。

实际上你们还是传统观光思路，仔细想一想，根还是一个景区的根，景区交通一定要便利，怎么进怎么出，怎么形成流量，是这套思路，这条路不行。但是你度假区有这么一条路，怎么了？回过头想，到底用什么思路看这个事，然后再说标准，这是一个根本定位。

---

① 根据 2023 年 3 月 2 日在湖州座谈会上的发言整理。

二、推 进

今天看下来，中午到现在发了 13 条微信，基本判断都在这。第一个是自然资源，山水温柔，山不高而青翠，水不深而清澈，林不大而茂密，而且农家乐很多，说明产业基础有了。农民养猪养鸭不如养上海人，又明确了特色又明确了市场，这话多好，所以群众基础也有了。

这种情况下，怎么用度假思维看待这个事？还有一个优势区位、交通等不用说了。优势很多，但我更看重你的产业优势，比如今天看的康养项目，80 亿元投资 2000 亩地。这个项目只要投产了就是一个大项目，一个龙头项目。龙头项目有了还关注长颈鹿庄园，那只是一个项目而已，很自然，面积大，十个村。肖哥刚才的观点很好，你好不容易有这么一个范围了，要给将来留出充分发展余地。你现在把它缩了，缩了行，工厂进来了，土地在长三角何其稀缺啊？工业大项目进来，其他大项目进来，你接不接？你必须接，你们都是政府，但是你接了度假区怎么搞？所以你控制住这个范围，不要一味贪大，对长远发展最有利。

你们说的范围问题、交通问题在我眼里都不是问题，我们真正的问题是什么？从根上来说我们必须调整观光思路，必须景区思路。从度假区这个角度看，你们从度假思维来分析，第一个问题组团式布局，规划，这个规划一定是组团式的，发展也一定谋求组团式发展。所谓组团式是什么？大分散小集中。比如说慧心谷这一片现在已经有 1000 多间客房了，这基本上算一个组团了，这是一个大问题。

比如说康养那个项目一定会围绕它形成一个组团，现在来看科学谷和悦榕庄慢慢发展还会外溢，它们外溢那个地方又形成一个组团，这是我今天看到的至少有这么三个组团。但是其他的比如说那个原乡，原乡这一片很棒，我评价叫天下第一梅山，但是梅花有一个问题就是花期太短，可是跟上来桃花就有了，桃花完了是不是还有什么花？如果这些东西弄完了就不是天下第一美山，是天下第一花山，围绕这个可能又形成一个组团。

还有一个组团就是妙西镇。这个妙西镇柱山，旁边那个就是咱们出来对面看见一个路地草堂，这个虽然面积小但是它的文化影响大，这又是一个组团。

这样每个组团又有自己特色，一个科技特色，科技和度假结合，一个康养和度假结合，一个文化组合，这边是一个生态的环境，生态度假意义。几个组团已经形成或已有雏形了，而且这个过程各自形成了自己的特色，这不很好吗？你从里面扒拉出来几个争取达这个国家标准就完了。这么一个格局如果我们把它毁了那不对。从发展角度必须是组团式布局。

另外，商街推进，没有商街组团不完整，每一个组团结构上都是不完整的。我昨天晚上来了，9点赶紧吃碗面条，因为员工9点下班，我当时说这哪像度假酒店。度假酒店晚上9点正是消费高峰。这不行员工要下班了只能吃一碗面条，说明没有度假运营意识，核心是什么？缺乏相应商业氛围。所以每一个组团都应该有条商街，就是不夜城，就是让大家晚上玩的地方，吃喝玩乐，但是都没有形成。但是从结构角度来说必须考虑商街推进，而且商街最好下楼就是，这样方便。你不能说我晚上还得开车5公里跑到镇上吃饭，那显然不行。可是我要在镇上文化组团，那就不同了，这个镇上随便逛嘛，感觉就不同。一般度假区的格局，尤其滨海度假区上午看不到人，大家都在睡懒觉，下午懒洋洋的人出来开始玩了，晚上是高峰。所以我昨天只能解释这是生态度假，生态度假多数动物都是早睡早起，我只能这样解释，这就反映从运营上也缺乏这个。

还有一个是农家乐提升。你农家乐面积很大，家畜也不少，至少外表上看还不错，非要农家乐吗？农家乐是我们第一代产品，第二代产品叫民宿，第三代产品精品民宿，这浙江做得最好。只有你这一看满街都是农家乐，说明你们还是一代产品的思维。可是你这个农家乐提升到民宿层面了，这是一个大产业，而且消费者在不断提升。对应消费者提升你也得提升，所以很自然农家乐的产品得提升。就是一个引导，你要不着命令农民，你引导他，他知道这样做赚钱，他自己投资改造提升。而且我最欣赏你农家乐外面有园子然后才是马路，一般农家乐直接顶到马路上，让人很不舒服。这个你往里看有进深，有园子，看得见山、望得见水，记得住乡愁。我们现在还有乡愁吗？只有在这些地方你还能感受一点乡愁，这都非常好。这都是你们好的基础，尤其经过这么多年有群众基础，你引导就行了。

我记得很清楚，有一次去英国看莎士比亚故居，在路边看了一个小村，还有餐馆，我提议中午咱们在这吃饭吧。回来的时候我们车停那了，这帮英国农民傻了，他们也没有见过老外。一问哪来的，中国人，想干什么，我说在这吃饭。好啊，那你们得等一下，因为他赶紧备料。平常村里面人自己吃饭，几个农民正在喝酒，马上一人一扎啤酒给我们送过来了，胡聊乱聊在那儿看，一个小时才开始吃饭。为什么提出要在这吃饭？就是被它的场景打动，这是人家的乡村旅游，严格说就是人家的乡村生活，没有旅游，但是你觉得你想介入，所以很自然，最后其中有一个是什么？乡村旅游现在有一个特点就是场景化和表演式。

在丽水那条江上有三条船，船上都是白帆，我一看乐了，我说，这个是你们道具吧？

说是，然后到了那，人家还说你们来得巧，差不多了。我们在那等，一看岸边架满了长枪短炮，过一会儿几个农民出来了，戴着斗笠披着蓑衣拉着渔网撒网，大家就照，照完了又看了一眼早了三分钟，咱们再来一把，还看着夕阳。他知道你们照相这些人要求，这典型场景表演，可是我在这没有看见你们场景，也没有看见表演。

三、不 足

把这些东西调整过来我觉得你这蛮好的，不需要花大钱，更多是理念调整、制度调整、方式调整。所以你现在三个不足，第一核心不足，你48平方公里到底哪个核心？我不知道，可能慧心谷核心，但是晚上到慧心谷，这是度假区吗？吓我一跳，车开不进来，坐着电瓶车过来，核心不足。我想随着你们发展刚才说的每个组团都会变成一个核心。

第二亮点不足，这就得研究每个地方都得出亮点，你的亮点到底在哪？比如说你这个山地度假酒店规模都小，严格说都是精品民宿概念或精品酒店概念，它会变成网红打卡点，但是市场上形成亮点有难度，所以你们更多亮点在每一个组团要形成几个亮点。

第三夜晚不足。这个违背常识，违背常规，夜生活一定是休闲度假者最看重的。现在招多了，夜游、夜宴、夜演，一大堆，能弄就弄，甚至让农民组织一个表演队，快闪一把，行不行？什么事都可以，招数很多。

这三个不足是一个发展中的问题，前提是什么？我们规划的时候就得认识到这些问题，发展过程中逐步补足，这是一个过程。所以我们不必为达标而达标，最终我看中的是市场。你达标的目的拿一个国家级牌子嘛，你也是希望通过这个方式最终在市场上闯出来。现在把一个过渡性的、手段性的东西当作终极目标了，这个不对。

四、建 议

第一建议交通串联，不是调整路，通过交通串联方式比如说我将来人气起来了，市场也起来了，设穿梭巴士，有一个班车表，十分钟发一班，到哪你下，到哪你上随便，甚至可以用新式娱乐式观光车。这样让观光本身变成一种娱乐，让交通本身变成一种休闲，有的区域小一点搞一个空中走廊，小火车来回跑，也有这种方式。所以交通就是一个串联，但是这个格局不必改，这个格局要改影响太大了，而且关键我们没有必要。

第二项目依托。一个区域性发展思路，这是一个总体思路，但是必须依托项目。严格说乡村目的地搞来搞去形成半城市化，为什么？你们构想这个事想来想去变成一个城市了，这也不能说错，但是尽量保持乡村文化，这样有组团式布局，有项目依托，这个就可以避免。南京汤山离你们很近，汤山现在基本就是一个城市了，但是同样它也依托一个个项目，比如一个小的度假酒店20间房诸如此类，可是到了那你觉得这个地挺舒服，这很关键，到一个地你觉得很舒服，你就可以放松下来，就可以消费，这是很自然的。

第三内容丰富。因为我的一个看法，我们中国旅游经过三年疫情，现在再次出发，需要再次创业，这个创业不是规模型的，整个国家从规模型向质量型转变，从速度型增长到质量型转变，这是整个国家战略。国家战略也要求旅游将来一个大的转型，内容拓展。我们现在缺内容，有的地方做了点新内容马上大家抄过去了。所以度假区还有一个难点，度假区同质化特别强，全世界的滨海度假区都差不多，除非达到顶级，那是资源，你比不了。

我有一次跟太太说咱们去度假吧，去哪，我说去马尔代夫，我女儿说，你们去那干什么？太low了，现在叫中国东北省马尔代夫镇。我说去哪。她说大溪地。我和太太去了一次，在南太平洋，往返加在一起一个礼拜，花了11万元。我觉得太值了，因为我切身体会到什么叫顶级度假。那个我们比不了，所以我们能不能客人到西塞山感受到顶级乡村度假，这应该是我们的追求目标。这样内容需要更丰富，尤其乡村旅游好处在哪？它可以玩出无数花样来，比如浙江的乌村一进去30种乡村娱乐，30种乡村小吃一路走，到哪只要一坐小吃茶水弄上来。

我为什么想起去乌村啊？我网上看到有人吐槽说乌镇赚那么多钱，乌村还那么贵？乌村有门票，268元，我们哪个景区有这样的价格？我问为什么，他说很简单我要挡住观光旅游者，我就靠门票把观光旅游者挡在外面。我算下来一天接待500人最合适，超过500人不行，达不到我要求的品质了，但是开年就盈利。

你要弄几个这样的村真是网红村，那次肖局我们一起，一开始我就是想看一看。看看我说不行，得吃个饭。马上把我拉到一片菜地你想吃什么你点，鱼塘里弄出几条鱼来，你想吃哪条鱼？满地走地鸡抓哪只鸡？一个小时给你端上桌。我原来只想看一看，结果从看一看变成吃一餐饭。然后又说住一晚吧。第二天早上一起，薄雾进来了，清新空气进来，鸟叫声、鸡叫声都进来了，那种感觉叫乡村。我们能不能让客人在这个地方形成这种感觉？

最后一个品牌塑造。塑造一种理念叫传统生活态度、现代生活设施、未来生活方式。我们的生活态度应该是传统生活态度，但生活设施一定是城市化的。到了乡村上下水没有，洗手间没有，谁能接受？所以到这来感受一种未来生活态度，这样就回到一开始这个主题，这个主题王成志跟我商榷了一下，我赞成，说两句话，西塞人物晚唐风，飘逸生活今日浓。

我得解释一下，就是在诸山，尤其看那五个人一组雕塑。那组雕塑我当时想一个问题，怎么那个时候人聚到这来？大历十才子，我估计聚集有三个至少。晚唐还有意思，为什么聚到湖州，安史之乱后知识分子政治理想破灭了，因为传统知识分子的政治理想就是学成文武艺，货与帝王家。这一下政治上的路走不了，转回来走生活性的路，走生活性的路就得找个好地方，这个地方没有受安史之乱的波及，所以几个文人聚过来了，在寻找新的生活方式和新的生活态度，这就是历史才能够形成这一步。所以还少扯西塞山是哪的，我问一句，你湖北有这样历史场景吗？你安徽有这样的历史场景？不能拿一个地名说话。

西塞人物晚唐风，晚唐非常有意思。晚唐就是指六朝人物晚唐，原来一句话叫六朝人物晚唐诗。唐诗到了晚唐变了，李白那种慷慨激扬豪放地唱歌，杜甫那种忧国忧民，白居易那种亲民都没有了，收拢，这就是一个历史背景。

现在为什么说飘逸生活呢？这些人生活就是一个飘逸，他们生活态度、生活方式就是飘逸，我们今天不确定性越来越强，所以大家心里实际上都有点含糊，这种时候追求什么？就是追求西塞人物晚唐风。所以我们主题就是这个，简称西塞人物飘逸生活，当成品牌来打。

最后再说一个观点，你们有魄力做世界乡村旅游大会，我问了，世界乡村旅游大会依托是什么？真正的目标叫作世界乡村度假目的地，这个目的比那个国家级度假区高大上多了，而且你有这个条件，反正我一般琢磨事两句话，讲唯一，干第一。先讲唯一性，你们这个世界乡村旅游大会我不敢说唯一，但至少是第一，所以你们有这么大魄力举办世界乡村旅游大会，怎么就没有一个魄力立一个新目标？要把西塞山度假区建设成为世界乡村度假目的地，这何其雄壮。当然这一点都不耽误你现在这个事，这是一个过程，最终要达到世界乡村度假目的地，中间一个过程就是国家级旅游度假区，你这么转换也好衔接了，思路调整过来了，工作安排自然而然调整过来了。我最担心你们还是用一套观光旅游的思维方式来看待这个事，很可能做很多无用功。

按照这么一个前景，西塞山度假区，世界乡村度假目的地就起来了，多好。

东山文化大观模式点评[①]

魏：上虞以前到过，没什么印象了。这次来了第一个印象就是这个东山大观，第二就是昨天下午去看了三个点，一个是历史博物馆，我把上虞的历史看清楚了。我觉得上虞的历史，我们不必说那么复杂，但要说得有力量。第一个叫尧之根，尧舜禹汤嘛，尧的根在这儿；第二个叫舜之地，舜在这出生，在这成长；第三个叫大禹之壤，大禹划九州，大禹陵也在绍兴，所以你要说你的这一段历史，上古的历史就是这三句话。跟着三句话，叫瓷之源，瓷器源头；文之观，文化在这儿形成大观；第三个叫生活意境，就是到这儿来生活是有意境的生活，不是简单过日子。像昨天看中华孝德园，我说这个题目有点不对，应该叫大舜园，这样更清楚，而且建筑不错，秦汉风格，大殿就是秦朝风格，外边是两座汉阙。

杨：它原来确实就叫舜耕公园。

魏：把舜这样一个历史人物贬低到用私德来评价他，这是不对的，我们不能用私德来评价他。说这人是个好人，好人有的是，怎么舜就立起来了？说到底，是他的历史贡献。舜是中国历史上一个转折时期的人物，就是从部落政治转向国家政治，到了禹就是国家政治，国家正式形成了。我们用私德来评价这么伟大的一个历史人物是不对的。

我昨天看完就跟他们说，这个就是大舜园，而且农耕社会从那时候开始，到了大禹就变成国家政治，从部落政治变成国家政治，这是一个根本性转换。舜有一条很好，他长寿，正因为长寿，留下来了。我后来想了一下，为什么对舜的私德这么赞叹？因为国家政治起来以后，政治严酷性提高了，老百姓回想起前朝，那时候好，就把舜描绘成了一个完人。

这条曹娥江，你们这一段就叫舜江，你们恢复历史名称，叫舜江，舜江和大舜源就对应在一起了，和上古历史也对应在一起。你这个地方到底怎么做，实际上两句话。第一句

[①] 根据2023年3月15日和杨老板的谈话整理，文中分别简称"魏""杨"。

话，东山文化。原来说东山文化，我们就说东山再起，再起是东山文化的一个方面，可以做很多文章，吸引很多这样的客户。因为每个人不管做什么，都有坎坷，都有困难的一面，有时候甚至你觉得到了谷底，这时候到这儿来。所以我就说到东山不怕难，到东山必再起。这只是一方面。我昨天看完了，我又长了个知识，东山是东山雅集。东山雅集就是我刚才说的文化大观，也就是说我们东山要变成当代的文化领袖，这点不必含糊。怎么做，一步一步来。实际上，一个叫东山文化雅集，当年这个雅集你看很多人就为了谢安，自己到附近来造房子，就为了和他当个邻居。

我们也可以同样形成一个新时代的东山雅集。我们这个东山雅集就确实得有文化，但是文化不必局限于上虞的文化。珠海有一个项目叫香洲埠，建了39栋房子，每栋房子都是一个小艺术馆、小博物馆、小工作室。39栋房子它是开放性，谁都可以来，但是有门槛，达不到这个门槛，房子宁愿空着也不给你，阿猫阿狗不能进。故宫博物院专门在那儿办了一个分院。这次我又去了一下，上个月刚去完，到那儿吃了个饭。他们说香洲埠人气不旺，我说香洲埠就不是追求人气旺的地方，不求大众流量，追求顶级。我建议杨老板你有时间去看一下，而且工程品质极好，设计非常好，一看就是一个精品。这样的项目国内已经有了一批了。它就是一个模式，把文化聚集过来，然后通过一个故宫博物院的分院，一个领袖形象就出来了。

这儿的领袖形象打造我们另辟蹊径。文化的东西一说就是琴棋书画诗酒花，这叫关上大门七件事。开门七件事是什么，柴米油盐酱醋茶，这是我们过日子。你把大门关上，我在屋子里，我在院子里，就是琴棋书画诗酒花。也就是说在这最好做出一个休闲雅集，我们把各地中国古代的休闲，当代的休闲，尤其是未来的休闲，把这套东西汇集在一起，也同样是这个门槛，达不到标准不能进，达到标准可以帮你，这样形成一个新的东山文化雅集。

所以我理解东山文化就是两个方面，一个是雅集，一个是再起。

再说说大观模式。因为你这东山大观已经做出来了，你还可以有比如说舜江大观，或者什么大观，那个大观，反正大观就是一个模式。这个大观模式的特点是什么，就是在地的文化外观。文化外观是当地的，就像你的房子一样，是当代的生活设施，是超越性的生活品位。所以这种大观，第一个叫自然大观，一定要有好的自然环境，你这儿现在已经没有问题了；第二个是文化大观，我能感觉到你们在文化方面的努力。现在达不到大观的程度，为什么达不到？就是总局限于我东山这点东西。东山这点东西源远流长，内容也很丰富，但是达不到大观的程度。比如我就问一个,年轻人来了他看什么?这种环境对我这种年龄的人我最喜欢,所以我在这就不想动,不想走。可是年轻人呢?比如说 50 岁的人,现在在职场上奋斗的 50 岁左右这批人,最辛苦的一代,就是你儿子这一代,他们是最辛苦的一代。在这个过程中,他们有很多郁闷需要抒发,到这儿来就能抒发。第三个,叫人物导入,就是我们要在这儿聚集人物。我这儿说的是理念,我还没有说到具体项目。

所以你这么看下来,这些事情有一个最终要求,就是你出的东西是作品。今天陈向宏来了,有一次开会陈向宏就问我,台上有一个人发言,他就问我:"他有作品吗?"我说:"院校的教授哪有作品?"没有作品不要在这说话,影响我们交流。我说,你的作品也不多啊,是不是?你的作品不就是一个乌镇,一个古北水镇吗?现在又加了一个乌江寨,他说有几个作品就够了。同样,你东山大观已经是一个作品,而且已经是一个精品了,反正我很注意,包括你的墙根、路面,方方面面每个细节都经得起推敲,也可以说是一个精品,但是还没达到经典。经典是什么意思?经典就是百读不厌,百看不倦,这就是经典。所以下一步东山大观,在精品基础上把它变成经典,经典里边就得有文化。

我们就说一说到底做什么。这张图第一个需要做的是舜江,你在舜江边上最好有一个点,就叫舜江大观,从这个点可以坐船。你看 100 多公里嘛,整个曹娥江才 200 多公里,你这儿 100 多公里,我弄出它 20 公里让大家可以坐船。这船就是古代那种船的感觉,但是我可以在船上吟诗作画,中国现在没几个人能干这事了。

我们现在吟诗作画很难,除了专业文人,一般人咱们说口占一绝有几个人做到,做不到,可是大家都有这个追求。但是我可以搞船线,一路两个小时船线结束了,下船回来,这种感觉就非常好。也可以在江上搞一些无动力运动项目,比如手划船、划艇,这就对应下一代人了。就是一个舜江大观,拉动这条舜江,再大一点它就是一个东山舜江度假区。曹娥江度假区我不太赞成,说句老实话,曹娥这样二十四孝的东西,鲁迅专门写过一篇文章批判二十四孝图,这篇文章给我影响很大。舜江和我们这种自然环境这么做下来就很伟大。就是要在东山大观基础上做出一个亮点来,这个亮点就是江。中国现在的江河湖泊看的多,玩的少,死水多,活水少。你要说太湖三万六千顷碧波,说起来浪漫得很,可是太湖上面有什么东西?什么都没有,沿岸东西也不多。可是昨天在过这条江,我就看见有几条小船穿成一串,上面都有白帆,这肯定是一个场景,这还是有点意思,就是在努力恢复这个场景。而且我们现在这一套东西更多的是场景化、表演式,没有原汁原味。哪有原汁原味?你要原汁原味,电、路都不能有,所以不必追求原汁原味,可是它是场景化的,是表演式的,让大家看着好玩,这就够了。比如这条江上,第一江水很清澈,非常难得;第二水面比较宽;第三,水体比较丰满。丽水也有这么一条河,河上有三条船支着白帆,过了一会儿几个老乡扛着渔网、戴着斗笠就出来了,岸边长枪短炮架好等着拍照。渔民很有经验了,看着太阳,说现在可以了。撒网,然后就拍,跟着就有人在收钱。然后还说拍够了没有,没拍够,现在太阳比刚才还好,夕阳西下嘛,再来一把,再收一把钱。客人也很满意,渔民拿这个挣钱,他不就是几分钟的事儿吗,这就是场景化和表演示。

这条水有特点,活水,可以玩。我们很多水是不能玩的,只能看,这样一个亮点就做出来了,这是第一件事要做的。第二件事,要看你们的土地供给情况,如果能成片供给土地,就做一个康养社区。康养社区国内现在有两个典型,一个是北戴河那儿有一个阿那亚,靠社区营销。但是阿那亚给我感觉并不好,他们特别喜欢,去了就高兴,文化花样很多。所以,它卖的房子,都是北京小资去买房子,然后参与它的各种文化活动,每年有文化节、艺术节、戏剧节,每年都有这套东西。这是一个比较典型的,而且房子很贵,不同年龄有不同追求。

另外一个典型就是宜兴,有一个阳羡溪山,叫雅达康养社区,一期工程60万平方米,投资大概50亿元。二期工程正在做,要投资80亿元,叫瑶湖古镇。它的特点就是抓住康养。它和日本松下集团合作。长三角的人都在那儿买房,北京人在那儿买房。他的客户有70多个副部级以上干部,退休了在他那儿买房,我觉得这两个很典型。你如果有整片地,就可以做这个事,而且这个事情和刚才说的东山文化大观模式一点都不矛盾,只不过那就是你具体的地方,你选哪块地方,然后怎么融资。这个东西不可能一个人投资,项目大,所以必须得有一个好的资本运营渠道。如果说点状供地,没有成片供地,点状供地就做精品民宿。精品民宿的风格和你这儿有所不同,民宿姓民嘛,民间味道更重一点,而且文化特色更突出一点。

如果供地少,就按这种模式来做。但是积小成大,前提还是这个,每一个都是精品,这样文化内涵也包容了。比如刚才说到有那么多历史遗迹,每个遗迹旁边都可以搞一个,围绕这遗迹,比如稻作文化、青瓷文化,围绕一个遗迹,实际上主要是讲故事。这样它就变成一个众星拱月格局。有大片土地就做康养社区,没有大片土地,点状供地就做成众星拱月格局。这样就会有一个挑战,就是这个区的范围之内,交通怎么组织,你让客人开着汽车在这乱转，显然不雅。那就得搞一套区内交通设施，让大家很方便，这是一个挑战。第二个挑战就是停车场，你这套东西只要做起来了，就会变成一个热点，不追求流量，流量也会来，因为你这网红打卡的地方太多了，有无数人帮你宣传。

去年我到敦煌，早晨起来沙丘上有100多个姑娘，都是一身红裙子，都在那儿打卡。我说你敦煌不用做营销，他们天天给你营销，你给他们只提供素材，还有什么好玩的，你们没打卡呢，没直播呢，大家都去了。所以将来很可能形成这个局面，每天有上百个姑娘、小伙子在你这儿网红打卡。所以就有一个问题了，就是停车够不够。大交通你很便利，但最后一公里能不能解决，最后一个位置能不能解决？这个也得选合适的地方。你现在是东山大观，外边停车场够用了，因为你就150多间客房嘛，但如果来的人增加十倍，停车停哪，停到马路那边去了。所以这是现在旅游发展一个短板，很多项目考虑很大，但停车就没考虑。

河南云台山最后下了决心，修了一个5000辆车的停车场，为什么？黄金周的时候，汽车排队要排八小时。有一次国家旅游局一个领导的亲戚去了，后来打电话给他："我不要求别的，我就要求让我少排点队行不行？"这算是走了后门，把他们领进去了。但是他这5000个停车场就碰到一个大问题，旺季过去怎么办？空空荡荡一个大广场，他们后来问我怎么办？我说很简单，把大广场弄成一条集市街，让老百姓过来摆摊，车有多少腾出多少摊位来，就变成停车场，没有就让大家摆摊嘛，至少有人气。就像昨天去大舜园，他们就说他们有一个亮点，就是一个集市，说明你这个地方有消费能力。把这些问题解决了，我觉得你地方没问题。但是，第一考虑名字，曹娥江改成舜江，或者叫大舜江，来一个舜江大观，然后做江上的这些活动。这一个名字定了，东山大观还是东山大观，其他项目都跟着叫大观，这样一个大观模式就形成了。

这点事儿够你干20年的，是不是也许你儿子还得接着干，至少十年内，这一套东西是可以实现的。

杨：曹娥江要给它搞活，最好名字也改成大舜江，这个点子非常好。

魏：江边上找合适的地方，搞几个大观，搞几个民宿，就是民宿聚集。你这么好的条件，就按这个，这两个格局不管哪个格局都可以做得很棒。一个就是康养社区的格局，比如说你也可以叫什么大观，反正包含康养的内容在里面就行。宿集这种模式，投资量小，回报也不差，这样做一个成一个，成一个响一个，在市场上形成影响，这事就做起来了。

只有河南·戏剧幻城主题文化园区①

魏：我第一次看到《只有河南》相关报道时，第一个感觉，王朝歌又上了台阶。因为一开始是印象系列，户外演艺，算是中国人走在前面了。第二个就是又见系列，就是英国模式，搬到室内了。这次我一看，是比较彻底的英国模式。

姚：就是沉浸式戏剧。

魏：我当时最大怀疑就是我们没有这样的观众。百老汇也好，伦敦西区的音乐剧也好，那是全世界的观众汇聚过去，可以住一个礼拜，每天看一场，这是一件世界性的事。这个不同，靠这样的内容，这样的表现形式，又在河南这个地方，能搞起来吗？我真怀疑。当时得出一个结论，《只有河南》，只有河南了，不会再有。今天看，仍是这个观点，只有河南了，绝没有第二个，所以也不会考虑别人复制。现在还是这个问题，最大短板是观众，就是观众的审美情趣，观众的戏剧欣赏水平。王朝歌做旅游演艺出身，居然反对旅游演艺，因为觉得旅游演艺太 low，她毕竟是专业导演，专业戏剧工作者。

姚：我已经很媚俗了，这个都是媚俗动作，比如说弄个杂技什么的，已经觉得媚俗了。

魏：这个东西各有各的看法。我有这么几个感觉。第一，构思恢宏，这个构思容纳了很多东西，表现出来实际上只是十分之一，也就是从文化角度我们来挖掘，可以无穷无尽。第二，规模巨大，像这样的表现方式和这样的格局，百老汇没有，伦敦也没有，而且这么集中，这是有震撼力的。第三，内容丰富。第四，不离主题，不离中原文化，不离乡土。

姚：包括您看的吃的，还有非遗店买的，就一个主题，就是河南。

魏：所以，这实际上就是一个戏剧主题文化园区，绝不是一个景区，要把它弄成景区有点贬低了，也不必争什么 4A、5A。你挂牌嘛，自己造一顶帽子。

---

① 根据 2023 年 3 月 24 日和幻城姚总的谈话整理。文中分别简称"魏""姚"。

姚：假如能有一个跟我们更匹配的帽子当然更好，创新一个帽子。您看有一个细节，我们所有的广播体系和所有的文字体系里，都不会说"各位游客"，都是说："各位观众您好，欢迎光临只有河南·戏剧幻城。"就是有无数个对他的暗示。

魏：故宫这么多年从来不说游客，只说参观者，一年多少参观者。这两年有所调整，这两年不是讲文旅融合吗，所以她有所调整，也开始参观者和游客一块儿说了。

姚：我们全园区只允许说观众，就没有游客。

魏：所以想自己造帽子。世界三大都市戏剧群，第一个美国纽约百老汇，第二个伦敦音乐剧，第三个中国的只有河南，世界三大戏剧聚落群。至少从规模角度，可以打造。这不算吹牛，叫傍大款，这是第一个意思。第二个意思是撇黄油，要把全国真正具有戏剧欣赏水平的人引过来。我刚才都犯了一个错误，我说横店也有21台演出，马上就告诉我他们是演艺，我们是戏剧，确实如此。

姚：我们对外定位非常朴素，有21个剧场的戏剧幻城。

魏：这是一个根本性区别，也是根本性定位，这样的话，郑州的孩子来了，附近的人来了，当然都是一次性的客人。家长带着孩子来，有可能把孩子培养成终身的客人。所以先扫这一笔，再深耕市场，恐怕你们得培养一下观众，比如在这要适当开办戏剧训练营，开办一些什么"如何欣赏戏剧"这种小讲座。

第二个意思，这儿绝不能打出"土"的形象，虽然表现的是乡土，表演的是本地文化，但绝不能是"土"的形象。戏剧是一个高雅形象，内容是当地的内容，这么把它弄出来，吸引力就强了。

姚：您刚才说这些，其实也困扰过我们，就是在不那么大众和大众间寻找一个平衡点，然后影响游客，影响客人的一个过程。就像今天这个剧场，属于稍微吵一点也能看，有些剧场吵了就压根看不成。今天小朋友多，所以有点吵。我能感觉到客人的变化，包括王朝歌导演自己做了很多，全国各地做了那么多，她跟我说没有想到，这个园区的客人素质还挺高，超出了预期。因为她见过差的，平遥，喝了酒进去了，在剧场直接打架，光着膀子进去的，什么都见过。在这儿有好多地方，好多个细节都在提醒他。一进门有一个演出，差不多把观演须知编成了一个演出，你要如何如何，不要大声喧哗。然后进到剧场前，每个人都会接触到差不多十次各种各样的提醒。还有的我们会直接让演员说，演出开始前，开场的时候说,您,还有您,怎么还在玩手机,然后大家就不好意思,哄堂大笑就收起来了。

魏:这是一个过程。我90年代在北京看话剧,一定要换上西装,打领带,这是对演员尊重,对剧场尊重,也是对自己尊重。到了新世纪,我发现这套东西显得很可笑了,为什么?这批观众没了,所以培养观众很重要。伦敦可以掐全世界的尖,你至少要掐一掐中国的尖。

姚:所以对我们来说,一点点来吧。这个地方现在连公交车、地铁,所有公共交通都没有,都是自驾车来,打车。我们现在省外客人能占到30%、40%,想不到吧,我们也挺意外。刚开业45天,那段时间里,省外客人都能占到差不多40%以上,很多北京的、广州的、上海的,最远的,什么台湾的、西藏、新疆的。

魏:就是一批戏剧爱好者,慕名而来。

姚:他们很多人还会经常跟我们互动。我们有很多粉丝群、用户群,给我们写观后感,写十页、八页的,给我们写歌、写诗,写什么的都有。我们也经常回馈他们,每年开业那天,让他们免费再来。我们对客人都挺好,我们对客人所有东西都超出他的预期。之前经济形势好的时候,比如下雨了,他出园的时候,我们会送他一些致歉的礼物,送个袜子什么的。其实我们也没有错嘛,不送也就不送了,其实就超出他的预期,他会对你念念不忘。

魏:这很好,今天看下来,我对你这儿信心大增。开业就碰水灾,水灾后开业,跟着又是疫情,生不逢时,没来得及喘过一口气。我看今年这口气可以喘过来,明年上台阶。这个要策划一下,像乌镇戏剧节,或者搞一个什么戏,什么国际性的固定年会或什么,国际化是必然的。

姚:有好多事,我们在做的过程发现有的时候需要时间,需要势能的堆积。

魏:比如将来在这儿召开世界戏剧大会,也不是不可想象,乌镇搞国际戏剧节,平遥国际摄影节。

姚:平遥主要因为贾樟柯是平遥人,他有情怀在,还有天时地利人和有很多资源。乌镇是因为黄磊、孟金辉、赖声川他们那个圈子正好在那儿。这个事儿没有圈子很难干,这套东西本来就是圈子文化。我问王导,我说你圈子里,王导说:"我社恐,没圈子。"

魏:尤其是那种小剧场,小剧场全靠圈子撑着。

姚:我当时问王导,我说咱们也办个什么什么:"我社恐,我没有圈子"。

魏：不着急，运营两年，这就是顺理成章的事。

姚：势能，你需要攒一些能量，才会集中爆发。这两年有好多也有一些这种小一点的想做戏剧节的什么来找到我们，然后还没沟通呢封城了，还没沟通呢，又封城了，都来不了。

魏：戏剧节对你来说是小 case，我说的是世界戏剧大会。

姚：我们现在是有 400 间客房，然后马上电影小镇那儿，还想让政府也协助我们再建个一两千间客房。我也问过乌镇的人，他们做的时候，戏剧节本身是一直赔钱的，要靠住宿赚钱，他戏剧节前三年都是连住宿收入算出来都收不回投资，前几年都赔。

魏：你是干才啊，思路很清楚，表述也很到位。包括将来想的也到位，就是这样，机会带来机会，条件创造条件。

姚：从我们的诉求来讲，一直想呼吁当地政府能够重视整个大的片区，把这个大片区变成一个目的地。因为郑州变成目的地城市不太可能，也竞争不过人家。远的不说，连开封跟洛阳都竞争不过。可是这个片区现在已经有了这个，还有方特、海昌，还有我们的电影小镇，假如能有个七八个项目，这个区域就成了一个目的地。之后相应的配套就起来了，酒店也就自然而然涨起来了。

魏：这个地方在郑州叫什么？

姚：这个地方在郑州市中牟县大孟镇张湾村。上一次也是住房和城乡建设部的总经济师，可能是中牟县的顾问还是什么，来聊的时候，中牟县也很苦恼，说没有地铁。为什么？因为叫中牟县，改不了。就因为你叫翠花，人家什么都不给你。地铁不能修，审批又通不过，连公交车都没有，我们就自己在这，就是人家说抱团取暖，自己抱着自己取暖。

魏：这挺好玩，因为是县，不是城市组成部分，可是你要叫区，就是城市的一个部分。审批通不过，慢慢做工作，这就是你们的营商环境。营商环境不光是政府办事效率，首先是你大的环境，基础设施、交通这套。

姚：是水到渠成，还是渠成水到。现在水都到了，渠还没成。中牟当地政府倒是对我们很支持，但以他们的力量，也撬动不了太多资源。像环球、迪士尼，地铁不修我就不去。

魏：牛嘛，所以你们先树世界三大戏剧高地，先树这个品牌。

姚：您觉得这个品牌要怎么树起来呢？

魏：开一次研讨会，找几个人帮你忽悠。先说纽约百老汇，多大规模，形成什么效益，尤其是在文化方面给纽约城市助了什么力。再说伦敦音乐剧,创造了全世界经久不衰的这些经典。第三再说你这个河南戏剧幻城,我刚才说的这几条,实际上都是你的优势和特点。吹牛嘛,第一要敢吹,第二要会吹,第三要经得起吹。

姚: 我们现在第三条占了,经得起吹,第一条、第二条没有,但是也不敢吹,也不会吹,我们的企业文化一直比较低调内敛。

魏: 那不行,你干的这行,低调内敛什么。先开会做舆论,哇,这可以提到这样的高度来论,认识就不同。

姚: 这样起码远的不说,近的影响当地政府。

魏: 要让北京、上海都很惭愧。

姚: 改天我跟韩局去北京拜访您,您给我出出主意,我听到这个两眼放光。

魏: 我做事的思路,第一要想唯一,看看这个事有什么唯一性。第二是干第一,唯一性达不到做个第一,世界第一做不到,我做中国第一,你叫中国唯一,世界一流。不是仗着胆子,而是客观平实地来评价这个事,仗着胆子有什么意思。你比起他们的特点是什么?他们是一个一个小剧场,在一个街区或者在一个片区,这样构成的,只是个吸引物。你是把这个汇集到一起了,你是个目的地。至于说内容,来了我就说,我不太关心看什么东西,我就想看看这个场景,这个场景超出我的预想。

姚: 如果这样我们可以放在正好是麦子快收获的时候,金黄的时候,或者什么时候。

魏: 先不要开太大的会,比如有十几个人,最后大家论出结果来。会议规模不大,影响要大,这样至少省级领导会想,我们以前把这事看低了。比如中宣部部长看到有关会议一些专家讨论的成果,这个事我们需要重视,要能达到这个目的,你这个会议就成功了。

姚: 我们主管的省市级宣传部长竟然都没有来过,省委书记、省长倒是都来了,还专程调研,就是因为看了这两个项目,所以才对建业有了一系列纾困的措施。

魏: 中国的传统戏曲艺术水平高,观众水平也高,也有群众基础,比如在河南一说豫剧尽人皆知。当然要说戏剧,在中国基础太单薄了,北京就是因为人艺,培养了一批人艺的忠实粉丝。我是人艺之友俱乐部的成员,还去参加过俱乐部的活动,跟导演,跟演员见见面,聊聊天,兴奋得不得了。但是我发现现在青年人也变成人艺的粉丝了,不是社会影响,是到年龄了。所以这些东西就不一样了,就形成了一个历史传承。所以要从戏剧角度来说缺两块，第一块缺品牌演员、龙头演员，或者叫龙头戏剧品牌演员，缺这个。很多人大家观影习惯都是这种，就是追着角去，历史上就是追着角。

姚：我们可以在一些时点上请一些大的演员来。

魏：不见得大演员，你们自己要培养角，大演员怎么请啊？但是现在网络时代，出一个角，分分钟，倒下也分分钟，也挺难，人家也是积累出来的。第二个要形成经典剧目，就像《茶馆》一样，经典剧目代代传承。剧目本身和角本身，就拿住无数观众，这是积累的过程，现在不必急，但是至少得有这个想法。甚至比如某几台戏里面我们产生了若干金句，这些金句都可以传播，比如一个《甲方乙方》，"财主家也没余粮啊"，到今天还是金句，变成国民通用语，这就是它的成功。

姚：我们现在园区很多台词能够做到跟粉丝之间的沟通，就是跟来过的人，我们有时候自己传播的只有说这些话他们很懂，会跟你互动，但是更大氛围的还没有达到，也跟营业时间比较坎坷也有一定关系。

魏：这些东西是锤炼出来的。

姚：需要时间，需要用一些手法。

魏：《茶馆》是老舍一开始写了一个歌颂新宪法话剧，写了四幕。第三幕，导演看到了，把这个拆出来，专门搞这台戏，这才把《茶馆》弄出来。然后把这一幕又变成三幕的《茶馆》，到现在六十年历史了，那真是千锤百炼。

姚：您什么时候离开郑州？

魏：明天走。我这次来就是明天游艺机大会上有一个发言，发完言我就走。我还会再来。

姚：您刚刚说这个开研讨会，我想请教一下，因为我们思维的局限性，眼界里老是看着客户，看着年轻人，所以所有的动作都是对着80、90后的，这也是为什么刚开业就有那么多省外客人来。我们做的所有动作都是对这些，但是在您说的高度上缺了点。这个能影响到政府，那个圈层的人很少但是他们很有用。我现在影响的人很大，满足了一个基本的量在，但是两个都不可缺少，对政府端和客户端。

魏：所以等你开世界大会的时候，纽约得来十几个吧，连老板带演员，伦敦得来十几个，其他各个国家，比如俄罗斯再来点，这才叫世界戏剧大会，这就超越了戏剧节。所以同样，我现在琢磨搞活动，小现场、大影响，我不追求大规模，但是追求大影响。

大秦项目分析[①]

秦朝历史上被称为暴政，秦始皇被称为暴君。这些年我们社会整个环境尤其是文化环境缓和下来，大家可以比较客观地看待秦，尤其孙老师的这套书，影响很大。这是这部戏的一个文化背景。但是将来肯定也会有这方面的争议，我们那么多兴盛的历史，那么灿烂的文化，你们不歌颂，念念不忘歌颂一个暴君，这种争议肯定会有。但是这种争议不是问题。

一、《大秦演艺》简单感受

真正讲艺术讲技术手段我不懂，我说这么几句。第一，思想高标，因为有孙皓晖先生，可以说是一个学术支撑，也是思想支撑。他后来又写了三本《中国原生文明启示录》，我也看了。我觉得这个立论没有问题，而且刚才基石那块说得挺好，算把这个事说透了。我提个建议，封建王朝，封建这两个字不要有，就是王朝，大一统王朝。现在历史学界对这个事基本上形成了一致意见，中国的封建制度是什么时候？先秦才叫封建，封土建邦，自秦以后就是大一统王朝。我们说一个阶级斗争的词，叫专制王朝，但是说一个比较中性的词，就是统一王朝。所以说封建反而更容易引起争议，而且历史证明，里面很多东西没法表现。

兵马俑一出土，全世界镇住了，被称为世界八大奇迹，我们看到了秦的雄壮伟大和浩瀚气魄。可是铜车马一出土，我们更镇住了，我们看到了秦代的科技，很多那个时候达到的科技高度，现在都达不到。这里面背景是什么，标准化，技术推进，可戏里面怎么表现啊？

最新出土的兵马俑，出土几分钟十几分钟颜色没有了，但是出土的时候感觉五颜六色，丰富多彩，绝不是我们看到的这么单调。所以这种思想高标是作为我们支撑，不必把所有东西糅进去表现出来，完全没有必要，也不可能，这就是基石，我很赞成。

[①] 根据2023年3月26日在陕文投集团座谈会上的发言整理。

第二，情节吸引。目前这个情节，一部戏来说，基本达到了。从讲故事角度说，算是讲一个好故事，但是好故事里面，反正我刚才听的时候有点犯困。什么原因我也说不清楚，只不过和美国人讲故事能力相比，我们讲故事能力差一些。所以情节怎么吸引，戏剧冲突怎么表现得激烈，得达到一个效果，让人泪目，得达到这个场景。像《流浪地球2》似的，中国航天中队50岁以上的人出列，就这么两秒钟把人击倒了，得研究点这个东西。但是怎么出来我不知道，我也想象不出来。可是我觉得情节吸引也是一个基础。

第三，场景打动。现在设计的场景打动人没有问题了，确实没有问题了，而且很可能因为我们表现的方式很独特，很可能场景打动产生的效果超出我们的构想。因为这套东西第一叫亮点，第二个焦点，第三个尖叫点，如果看的时候时不时尖叫，这个事成功，至于哪个点尖叫不知道。很多东西会超出预想，但是我们应该有这个意识。

第四，人物突出。比较好的四个人物，墨这个人物可有可无，是司马迁式的背景人物。实际上，嬴政是宏观的背景人物，真正说下来就这么三个小人物，通过小人物反映大时代。

第五，手段新颖。我刚才看了有一个感觉，因为秦的主色调是黑红两色，我刚才看了感觉以黑为主。我很怕这样一个戏，从头到尾70分钟看下来，感觉压抑，色调压抑，人物没有冲突，到最后又牺牲了，从头压抑到尾。色调我觉得可以丰富些，而且这里面很多场景展现了丰富。这色调很重要，今天上午看长安十二时辰，就是金红两色，看着灿烂、爽、舒服，就是这种感觉。我建议调整一下，更丰富些。

最后一个，家国情怀。因为这出戏，最终如果说起点是王朝统一、是国家统一、民族统一，到最后落点一定是家国情怀。因为通过小人物反映大历史，小人物就是家，大历史就是国，而且国和家，家和国这种关系在中国人来说是天然的，从小我们受的就是这套教育，虽然和西方那套东西相违背。但是我们为什么非要像西方一样，中国就是家国合一这种情况，体制就是家国合一体制。这个体制从哪来，百代都承秦制度，这就是秦的历史贡献。我在全国跑，真是这个感受，文字不能统一，中国早分裂了，到这听不懂说话，到那听不懂，甚至一个县都听不懂。靠什么，靠文字，靠度量衡，靠秦推行的那套东西。而且这套东西就产生了2200年的历史。所以家国情怀我倒是建议，最后给大家留点希望，一个幻影是七国的版图逐步碎片化然后逐步融合，再来一个幻影，黑夫最后也能够有点表示。本来就是一个戏，黑夫死了很正常，和一起纪念也很好，但是最后给大家留点光明的东西。所以不能把整个戏弄得压抑和沉重,这是一个很重要的问题。否则70分钟下来出来以后晕了,到底怎么回事啊?

我们看迪士尼,永远给你感觉社会是美好的,生活是快乐的,未来是光明的,任何场景都是这种感觉。不管怎么构造尖锐矛盾,你出来就觉得挺好,我们应该达到这样的效果。

二、怎么看

到底怎么弄这个事,或者怎么看这个事,这可能更大。因为它涉及到什么?第一,现在这个项目到这一步了,2021年才正式立项,开工,我以为项目搞多年了。而且490亩土地,ABC三个地块,95亿元投资,这不是小投资。所以怎么定位这个事?我不认为只是一个简单的文旅项目,更不认为就是文旅演艺项目,要这么定位这个事,把这个事看小了。

1. 三个视角

第一个,历史视角。这个戏归纳了中国2200年历史,这个历史视角又积累了无数的历史资源、文化资源,到底怎么看这个事?历史证明,中国只要大一统,就强盛,就发展。只要闹分裂,中国就不行,这是要诉求的最根本东西,这样的历史视角,通过这个戏让大家感受到。

第二个,当前视角。当前视角最主要是市场。市场行不行,为什么不行?我刚看完只有河南·戏剧幻城。刚看媒体报道时,得出结论,只有河南了,打住了,因为我对它的市场并不看好。结果这次看完了解才知道,真正沉重是投资,运营并不沉重。老总说只要一天接待1000个客人就可以持平。平均一个人花费500元,一天1000人就是50万元收入,养1000人的演出团队可以持平。但是财务负担没有办法,这个超出预想,而且它也是阶梯化的,门票290元,我们去那天正好有1000个孩子研学旅行,孩子100元一人。

这个市场,我觉得刚才算账,算得太乐观了,肯定达不到。我对这个剧院的看法只能这样说,肯定亏损,这是错不了的。但是我们研究亏多亏少,进一步研究怎么补这个亏。不是靠自己来补,如果上来想着靠自己来补,我看够补的。因为你靠这个影响,对艺术的追求,对品牌创意的追求。但是眼前市场的这个视角,不是最重要的。

第三个,未来视角。这个项目定位是什么,是宏阔历史的集中表现,所以是一个文化高端项目,不是一个简单的文旅演艺项目。假设再过20年看这个项目,怎么看,那个时候大家会说,还是经典。文旅演艺到现在全国300多台,我看了大概有1/3,实在很烦了,可是真正称为经典的，真正能留下来的，一个巴掌，顶多两个巴掌，数都可以数出来。比如《长恨歌》，可以称为经典，而且又搞了一个《冰火长恨歌》，一共演出 38 天。前 8 天是预演，疫情控制，原来他们想演 20 天，结果市场收不住，30 天。现在我一般问情况，都说人数如何如何，可是姚总 8000 万元收入，我问，8000 万元收入怎么也得 3000 万元利润吧？5000 万元利润。他最心疼是人工，员工冻得直哭，但是一把成功了，所以这是经典，而且这么多年下来，持续演出。

再比如说这两年新看到可以形成经典的《重庆 1949》，就是国际化做法，也是张小可的作品。先设计内容，围绕设计，配套设备，舞台座位也是可以动的，舞台也是动的，三个舞台可以联动，花样玩得不错。这两个基本定局了才盖剧院，这就是国际化模式。上海迪士尼也好，北京环球影城也好，都是这样做的。我都是在工地的时候去看，一说明年开业，怎么可能？我没有看到形象进度。人家笑了，那是你们中国人那套，我们没有形象进度可言，我们先研究内容，然后再配设备，最后才说这个壳子，都弄好了，一个壳子很简单。

但是你这不同，因为有地块限制，有高度限制，逼着你们只能采用那一套。说句老实话，这个方式很添彩，能应用这样一个方式做下来很棒。要把它锤炼成为一个未来的项目，要变成经典项目，能对应未来的变化。市场不管怎么变，但是家国情怀变不了，这就是中国人。

为什么现在国潮这么欢，很简单，80 后的成长环境是一个中国蒸蒸日上的环境，是国运往上走，自然而然培养了中国骄傲感。他们和我们不一样，我们从小看的是苦难，那时候看欧洲、美国都是抬头看，现在他们都可以平视了。所以他们的家国情怀反而很强，国潮反而很重要，这就是变化。如果再过 50 年，我们家国情怀变了吗？变不了，这就是项目真正的市场基础，所以看眼前的这个不重要，当然得好好分析，不能说变成一个无底洞往里填。

2. 三个维度

第一个维度，经济。经济维度就不能只算这个账，剧院算剧院的账，要从整个项目角度算账，490 多亩地，三个地块 ABC，经济的账从这算，这是第一个。

第二个维度，文化。思想是高标的，文化一定是高端的，但是高端的文化不意味着我端着，让大家不能接受。高端是什么，讲好故事。一把大秦故事讲好，二把中国故事讲好，三用国际化方式讲好中国故事。所以这个文化维度怎么说不过分，既是对文化积累的一种发散，又是对未来文化的一种积累。从这个角度看，时间越长越能感受到它的价值。

第三个，政治维度。我们有四个自信，这得落实下来。我上午看完长安十二时辰，就说这就是文化自信最好的落地，要从这个高度认识长安十二时辰。反过来，四个自信要在大秦项目，让大家感受到。不少人攻击中国，尤其西方，原来说你是专制国家，现在中性语言说你是威权国家。我们有一些人也说是，我们这个不够，那个不够。我们有一个毛病，什么都要对标，对标对最高端，没有一个国家能把所有标达到最高端，我们干嘛追求这个？这个事做好了做漂亮了，自然把这个标立起来了。所以我到好多地方有人说，我们对标哪？我说你就是一个标，干嘛对标？这点自信没有吗？

再说怎么对？我们一个县上百万人口，在欧洲是一个大城市，跟谁对？欧洲一个城市三四十万人口，就觉得这个城市很大，我们这就是一个乡镇，非要跟它对标，没道理。这个事也是，我们立起这个标，不含糊，而且让大家感受到这种理直气壮，就是我刚才说的，要留一个光明尾巴，不要留一个沉重尾巴。沉重的尾巴，大家会想，难怪秦朝开国15年完了。但是中国历史上确有这么一个现象，一个短命王朝后面是一个强盛的长时间王朝，可是它的基础一定是短命王朝打下来的。秦汉是一个典型，隋唐也是这样，隋很短，两任皇帝过去，可是唐强盛，一直到元后面的明清，这是不是规律性的现象我不知道，因为我不研究历史。

但是我们更进一步说，国民党22年下台了，我们共产党到现在70多年了，实际上也是历史规律的表现。所以在这个事上，不要含糊，这样的话有一个光明的尾巴更好，更能提气，让大家更觉得振奋。

3. 两个廊道

刚才说历史文化廊道，周秦汉唐，这个历史文化廊道，大秦帝国和大秦项目就是一个文化挖掘一个现实表现。这个历史文化廊道源远流长，西安周秦汉唐怎么就变成唐了？西安变成大唐城了，偏颇，不足。唐确实辉煌，唐也有没落的时候，实际上长安十二时辰说的是晚唐故事。实际上从历史文化廊道来说，周秦汉，周是另外一个概念，秦汉是一个格局，隋唐是另外一个格局。这样的话，这个里面还能挖掘点什么，形成秦汉历史廊道。

第二个地理发展廊道。我今天在现场特别关注，周边都有什么项目，西咸新区什么概念，沣东新区什么概念，我特别关注这个。最后打开地图看了。我原来担心什么问题呢，你这里就孤零零一个项目，构不成一个聚集区。今天看下来，那片是昆明池，这边也有一个什么东西。客观来说一个聚集区已经形成了，而且离钟楼8公里，距离不算远。但是这里面需要我们做一篇什么文章，将来这个地方可以形成西咸新区的文旅聚集区。你们不妨提出这个概念，让政府也来重视，西咸区文旅聚集区客观来说也在聚集，下一步看，必然聚集。

因为文旅不怕聚，就怕散。比如一个酒店孤零零的，肯定经营不好，一堆酒店在一起，会竞争，恰恰聚在一起对酒店经营都好，这是文旅规律。所以把这个做成以大秦为中心，构造西安的文旅新高地，形成西安的文旅新格局。一个是以唐文化为中心的，曲江不夜城、步行街包括十二时辰，一个就是以大秦为中心的秦汉文化高地和感受地、体验地，形成这么一个东西。这个东西形成了，因为昆明池是汉，顺理成章延续下去了。所以秦汉联动，形成一个秦汉文化聚集区，那自然而然在高端了。而且这种聚集的力量我们往往想不到，除非自己做一个特大型项目，投资了300亿元，胡乱聚集了，反正怎么聚集也可以聚集点东西。

这里不同，我们做文化高端，所以这是一个概念，地理发展廊道。

还有一个概念，西安天水的格局，我不知道现在怎么定位。原来叫关天经济区，实际上这个恰恰和大秦的格局相符合。秦人从陇西过来的，所以自然而然历史上就是关天，今天我们又说关天，关天怎么体现，这就是一个体现点。

4. 商业模式

这个商业模式可以概括为 A+B+C。怎么解释，华侨城25年庆的时候找我，希望我帮他们总结。我说一句话，我不拍马屁。他说我们研究一圈，想拍马屁的专家很多，只有你不拍马屁，所以想请你来做。我问，你的商业模式什么？他说就是旅游+地产。我说不对，太简单了。之后我到曲江，那个时候曲江刚开始搞，我看大唐芙蓉园，第一个判断，项目赚不到钱，13亿元投资孤零零在这，怎么赚钱？出来一看可以了，那个时候4个房地产公司已经进来了，之后我就关注曲江，我归纳一个模式，A+B+C。

A是什么，是吸引中心。吸引中心能赚钱最好，但不必追求全都赚钱。大唐芙蓉园就是吸引中心，包括曲江三个遗址公园。不是开玩笑吗？简单的一段城墙就能弄一个遗址公园，我看着都笑，但是做起来了。三个遗址公园门票都不收，就是一个概念，可是拉动了曲江的发展。所以曲江最后土地增值收入是多少，你们比我熟。

所以第一个A模式是吸引中心。吸引中心必须是一个文化中心，必须有巨大的吸引力。我看剧院就是一个吸引中心，这样的项目投资回报很长，构想8年回报，想都不要想。16年都不要紧，这错不了的，但是不追求直接回报，吸引中心作用起来就够了。

第二个B，是商业中心、利润中心，这个剧院回报和这个剧院相应运营的支撑靠这个B。B是什么，你那些商业性设施。但是你现在构想商业性设施也不够，因为现在的构想太一般了，哪都可以出这些东西，凭哪一条把人吸引来。说市场也是三块，第一块旅游人口，第二个商业人口，还有一块产业人口。这个剧怎么搞，要下功夫，但是更要下功夫研究这些东西能不能找到国内高端，能不能符合西安的品位，能不能对应未来的需求？如果B和C这两个地块做起来了，事就成了。这个剧院不考虑它赚钱与否，因为不需要考虑。

第三个C，C是可持续发展，研究可持续发展对你来说就是一个文化中心。

所以，一个吸引中心，一个商业中心，一个文化中心，典型的A+B+C模式。这个文化中心有一个好处，充分挖掘大秦帝国里面的各种元素。比如说文字，孙先生书里说得很清楚，小篆怎么出来的，有一个人如何痴迷，好好挖掘这些东西。比如我们的标准化怎么弄的，兵马俑当时怎么搞的，书里面写得活灵活现。我有一次跟孙先生说，我想谋划大秦文明之旅，把书描写的东西，看过好多地方，都可以串起来。他很兴奋，现在没有力量干这个事。但是我就说将来这个地方搞一个大秦文化之旅中心，把全国相应的东西串进来。

比如淄博稷下学宫，孙先生这本书里面写得无穷细致，无穷生动，怎么辩论，这个那个的，多好玩。我在淄博跟他们说，你们当前恢复稷下学宫，稷下学宫什么样，你们知道吗？不知道。你们看看孙先生这本书，按照他那个模式就行了。所以意味着大秦这个题目，《大秦帝国》这套书里面可以翻出无数花样，形成一个文化中心，形成一个可持续发展中心。说到底，文化中心、可持续发展中心不需要花大钱，但是需要大的精力、智慧。

很自然，吸引中心立住了，不怕赔。核心是商业中心，商业中心确实要做到高端。一个文化中心研究可持续，研究后续题材，这个东西和这个剧呼应在一起，很多剧情里面表现不了，出来一看都表现出来了。比如标准化，国家有标准化技术管理委员会，我是两个技术委员会委员，我们制定标准的。国家标准化技术管理委员会发布标准，有一次和他们官员聊起《大秦帝国》说到标准化，他们说没有看过这书。搞标准的刨一刨自己的祖宗，我们祖宗做起来的，你们现在动不动国际这一套，那不行，两边都得够。比如我们和国家标准化委员管理会商量,在这搞个中国标准发展史小展馆,就从大秦开始,那就不同了。类似的东西,可做的题材丰富,可做的题目无穷,形成 A+B+C 的联动。这个事起来了。

从刚才说的三个视角、三个维度、两个廊道、一个模式,我们分析这个事情,有点争议不算什么。核心是你的吸引中心能不能做到位。我现在担心 70 分钟的压抑不舒服,但是我们把它做下来,而且这么走下来,这个事可行。如果光就项目论项目,这个项目可以不干,亏损项目为什么干?可是你这么想这个事,这个活必须干,因为工程现在已经到这个程度了,能不干吗?我觉得 B 模式乃至 B 地块和 C 地块好好下功夫,商业有保障了,这个项目可持续也就有保障了。

再说了,这么大一个城市,加上陕文投奋斗十几年,很多商业算账,就那句话,你知道哪块云彩下雨?你请四大会计师事务所分析这个项目,肯定说算不下账来,肯定这句话。但是我们中国人,中国的商场,中国的文旅,有我们自己的算账方式。就一条,你是死盯眼前一亩三分地,还是看到长远发展,就是这个问题。所以这个项目我总的看法,需要谨慎,可是不能因为谨慎不干,更重要的是你们弄了那么一大把最高端人才过来不打架,这就不容易。往往越高端越打架,人都是大师级的人物,各有各的一套。

所以我感觉,中国现在做这些,张小可做一个成一个,而且又叫好又叫座,你们不是请小可当顾问吗,好好听听他的。按他的眼光,他觉得一开始介入才可以顾问,但是现在已经不可能了,有一些不足尽可能请小可补足,尤其在叫座这方面,因为他有的项目我看不懂。他那个时候搞延安保育院,我摇头,小可你有这份情结,他说你等着看吧。结果我看了,真给我镇住了,一天演五场,孩子们累得在舞台上坐地下睡了,有的在舞台上尿尿了。他说我看着心疼,但是没有办法,顶不上来。所以这么一个小题材,老同志叫好,市场上叫座。关于这类项目,小可有三句话,政治上立得住、艺术上叫得响、市场上打得开。我原来不太关注市场打开打不开的问题,但是有一条,只要是好作品,一定打得开。这不是 20 年以前,这样的项目做一个死一个,门都没有,而且那个时候不可能做这么高端项目。可是现在不同了,整个社会文化提升了。所以这么做下来,未必局限于年轻人,长者更喜欢,因为长者对历史更了解,家国情怀更重要,他们更喜欢,也是这句话,你知道哪块云彩下雨?

总体来说,我这些看法,因为没有细致介入,今天看了现场才知道这么回事,陕文投已经花很大精力走到这一步,咬着牙走下去,把条路走出来。

长安十二时辰，城市有机更新新模式[1]

长安十二时辰，应该说开了就火爆，到现在还火爆，只不过这一年因为疫情断断续续，所以市场上没有形成系统印象，但是在市场上的这火爆已经形成了。可以说你们在最困难的时候开业，也是顶着雷到今天，但是已经求得了好的市场效果。因为小说我看过两遍，电视剧也看了，我原来以为你这个地方是一片街区，也有点电视剧和小说的这种情节，我以为是这样的。结果一来，超出我的预想。

第一，仪式感很强，从进门到里面，员工都施唐礼，这个仪式感很强。第二，场景感强，身边就是演员，这倒正常，但是演员突然跟你说戏词了，说的是熟悉的生活，马上代入感增加了。第三，场景变化很多，小中见大。说起来24000平方米商业地点，怎么有这么多变化呢，把原来商场商品变化变成文化变化和场景变化，所以走来走去感觉这个地方好大，这个坊那个坊，一个坊一个坊来回走，不断变化，不断产生新鲜感，不断有兴奋感。第四，表演，12个小时有70多台演出，都不长，都很集中，让你感觉没有看过瘾怎么完了，这是最好的效果。同时，唐朝的这种雍容华贵，大气磅礴，诗情画意，表现确实很充分，所以最终构造了一个美轮美奂。我很注意看，细节都很到位，每个边边角角你们都想到了，而且做到了。

卢：眼睛看到的我帮助你设计了，而不是随便糊弄。

魏：而且观众想不到的你们也有。所以自然而然，我觉得到这种场景，说话得拽词了，有点唐风，就得有点这样的东西。总体感觉，神来之笔，我没有想到，以为还就是电影那套呢，打打杀杀，完全不是。

卢：我融合了一点，不是以他为主。

---

[1] 根据2023年3月26日观后和卢总的谈话整理。文中简称"魏""卢"。

魏：借它这个题目，借他人杯酒，浇自己心中之块垒。

卢：借它把唐代生活展演出来。

魏：那条小吃街烟火气甚重，特别好，在这种场景里面，有这么一条小吃街，马上涉及消防怎么过，卫生怎么过。

卢：消防让我们每个店铺封闭起来。我们有中央厨房，来到这临时加热，一般不用天然气，有的改成电气，没有问题了。

魏：这些东西融在一起就是美轮美奂，所以我说什么叫文化自信啊，这就是文化自信的现实版。陕文旅落实中央精神四个自信，第一就说文化自信，文化自信活生生表现在民间。第二我们一个国有企业集团体现了制度自信。我们在落实中央四个自信精神指导之下创造了这么一个项目，领导一听还不高兴吗？

卢：优秀传统文化创造性转化，唐诗、唐乐包括唐人服装、生活。

魏：而且大家进来了，融入感很强，沉浸感很强，自然而然心中涌起一种文化自豪，我们落实文化自信带来了客人的文化自豪，这多好。

这个叫我评价，又叫好又叫座，是一个文化深度体验区，不能用景区简单看待它。用景区看待它，把自己贬低了。更重要不是景而是情景交融，是这种主客合一，是这样的东西。这样的东西超出了一般的景区、文化区甚至超出一般的表演区。因为客人在游走，游走过程中，眼前不断有场景，不断有戏剧情节，唐代文化元素充盈你的感官，客人想不沉浸也不行。

卢：我们之前说门口照相，他不说不照，我说您进去以后不仅会照可能还会换装，他还不知道什么意思，结果一看演员去换装，文化沉浸感。

魏：这就是熏陶。

卢：我们做这个项目前，街上很少有换装的，现在街区换装率达到40%。

魏：而且一般的换装就是照两张相，这是换装后融入这个场景，完全达到情景交融、主客合一，文化达到了。

卢：中午看到所有人换了唐装，坐在我们小地摊上吃饭，感觉这就是唐代生活，不是演员演的全是游客，确实不一样。

情不自禁自然而然融入，别的地方劝人家游客换，咱们不用劝，自动换。

关键感觉美。

魏：现在游客待多长时间？

卢：平均小半天。

魏：在里面吃东西。

卢：我跟林总说，现在我们格局是陕西特色小吃打底了，但是你应该放眼中国和全球，在你的场景底下。因为之前唐长安城会聚全国最好的东西，把国外丝绸之路沿线的最好产品，文创商品融合到这，别的地方买不到。唐代西市来买，买的就是全球的，包括演员还有国外的，昆仑奴是黑奴，卷头发、特色民族服装进来，在里面转。包括日本、韩国穿着传统服装，包括我们藏族人穿着传统服装，一下子感觉不一样。

魏：第一，这个题材可以无限挖掘，而且直接和"一带一路"扣在一起，这样剩下的空间完全可以再用。提一个问题，为什么买东西，就是唐代东市、西市，所以才叫买东西，已经变成全国所有人或汉语圈里面普及的语言。从哪来，从这来。实际上就是可以有一个丝绸之路这样的东西，搞一点异域风情或者专门拿一块还没有用的区域，就是异域风景。但是异域风情里面不但要有胡人的东西，还要有唐代的文化元素融在一起，要不然跟出国一样，意思也不大。就是从这延伸出去，同时也可以加一些影像的东西。比如说往那边一拐，一个丝绸之路、大漠风尘、骆驼，整个感觉就出来了，一段影像，顺着影像走一看就出来了。这个时候唐僧这个形象走在那黄沙漫漫就比走在街市打动人。

卢：LED屏把唐僧黄沙漫漫展示。

魏：很自然这条开拓了新的场景新的空间，同时商人来来往往，唐三彩这些东西出来了。

卢：穿着唐装走的时候背景做不出来街巷感觉的时候。

魏：现在技术手段太丰富了。

卢：过去我们LED屏内容什么的拍得比较匆忙，现在再细化。

魏：这是一个，空间继续扩大。第二，时间也可以延长，不必拘泥于十二时辰，现在也不是十二时辰，现在是12小时，六个时辰。比如晚上到10点甚至12点，早上10点到晚上12点，时间延长就是延长消费。甚至如果有可能延长到晚上两点，两点，大家那种夜生活的感觉出来了。现在这么走，夜生活不突出，再换一个场景，夜生活的感觉。弄点自然风貌，弄点小桥流水，怎么表现都容易，但是那种感觉出来了，晚上在这宵夜，想尽办法让客人掏兜。

卢：我们一个是自己空间还可以扩大，第二我们隔壁还可以带出来两三万平方米。魏老师说的我们唐文化做出来同时，西域还可以做出特色。

魏：如果说曲江这个片区是我们西安的新地标，你就是这个新地标上面的明珠。

卢：我们做盛唐旅游景区里面的明珠。

魏：这样有充分的余地，而且这个市场有一个好处，外地人来曲江必打卡的地方，外地人来西安首选曲江，其次才是老景点，到曲江你又是必打卡的地方，这个市场很充分。还有一个好处，市民可以重复来。因为这个产品可以重复消费，不是来一次就够了，比如孩子来一次，有点时间缠着爸爸妈妈来曲江，所以有的市民一年来三五次。

卢：一年四季里面演出不一样，一年四季主要演员服装不一样，中国传统节庆在里面演绎节庆生活。

魏：要求节目要有轮换，不是取消，我是轮换，要有轮换、有更新。旅游市场一个经验性的事，是什么，用新产品巩固老市场，用老产品开发新市场。因为老产品是成熟的，所以开发新市场必是老产品，但要巩固老市场必是新产品。不断产生新老轮替，过一段再搬出一波来，过一段已经沉淀下去的又上来了，让客人常来常新，这个感觉完全不同了。

卢：对，把他们当成我们西安人打卡，回民巷我们经常也去，吃一个特色小吃美食，地道、纯正。

魏：争取变成西安人民会客厅，我们家来客人，长安十二时辰去一趟，去完了以后，一顿小吃吃饱了，也不用摆大席请客，已经让大家觉得很好了。所以变成西安人会客厅，这个就很好，现在条件也够了。我估计人多的时候，你们小吃得排队不可能那么快。排就排吧，反正在这种场景下大家也不会太烦。最大一个好处是什么，有演员在流动，流动演员不断带来新感受。所以我坐着不烦，可是在这坐着什么变化都没有，我会烦，想吃一个小吃先来一壶小酒，先喝着然后等，东西上来再吃，也不烦。现在已经形成非常好格局，真是一个好项目。放大一点说，是城市有机更新的创新模式。现在中央倡导旧厂区做文商旅，你们是旧商场创新，比全国早了5年，也会有人模仿，学得了形，学不了神。

第一是一个创新项目，第二是一个精品项目，第三是一个有潜力的项目，第四是可以努力挖掘扩大的项目。概括起来，时时是场景，处处是舞台，人人是观众，个个是演员。

卢：我们还在谋划现在的状况，下一步有机会能不能把这个项目以后在深圳做一个长安十二时辰的溢出版？它背靠珠三角大湾区游客充满，优秀传统文化在那块的展示地。

魏：深圳得找一个合适的地方，最好也是找这样的项目，一个已经没落的商场。因为这种商场没落了，说明再也起不来了，它就变成一个价值量不高的地产，你找这样的项目，再做一个。但是有一个很大的问题就是停车。

卢：停车地点方便一些，找合适的地方。

魏：所以选择这样一个地方在深圳可以。文和友到了深圳就不行。他们想了半天，长沙年轻人喜欢的东西到了深圳，深圳人没有感觉，所以他们只好调整，对应深圳人这套调整才好一些，要不然深圳的文和友死了。

卢：文和友产品它不是人心目中美的东西。

魏：它是80后的怀旧的产品。但是你这个不同，你这个是我们民族的共同向往，因为唐朝达到了民族文化的高峰，形成了民族共同向往，所以这个如果放在深圳按照这样的选址来做成本也不高，没有问题。

卢：现在投资也多，很多人愿意给我们投，你弄就投，工商银行说你到深圳去，我让他们批，我们给它投钱。

魏：这个我赞成，你这个东西到上海就不行。

卢：上海海派文化它可能国际化更多一些。

魏：上海人文化骄傲感特别强，所以对外来文化是抵制的，像巴黎抵制迪士尼一样，迪士尼在法国怎么也不行，什么原因？法国人那种文化骄傲，那么低劣的文化到法国来？所以上海可以不去，南京可以不去，但深圳我赞成。

卢：广州都不行，广州人说我们不是这种，深圳可能稍微自由一些。

魏：一个移民城市，现在有文化了，深圳文化第一开放、第二时尚、第三什么都接受，但是你得是好东西。

卢：年轻人接受，所以好东西大家共识。

魏：所以我看到深圳没有问题。

弘扬黄帝文化，传承养生文化，打造康养圣地①

黄陵国家森林公园43平方公里，玉华宫32平方公里，面积都不小。你要追求客流量，一年多少才合适，很自然我就问这个，但最终是你挣到多少钱。做旅游第一关注的就是市场，按照市场我们来研究。不能说我有什么资源我做什么产品，得说市场需要什么，我们做什么。第一个问题就是要调整，这种调整是个根本性的问题。黄帝陵、轩辕谷、玉华宫，三个词儿串在一起，我们需要研究这个定位。

一、解读黄帝文化

我们一般说黄帝文化，轩辕始祖、人文始祖，都这么说，这么说太简单了。在我脑子里，黄帝时代的概念，第一件就是神农尝百草，日中百毒，最后解毒。为什么？那个时代部落时期，老百姓的生存是第一位的，所以神农氏才干这个事。最后一件事，就是《黄帝内经》，是医疗，第一件事是医疗，最后一件事也是医疗。在这个过程中有黄帝问道广成子，这是在崆峒山，广成子跟他说了一把，他也说了一把。我在崆峒山他们就跟我说黄帝长寿，我说不是黄帝长寿，是一个部落集团的首领叫黄帝，这个部落集团传承多次，所以全国才有七处黄帝陵，是一个部落集团的迁徙和传承。昨天在紫峨寺，我就看到黄帝的《中原圣迹图》，反映就很客观。

当代社会我们解读黄帝文化，亲民、爱民、为民，就是这三个，我们人文始祖的开端就是以民为本，这和我们现在的执政理念完全一致。也就是说现在共产党传承的是什么，是我们中华民族五千年的文化，说到底还是亲民、爱民、为民。现在我们这套话，大家耳熟能详，很自然。这样来解读黄帝文化，就把五千年和今天串在一起了，把远古和当今联系在一起了，由此我就想一件事，就是黄帝的祭奠大典，每年一次，这个事是国家行为，

---

① 根据2023年3月29日在座谈会上的发言整理。

严格说不只是黄陵县的行为,只不过它的依托点在黄陵县,而且历史上就延续下来了。但是我觉得只把它当作一个政治行为,有点可惜。要研究市场,研究延伸。我的想法是,每年有半天叫作黄帝祭奠大典,这基本上就是政治行为,官场的事,很高大上,很严肃,老百姓基本不能参与。

这事过去之后,我们能不能做点事?我就想,这个之后应该叫黄帝文化节,黄帝庙会,老百姓都围过来。我到黄帝陵,感觉这么宏伟巨大的建筑很棒,确实符合人文始祖,我们对他的这种寄托。可是怎么用?反正我基本的感觉就是一个小时的产品。从西安到延安开车过来,车一停,上去逛一圈,一个小时走了。我那次去还着意说,后边我也看看。黄帝陵的古柏很有名,我要好好看这古柏,黄帝手植柏五千多年,怎么我也得打卡,我细细品鉴了一番,两个小时。可是我们做旅游,三个小时才有一顿饭,六个小时就有一个晚上,这黄帝陵辛辛苦苦这么折腾,连一顿饭都留不下来,能行吗?

跟下来就是黄帝文化节、黄帝庙会。比如明年可以开始了,第一届办下来,因为各地办庙会有一个经验,一个庙会没有三十万人,这是不可能的。老百姓过来摆摊儿,老百姓过来热闹,大家一起嗨一起消费。与民同乐,有啥不好,而且就把它从一个点延长了一个时间段。如果做得比较好,我们可以把黄帝庙会、黄帝文化节在大典之后搞一周。庙会我可以每个月搞一次,做到什么程度,天下第一庙会。而且你那儿现在条件很符合,因为有大广场,有大台阶,有大停车场,这套东西最适合搞庙会,无非就是管理一下。比如说市场管理、品质管理、安全管理,无非就是这个。老百姓来了摆摊,老百姓来逛庙会。更重要的是什么,这个时候很多去黄陵的人,会奔着庙会去,比如我没去过,我先祭拜几下,跟着就来同乐一把,就变成一个常态化产品,变成一种常规性运作。品牌形成,追求的目标,就是因为黄帝庙会,我就叫天下第一庙会。有了这样的格局,在这至少三个小时,我吃一顿饭,小吃我就吃饱了,意犹未尽就得问,还有哪儿可去。所以跟着就是轩辕谷的养生季,但不局限于一个季节,四季养生,自然而然这个流就引过来了,这是一个共同品牌。黄帝陵引人,轩辕谷留人,玉华宫养人,是这么一个关系,这是我谈的第一点。

二、品质生活十养

定位既然这么定,就是轩辕谷的定位是文化生态度假区,玉华宫的定位是康养福地,度假圣地。我为什么连在一起说，从行政区域上，是两个地儿，可是主要投资者、控股人，是一个老板，都是地质煤炭集团，所以自然它就连在一起。连在一起我们就得研究，康养绝不是养老，首先要把这个误区抛掉。养生，人都追求健康，都追求长寿，尤其我们现在生活条件好了，越是生活条件好，越追求这个。你知道富人图什么，富人就说能不能多活几天，能不能健康。所以一个叫长寿，一个叫乐寿，一个叫康寿，在哪里实现，在我们这儿实现。很早我就总结了一个概念，品质生活，我说了十个养。

第一句话，山水养生。我们这两个地方都是现成的，山水养生嘛，好山好水才能养生。而且我们这有一个特点，轩辕谷那边海拔平均大约1000米，我们玉华宫这边海拔1500米，健康专家曾经说过，海拔1000～1500米是最适于人健康的状态。海拔太低了也不行，太高了更不行，这和年龄也有关，可是在这个海拔高度最好。第二就是纬度，我们这是北纬35度，北纬35度严格说有点冷，最佳纬度是北纬30度。中国的北纬30度在全世界最奇特，大体上一个纬度一百公里距离。所以距北纬30度我们还往北了五百里。北京是北纬39度，我们比北京南四百公里，这个纬度算不错，高度正好。再加上我们的森林覆盖率，大体上是在95%～97%，这种森林覆盖率极好。所以我说第一句话叫山水养生。

第二句话，森林养眼。我们的森林不是一般的森林，昨天最让我兴奋的就是我们的松林。我实在没有想到，其他的没让我兴奋起来，这松林太棒了。比如说十里松廊，松树的高度感觉类似于长白山的美人松。长白山美人松是长白山一个非常重要的卖点，竖起来弯下来特别漂亮，我们有这个感觉。再比如说黄山松，黄山松孤零零，都是横着在崖上生长，小兴安岭的红松，那是原始森林，那不是天然次生林，那是真正的原始森林。中国的原始森林不多，大概就六片，我们这是天然次生林，但是姿态变化万千。树的形态很好玩，有的一松独立，有的双松连枝，有的群松连片，就这样的松林全国都难得一见。我在日本有一次也是路边下了车，人家说咱们进来走，我说走什么，就是走一片松林，走了大概一公里。它的松林很粗，而且很整齐，脚底下松枝沙沙响，这么一路走过去，印象很深刻。我觉得你们现在，包括玉华宫的松也很好，我觉得你们现在把这事儿看低了。

第三句话，宗教养心。轩辕谷那边又有紫玄寺，又有朝阳洞，这就是宗教嘛，宗教养心。我们这边历史上就是一个圣地，养心不必大张旗鼓，完全听其自然。这个状态现在很好了，没必要再进一步做，再进一步做有可能违规，犯不着。但是我有这个概念，说起来，真善美是人类永恒的追求，科学求真，宗教求善，艺术求美，所以中药养生实际上是养你一颗善心。

第四句话，修炼养气。这个地方是个修炼的地方。历史上黄帝在这儿，怎么最后弄出《黄帝内经》来？他一定是修炼的结果。为什么在这修炼能产生这样的结果？就是因为这里的地脉文脉都通，这就是修炼养气嘛。

第五句话，文化养神。讲文化，我们陕西哪个地儿都不弱，但是文化的核心是要养神，就是能够使我们从历史传承中获益，能够把积累的东西传到下一代，这就是文化的改进。这样一个文化让大家来了都感觉自己提神，这就很好。但是这里边不要认为我有什么资源必定要做什么产品，要讲文化，陕西哪个地方没文化？再说，中国哪个地方没文化？哪儿都能说出无数来，可是要把我们的文化集中到哪，集中到康养，我要创造一套子午岭的康养文化，创造一套轩辕谷的康养文化，这才行。

第六句话，运动养性，就是通过各种户外运动培育我们的性格。比如你很急躁，你在这玩完了你不急躁了，这就是养性了。

第七句话，物产养形。物产丰富，吃着也不错，还有各种中草药。养形，养我们的外形，女孩都关注形，我们男人也不是绝对不关注形。靠什么，靠物产来养。

第八句话，气候养颜。因为气候好，这样的气候，这样的环境，这样的海拔高度养颜。

第九句话，教育养成，到这儿来你潜移默化会形成一种自然而然的教育的浸染，就是养成，实际上就是要养成教育，尤其对孩子。现在搞研学这一套，不就是一个养成教育吗？可是，不是合适的时代就没有这个养成教育。人家老说中国人素质低，我不这么看，中国人素质不差，关键看什么环境。如果环境很乱，这个养成就体现不出来。我最近在温岭看了一个镇子，叫石塘。它那有两万间石头房子，山海相连，几乎没有沙滩，下来就到海里。所以当地人盖房子都是用石块盖。两万间现在闲置，现在用了1000多间，43户民宿。其中有一个民宿主就跟我说，他说我这个房子3000块钱一晚，我宁愿空着也不打折。我说道理何在。他说能够3000块钱在我这住一晚的人，对品质要求最高，对价格不敏感。可是他来了，在我的民宿和500块钱一晚的客人一起，他肯定不满意。所以什么层次的客人需要什么样的产品，他就说我绝不打折，但是我可以有一些附加，比如送你什么，比如你一个家庭来了，送一个孩子什么服务之类的。他说我是这一套，就是要保证这种环境，实际上这也是一个养成教育。我说这个意思，就是我们要摒弃传统的流量观念，形成一个新的"留量观念"，就是留下来的留，有多少客人留下来，有多少客人反复来，客人来了花多少钱，我们要梳理这套观念。

最后一个养，生活养情。客人到我们这些地方来一定是寻求一种新的生活状态，一种新的生活方式，最终是养情。所以我就说十养品质生活，这是我们真正需要的东西，而不是老研究养老，老年人需要什么。当然你需要这部分产品和服务，这不是重点，我们需要研究什么，十养的产品化。十养我们都要变成产品，一个一个落实，然后产品品牌化，需要研究这么两个问题。所以从定位角度说，轩辕谷是文化生态旅游区，玉华宫是康养度假区，都是度假区概念。如果这两个能联动会形成一个大品牌，这个大品牌是什么，就是中国的康养圣地，我们第一步叫作西北康养胜地。很多人就会奇怪，西北还能康养？照样康养，就看你怎么做嘛。

去年我到宁夏中卫沙坡头，住星星酒店。因为老总是老朋友，跟我约了好几年，有一段疫情管制松了一段，我去一趟吧。可是我就说还有一个地方我得去叫黄河宿集。他的星星酒店，本身一个酒店变成了一个目的地，很多人在网上预定，星星酒店没有房就不去，有了房才去。早晨我一起来几十个网红主播，在沙丘上穿着红衣服开始直播，我说你不用做广告，他说是不用做，他们就给我广告了。我们现在琢磨，就是怎么给他们提供新的素材，让主播内容越来越丰富。完了我就去黄河宿集。

黄河宿集是什么概念，一个村子，60多户农民，有一个老板去了，建了个新村，把这60多户农民都搬出去了。剩下这老村子请了13个长三角的品牌民宿业主，一人一个院，13个院。大体上一个院十间房。130间客房去年收入，疫情那么严重，6500万元。我就问疫情过去，你们怎么样？至少收入一亿元。长三角的民宿业主过来，怎么整就是你们的事儿。墙都是黄泥巴，房子也是黄泥巴，一边是黄河，一边是沙漠。可是进了院子，每个院有一个小游泳池。进了房子，房子里都是当代设施，客人哪儿的？长三角的客人，平均下来一间客房一晚上2000元，所以人家130间套房，那么艰难的情况下，能有6500万元收入。我实在看不出来，但是又发现客人兴高采烈，你就是这个感觉。这样的客人都是这样，追求差异化，尤其追求品质。这个产品就品牌化了，所以现在一说黄河宿集，基本上国内做民宿的都知道，也超出我的预想。我转了一圈坐到那儿，跟平台老板聊了半天，也有几个业主一块儿聊，我就问平台老板你怎么挣钱。我说你前期投入不少，相当于建了个新村嘛，农民搬迁。第二，村里的这些公共设施，水、电、气、道路、通讯都是你干的。他们进来，大家都明白，谁花多少钱都清楚。所以我提供平台化的服务，你们业主经营，经营完的利润咱们分成。因为都是内行，大家都通情达理，就把这事做成了，就完全变成一个品牌。如果和黄河宿集这样的地方来比，我们十养品质生活，这个事儿很难吗？

我归纳一句话，五千年养生起源轩辕谷，八百里生活尽在子午岭，这么一个概念，就是我们到底怎么定位。

三、问题分析

第一个问题还是思路问题，思路必须要调整，绝不能再用传统的观光旅游、景区的概念来衡量这个地方，乃至按照这个思路来做。如果按这个思路做，我感觉有的钱我们花得冤枉了，可是有些我们该发力的点，反而没有发力。

第二个问题，就是公路混用，相互影响。这个问题是政府的事儿，能不能解决我也不知道。反正我就感觉下了高速公路三十多公里的车程，拉煤的卡车川流不息，不光这，关键是拉的煤，把周边山林都染黑了。如果高速公路一下来，青山秀水一路过来，这是一个感觉。现在大卡车哗哗的，不算最厉害。最厉害的一次，我去内蒙古，拉煤卡车就像一堵墙一样，就在你身边，小车在中间走都害怕，可是你没办法。人还好，专门留了一条小车路，要不然你小车就走不通，那简直是给人一种恐惧。你这还算好，可我想车多了恐怕也是这种情况。大家马上就能问，我到一个什么地方来了。这个问题怎么解决，反而是政府的事儿，包括今天到玉华宫，一路上拉煤的车也不少，重载卡车现在还好了，现在我们控制重载嘛，基本上我看一个车四五十吨，厉害的时候，一个车一百吨，什么公路能经得起这样的重载卡车，一脚刹车地上就是一个坑。所以山西就是这个问题嘛，山西多年，我就说山西的煤弄得山河破碎满目疮痍。公路没有好的，政府说我修过了，再怎么修也架不住他这一脚刹车。山西大同，原来也是，云冈石窟都被煤灰淹了，佛像都是黑的。最后下决心修了一条公路，拉煤车走那边。现在云冈石窟整治了，很成样子，我原来的印象中就是佛像都黑乎乎的，现在一看很像样了。所以这个问题恐怕需要下定决心，这是第二个问题。

第三个问题就是缺乏核心产品。为什么大家老往观光旅游思路上跑，我可以理解，就总想营造出一堆核心产品,来吸引客源。现在我们就感觉从观光旅游角度我们缺乏核心产品,那你的核心产品到底是什么,得研究这个。一般来说度假叫住宿为王,一个好的度假区,一定要有完整的、系列的住宿产品,休闲娱乐为王。所以就从这两个点来说,我们做休闲做度假,那我就问你的娱乐足不足,你的度假、你的住宿足不足,这也是我们现在真正的短板。要围绕定位找短板,既然定位是休闲度假区,那短板在哪儿,恰恰是你原来花了很多精力,反而花错了,该补足的东西没补足。这也有一个很自然的原因。因为原来按景区走嘛,没有客人在这住,我怎么能搞住宿呢。当然你要做度假区,你没有系列住宿产品,你的度假区就不灵,最后你还得走景区这条路。可是景区这条路你又确实没有核心产品,没有名山大川,没有名胜古迹。山虽然很绿,山形不漂亮,就是任总说的,我们的山都很敦实。所以我就说我们做事情总得扬长避短嘛,按我前面论述的结果,我们真正的优势就在休闲度假,就在康养,围绕这个看看我们有什么短板。

还有一个短板,缺乏网红产品。可是光追求网红不行,因为网红都是一次性的,是一时性的,所以网红要变成长红,最终变成常红。网红、长红、常红,这是一个过程。我前年到伊犁碰见贺娇龙,我说你现在是名人。她说现在压力很大,就不知道怎么突破,不能老骑马吧。我说你可以老骑马,各种场景都可以骑马,你原来火的是最飒不过贺娇龙,雪地上一匹马一袭红衣确实很飒。我说你什么场景都可以,比如说下雨你也可以骑,冰河你也可以蹚,你先玩一把。但是她现在精力转向伊犁土特产主播,效果也很好。在这个过程中,逐渐变成长红。

今年一个特殊现象,一大把旅游局长都开始秀,秀帅的也有,秀丑的也有,秀什么都有。那我就说,最帅不过甘孜州的局长,最飒不过贺娇龙。我们的目的是什么,不就是吸引眼球吗?所以我们需要研究一些网红产品,但是这网红看你怎么研究。我的看法,黄帝庙会一定网红,而且常红,必然长久红,这是第一个。第二个就是我在路上观察,比如说万壑松风,这就是一个网友捧红的东西,我们可以弄一个比如说轩辕谷奇松百态,我选一百棵松树或者一百种松树景观,这就可以打卡嘛。再比如刚才咱们说,唐诗意境。在玉华宫起来了,花海,如果你做格桑花的话,那至少九个月你都是网红,错不了的。做花很多,都市的花做的是养殖,所以洛阳牡丹靠花的品种取胜,但是我们这些地方是靠规模取胜。我见过最火的花海,江苏盐城大丰,有一个荷兰花海。我第一次去到了六点了,我们四点去喝茶，喝到六点了，我说怎么还不进去，他说不行，今天人太多。到了六点我才进去，一天36万人，就是2300亩郁金香。我说你郁金香完了怎么办。完了有荷花，我说荷花可达不到这个效果。因为荷兰驻华大使去了，说在我们整个荷兰没有这么大面积的郁金香花海，所以荷兰大使专门给他发了一个牌叫荷兰花海。但是有一个问题，现在只是人流量，花费很少，我建议在旁边搞个小镇。第二次去小镇建成了，花样很多，我觉得玉华宫可以干这个事儿。比如说有一个婚庆公司进去了，在小镇里包了一栋楼，就光这一个婚庆公司，一年收入7000万元，它那是江苏北部很偏的一个地方。所以我就说，不在于没有商机，在于我们能不能发现商机。比如说你结合花海背景，就搞一个婚庆系列，这把钱就挣到手了。当然这些事儿是什么，专业的人干专业的事，有些事儿我们干就不灵，找专业的人他就挣钱。不要怕人家挣钱，他挣钱对你有好处，我无非就是收点租子嘛，反而省事儿。但是我说留人，把人留住。而且在黄帝陵、轩辕谷、玉华宫，我们还加一句话——把根留住。人文始祖，这是中华民族的根，不但是把人留住，还是把根留住，同时把心留住，把心留住就有第二次、第三次消费。把这个事儿想明白，这是我想谈的第三个问题。

四、几个操作问题

  第一个操作问题是什么，就是分区域。轩辕谷南部，我不说黄陵国家森林公园，我觉得这个名称该淘汰，你是国家森林公园没问题，但是名称不能是黄陵国家森林公园。第一，黄陵就意味着你永远是黄帝陵的附庸，永远在二流地位。所以我说黄帝陵引人，轩辕谷留人，所以这个名称就是轩辕谷文化生态度假区。因为你现在还没怎么成名，改名还来得及。所以这个分区，南部叫文化休闲区，北部叫自然度假区，这样这43平方公里，实际上就理顺了。

  再一个紫峨寺。紫峨寺真正的优势，真正吸引点不在这个寺院，这样的寺院全国无数，你这没啥特点，真正优势在本初子午线。本初子午线我的一个感觉就是什么，它构造了一个天下之中。嵩山列入世界文化遗产，名称就叫天下之中。你这个天下之中的特色，两条线一交，中间一个圆，这是你真正的特色。而且大雄宝殿正好居于这个子午线上，我就说紫气汇聚滚滚而来，所以叫紫峨寺。轩辕黄帝在这个地方成《黄帝内经》绝非偶然，黄帝是我们后来给他封的名，他当时就是一个部落首领，但是他为什么能在这儿成《黄帝内经》这绝不是偶然。

第二个就是朝阳洞。朝阳洞是悬空建设,现在还留存摩崖石刻和壁画,我专门让莫老师查了一下,堪称全国最早的悬空寺。你光说一个朝阳洞意思不大,而且高居崖上,周边是一条栈道,沟通了周边一系列建筑,形成一道环线,这是第二个点。第三个点,基本上,这就把文化休闲度假区,或者文化休闲区构造出来了。所以你挖掘你的特点,但是不离康养主题。

第三个就是万壑松风。我在那儿问多大面积,奇松几何,为何在此地。我们的老师就说,生门阳坡,这是地脉、人脉集中到一起,才有这个特色。北京种树有一套嗑,叫"阴坡柏,阳坡松,不阴不阳元宝枫,最贫瘠处种黄栌"。所以这么多松树一定是阳坡,但是为什么会这么多,很奇特。其他地方有这么十亩松林不得了了,你这漫山遍野。把这个问题回答好,实际上就是什么,地气聚在这儿了,福气聚到这儿了,所以我的松树才长这么好。那人要聚在这儿,你的身体能不好吗,你的心情能不愉快吗。所以昨天一路上我都在想,怎样围绕我们的主题来汇聚资源,打造我们的产品。到了轩辕台,登高望远,子午岭尽在眼里。我今天上午走也是这个感觉,就觉得万山来潮,汇聚到中心,就是这种感觉。所以全国七处黄帝陵,但是司马迁定位,这也不是偶然。轩辕谷之松是高妙潇洒,感知生门的魅力,你来了就可以问一下,大家回答一下,为什么我们松树这么好。各有各的回答,那没关系。但是最终一个就是这里通地气,汇福气,我这才有十养,扣着这个主题做这个事。而且景观确实不错,包括十里松廊,感觉很好。山水相间,地脉相通,文脉相融。在这里感知前人,创造未来,休闲度假的味道也在形成。所以一个复合型的轩辕康养谷这么多年投入了很多心血,也投入了大量资金,我们需要做什么,就是围绕主题深度调整。

所以观光旅游这一套东西不用想了,能不能做一个玻璃栈道,能不能做一个索道,这事儿和你没多大关系。就像你们昨天那玻璃桥似的,很low,要是踏踏实实的步行道反而感觉更好,玻璃桥啥也看不见。而且现在玩到什么程度了,我刚看了一个叫玻璃天台,这个玻璃天台单独收费100块钱一个人,在浙江天台山。它这个天台三层,一层一层上去,一层一层观景,垂直高差500米,所以收100块一个人,大家去了不吐槽,说很值。还专门设了几处观景点,比如有一个观景点就是一个佛门,莲花形状,背景就是观音峰,你在那儿拍张照背景就是观音峰,再加上莲花门,所以大家觉得钱不白花。他有那样的景可以做这样的事,你没有这样的景你做它干什么。所以围绕主题深度调整,深度调整就是一个是要把优势深度挖掘出来,这是一个根本。第二,围绕主题该做的我做,不该做的不做。

昨天莫老师给大家介绍了一下方案，那个方案我很赞成。那个方案侧重休闲，娱乐性很强，同时会形成一系列网红打卡的东西。我们不是发愁没有网红打卡点吗？你这项目只要做出来网红打卡就成了。

我举个案例。安徽有一个老板找我，他景区开业嘛，我很为他的精神感动，就去了一趟。那个山叫小龙山，我说你这个山名字错了，小龙山、大龙山、二龙山全国有多少，你做出花来你也成不了名。我从那山下往上走，走到半山找不着感觉，上到半山之后出来了，都是巨大的花岗岩，形成各种形态，你就叫巨石山。当天就换了，而且这个名一出来，当年他的客人增加了50%。可是安庆人不干了，号称有十万安庆网民要发动第二次安庆保卫战，说北京来一个专家就把我们名改了。又有一次我去，我说你们弄三个人过来跟我谈，你弄十万人我没法谈，结果那三个气势汹汹的，觉得我侮辱了当地文化，贬低了当地文化。我就说一个，我说我改的只是一个景区名称，我没改它的地理名称，行政名称我都改不了。行政名称改，得国务院批准，民政部有地名司，我说改一个景区名称，当年客人增加了50%，这不好吗？最重要的是我把它的核心给抠出来，核心就是巨石嘛，这是我第二次去。

第三次去，我说你这个东西不行了，市场在变化，那时候这老板的儿子刚从英国留学回来，我说这事你要听你儿子。我说研究这巨石怎么利用，比如说这块石头上我画上画，那块石头上我凿点梯子让大家可以上下，石头很大。结果他就搞了二十个网红打卡点，包括什么玻璃天台、大秋千这套东西。这回大家一去，他说这二十个点转一圈玩下来至少三个小时，下山就在我这儿吃饭。我一看山下还有个山谷，很好。我说你山谷你要搞一片好东西，让大家可以在这玩，又有山坡草地，可以在这嗨，他就把这个搞起来了，都不错。

结果当地政府就跟他说，你要搞一片木屋嘛，他说木屋不行，木屋得有手续。政府说你先干着，边干边给你补手续，投资5000万元，干了一片木屋区，相当于别墅区，都挺高档的。结果秦岭事件一出来，全面整肃，一个晚上就得拆。开铲车的工人都掉眼泪，你别说景区的人了，围着铲车在掉眼泪，没办法，我说那这事怎么弄啊，没法弄啊。他说政府说了不算，政府说我很想说了算，但是我没办法，上面的命令，之后变通一下，就是你别搞木屋了，你在这搭帐篷吧，大家在帐篷里也可以玩，也可以住，至少你的生意可以维持。可是就现在来说，即使在疫情期间，他的生意还在上涨，现在靠什么，就靠这二十个网红打卡点。

这些东西在人的设计，我们只要把这个事儿做出来了，你还发愁没网红？不光是网红打卡，更重要的是大家跑来，网红主播来就等于给你做广告，所以他现在的招数是把山下几个村子跟老百姓商量好，他们怎么做民宿。我去年去了一次，我说你这个事儿这样，第一，前面都有稻田，你把稻田完整留下来。你不要小看稻田，稻田现在是宝了，它那儿大概两公里长，不算宽。这一片稻田多好啊，把这个村变成艺术村，无非就是在白粉墙上画画嘛，因为我看有几幅画已经画上了，我说你把整个村变成一个艺术村。你别请艺术家，艺术家太贵了，请大学生来，反正这白墙就是你们的创作天地，你们随便创作。你知道，这艺术搞完了，农民高兴，一把又火起来了。他在村里设了一些比较高端的比如咖啡屋、书屋、餐馆，设了一堆这些东西，他说这是我的盈利点，可是农民皆大欢喜。所以这个老板现在说什么话，农民没二话，因为他给农民带来了利益。所以我就说改了一个名，上一个台阶，做了一把网红又上一个台阶，现在农旅融合又上一个台阶。我之所以说这些案例，这都是我们可以做的事情。

靠住休闲度假康养这个主题，禅宗一句话，一花开五叶，我们这也是一花开五叶，这一花就是康养度假，五叶就是形成若干中心项目。但是这里确有一个短板，怎么办？我们现在还有一个掣肘因素就是土地有限。我昨天下了高速公路就沿途看，我想看看当地民居什么样，几乎没看到民居。那边老百姓的房子多少！你这不同，你这有几个村，有几个村就不同了。但是朝塔小镇，所以昨天下午看了一下规划，我讲还不行，今天上午我又专门看了一下现场。这个朝塔小镇是一个突破点。因为就你现在一个紫峨寺宾馆，一个子午线酒店，然后北门那边那个酒店。你这酒店都是招待所式的，这哪叫酒店？更谈不上度假酒店。可是朝塔小镇不同，你这几个你先维持着，不要急着改造，因为你现在改造条件还不成熟，包括你这边也是。现状你们先维持着，保证运营，保证现金流，条件成熟了来一把大改造，把这个酒店真正变成一个度假酒店的格局。像北门那个酒店还可以，有阳台，因为关于度假酒店，我们专门做过一个标准，就是研究度假酒店怎么做，一系列的东西，我们可以把这个标准提供给你们，你们按照这个来研究这个事。朝塔小镇不同，它是一个半截子工程，我评价它就是占着茅坑不拉屎，那你挪挪窝行不行，但是就涉及一个商业运作。我觉得这个底线是什么，你的土地成本不满足。严格说，我买你就是买这点地，673亩地，沿着山，一字展开，土地很好，地形也很好，就是它做low了。这样的话把它拿下来。说句不客气的话，它地面的构筑物都可以拆，但是我用不着急着拆，这是谈判底线。土地成本，高线就是加上你的构筑物成本，但是你的资金成本少跟我说。比如说现在算下账来5亿元了，实际上就是3亿元成本，那2亿元是资金成本，这你还能跟我算账吗？要不然就是死局，我给你死里求生，给你破这个死局，能有所补偿这已经很不错了。

可是这一块要是拿下来，这盘棋就彻底活了，因为轩辕谷和玉华宫是两个模式，就彻底火了，就可以做一篇大文章。我能看到这一步，你们现在还没有想到，这边就是花开两朵，各表一枝。一朵是什么，先做休闲娱乐文章，有人玩，玩晚了，玩晚了就想住，现在的宾馆能凑合，所以先别急着改造。真正的文章是在朝塔小镇，包括昨天说的自然博物馆这个，我说为什么要围绕主题，自然博物馆不违背这个主题，只不过形不成商业模式。我加一个牌——"皇帝内经体验馆"，就形成一个商业性的东西，这就完全不同了。很自然，这是一个核心，是一个突破点。否则转型半天，没有像样的这种东西，就是不行，所以这种东西我建议是什么？看看无锡灵山的作品，就是无锡灵山的一堆，拈花湾、金陵小镇那几个胜境你们不用关注，就是他这一类产品。我刚在台州看了一个，也是市中心一片街区改造，改造了一个东西，真让你叹为观止。我们身边的案例就是华清宫。华清宫里边有一个温泉御汤酒店，原来是员工设施工作用房。他把那堆东西都拆了，建了一个温泉御汤，一个院子最贵一晚上6万块钱。这一个院子大概有10间房，平均一间也是6000块钱，就是你可以在这开会。精品，真是精品。所以我觉得朝塔小镇，将来要想做这篇文章，好好参考一下灵山。金陵小镇，它现在叫样板段，占地67亩。就这67亩项目一出来，马上变成南京最引人注目的，现在只要中央领导到南京一定去看。我去了两次了，他那边有一家民宿，我在那民宿住了两次。你进了那个民宿就不想出来，神来之笔。

我建议你们看看这些东西，至少我脑子有一个构件，我得往这个模样努力，这个突破点找着了，轩辕谷满盘皆活。要不然光是休闲娱乐这一套还不足，最重要的就是让大家住下来，在这吃、在这玩，因为那个面积够，包括那条商业街，一晚上可以玩出很多花样来。像金陵小镇那条商业街，一共12家店，他说我严格选择，选了这12家，可是你看着也是一个很完整的商业街的感觉，一问哪个店生意都很好。所以这个事，我觉得这倒是一个格局，玉华宫这边的格局实际上就是做民宿的格局。因为你现在有几家酒店了，马马虎虎，但是你要想大容量发展，就得靠民宿。玉华宫第一个叫历史传承，唐朝皇室宗亲都过来度假，这就是高标。你要感受点唐人的生活，我们有唐诗意境。第二是山川锦绣，这边也是。

而且这两个地方，有一点我都很赞赏，就是你们水的配置不错。西北的山怕的就是没有水，山无水不秀，水无山不幽，水的配置不错。第三就是唐朝背景。所以像刚才那些故事，你们尽可以讲，我是想这和玄武门之变应该有点关系，因为历史上的阴谋都是在这种地方发生的。当代社会也一样，当代社会的阴谋都是在高尔夫球场酝酿，是不是？所以这个唐朝背景应该设计一些私密性地点，就像御汤温泉一样，一个院子大家可以泡温泉、可以开会，可以最私密地商量事情，你要设计一些私密地点，然后创造一些唐诗意境。

我昨天在轩辕谷就说了，把唐诗里凡涉及松的唐诗摘出来，在我们这处处展示出唐人怎么说松，"明月松间照，清泉石上流"，类似这样的很多，让大家到这。你这更是这样，把唐诗意境展示出来。这些民宿不用大动，啥样就啥样，而且现在我看这几个村房子都挺整洁，环境也不错，村前面也有地，再前面有大片花海，再这边有水，本身已构造出一个意境了，再点缀一下形成这种唐诗意境。所以总体来说，这是康养福地、度假圣地。轩辕谷不同，那是中国养生的起源地，这概念就完全不同了。

最后我想说，就是工作怎么推进，反正一个老板，两个行政区没有关系，联动起来，申报国家级旅游度假区，以我现在的眼光看，你的条件够了，但是还要做做工作。你们先申报，比如先报到省文旅厅，然后省文旅厅再报文旅部。因为这事有标准，按这套标准，哪点不足你们补。原来好多地方申报这个度假区最头疼的是什么，面积要求太高，现在面积要求缩小了，你这恰恰相反，43+36将近80平方公里，面积没有问题，环境也没有问题，交通基础设施也没有问题，你现在缺的就是产品还不足。没关系，你们先申报，先拿一个省级度假区的牌子，然后逐步达标，再拿国家牌子。这个牌子对你们的发展没有妨碍，对你们的发展有促进，大家就会想，说这地方还居然这样。然后再研究打你的品牌，五千年养生起源轩辕谷，八百里生活尽在子午岭，很自然，是西安的大花园，是西安的大福地。但是如果从市场来说，根本性的市场在长三角，反正我对长三角的消费能力深有所感，很多人完全没有价格敏感性，就追求品质、追求差异化。所以你这地儿要说缺憾就是没有温泉，这是一个缺憾，没有没关系，山里的泉水胜过温泉，就是顶级的，子午岭的水还不好吗？

但是我构造一套生活，这就完全不同了，所以我就是说生活养情。这么操作下来，就是从我们现实工作的角度说，基本上3年这牌子就能拿下来。这和其他牌子不同，其他牌子都是红线，都是约束，这是一个促进的牌子，而且你两家一块报，一个老板。这么做，我觉得这事挺好。文旅部最近刚刚在浙江湖州，办了一个国家旅游度假区培训班，我去讲了一次课。我专门问为什么来湖州办，湖州有七个度假区，那一个地级市，其中有三个是国家级的，所以觉得这是典型。但是整个湖州没有一个5A景区，从传统观光旅游来说实在没有优势可言，但是度假这把抓住了。这么说下来，最后再算一把账，比较起来，现在必须得花钱，但是比你做观光旅游这条路，花的钱会少一些，而且挣的钱更多一些。人留下来还怕他不花钱。景区老说二消，这是一个伪概念，景区最大的问题就是停留时间太短了。停留时间短，你叫他到哪去花钱，他连花钱的时间都没有。但是休闲度假康养这一套就不同，康养有一个规律，它是分阶段的，有疗程的，所以得设计出来。比如说在我这康养需要三个疗程，一个疗程半个月，每个疗程让你达到什么效果。不光是一个治疗，是全身心的。我碰过一个最牛的，在四川，离成都80公里有一个鹤鸣山，这名字一听就很棒。我去了以后，那老板先带我看了一棵树，说这是全国唯一，一棵金丝楠木，3900年，给我震住了。我再一看也是，我说你这房子盖几年了。他盖了一些大屋顶的房子，房子上都长树了，5年。我说5年这屋顶就变成这样了，他说这就是福气好，好东西都汇聚在这，所以才能有这些东西。由此联想，福气汇聚，才有这么好的东西。他牛在哪？老板是一个上市公司董事长，他说上市公司我根本不管，我就管这个事。他说，我现在最欢迎的客人是什么客人？西医已经宣判了"死刑"，你到了我保证你活，时间长我保证你生，就这么牛。

但是，他就能把康养说到这份上，所以我建议你们就琢磨一点类似的东西。最关键是什么，吸引回头客，而且不但回头，住的时间还长，花的钱还多。反正现在全国最牛的就是海南博鳌那个医疗旅游健康区，那真是牛。体检一次12万元，大体上是一个礼拜，50个大项、300个小项，都完了，各科医生会诊，会诊完了派一个医生系统给你分析一遍，你的身体如何如何，接着提治疗方案。你别看这么贵，我想去，对不起，现在排不上。这是一个更长远的方向。这是把有钱人一勺烩，我们能不能往这走，那是另一回事，但是至少他全是西医这一套，我们用中医这一套，缓和一点，又不用花大钱，也能形成较好效果。所以我就说围绕这个十养品质生活，长红红在哪，因为对健康的需求、对长寿的需求，是人类永恒的需求。有永恒的需求，我们就可以提供永恒的产品，这就是我们长红的基础所在。所以我就感觉光讲长寿不行，乐寿、康寿，有时候比长寿还重要。

所以我给你提供乐寿之地、康寿之所，这不好吗？很自然，休闲度假康养这些题目扣在一起就可以做起来了。所以要是说长远构想，或者说长远目标，第一步做到西北第一，第二步做到全国高端。可是这里边有一些根本性问题，就是要精细化，现在我们的东西太粗糙了。第一我们要转型推进，就是从传统景区、观光景区，转型到文化休闲度假康养。第二叫精品提升。即使从观光景区角度来说，我们现在这两个地方，比全国大概落后10年，比发达地区至少落后15年。但是没关系，争取做出一个精品，你得按这个路数来说。说精品我说一个概念，我现在评价最高的，就是无锡灵山，前四期工程都是观光的，一期上一个台阶。我评价它叫无中生有、有中生好、好中生优。后两期叫优中生特、特中生品，就是拈花湾，做完了就是全国经典。所以那个地方，你看来看去几乎挑不出毛病了。我的眼光很毒，到哪我都能挑出来，在那挑不出毛病，就是这种精细化。西北人本身就粗糙，但不是做不出好东西来，最好的就是那个华清宫。华清宫加在一起260亩地，我评价这是全国单位面积产量最高的景区，实际上它现在主题是长恨歌。客人也是这样，客人白天都不愿意去，可是长恨歌一天两场，一天三场。

  我也是唯一听到一个老总跟我说，他说不说人数，他张口就是收入多少、利润多少。一般都是说我接待多少人，我问，收入呢？勉勉强强。利润呢？勉勉强强。不敢说实数。他就不同了，这就是他转型的结果，而且也是一个精品建设的结果。我们好多东西，守着这个案例，我刚才特意跟你们小刘总说，你务必得到那住一晚，不能光看，你不住一晚你就没有这体会。但说句老实话，御汤酒店什么都挺好，吃的不行，总体来说陕西就是一个碳水大省，吃着很热闹，但实在不精致。无数面条也顶不上人家一碗面200块钱、300块钱，一碗面就这个价格，而且还排不上，不是说你去了就能吃。所以通过这种精品提升来谋求我们的财源。像你这一个民宿小院，比如小院有三间房，一晚上价格应该达到多少，1万元，是不是？要1万元起，高可能就是2万元。我们民宿一个小院卖2万元这不算什么，北京疫情期间5万元，五一、十一的时候，那一个什么破院子，也得1万元起。但是不能把民宿当农家乐看待，农家乐就太low了。基础是农家乐，之后叫民宿，现在叫精品民宿，精品民宿一间房一个晚上3000、4000元不算什么。同样将来你那个朝塔小镇做完了，也得是这个。我想象将来的朝塔小镇晚上是什么，必有篝火晚会，必有各种小表演。不要研究做一台大歌舞，别琢磨那个事，那事好不了。但是各种小表演可以有，快闪这东西可以，把这套东西弄下来了就火了。所以这些事叫机会带来机会，条件创造条件，发展促进发展。

你现在觉得是一筐螃蟹相互掣肘，怎么弄好像都弄不懂。把突破点选准，那边突破点就是朝塔小镇，再加上你总体的这个休闲娱乐这一套推进，孩子妈妈带着孩子来，孩子一玩玩一天，晚上必在这住，吃一顿饭那更不算什么了。这是引流量的东西，可是时间长了就不同了，然后晚上朝塔小镇咱们住，必在那住，你如果真正做到了精细化的水平，这就不同了，就变成一个下金蛋的母鸡。这边突破点就是民宿突破，但是别那么low，别上来的起点就是农家乐，也可以引一批长三角的品牌民宿业主，请他们过来，反正我给你利润空间。这房子是你的，咱们谈好租期，他希望租期越长越好，现在一般租期是15年，我可以给你16年。因为租期长，他就有长远想法，他要租期，你自己投资改造，我给你提供背景。比如你这小院能不能来一个唐诗意境，你这小院能不能来一个关中象征，你这小院能不能来一个养生小院，我给你提供背景你自己来做。这些人都是引流的，他不但有能力来给你投资，对他们来说不算大投资，但是更重要的是他背后有客人，所以你何必自己辛辛苦苦做呢？做完了客人还未必满意。这样的话就是把自己当作一个平台化企业，实体性投资，二次招商，形成一个实体化运作。

但是在平台高度上，一定意义上就要轻资产运作，可是没有重资产投入，哪来的轻资产？同样一个道理，玄奘这篇文章也可以大做。今天咱们爬上去那个遗址我就很赞赏，那遗址实在好。好在哪，就是因为它是遗址，你要真在那复建一个大殿，反而不如现在有味道。所以不要认为花钱就有好事，有时候花钱反而有负面结果。所以这种精品化提升，是一篇长远文章，但是首要概念就是我们自己能意识到。我专门写过一篇文章，叫《旅游的美与美的旅游》，2008年我就感觉中国旅游发展短板是什么，是我们领导的审美情趣不高，开发商审美水平不够，所以人家怎么做我们就怎么抄，那你的美在哪？所以我们这个层面，精品运作，精品不是豪华，精品是美。我们这个层面运作，我们就会上一个大台阶，大家会感慨，没想到西北还有这样的项目。凭什么西北人就是傻大黑粗，我就是大漠风尘，我就做不出来精品，没这个道理。华清宫是张小可在那主持，我们陕旅集团董事长，他这人品位很高，所以一个《长恨歌》，一个《重庆1949》。《重庆1949》是他这两年的作品。在中国旅游协会的旅游服务排第一第二，都是我们西北人做的。所以我也希望我们齐心协力，我看现在条件不错，尤其有我们煤炭地质集团老板的投入，我们刘老板花了多少心血在这个事上，有这么好的基础，上这个台阶，3年为期，指日可待。

天津五大道，如何破局[1]

说到五大道来开会，我在北京的时候，脑子一想就是意大利风情区。五大道肯定来过，天津来了无数次，利顺德住过七八次，但严格说缺乏这个概念。实际上是什么？这就是五大道的一个短板，没有成名。所以，一次海棠花节很成功，这很好，我很赞成，但是它不代表永久。今天上午来转了一圈，尤其是听张老师说得精彩，找到感觉了。我今天谈三个问题。

一、城市有机更新与城市大休闲

这几年疫情，我考察最多的就是城市有机更新项目，让我很吃惊的是，没有一个项目亏损。在疫情这种情况下，做这样的事，没有一个项目亏损，只有一个项目我看不准，因为投资太大，其他的大家都很乐观。实际上是一个什么情况？恰恰是在疫情期间，我们的城市大休闲发展起来了，哪儿都不能去，所以就把我们城市的各类资源挖掘出来了，形成一批这样的城市休闲项目。

比较典型的是什么？就是传统的工业厂区，老厂房、老仓库，这些东西都挖掘出来了。比如北京有个朗园，这个朗园做了三个朗园，都是老城区。后来我就想，为什么都盈利？很简单，第一个原因，原来区位都不错，都在好位置；第二，基础设施完善，不需要大把投资；第三，地产性质不变，原来是工业地产，现在还是工业地产，但功能变了；第四就是交通聚集；第五就是市场聚集。有五个这种原因，这样的项目怎么能失败？而且它有一个好处是什么？不需要大投资，实际上做的是更新改造。所以，我碰到他们就问，这样的项目怎么定位？他们说我们就是文商旅。我不赞成这样定位，文商旅只是业态，有机更新

---

[1] 根据2023年4月7日在天津五大道论坛上的演讲整理。

项目是什么？是城市空间新变化，城市价值新提升，城市生活新场景，所以不是一个简单的文商旅，文商旅是下一个层面的事。

从操作角度说，基本上都是平台化操作。这一个厂区一个平台公司进去，之后谋划一番，开始二次招商。小商小贩、小店家、年轻人都进去了，每个人弄一间房，自己改造，自己做，成本也不太高，迅速形成了人气。这是这三年城市发展一个新变化，它的背景是什么？就是我们狂飙猛进的城市化运动基本上到头了，靠原来房地产发展、土地财政，都走不下去了，房地产发展到天花板了，土地财政现在也很难进行了。也就是说，靠增量方式发展城市，这条路走到头了，所以现在全国所有的市长都在研究怎么挖掘潜力，怎么执行城市有机更新，这是一个普遍情况。最近刚下了一个文件，倡议旧厂房、旧仓库改造文商旅，这个文件我没看，只看了一个题目，但我觉得对这个事研究不够，引导方向也不完全。但是，有这么一个东西总是一种态度。

最近又有了新的变化，不光是旧厂房、旧仓库，包括很多商场现在也在更新。比如长安十二时辰，西安这个原来就是一个老商场，运营不下去了，所以他们就研究怎么弄，而且它地处曲江，就搞了长安十二时辰，把一个老商场改造成了一个城市文化爆点，消费亮点。那个项目到什么程度？基本上客人进去要花6小时时间，因为它有70多个演出，每个演出5分钟、10分钟，还觉得没看过瘾呢，就完了，有点像快闪，沉浸感、场景感、代入感极强。我看完了和他们座谈，他们就说你怎么看。我说这事挺好，创造了一个有机更新模式，不但是工业化阶段的这些东西我们需要改造，需要更新，包括进入新时代，商场都需要这么做。36000平方米一个商场，现在用了24000平方米。我说这个简单，第一，空间扩大，36000平方米你都用上，第二，时间延长。它现在晚上到10点结束，我说整到12点不行吗，夜里2点结束不行吗？这就是一个新模式，实际上也代表了一个新方向。

今天到五大道，又看到了一种新模式。这种新模式是什么？是老城区创新。这种老城区创新，还没来得及归纳，但确实是一种新模式。新在哪儿？五大道最大一个好处就是不用动，像其他那些，不管什么情况都要动，但是你不用动。可是，怎么来把这篇创新文章做出来？海棠节应该说是一个活动型创新，但是长期吸引客人，长期形成消费热点，靠什么创新？至少我看见了一个开端。所以从这个角度说，城市有机更新一步一步在提升，一步一步在变化，对应的是什么？对应的就是城市大休闲。比如原来百货商场现在基本都死了，就改 shopping mall 了，shopping mall 现在也有点做不下去了，实际上现在能维持生命力的就是城市休闲消费综合体。

创新这条路怎么走？首先要有新认识，不能局限于一个文商旅，只局限于一种业态吸引。业态的丰富，文商旅过几年可能就变了，变了搞什么？这一系列东西，更何况涉及一开始说的五大道的短板是品牌，怎么把品牌立起来？这是一个问题。所以，按照全国城市的发展变化和这种趋势，按照世界性的城市变化趋势，我们现在踩在点上了，确实需要做一篇新文章。

二、发展目标

我们到底追求什么目标？今天看，你们是 4A 景区，准备上 5A，这个事我不反对，我只能说不反对，严格说我也不赞成。为什么，你这是景区吗？这涉及我们对自己到底怎么认识。另外，5A 就算目标吗？全国现在 318 个 5A，我走了 312 个，5A 景区的标准就是我主持制定的，也是我负责推广的，我有数。争那么一个目标，我觉得有点委屈自己。我为什么跟姚书记说，我找到感觉了，我就是觉得这顶帽子戴到我们头上有点小，有点不合适。严格说，这个地方是什么，是一个都市文化休闲区，一个深度体验区，一个核心消费区，严格说是这么一套东西。这套东西我们非得用一个景区来套，因为做景区，就涉及你这是无边界的，要不要搞边界，要不要设门。如果搞，门票收多少，本来一个开放型城区，怎么现在变成收门票了。老百姓马上提出质疑，你马上就得有区别政策，本地市民如何，外地如何，这不是自己找啰嗦。

而且，还涉及一系列问题。我尤其怕你们削足适履，对应标准，现在缺一个好的游客中心，要投资几千万元，甚至上亿元，做一个巨大的游客中心。完全没必要，做它干什么？有一个，所有元素都有，规模小一点，大家到这儿来很方便了解各种东西，体验各种服务，够了，凭什么要做那么个东西。现在好多 5A 景区就变成游客中心规模和投资的竞赛，我见的最大一个，游客中心本身投资 3 亿元，疯了，干这种事？他说我们这才能把其他 5A 景区压倒。

五大道 1.8 平方公里，几纵几横，23 条马路，2185 栋房子。第一肌理完整，城区能保留这么完整肌理的地方不多了，全国都不多，世界上很多，中国太少了。第二，品位完善，感受完善，第一完整，第二完善。这不是资源概念。在五大道不要谈资源，谈什么，谈产品。哪怕地上一块砖，都是资源，强化资源干什么？但是我就问，有什么产品，给客人什么样的感受。所以我就说品位是完善的，感受是完善的，沉浸是完善的，应该这样。第三个叫基础完备，现在形成的基础非常完备，远远超出我的想象，因为我们现在在很多城区改造调整都涉及一个问题，到底怎么改造，很多地方得做大文章。比如杭州有一个御和坊，请王澍设计，王澍就说了一句话，叫我设计，得听我的。所以他从明朝的房子到清朝的房子，到民国的房子，一直到新中国成立以后的房子，全部保留下来，他说是保留一个历史脉络。可是当地政府就说解放以后的房子不好看，必须得拆了重建，他说这我就不能接受，最后也是个作品。可是，那种地方看着，违和感还是很强的，我们这儿没有违和感，偶尔能看到，这是我们的房子，为什么？超出3层了，超过12米了，但总体来说这种和谐。这种完善和完备，这个没得比。

所以，我说两个目标。第一个目标，世界文化遗产。这个目标我提个参照系，以色列特拉维夫有一个白城，这个白城是上个世纪二三十年代德国犹太人过去，过去后就按照包豪斯风格做了一个城区，在90年代纳入世界文化遗产。这让我很吃惊，我以为世界文化遗产怎么也得有几百年历史才有资格评上，没有，照样纳入，和我们这里的历史一样，我们也是上个世纪20年代开始的。但是白城建筑太单调了，哪儿有我们这种多样性，哪儿有我们这个世界建筑博览会的感觉，完全没有。而且，有些建筑严格说保护并不好，因为一直就是老百姓住的房子，但是它照样纳入，那为什么我们不能纳入？所以我想这就是我们第一个目标。从操作角度，能不能进入名录不重要。第一，我们申报，这是底气，我有这个资格，有这个水平，有这个条件。第二，纳入预备名录，纳入预备名录说明什么，说明国家认可我们，至少文物局认可了。文物局认可我觉得不难，至于什么时候能纳入，不要想。按照联合国教科文组织的规则，一个国家每年一个。有一次在苏州开会，我们强烈提议，说国家有大小不同，历史也有长短不同，遗迹也有多少不同，不能一刀切。所以那次调整了一下，一个国家可以申报两个，但至少一个是自然遗产，也就是文化遗产就一个。中国这么丰富的文化遗产，我们申报，排队没关系，有前两条就够了。我关注的是在市场上我们怎么把牌子打出来，而且有特拉维夫白城这样的案例在，为什么不能做。这是一个目标。

第二个目标，世界一流都市文化休闲区。我不太赞成叫旅游区，也不太赞成叫景区，

叫景区，叫旅游区，都有点委屈了。第一个概念叫都市文化休闲区，或者叫城市中央休闲区。我们做过一个国家标准，就是城市中央休闲区，这个标准到时候给你们管委会，你们按照标准整改一下，整改完了就发牌。有了这个基础，这个国家标准和5A景区的标准一样，同质、同档次，都是推荐性的国家标准，只不过5A景区做了20多年了，品牌起来了，我们先拿一个国家牌子不好吗？

在这个基础上再说都市一流，世界一流，我们自己给自己戴帽子不行吗？20年前我到江西婺源，婺源打了个牌子，中国最美丽乡村。我就问书记这个帽子谁给的？他说我认为我达到了，我自己做一顶帽子给自己戴上不行吗？那有什么不行。过了几年，大家公认中国最美丽乡村婺源。为什么非得别人给我戴帽子？一句话，敢吹、会吹、经得起吹。我们先拿一个国家标准垫底，跟着就世界一流，不服咱们比，比比巴黎，比比伦敦，也得分区域，也不能说城市和城市这么比，分区比，五大道不愧于任何地方，不弱于任何地方，就得有这个信心。

所以很自然，我觉得这两个目标才是真需要追求的目标，而且这两个目标唾手可得，为什么不干？有这两个目标包装一下，就可以大吹特吹了，这样，现在最大的短板就解决了。

三、怎么做

总体来说，和平区9.98平方公里，我实在没想到这么小，我们就是螺蛳壳里做道场。螺蛳壳是客观存在，但是做的是道场，这不是一句玩笑话，怎么把这个道场做出来？高大上，高精尖，这应该是我们的追求。所以很自然，核心是什么？我们的区位和资源富集程度，但我们工作的核心是什么，是精品。严格说北方人都粗糙，要真说做精品，比南方还差点。可是这地方不做精品不行。为什么，打下的底子就是精品，如果你把这个精品做low，对不起前人。我不能说对不起老祖宗，这是外国人打的基础，但花钱都是中国人花钱，是不是？所以，怎么把精品做出来，这是下一步需要研究的大问题。

怎么补短板，怎么打品牌，真正从产品品质说，是高质量发展。高质量发展是国家"十四五"的主题，但实际上中央谈高质量发展是两个要点，第一个是质量，第二个是效益。好多地方只谈数量，很少有人谈效益。我只碰过一个，就是华清宫的老总，他上来不说我接待了多少人，上来就说我收入多少，多少利润。比如他一个《冰火长恨歌》，这是2022年冬天一个创意，加起来一共38天时间，收入8000万元，一天两场。一开始想一天演一场，后来发现不行，对应不了市场，一天两场。我说8000万元收入怎么得有3000万元利润，他说颠倒过来吧，5000万元利润。我只碰见那么一个人，不跟我说人数，就说收入和利润，为什么？因为我们整个旅游行业收入少、利润差。简单说，首先是火爆，火爆什么？旺丁不旺财，你这个海棠节接待了400多万人，最多一天100万人，平均一个人花几个钱？有热闹总比没有强，但是我们不能满足于热闹，反正恐怕长远来看这是个问题，可是你有条件，又恰恰是好条件。

当然现在有一系列问题，我上午和管委会的人聊了聊。第一个问题就是体制是不是科学，就是产权关系很复杂。我的房子我就不愿意运营，我就愿意自己住着，你管得着吗？你管不着，说运营什么，你也管不着，这是市场的自发行为。可是由于这种产权关系复杂，就造成了我们很多运营关系复杂，这就是一个大问题。另外就是业态，一说文商旅，文商旅是三个业态，其他的业态，新的业态呢？尤其我们能不能形成品牌性的比较集中的业态，这事就得研究。比如上海衡山路酒吧一条街，我有一次晚上去，年轻人说去喝酒，我没这精神了，去看看吧。第一个酒吧，满员，第二个酒吧，满员，第三个酒吧，外边有位。当时天气很冷，我说在外边坐一下吧，坐一下我就走。几个年轻人，第二天我问几点钟回来的，夜里三点。到上海不到衡山路酒吧一条街，至少喝三个酒吧，否则就算白来。

五大道能不能整一条这样的街？那就得研究一下上海那条街怎么形成的，一定是有政府导向，也有市场培育。反过来说，我们能不能有几条专业街？比如一条街专门就是文化街，一条街专门就是艺术街，一条街专门就是音乐街，我只是举例，而不是简单一个文商旅。认为这事就可以做了，要这么想就太简单了。所以总体来说，至少是高中端，大众流量随他来，我不阻拦，严格说这不是我的客人，我们应该是中高端客人。客人在这儿，比如除了酒店外能不能有点民宿？这种精品民宿，在浙江精品民宿一晚3000块不算什么，最贵的一个院子一晚上2万元，怎么就他们那地方有钱，我们这没钱？不是。北京这几年，郊区那种民宿，根本算不上精品民宿，一晚上一两万元，多得很，还订不上。这些实实在在的业态落到我们这儿，而不是大家逛一圈，才真正会有收入，有利润，真正把都市消费给我们起到实实在在的作用。

简单说，策划当先，运营前置，这是我们这么多年总算明白过来的事。很多投资商投资旅游，上来就投，投完了谁来干，找不到合适的人干，这个项目就败。现在聪明了，先问有没有合适的人，找不着合适的人这事可以不做，或者少做，小做，这就是运营前置。原来规划，一个大本子，厚厚的，行了，甚至规划发展到什么程度？有个德国人给长沙做了一个规划，一堆大咖去了。这个规划让我很奇怪，以后规划评审我们要带一个称，大家来称一称哪个规划最重，我们就通过哪个。这能行吗？现在大家感觉不是这个路数，可是有没有一个好的策划思路，尤其是能不能达到平台化的策划，这是关键。所以，策划当先，运营前置。

第三句话叫时尚融入，要把时尚的东西融入。不光是年轻人的时尚，老年人就没有时尚？现在有个词叫长者，不说老年。年轻人又没有时间，又没有钱，可是他们有多少花多少，大家认为这代表了未来。他们不代表未来，只代表现在。过几年年轻人也变成中年了，他们代表什么未来？可是，长者，也就是说60～75岁，这年龄段的人，又有时间，又有钱，而且他们对互联网不隔膜，花钱能力也有，花钱愿望也有，但是没有对应的产品，想花钱到哪儿去花？再过几年，想花钱都花不动了。这个市场是一个富矿，那我们就好好挖掘。假设五大道变成一个长者怀旧之地，一个新的市场就出来了，时尚融入是年轻人的市场开发出来。

这些东西确实需要研究，努力形成科学的管理体制，形成合理的运营机制。同时，按照总的盘子，一步一步补足。中国旅游协会每年要搞一个中国旅游创新案例。今年的刚搞完，正在酝酿推荐下一届，我今天看完了，五大道就可以作为中国城区的创新，中国都市休闲的创新，推荐上去，有助于提高影响，有助于增加我们的效益。说到底，就一个感觉，这么好的地方，做low了太可惜，至少是中端，努力做高端。我原来在天津小洋楼吃过几次饭，每次都感觉很好。我在北京就批评，文保专家动不动就保护，这些楼不用，旧房子越不用越毁坏，你把它用起来，房子反而好保护了。我说天津就很好，北京就很差，批评他们，还不服，下次找一个能让你称赞的地方，做好了确实好。包括一个特别特殊案例，一个荷兰人看中了北京一个寺院，就在城里，最后也不知道怎么折腾来折腾去，后来是王岐山当市长的时候特批，可以在那儿运营，弄了个西餐馆，平均1000块钱一位，还可以放小电影，原来的东西原样保护。因为那个寺院原来已毁了，是一个工厂，北京电视机厂撤出去，现在变成一个品牌性的地方，都说要去。我到那儿去了三次，太宰人了，怎么宰？不在价格，在性价比。可是一去就感觉不同，服务员英国小伙子，那桌服务员意大利姑娘，在北京还能有这样的东西，可以啊！我举这个例子是希望在五大道能看到这种场景，能达到这样的水平，我们能赚这份钱。

怀柔北沟村，瓦厂开新颜[①]

一、现场感觉

瓦厂原来是个烧琉璃瓦的乡镇企业，现在变成了一个休闲度假村。我不认为这个地方需要叫旅游村，叫旅游村把自己贬低了。这个地儿假设一天来几千人，你还活不活了？当时我就问一句话："来几千人，花几个钱呢？"我昨天在天津，天津五大道刚搞了一个海棠节，一个礼拜，400多万人到了，最多一天，100多万人到场。我说这很好，看见我们旅游的兴旺了。但是我就问一句，每个人平均花费多少？因为现在普遍情况旺丁不旺财，所以大家这么兴奋，旅游总算活过来了。我说，对，喘过一口气，还没有翻过身。

这儿也这样，2049企业集团投资1.5亿元，建起三组大概100多间客房，村民也跟着改建，形成一个特色乡村。这个乡村给人感觉，首先村容整洁，第二村貌有文化，第三村民素质不断提高。所以早晨起来空气清新，天色蔚蓝，花开艳丽，感觉确实不错。这是第一个感觉。

第二个感觉就是瓦厂酒店，麻雀虽小五脏俱全，城市酒店的项目在这里应有尽有，之所以受到欢迎，正是乡村环境、城市享受，反差越大越有吸引力。好多地方总在强调"我是原生态"，我就不赞成这个词。我归纳了一下，叫原生态着眼，我们拿原生态来说事儿，次生态着手，真正你做的是次生态，泛生态着力。什么叫泛生态，就是对环境尽可能小破坏，对环境利用尽可能大，带走的只有照片，留下的只有脚印，这叫泛生态。最后一句叫深生态铸魂，什么是深生态？深生态就是说我们人类不是万物之主，我们只是万物之灵，如果我们是主人，我们凌驾于一切生物之上，人类就摆错了自己的位置，我们和万物是平等的。

正是这样一种乡村环境，我们追求这种生态，但真正享受是城市的享受，如果说原生态，就不应该有马路，有电线，更不能有电线杆，什么上下水都不应该有，这才叫原生态。

[①] 根据2023年4月8日在瓦厂的演讲整理。

这种原生态我们喜欢吗，能接受吗？肯定接受不了。所以现在一到乡村，第一句话就问你上下水怎么解决，污水处理怎么解决，垃圾怎么解决。这几个解决了，客人来了有洗手间，可以洗澡，你就算能稳住。如果这些都没有，那对不起你休想搞乡村旅。这就是说我们酒店特色所在。

第三个就是三卅，三卅是瓦厂的另一个组房，八栋房舍，连房接瓦，小院深深，日光灿烂。所以上午在这儿感受了怀柔的山乡，知道了北京的进步。我为什么这么说，我对北京的乡村旅游从来是一种鄙视态度，太丑了，哪像北京啊？我也很奇怪，这么一个高大上的首都，原来乡村旅游一说就叫民俗户。我就说你们这个词起得太臭了，岂止是土，简直是臭。什么叫民俗户？乡村有民俗户，城市有没有民俗户？这个概念把自己就说乱了。所以那时候我就一个感觉，北京乡村不能去。你说北京乡村一年接待一亿五千万人次，我说这个数我根本不信，为什么？无非就是找那些不花钱的老头、老太太到这来瞎转一下，给你们凑人数，有意义吗？但是，通过今天我的感受，我们上了一个台阶。

第四个，就是村里的民宿都开始改造，各色各样都有特色，跟着市场走文化反而浓。所以在这里，我就说与其强调保护，不如市场引导。这么多年来，我作为一个旅游专家，经常和文化专家，尤其文物专家打架。他们就说你们搞旅游就是破坏环境、破坏文化，为什么？因为你们只追求利益，只想着挣钱。我就说你们这种观点我都懒得驳斥，为什么？因为你们违背了常识。我就问一句话，旅游卖什么，卖的就是环境，就是文化，我们能把我们卖的东西拿出来破坏再卖吗？这违背商业常识。就像一个服装商人，一定要把服装弄得整整齐齐，干干净净，漂漂亮亮，还得挂上一个假名牌，他才觉得卖得出去。你见过一个服装商人把衣服在泥水里滚一遍再拿出来卖的吗？我说违背常识的观点你们还拿出来批评旅游？我真懒得驳斥了。可是，这个观点常常被用，而且被滥用，所以我就说从本质上说，做旅游的人，比文化工作者更重视文化，比文物工作者更重视保护，比环境工作者更强调环保。为什么，就是因为我们卖的就是这些东西，你卖的东西越好，才越能卖出去。

上午在这儿，也和秦总和王书记一块儿聊了一把，后来在秦总的雅居又聊了一把，确实有一个感觉，这个项目极大拉动了这个村子，从根本上改变了这个村子。这个村子就100多户人，300多口，原来就靠山上的这点栗子。栗子年头、年成好，多收几个钱，年成差少收几个钱，情况也有不同变化。但是现在栗子已经不重要了，重要的是新的业态产生了,新的产业形成了,新的品牌形成了,所以从根本上改变了这个村子。大家感觉这个村子好,最大感觉在哪,村子干净。秦总讲嘛,说地上有个烟头不到一小时肯定没了,谁捡走的不知道,但是就知道村民都已经有这个意识,我们这个村子一定要干净,一定要卫生,一定要有文化,一定要有教养,这是我们乡村一种根本性变化。在这我们能感受到这些,这已经很不容易了。

中午这餐饭也值得说一说,东南亚风味,我为什么说呢,它很地道。一个地方的吸引力,或者说一个目的地的吸引力,美食的吸引力大概占40%。所以一个地方如果没有美食,你吹破天也不灵。可是你要有美食,你这个地方不引自来。

我前一段到浙江台州。台州我不熟,原来就去过国清寺之类的。这次到台州我知道,台州美食遍天下,其中有个新荣记,结果我在台州待了四天也没吃一顿。太贵了,他没有办法请我吃。回北京前两天我专门去吃了一次,三个人8800块,味道确实很好,但是价格着实太贵。可是我一看,满的,因为我坐的是散座,满的。为什么?好东西永远就好。他们说除了东南亚餐,西餐更好,甚至有从城里专门过来吃西餐的,这我信。但总体来说,这就是我们的一个吸引力。所以转一圈细细品味,乡村振兴,山乡特色,企业与乡村生活结合。从2009年开始到现在已经14年,很多人不理解,我想起一句古语:"知我者谓我心忧,不知我者谓我何求。"因为我经常有这种感受。我们秦总和王书记在一起是非常好的搭档,而且构造了一个新格局。

二、关于乡村振兴

乡村振兴是我们乡村脱贫攻坚这一仗打完了国家新的一个战略,因为中国的乡村脱贫攻坚在世界发展历史上也是浓墨重彩的一笔,哪个国家解决了这个问题。说句老实话我们喊了这么多年大家都表示怀疑,我们能做到吗?因为这两年出门少,我最近一段出门很多,看了一下我才知道我们这个事儿做得如何扎实。我刚刚到河南,也是在一个山村,看了一个脱贫的一个卡,这卡上谁负责,这个人是哪个单位的,什么职务,脱贫任务是什么,现在到了什么程度,什么时候达到目标,一项一项列了十几项,给我镇住了。我说我们的工作如果能细致到这种程度,有什么难题解决不了?而且那天是市委书记陪着我,市委书记进一个山村老百姓就围上来了,都叫他,很亲。他呢,村民也能叫得上名字,我说你一个市委书记，怎么能做到这么细？他说这是我的扶贫点，这个村我一年得来十几次，哪家有几口人、什么情况我都知道。可是，现在就面临这个问题，乡村脱贫攻坚的历史任务完成了，下一步怎么走？所以中央提出来下一步叫乡村振兴。这个乡村振兴，五个振兴，第一个振兴叫产业振兴，就是每个村都要谋划自己的产业。产业怎么谋划、怎么做，各有各的特点，不能一刀切，如何发挥自己的优势才是根本。这一条得想明白，到底怎么把产业振兴做起来，这是根本。日本人的话叫一村一品，我们把这个话引进过来了，推行一村一品，在全国也推行多年了。现在又加了一个话，叫一县一业，就是一个县某一个核心产业，这两个结合在一起，产生了一个独特现象，就是中国有很多隐形冠军，区域性的隐形冠军，就是一个县可能某一个产业就冒出来了，而且一冒出来就不得了。比如说我们去过河南的焦裕禄那个县，兰考县。

到兰考，说个故事吧。有一次傅磊找我，说兰考县委书记到北京了想见个面，我说行。见面地点是中央党校，他们想请中央党校给兰考落一个"体验式教学基地"。我那天晚上跟他吃饭，中央党校的部门领导吧，牛哄哄，劲头大了。后来我看着就有点不服气。我就问兰考的黄书记，我说："黄书记，我问你一个问题，你是贪官吗？"20多个人吃饭的一大桌，所有人都愣了，哪有人这么提问题的？但是我相信问是可以问出来的。黄书记毫不犹豫："我在焦裕禄同志工作的地方当一把手，我怎么可能是贪官？"就这么一句话，后来我说："那这样，黄书记，我们免费给你兰考做一个旅游规划。"后来又一想，我说市场经济，免费不行，收一分钱。就这样我们给兰考做了一分钱的旅游规划。但是我想光说旅游不行，这叫文化旅游规划，因为兰考确实没有旅游资源，都不是贫乏，是没有，那你怎么给它做。结果我带了八个博士一块去。那次我们也很彻底，交通费自己出，住宿费自己出，后来人家兰考说好赖得让我们请你们吃顿饭吧，要不然我们心里实在过不去。后来我们研究的时候，一件事让我们吃惊，兰考有两个产业，这两个产业都是焦裕禄同志留下来的基础，就是泡桐。种了那么多泡桐，所以第一个产业全国的民族乐器70%在兰考。再一个，你就更吃惊了，日本进口棺材70%是从兰考出。为什么？因为日本人觉得棺材上如果贴了桐木的木片，这棺材就高大，兰考大把的桐木，就变成两个主要产业。所以后来这个事儿做完了我也很有感慨，就是我们不深入调研，好多东西真是不理解。所以同样一村一品、一县一业，构造了我们产业振兴的基础。

比如河南商丘还有一个县，叫什么县我忘了，生产人造钻石，全世界80%的人造钻石都是它的。我们所谓天然钻石，原来价格在天上，现在也不得不跌到地上。无数个这样的一县一业，构造了中国经济一个极其特殊的现象，就是所谓县域隐形冠军。我们不光有企业隐形冠军，而且这种马上形成产业链，所以这是一个产业振兴。这个产业振兴核心就在于抓住需求，抓住市场，然后培育我们的核心产业。

第二个叫人才振兴，有没有足够人才，这是一个前提条件。严格说，从旅游角度看也是这样。大家说人才下乡，我说这不尽然。两个概念，第一个概念叫文化人下乡，我有时候到一个村一看，我说这村不一样，怎么不一样？我说有文化人在这儿。比如说一个画家、一个艺术家到了一个村子，租了农民一个小院，他就得改造这个院子。改造完了狐朋狗友就过来了，过来了接待不过来，左邻右舍就都开始接待了。然后按照他改造的这套东西，村子面貌就变了。因为这种文化人下乡，他把本地文化挖掘最透，利用本地文化利用最清楚，最好。这和我们文化下乡不是一个概念，我们现在所谓文化下乡，逢年过节一个文工团过去了，一个演出队过去了，我很不赞成。我说这叫粗暴的城市文化，粗暴地强奸了乡村文化，这叫文化下乡吗？这叫恶劣下乡。但是文化人下乡就不同。另外一个概念是什么，就是村民回来了，他在外边原来觉得外边机会多，现在村里尤其是文旅搞起来，觉得有机会，他回来了。包括村里一些孩子大学生毕业了也回来，这个村子就不一样。所以很自然，人才振兴是这么两个方面，否则你一个村，你到哪去找人才，人家凭什么到你这儿来？这个人才是一个人才体系，他是一个圈子，他一定有圈层性影响。

第三个就是文化振兴。文化振兴要有基础，不能动不动就说我们这有文化，中国5000年哪没文化？但是你单纯这种讲文化不行。比如说你们北沟村，北沟村有多少文化，我看不出来，这是你们瓦厂折腾起来了，你才觉得现在有点文化了，我就不相信这地方原来有文化。你这是真正有文化，应该有一点淳朴文化，应该有一点军事文化，但是也没看到，所以笼统这么说文化不行。文化振兴怎么弄，需要做一篇大文章，有些文章就是颠覆性的文章。乡村振兴是一个国家战略，是一个大题目，围绕乡村振兴也有无数政策。但是现在却有一个问题，有时候我们政策太多了，农民养懒了，老话叫"升米恩，斗米仇"。你给他一升米，他感你的恩，你给他一斗米，他恨你。你给我一斗米，那你能有多少米啊？你为什么不分我一半？这是人的普遍心理，也不能骂农民，说农民觉悟低，我们自己觉悟就高了？我们自己觉悟也不高，这种"升米恩，斗米仇"的心理也是普遍存在的，但是我想这种文化振兴，核心是生活文化。讲历史文化哪没有？所以我们的文化太丰富了，有时候你觉得文化没地方抓了，但是更需要培育、更需要强化的是生活文化。

三、北京创新

说句老实话，我都懒得说北京。2019 年北京旅游收入 5500 亿元，里边 1000 亿元是外国人消费带来的，4000 亿元是外地人消费带来的，北京人在北京的消费只有 500 亿元。疫情一起来，有一次北京的副市长开会，我就说北京的旅游面临 5000 亿元一个大坑，怎么补足？当时大家都傻了，没想到我会这么说话。我说客观说就是一笔账，没有外国人支撑，没有外地人支撑，北京旅游怎么弄，就这 500 亿元。可是你看人数很大，这人数算下来，平均每个北京人在北京旅游花费 80 块钱，还不够一顿饭钱，这是北京旅游最薄弱的一面。但是这三年疫情不同了，因为北京人没地儿可去了。原来北京人有一特点，只要有时间绝不在北京玩，第一，首选出国，其次全国，凭什么在北京玩？当然这次不同，因为出不去了，只好挖掘北京，发现北京有不少挺好玩的地方，而且这几年北京的乡村旅游我看没有下去，反而起来了。

比如古北水镇，建的时候修了 20 个四合院，不敢卖，不知道该卖多少钱。2020 年武汉疫情刚过去，他们想了半天，能不能试一把，五一前 20 个四合院上网，五一期间五分钟预定光了，三个月内半小时预订完了，实在没想到。我说很简单，消费回流。我们原来一年 1.3 亿人次出国，花费 3000 多亿美元，两万亿元人民币。现在出不去了，这个消费就回流。这些人重品质，价格敏感性不强。所以这三年反而刺激了北京的乡村郊区旅游，一个什么破院子也一晚上卖上万块钱，我有时候都觉得荒唐，我说你疯了，你们花那冤枉钱。他们说不行啊，孩子嚷嚷要去，那怎么也得带着去吧。所以孩子的需求变成刚性需求，而且这种需求一直持续下来。实际上这对北京郊区确实是一个利好，第一就是大家发现了北京的郊区还是好玩的；第二，发现北京郊区还是有好东西；第三，感觉交通这么近便我们还可以再来，这是利好。这就创造了一个北京的新模式，但是这个新模式，这种市场惯性能不能坚持下来，对我们是个考验。反正我原来到北京郊区，顶多吃顿饭我绝不住，就一点太差，说我们这很好，我说你好什么好，讲民宿你永远比不了浙江，讲吃的你永远比不了江苏，你有什么？不就是什么进农家院，上农家炕，吃农家饭，就这套东西，我不接受。但是现在，这个格局实际上已经转变了，所以这样一个北京新模式，我觉得确实是需要我们好好挖掘一把。

实际上我们更多是对应北京的客人，外地人到北京还跑你这个什么瓦厂，想都不要想，他连知道都不知道，他为什么要来？这和外国人不一样。外国人也是常住北京的外国人，他们在这，实际上我们北京的郊区这几年应该是产生了一批好作品，有最高大上的，离我们最近，就是怀柔的雁栖湖。我前年专门到那儿吃了一餐饭，详细给我们介绍，陪着我们国家旅游局的老局长去。我们这一个院子，一晚上就6万块钱，十间房，不贵。后来我们老局长就说："那行，下次大家带着你们的家属都来，我来请客，花6万块钱嘛。"实际上他就展示了一个市场前景，那是比较高大上的。除了这个呢，大家更追求的是这种文化性，所以我觉得北京模式的这种文化性的追求是一个挑战，严格说北京都市里边的文化无数，不管是皇城文化，还是我们的历史文化，名人会馆等，林林总总，说起来没完没了。但是我们北京郊区有什么？北京的郊区第一我们讲建筑，毫无特色。比如我们一说徽派建筑，那是安徽的，浙江有浙江的一套，云南有云南的一套，湖北有湖北的一套，都有自己的特色。北京的郊区有什么，北京郊区的建筑就叫几无特色，留不下任何印象。你要说起来只有一个爨底下村，那算是个明清古村，建筑有特色，但是爨底下村做成什么东西了？low得一塌糊涂，自己倒自己的牌子。再说了，郊区的文化特色在哪儿？讲文化特色我们去看看山西，那文化特色浓郁，真是让你过目不忘。北京有吗？没有。所以我就搞不明白北京的郊区到底有什么，最后我的结论就是什么都没有。我这话说得很重，但是确实是我的感受。

比如有一次我去山西，特意正月十六去，说正月十五是过节的高潮，正月十六我坐火车到了大同，满城红灯笼。晚上十点吃完饭，说咱们出去看看旺火吧，上了高速路，在怀仁县烧旺火。上了高速路就塞车，到了怀仁县我们步行两公里才到了县城。它这旺火是什么？每个单位门口有一个焦炭堆，用钢架搭起来的，这把火一烧，三天三夜，围着旺火转三圈，见着旺火就转三圈。我那天晚上回到大同酒店是早上四点，哇，那太棒了。第二天到了五台山，它有一招叫作架子火，历史上都有传统，但是历史上没这么大规模，因没钱。架子火是什么？专门有架子火的设计师，这个设计师就问你想搞一个什么样的，20万元，好的，30万元，好的，我在一个十字路口四盘架子火互相来回打，一个小时这一盘才打完，那都是有设计的。第三天我到了晋中,那儿是社火,就是传统的社火,走高跷、走旱船,就是这一套。这三天下来我才知道,红红火火过大年,只有山西,我们有什么?反过来我就说这个问题。我之所以把话说得这么重,我就说北京郊区到底怎么挖掘自己的东西,然后怎么创造自己的东西,严格说没多少可挖掘的,但是更重要的是我们创造.好多民俗是新民俗,新民俗起来了也热闹,为什么就不能创造?非得说古代有、前人有,我们现在才能做,前人没有我们不能做,没这个道理,很多东西都是这么一步一步起来的。所以我觉得北京的郊区模式,严格说不是乡村旅游模式,就是北京郊区旅游模式,确实应该开自己的路。我的想法,第一就是我们努力做洋。我们是土的背景,但努力做洋,这是一个。因为你做洋的概念是什么?时尚,你这个时尚才能吸引年轻人。而且我们如果时尚走在前列了,我们就形成了另外一种时尚。比如说长沙的文和友,那叫什么东西?在我眼里,完全看不上,可是火爆,排队6小时。我说我去看一下吧,人家说咱们只能看看,进不去,我就看一下。它实际上是80后的怀旧,因为80后现在成长起来了,变成消费主力了,他们再回想自己的小时候,文和友对应了他们的胃口,严格说这就是一种怀旧场景、怀旧产品。我就说,我们50后就不需要怀旧吗?50、60、70、80,再过十年90后也要怀旧了,我们做一个怀旧系列不好吗?比如我这个村子,我就专门是50村,我对应的就是50后,但是生活享受是现在的,场景是50后的场景,那能不能做?我觉得可以做。

类似这样的,我说第一就是要洋,这是说的第二个就是怀旧,因为北京市场太大了,你想2200万人,任何一个族群的怀旧都会构成一个市场,这是第二个。

第三个就是品牌,就是你的品牌怎么形成,品牌里边包含的就是你的特色何在,把这些东西做出来就可以了。

还有一个大问题,第四个问题就是停车。我去年到门头沟去了两次,把门头沟几个地方都转了一下,最大一个问题就是停车。如果停车问题解决不了,也不光是门头沟或怀柔,或者是我们北京郊区,应该说是全国旅游发展的一个短板。所以我到哪都在看,我说你停车问题怎么解决,交通怎么组织。昨天在天津五大道我说你最大的问题就是交通组织,所以我建议五大道变成一个无车区,汽车不要搞,至于说当地居民他的交通怎么解决另外再说。但是到了这儿如果没有汽车,步行,哪怕自行车、三轮车、马车,给人感觉都不同,你这一下就升了一个大级。所以我觉得这几个问题如果能解决或突破,比如说雁栖湖那就是一个集大成的地方，它就是一个高端的。我们北京的中端市场怎么抓？大众市场不拉自动，所以我以为，我们对大众市场需要关注的，第一是安全，第二是秩序，但是不要关注价格，不要关注质量，因为关注没有意义。一个最关注价格的人他一定不关注质量，便宜没好货，这是常识，好货不便宜。怎么我们违背常识的东西大家还津津乐道？尤其我们很多媒体，这事儿都违背常识了你们还在扯。又想品质好，又想价格便宜，天下没有这样的事儿！所以这样的话，我们北京模式就需要一系列新创造。

四、北沟和瓦厂

这是最后落脚点。先说北沟，北沟开创了一个新的企业和乡村的这种结合。这种结合一方面是项目载体，作为一种结合方式，但是更重要的是我们和村里的这种沟通，是这种一体化。这种一体化不是一致化，比如我们看村里农民跟着改的这些房子也不完全一样，有的就是纯中式，有的就是叫洋派，有的外边是传统的，里边是新的东西，各种各样模式也都有，这很好。但是总体来说这是什么，所以我就解释一下瓦厂嘛，因为我是在砖瓦厂出身的，我在砖瓦厂干过四年，装窑出窑这些活我都干过，所以一说瓦厂我还是有点感情的。我说这个瓦厂是什么，砖瓦是我们的建筑材料，自古以来遮风避雨。所以我们一句老话嘛，叫"秦砖汉瓦宋琉璃"，就是秦砖品质最好，其次是汉瓦最好，到琉璃是宋琉璃最好。这样，到今天这种遮风避雨的现实功能在弱化，因为我们新型建筑材料无数，现在3D打印都能打印出个房子来。所以这个瓦厂更重要的是我们心灵的遮风避雨，城市生活这么紧张，天天要早晨起来上班，挤公交什么诸如此类的，下了班回来很疲倦，然后上班还有各种宫斗，你就觉得这个班怎么越上越累。这时候人本能地就一定会追求放松，乃至追求一种心灵上的遮风避雨。所以我觉得我们瓦厂可以打一下这个牌子，给你遮风避雨，尤其是心灵，让人来觉得轻松、觉得放松，在休闲度假过程中就谋求一个解放，至少是一个释放，心灵放飞。所以这是我对瓦厂的一个解释。

同时，还有一个概念，是家园。中国人几千年都追求家园，但当代生活我们只有家，不可能有园。说句老实话，在城市里有间房蜗居觉得不错了，你还追求园。这是给我们休闲创造了新天地，休闲就是给你一个园。在城里有家，到这来找一个园，然后构造一个家和园的统一。在这样一个发展过程中，需求水涨船高。2000年，我们曾经研究中国人的第二居所，研究了世界各个国家的情况，经济发展到什么程度，第二居所增长到什么程度，研究了半天得一个结论，30年以后再说吧，这事儿好像对中国太遥远了。实际上，过了十年，2010年中国人第二居所的需求就开始产生，现在中国人对第二居所的要求普遍产生，只是表现形式不同。我在海南买个房，这是一种表现方式，我在郊区租个房也是个表现方式，甚至我开个房车转一转，也是对第二居所的一种追求，这就是家和园的一体化，家和园的这种一致性追求，这种追求一定水涨船高。随着经济发展，从小康进入中等发达，那时候第二居所的需求，或者用我们中国人的话来说，就是家园一体的需求，就变成一种刚性需求，这种刚性需求实际上就为我们乡村旅游的发展提供了一个更广阔的天地，现在说就叫旅居一体化。

我去年看了一个项目，在江苏宜兴叫雅达溪山，一期投资60亿元，二期工程投资80亿元。我一开始听着，觉得这事儿没戏，这是泡沫经济，尤其是房地产泡沫经济时代的产物。结果我去了给镇住了。他就说我就是旅居一体，然后那次开了一个旅居研讨会，我谈了一番，老板很赞成，他说你把这个事说透了。实际上我说的是什么，就是我们中国人生活品质提高的要求，就是我们生活需求扩大的这种要求。

在这个过程中，作为乡村休闲度假，我们北沟村带了一个样板，应该肯定，应该总结推广，应该使它对我们各方面产生相应的作用。我不认为今天这个会只是就北沟说北沟，就瓦厂说瓦厂，要把这个视野展开，看到全国的变化，看到我们需求不断提高，就是二十大的话，人民对幸福生活的需要，就是我们工作的方向。无论从最高大上的层面，还是从最接地气的层面我们都要把这个事做好。

饮水思源到瀛湖[①]

各位专家的发言我都赞成,其实听来听去无非就是两种观点,一种是按照 5A 的路走,一种是按照度假区的路走。这不只是两种观点,这是两种路径选择。按照 5A 的路数走我们就得研究景区建设,就得研究网红爆点,就得研究客流量,所以才有什么一岛一品,一船一品,才有这套思路,这套思路都是按照这个走的。另外一个思路就是度假区的思路,我的看法,度假区的思路可能更符合实际,而且更能拉动发展,从操作角度说也可能更好操作。前几年到蜀南竹海,去的时候他们要升 5A,我看完了说你不能走 5A,很直截了当,我说你这 5A 永无希望,你做这个度假区,去年上了。同样,你们我不能说永无希望,你如果从景区这个角度说,第一,你的资源没有特色,这是一个最根本问题,所以到现在景评都过不去,大家看完了说这样的景哪儿都有,那为什么它这就得上?第二,它就影响到你们现在的资源配置,包括资金的配置,这是一个导向性问题。

我刚才看了一下册子,我都替你们不好意思。说句老实话,一个瀛家耕读,5 间客房,一个瀛家客栈 6 间客房,这么两个小小项目,居然能上你们的景区服务信息,你们应该是什么?比如说我这儿有一个民宿集群,大概有 80 家民宿,有大概 800 间客房,应该是这么个概念,可是为什么这么小的东西还能上?实际上就反映了什么问题?到现在为止,在方向选择上我们还没有完全看准,我觉得这是一个前提性问题,如果还探讨怎么上 5A,我现在就可以走。

我大概很多年前去过一次瀛湖,说了一番批评意见,大家还有点紧张,实际上我就是专家意见。我啥时候去过瀛湖,想了半天想不起来,我还特意问,汉中好像也有一个湖,他说对,有一个,实际上反映了我们一个短板。我特意在网上查了一下,安康,这是晋人

[①] 根据 2023 年 4 月 10 日在论坛上的发言整理。

定的名字，安宁康泰，古人给我们定了位，安宁康泰，安宁是什么？安宁是政治环境，那时政治环境不稳定，希望安宁，康泰是一种生活状态，也可以说将近2000年下来，古人已经给我们定好了，就是安宁康泰。

由此，我说三个看法。

一、关于南北

南北是安康最大的一个特色，秦岭南北分界线，无可争议，其他只是傍大款而已。你这儿，秦岭之南，所以一个叫南北交汇，很自然就是南腔北调。南腔北调不只是一个语音，是一个生活状态，因为陕南三市，跑完了我就感觉这地是四川的，生活状态很四川。商洛那边口音趋近关东，你们这口音完全四川口音，到汉中那儿更是这样，这是一个南北。

第二个南北，南北贯穿，从地理上安康南北贯穿，汉源新颜，汉指汉的源头。这不光是汉水，汉江，这是一个汉文化，源流的东西，今天指新颜，新的容颜，这是我说的第二个，南北，南北贯穿，汉源新颜。

第三个，南北通透，秦巴核心，因为我今天一上来就听我们是秦巴腹地，我就不赞成这句话。秦巴腹地给人感觉是什么？你这地很偏远，秦巴山区就很偏远，你还在腹地，你就更偏远了。但是我就说南北通透，交通上都通了，文化上都透了，南北核心就是秦巴核心，换一个词给人感觉就不同。

第四个叫南水北调，一水相连。汉江是丹江口水库最主要的水源，所以，整个汉江流域为南水北调都作出了巨大贡献。这样，这个南水北调就形成了一水相连。我在丹江口的时候就说，咱们说个新概念，古代的京杭大运河是南北，现代这叫南北新运河，只不过这个运河的主要概念不是航运，就是通水。这是我的第一个解释，就是对我们这个地方到底怎么认识，核心在于南北，这样就把我们的特色抠出来了。你把特色抠出来，我们就好打了，实际上你要从文化上来说，最大的特色就是汉。

我今天来看这个地方，汉江最美是瀛湖，人与青山两不负。这话说不错，但是不足，因为我们总面积102平方公里，25.8亿立方米库容，湖不小。这个库容，要按十年前说，相当于四个密云水库。但是这些年北方水高了，密云水库库容增长了，所以，现在大概相当于2.5个密云水库。密云水库是顶在北京人头上的一个宝，北方人喝水就靠这点水。所以，每年雨季，北京市委市政府都面临着一个大的纠结，放水不放水？不放水吧，万一出事怎么办？放水吧，好不容易来了点雨。这几年还好，原来它库容7亿立方米，现在库容大概到了13亿立方米，就是雨水多了一点。但是，现在北京不纠结了，为什么？南水北调，南水北调解决了北京的根本问题，只不过北京人现在没有意识，我说句老实话，我们宣传也不足。

陕西、湖北，发源于汉江，发源于秦岭，付出了这么大代价，形成了这么一盆水，然后调到了北京，北京人得感恩。所以，我们要打这个感情牌，我们不要求北京人感恩，但是北京人应该懂得感恩，所以我就说，从这个角度来说瀛湖是什么？瀛洲第一湖，就是博伟刚才说什么，海客谈瀛洲，烟涛微茫信难求，越人语天姥，瀛洲第一湖。我为什么敢说这句话？就是因为我是南水北调最主要的水源，这还不够吗？这样的话我们把南北这个关系掰扯透，把南北这个定位拔高起来，我们的特色和优势也就出来了。

二、怎么搞

我今天听到的全是好话，就没有困难吗，没有约束吗？那是不可能的。首先，在瀛湖的旅游休闲度假发展上，绝不能用开发这两个字，我们只能讲利用。开发就意味着修大路，盖大楼，破坏环境，开发给人的联想必然是很粗暴的。但我们要强化利用，摒弃开发。所以我说六个利用。

第一，水源保护，约束利用，我们的利用前提是水源保护，你要没有水源保护，所有人都别干了。这种水源保护，尤其水源保护地，这就是戴着镣铐跳舞。比如北京的密云水库，水源保护是什么？水库1000米以内不能有任何建筑，连庄稼都不能种，因为你种庄稼会造成面源污染，所以完全就是自然状态，就严格到这个程度。所以北京的密云也是，干什么什么不行，什么产业都搞不了，因为北京就这么一盆水。我们这里也是这个问题，你的水源保护涉及北京，所以，你们的利用一定是约束利用，什么时候都得想着这盆清水进北京，这是一个政治问题，也是我们所有考虑的出发点。

这样的话，约束利用你就得想怎么个约束法。反正我刚才看了一些东西，我觉得你们都得调整，比如这么大的湖面可以利用，不能用柴油船，汽油船适度利用，实际上你们的汽油船最主要的用法应该是用在安全抢险、抢救，旅游就不能用。旅游应该用什么？帆船，手划船,包括一些水上运动的无动力的这些东西,这才能把我的水源保护真正做到底。这个事不能想得太复杂,你想的花样越多,涉及的保护问题越大,将来你们就得吃不了兜着走。因为你现在做这些事,无须审批,你自己就干,但是万一检查,巡视下来了,不行,尤其是环保检查,全停,那你这投资就是白费。你们应该碰到过这种事吧,我看到过多少。

千岛湖环岛投资大概1800多亿元,投下去了,杭州定了一个新规划,千岛湖变成杭州的备用水源水库,这下傻了,沿湖多少米内建筑都得拆。所以,这个千岛湖,投资商投的,当年都是跟政府签好的,现在赔都赔不起,怎么办?想了一个招,沿着千岛湖183公里修了一条绿道,表明我尊重环保,我也尊重备用水源水库。绿道修出来了,这就画了一条红线,他自己给自己画了一条红线,马马虎虎这个事就算混下去了,但是再发展没有可能了。它那还只是一个杭州的备用水源水库,你们这相当于直接的北京水源水库,北京沿途还涉及河南、河北、天津,都是水源。所以在这个问题上,自我要求、自我约束一定要严格,别存侥幸心理。但是反过来说,我们的规划、谋划、发展,一定是有限发展,这是第一个。

第二个,土地局限,精致利用。我刚才问了一下,你们现在可用土地1500亩,说起来不少了,一平方公里了。但是1500亩不可能是整块地,一定是碎片化的,这就有一个怎么用的问题。我听到另外一个信息,有1800间农民的可用房屋,这个很好,严格说,这比那1500亩让我听着还高兴。为什么?你这1500亩这是现在说下来可用土地,第一,需要用的时候手续怎么办?一定越来越严格,所以这很可能是画了一个饼,第二,用的时候,约束也会越来越严格,肯定得有一个什么禁止目录,一看你想干的事都在禁止目录里,那你怎么干?所以我对这个事我不指望。当然,能用最好早用、快用,因为按照我们现在这个碳中和、碳达峰的这套东西,肯定越来越严,所以,早用、快用,但是,绝不能搞大项目。

这点我觉得应该明确,汉中一个兴汉胜境,180亿元投资,大家看一流规划、一流设计、一流建设,但是,现在基本就搁在那儿了,我看完了。我就说这项目就是差一口气,如果再有10亿元资金补上去,这个项目就火了,但是那个杨老板就缺这10亿元,没办法,摆在这儿了。我们和汉中有啥区别?假设你也来这么一个大项目,那你到底为谁?所以这点我觉得应该很坚定。但是可以积小为大,项目不大,最终形成大效果,这样的话,土地的局限,就是我们对每一寸地都要精致利用,要做到位,做好。

第三,湖泊同质,特色利用。湖泊旅游同质化很强,你这些照片拿过来,说这是千岛湖,大家也信，千岛湖的照片你拿过来说这是瀛湖，大家也信，这就是同质化。之所以来过没留下什么印象，也是因为同质化，这确实是避免不了的。而且你这个湖泊算山地形湖泊，但也不是真正的高山湖泊，高山湖泊有峡谷，峡谷形的湖泊有它的特色，平面形的湖泊有它的特色，千岛湖就是平面形的，你这介于两者之间。所以这种湖泊的同质化是普遍性的，我们也不必回避，是湖都是这样，除非那种赛里木湖，除非是这些。

我们要做什么？要做的是特色利用，那我要问，特色在哪儿？一般讲特色一定是文化，我们这个汉文化，秦汉历史长廊就在西安，西安不只是一个秦，更不是一个唐。陕文投正在做一个大项目，就叫大秦，我这次到西安重点就论证大秦这个项目，投资90亿元。后来我就说你们需要延伸，应该是一个秦汉历史长廊，这么来定这个位。因为它旁边就有很多汉的东西，比如昆明池，反正有一堆汉的东西，一个秦汉历史长廊就把15年的秦朝延长到了400年的汉朝。同样，你这如果说强调汉文化，你怎么能强调？历史上有没有遗存？你说历史上有遗存，那我这就有说法了，没有遗存，因为那时候这就没有什么人，那你这汉文化怎么做？做一些本土文化，这是可以做的，但是，更主要的我觉得你的文化特色是什么？是今天一上午强调的，生态文明，不能一说文化就是老祖宗，我们当代人就没有文化吗？我们瀛湖最大的文化是什么？生态文明，而且我们把文化提到文明的高度，这就不是一个简单的文化的问题。

因为前些年中共中央、国务院联合发过一个文件，就是关于生态文明的意见，这个文件我很仔细读过，但是我就发现这个文件在地方没有什么反响，为什么？这个文件是一种理念引导，没有政策含金量，所以在地方就没有反响。但我说的意思是什么？我们高举生态文明这个大旗，而且把这个特色打到底，实际上你们现在很多的工作基础已经有了，按照这个工作基础，往这儿就差这一口气。今天上午发布了三个宣言，我觉得都很好，符合方向，应该说在全国带了一个头。严格说，在环保这方面，旅游问题不大，因为旅游这个领域从来都不可能不环保，你这地脏兮兮的人怎么可能去，所以我们天然就环保。但是，在理念方面落后。我今天上午最大的收获就是看到了你们在生态文明方面理念是先进的，而且有这个实际行动，所以，这是第三个利用。

第四个利用叫文化寻根，深度利用。汉江，我们文化寻根，就包括你们那条汉街，如果有基础你做一做可以，如果没有基础，把老百姓的东西好好挖掘挖掘，挖掘本地文化，这样形成一个深度利用。尤其是在民宿发展方面，比如我有20家民宿聚集到一起，自然而然一条商业街就出来了。总体来说，你这个地方应该大分散小聚集，就是每一个聚集都要形成相应规模。没有相应规模，客人的生活品质就不可能提高，孤零零一个民宿怎么住，晚上干嘛去？一定是一个小集群，所以这种大分散小集中形成的一个环境才是最好的环境。恰恰也是在这个过程中，文化寻根，深度利用，才能落地，才有可操作性。

第五个叫转型发展，提升利用。我一来听完介绍就这么一个感觉，要研究从传统观光旅游转向休闲度假，尤其转向康养，这需要一个提升利用，把资源提升。我不追求客流量，追求人留量，留下来的量，停留多长时间，花多少钱，我干嘛追求一年来几百万人。就这个地方一年来几百万人，把环境全毁了，还谈什么生态？你要保证大家最基本的这些东西，你都不够。但我追求更多的人留下来，停留更长时间，而不是简单追求人数，这就是一个转型。

这种转型就涉及一系列东西。我现在的看法，你这种景区类的东西少搞，你现在景区已经不少了，能把这些景区利用到位就行了。但是，一定要有足够的住宿设施，度假，住宿为王，你没有足够住宿设施就是不行，一定要有民宿群。比如你有五六个民宿群，一个民宿群有几百个房间，几十家民宿，各有各的特色，各有各的品牌，就起来了，围绕这个再加一些公共配套东西。玩的东西我都很赞成，因为玩的东西有一个好处，玩的东西对资源只是重复利用，它没有说一次性的。你看风景，你看一万次也是这个风景，他对这个风景有损害吗？没有，你玩一把东西也是，你不管怎么玩，对资源损害很小，这些我都赞成。

但是，大巴车哗哗过来，小旗子一挥，大家跟着我，这一套不行，那是30年前的千岛湖模式，我们不要学这套。比如我有这种画坊，晚上有夜宴，汉风夜宴，有这么一套东西，这就不同了，人均1000元，没有这样的价格我这个产品你欣赏不了，得有点这样的胆量。不能老想着农家乐，农家乐能挣几个钱？所以，你们首先得培育一批样板店，让老百姓跟着学，跟着走。现在就是这样，各地都是，文旅集团甚至政府直接下手，做几个样板间，做完了老百姓就跟着走，做完了价格就跟着上来。前天就在北京怀柔看一个村子，他这个村就是一个瓦厂，就把这个窑改出来当客房，当会客厅，当咖啡室，一晚上3000元，还不一定能订得到。我们打一个折，在你这儿一晚上1500元不行吗？在这些事上，我们追求的不是大众流量，要更长远来说就是康养，康养这个东西市场无限。但是，有没有康养产品？安康，安康，你就应该是康养大本营。所以，这就需要有一个比较根本的转型。

最后一个利用叫生活沉浸，广泛利用。我们通过生活的这种场景沉浸下来，形成一个资源的广泛利用，你所有资源都用上，这是我归纳六个利用，这是我说的第二个意思。

三、几个卖点

我们的卖点到底是什么？严格说美景不是你的卖点，因为这种景到处都是，你这景我看了半天，是挺美的，但是并不独到。第一个卖点是环境，就是我们的环境最好，那种自然环境，包括你的什么负氧离子含量，你的海拔、气温、气候等，因为这个休闲度假对资源的判断和观光旅游对资源的判断完全不同，我不追求那种震撼力的景观，可是气候、环境这是第一位的，这是第一个卖点。

第二个卖点是富硒，就是你的物产卖点，而且你的富硒水、富硒物产，这个很独特。全国没几个地方，达到这种富硒程度的我看就是江西的宜春，宜春的温泉拿杯子舀起来就能喝，哪个温泉都能喝，为什么？富硒。所以你们这种富硒，这是一个大卖点，怎么做我不知道，反正我就知道这是一个大卖点。

第三个卖点叫康养，这是一个长远的根本性卖点，所以，我们可以卖风景，你说最美瀛湖，这都没有问题，但是这不是你根本的卖点，我们不但要养颜，还要养身、养心、养生，我曾经说过十个养，我们要把这十个养做下来，这才行。

最后一个，打北京市场，打什么？饮水思源到瀛湖，饮水思源养在瀛湖，光在这儿喝南水不行，你得到现场感受这种好环境才行。很自然，康养是永恒的需求，永恒的需求就意味着它有永恒的卖点，我们最大优势恰恰在这儿。我们现在强调那些我认为不完整，我认同，但是不完整，就需要我们把这些事情重新梳理一遍，尤其要明确到底走哪条路。当然，你发展观光旅游，也做休闲度假，这不矛盾，可是，确有一个，我们的资源配置问题，更重要的是市场倾斜，我们往哪个点上倾斜。我还是比较倾向于我们好好抓休闲度假，好好抓康养，抓一个长远市场，而不是眼前的一个5A景区。更何况你们5A景区什么时候能拿到我现在也看不出来。全国318个5A景区，我走了312个，5A景区标准是我主持制定的，我第一批推广的，我有数。这样看下来，好多东西确实需要重新梳理一番，凝聚拳头，把这个事情干好。瀛洲第一湖，我们要不负瀛洲，不仅人与青山两不负，也是湖与瀛洲两不负。

白马集团转型观察[1]

一、关于城市有机更新

我们中国的城市化狂飙猛劲，尤其是1998年以来，一个叫房地产拉动，一个叫土地财政，现在都到了天花板了。房地产普遍下滑，虽然有的地方有所调整。土地财政也维持住了，所以现在地方债都要崩盘了。

在这种情况下，我也接触了好几个市长，这三个月，市长们的普遍观念就是：我不能研究增量，我一定要研究存量，第一是研究存量怎么挖掘，第二是研究存量怎么增值，第三是研究存量怎么真正进入消费市场。所以很自然我们这个城市有机更新的项目就纳入了这个体系，这是大赛道。我们这20年的很多设施限制了功能，功能需要变化，双宝的文化园不就是典型吗？华侨城一个售楼处改造成了这么一个项目，这个我评价太高了，不光是说你这个改造弄得好，尤其是它形成了这种功能变化。严格说，我在长安十二时辰说了一句话，我说你们比全国早走了五年，下一轮城市有机更新一定到老商业，因为老商业维持不下去了。原来百货大楼，后来就是 shopping mall，这些都维持不下去了，走这条路，你们提前了五年。要按刚才咱们谈的思路，昨天这个思路是提前十年，而且恰恰有这个机会。比如我们每个城市都有规划馆，规划馆这么多年变成城市的一个招牌，领导来了先看规划馆，我保留你的规划功能。当然，不要闲置面积太多，浪费空间太大。对政府来说，这就是一个财政包袱，我就琢磨两个规划馆把它改造出来行不行。第二个就是我说的售楼处，房子都卖完了，还要售楼处干什么？最典型的就是海南海哇岛，那售楼处巨大，看着像天堂一样。我看完了售楼处，就去看工地，看完工地我就说这个项目必死，我就是这个判断。

但是房地产开发商当时花了多少钱做的售楼处，我们现在略加改造，注入内容就起来

---

[1] 根据2023年5月11日在四川旅游学会成都会议上的发言整理。

了。所以，从这个角度说，还有一些新的东西我们可以挖掘，因为城市在不断变化，也在不断更新，所谓有机更新是什么？是城市自成长的过程，它不完全是我们政府规划的过程，你没有这个自成长。自成长是什么？首先是需求的自成长，其次是市场的自成长，然后才有你的项目的变化，这才叫自成长。最关键的是什么？对应城市的短板，挖掘闲置空间，推进功能变化，这是最关键的，所以这一块天地无限。我觉得这是我们白马文化发展集团下一步的重中之重，核心的核心。从这儿我就说建昌古城它怎么能是一个城市有机更新项目，不是的，你们定位定错了，它就是一个古城模式，就是古城复建，这不是城市有机更新。我说这三拨这才是城市有机更新。那反过来就说，这是第一个问题，这个问题涉及我们白马文化集团发展的一个基本导向，我到底做什么？

二、四条业务线

四条业务线，第一条城市更新，我非常赞成；第二条就是高端国际化的度假目的地，尘埃落定就是这个项目。这个项目我评价很高，如果能做好，没有如果，一定要做好，一定能做好。因为这个项目挖掘传统文化，挖掘得透透的，创造出来的文化表现，表现得很全面，更重要的是什么，它对应生活。对应生活之一，你叫什么红色文化旅游目的地，那是政治上，你们愿意说就说，当然严格说这不准确，逐步淡化，我的看法就是逐步淡化。可是，做成一个全世界藏文化的集中地，那就完全不同了。而且比如说你旁边，四个小时就是色达，色达五明佛学院，这在全世界是一个奇迹。而且这个奇迹，它有一个我们自己都没有意识到的好处，你们不是老说中国专制吗？你看看色达，我们宗教信仰自由，我们社会生活自由，我们怎么管制那是另外一回事。我听说过每年清理一回，每年清理一次色达都能搜出上千条枪来，但是人也没出事，没出事就可以，实际上这是我们最大的一个潜在好处，只不过我们没有意识到，我们还是从管制的角度来看这个事儿。可是反过来说，色达是一个完全自然生长的过程，我们这个可不是，我们这是智力积累的这么一个过程，我们是对本土文化挖掘的一个过程。所以这个项目和城市有机更新也没关系，如果说对标大体上就是一个古北水镇模式。可是古北水镇预算36亿元，决算54亿元，它就是上面有一个中青旅上市公司撑着，所以在股市上把它消化了，要不然那项目早死了。

所以你这个项目13亿元，我看得颠倒过来说，31亿元差不多，意味着下一步坑很大，这个坑怎么填？这是你们的一个大难题，是不是？当然政府有积极性问题，政府光积极性没用，政府得有真金白银才行，这是第二。

第三条，文化会客厅；第四条，城市文化旅游商业中心，实际上我就说这恰恰是第三拨城市有机更新，你们走在前面。所以这四条业务线我赞成，但是这里边有轻重缓急，也有一个结构优化。你们如此看重古城，这我不太赞成，虽然现在是你们一个核心优势，全国最大的搞古建的企业，人才都聚集，这是你们的核心优势，但是这不是你们长远发展的方向。古城还有多少？别说古城了，古镇、古村有多少？我做过很系统研究。我们开过六次会，叫中国旅游发展九古论坛。第一次叫三古论坛，什么古城、古镇、古村庄，第二次叫六古论坛，又加上什么古道、古关什么，然后最后叫九古论坛，最后我们形成叫泛古的概念，我们开了六次论坛，就感觉这会都有点开看不下去了。为什么，就是大家觉得这个古，好像没那么大吸引力，大家就是这种感觉。所以像这些东西，就有一个轻重缓急问题，也有一个你内部的结构优化问题，涉及项目的结构优化，也涉及人才的结构优化，否则你养了一大把大咖，没那么多项目，你现在项目够，你觉得这不是危机，但是从发展角度说，我看不出来。所以，就涉及这个。我觉得重点城市更新和高端国际度假目的地，城市更新更是重中之重，这样的话，尤其是掐住第二拨和第三拨，因为现在老工业企业、老厂房、老仓库，基本上都用上，机会已经不太多了。但是，商业转型大家还没有意识到，我才说它提前了五年嘛。这种城市闲置空间和功能的变化，大家更没有意识到，我们抢在前面就是我们的。

三、品牌

我觉得你们的品牌做乱了。刚才看到，我才知道你这个体系，白马文化发展集团，华彩堂设计，还有三个，一共是四个。企业品牌不能这么做，你到底打哪个牌子？你看现在也是白马文化发展集团、华彩堂设计集团，不能弄来弄去把自己弄乱了。突出一个品牌，你到底叫什么？你要想突出设计，华彩堂设计集团，但是设计变成集团，大家都不太接受，所以我觉得你白马文化发展集团很棒，因为它是一个叫什么综合性、链条化，是这么一个东西。我刚才刚发了一段微信，就是评价你这个企业。我说的就是什么，形成一个体系，全链条运作、全体系运营、全方位发展，公司文化氛围浓郁，一年半时间从一层楼发展到四层楼，真是逆势增长。看到工作状态，更需要看到精神状态，所以在这里边，你们现在最大的短板是品牌，也没有作品品牌，也没有个人品牌，也没有企业品牌。我来了两次我才算搞明白，我昨天还说，华彩堂的"彩"字还错了？确实错了，为什么？就是一个原因，品牌混乱。

所以这里边儿的问题，第一个叫作品品牌。有一次开会，我左边坐的陈向宏，右边坐的是吴国平这俩大咖，台上有一个人在侃侃而谈，向宏就问我说这人谁，我说好像是大学教授。他有作品吗？没有。没作品在这说什么呢？吴国平在旁边就笑。也是啊。后来我就说你们二位，你们算是品牌出来了，但是你们作品也不多。因为那个时候陈向宏主要就是乌镇，古北水镇算半个品牌，吴国平，灵山已经做起来了，拈花湾也起来了。现在就是陈向宏的顶度10个项目，几百亿元投资在运作，灵山集团在全国16个项目。而且，他们有一个特点，他们的项目都带有极浓厚的个人色彩。所以很自然，他就是作品出人物。

我刚才这么看完了我才知道这么多项目你都参与了，那我就知道谁知道，我就得问这句，谁知道？辛辛苦苦干了半天，积累了很多经验，也积累了很多人才，就是没品牌。所以现在的核心就是要先打作品品牌。我看今天说这两个，这就是你的两个作品品牌。

第二个就是企业品牌，企业品牌你们先整合一下，比如一说华侨城集团都知道，华侨城下边有几百个公司，当时大家打的都是华侨城的牌，你们上来自己就弄出四个牌子来，你让大家怎么记得住，就我这种老旅游我都不知道，别说别的了。可是，作品品牌出来了就不同了，所以他们的经验都是你有一个好作品，无数人来参观，参观完了就得说，你到我那儿去干吧，你有什么条件，有什么要求，这就来了。所以打品牌不是个人的事儿，一定是企业的事儿，是我们市场拓展的事儿。第二个就是企业品牌，企业品牌你整合完了，集中精力打一个，一说这个项目是白马的，那个项目是白马的。比如说今天看东安阁，东安阁不错，枣子巷也不错。枣子巷你们就是做做设计，你们操作也操作不了，但是我看枣子巷第一个问题就是没有亮点，这条街走下来，没有一个店你能记得住。没有腹地，它没有形成一个片区，所以它这个也就是看一看而已。但是东安阁就不同，像东安阁就很可能可以成为你们的品牌。再比如你那李庄，李庄那边太棒了，因为我那次去李庄就是我一看外边在搞建设，我仔细看了一下，我说这一片搞得好。所以我那次到宜宾，我给归纳了一个叫宜宾四海，一是传统的竹海，蜀南竹海；二是五粮液，叫酒海；三是兴文的石海；四

253

是李庄的文海。我为什么举这个例子？我觉得好多事儿我们得往上拔，你这个事儿拔上来了，纳入这个序列了，说起来就不同了。同样比如说大家去李庄，你正好守在口上，你的项目品牌一定能拿奖，一说谁做的？白马做的。你有这么多项目积累，但是你们缺乏做品牌的文章，是不是？个人品牌也重要，好的项目一定有极浓的个人痕迹，比如我到了南京的牛首山，我一看，我说，你们到灵山去了多少次？不计其数次，我就问，吴总来过吗？他来过。我说，吴总来什么表现？他就说你跟吴总那么熟，你说他什么表现。我说吴总来了第一件事儿搭了梯子上房，第二件事儿，揭瓦看，他们说就是这样，揭瓦看什么？看你的工程质量，看你的管线预埋这些，下来拍拍手，行，这个项目过关了，这叫个人风格。所以什么时候你看见他们都是激情满怀。

我前天刚在无锡和他们一块开会，吴国平的发言题目叫"预支未来500年新意"，就是这么个题目，他这话说得牛，未来500年的新的东西我这儿全玩完了。但是我就问董事长，这话你说得出来吗？肯定说不出来。比如这叫积累3000年营造，创造未来文化遗产。因为这个话是我跟吴国平说的，就是2005年吧，我去了我就说，吴总，得琢磨个新题目，创造未来文化遗产。自然遗产是老天爷给的，文化遗产是老祖宗给的，我们这一代人给后人留什么？他说，留什么？我说你这就是一个典型，叫创造未来文化遗产。后来我们就开了一次会，树立这个概念，出了一本书。之后第二次开会，全国选了11个点叫创造未来文化遗产示范单位，大家很兴奋。现在他们又琢磨着想开第三次会议，我说别着急。但是我就说，就得说这样给力、提气的话，如果讲《营造法式》，今天有谁像你们琢磨这么透，梁思成当年就靠这本《营造法式》是不是？才挖掘出了中国古代建筑史，你们现在落实这些东西，那我有什么不能说，积累3000年营造，创造未来文化遗产，这话多牛啊。

我说的意思是什么，就是三个品牌。作品带品牌，作品出人物，所以不能含糊，我一说旅游营销，敢吹、会吹、经得起吹，是不是？你们现在连敢吹都没有，那怎么能行？当然，这有个性原因，比如施总我就不适合干这个活，那卓玛来干嘛，怎么不行啊？这样的话，就真正把公司这个打出来。所以我觉得你们下一步，就这三个问题，锻长板补短板，但是这里边一定要达到自我结构的优化，项目结构也要优化，人才结构也要优化，我怕你们到时候，都是一块创业的弟兄，老八队，舍不得。但是，时代变了，可能更多需要年轻人，比如说像这规划，我就说旅游规划乃至旅游设计基本上没戏了，我现在就是这个看法。第一个原因这三年全国大概有3000个旅游规划设计公司吧，头部就这么几个。你是大头部，但是谁知道你是头部，一说就是巅峰，要不然就是林峰，这个规模我都看过，都是工业化、流水线制的，都是这些东西，有的版本抄来抄去，连替换一下都没替换，你看着都荒唐，至于懒到这份上吗？可是，基本上这三年不行了。所以一个是行业大幅度缩水。另外一个是什么？另外一个就是市场需求仍然存在，但是新的需求，下一步是什么？是ChatGPT。我上次跟一个小伙子在北京。他就是旅游规划公司，他说，我现在做规划就是用这套，把所有材料输进去，把我的要求提出来了，五分钟，连文本带图纸都给我出来了。他说，我还用什么人？我一个秘书，一个司机，一个市场，再加上我，四个人够了，原来四五十人。下一步，这是一个极大冲击，可是替代不了的是人对人，所以下一步我们旅游真正有前景了，前景是什么？一定是强化人和人的关系，强化人对人的服务，强化人与人的交流，强化人和人的感情，一定是这样。

所以你要从这个角度说，你又不是在一线，你不是to C的，是不是你是to G、to B、to K，对资本，对政府，对商业。下一步很可能你的优势就在弱化，我觉得这是可以看到的。因为大家一说这个，凡是玩过这个的都是赞叹得不得了，我没玩过，但是我有感觉。

最后专门说了一个下一步，这对我们旅游会有什么影响，专门说了这一段话，所以反过来就说了一个，我们要有危机感。这种危机感，就要求我们自己调整，自己有机更新，这是必然的，可是大的问题恐怕就这么几个。

下边，我再说说关于这两个项目。第一个项目我不多说了，我对这个项目很看好，你们的难点就是有一个资本的大坑，这是你们的难点，怎么填，恐怕最后一条路就是找一个战略投资者，恐怕这条路比较现实，像陈向宏一样。要没有中青旅，古北水镇怎么做啊？乌江寨也是，我刚跟他聊完……他最近讲乌江寨讲的是扶贫，讲的是公益，讲的是慈善，讲这一套，他不讲商业，乌江寨怎么能讲商业？这是他一个前提，他说我现在就避免这种坑。所以谁跟他来谈项目，他说行啊，两个条件，第一个条件你准备50亿元资金，而且让我能看到，这个项目就可以做，要不然我就不做，因为他不缺项目。然后第二个条件，第二个条件给我个人两个亿，要不然我也不做。人家现在牛，牛到这份上了。反过来再说一个，比如像吴国平，吴国平就很好玩，我接触他五年我才反应过来，我说你灵山是国有企业。他说你刚知道啊，他说你怎么会有这种奇怪的感觉，因为我觉得你们的工作状态、精神状态、企业组织、企业文化都不像国有企业。前两年还跟无锡的领导说,你们得研究一下,我快退休了。到底是人家发达地区,就一句话,如果灵山集团没有吴国平,灵山集团就不是灵山集团,说这样吧,你研究一下混合所有制。市里开出条件,战略投资者你来找,然后你的高管占10%股份,国资委不控股。最后就是这个格局,他找了一个战略投资者,然后他们高管占股份。之后,无锡市国资委就给他拿了10亿元资金,疫情这个难关就过去了。

你这个事儿,我看恐怕就是这条路,找一个战略投资者。你们现在说的这些词儿都很棒,但是有点太多,多得让人记不住,得浓缩一下。另外,你们得讲政治,讲政治不体现在红色旅游上,你们这讲政治体现在民族文化,体现在中国式现代化,诸如此类。二十大报告讲政治,政治讲到位了,战略投资者反而好了。战略投资者你不可能找民企,肯定是国企,甚至是找央企,找央企你不用这些大概念你怎么弄啊?

另一个就是方式,我建议分段运作。总体来说,我感觉你们现在想得太多,所求太高,业态过全。你要真把它砸下来,比如说30亿元资金能砸下来,那时候辉煌面世。要追求这个,就是吴国平那招,你先弄个样板段,样板段把大家镇住就完了。南京的金陵小镇总的规划是600多亩,现在样板段就是68亩,这68亩做精做透,所以他现在做完了就变成南京一个地标。所以他实际上把那做成一个什么,这不是个景区,每天下午三点才开放,白天不开放,三点进一拨人,四点进一拨人,然后一个小时一拨人,一直到晚上九点才是高潮。他说我就这么大点地,人不能多,他就这么控制,可是什么时候生意都不得了。比如他一条商业街就是12个店,精选了12个店,然后你们来做,他说我不追求这个,他说样板段嘛,有一个民宿,我一看什么民宿,我说这叫精品酒店,35间客房,我在那住了两次了,哇,太棒了。

我的意思你先集中一段,集中力量、集中资金,相当于一个样板区,把它做起来,剩下不是大框架吗?你慢慢打。样板区出来,大家到了样板区有深度体验,然后又看这个框架有震撼感,成功了。只要这个成功了,一个作品的意义就出来了,这是关于尘埃落定。

第二个,就是建昌古城,简单说,是一个古城模式,你们现在非得把它靠到城市有机更新上,难度太大,为什么?我要这么想我也没招。可是古城模式就不同了,首先是基本定位,古城模式是什么?就是一个景区,景区靠什么?靠门票。这些古城售票很容易,你一个度假区没法售票,这些度假区50平方公里,你怎么售票?可你是一个古城,就像平遥古城一样，直到今天平遥古城的主体收入还是门票钱。同样是门票，我得把它做出花样，像刚才小丁说的这几个我都觉得不错。我觉得第一先把这个模式明确下来，这样就有一个基本框架了，因为你项目已经做完了，按理来说现在应该有收成了，它无非就是一个和当地的关系怎么处的问题嘛。平遥古城这么多年，他已经很熟悉了。他后来控制什么？控制当地居民把外人带进来，逃票，控制这个。没有这个基本模式，其他谈不上。

其次是怎么定位，一个叫阳光古城，就是刚才小丁说的观点，另一个叫永远春城，因为西昌我去过三次，我有数，那号称第二春城，感觉比昆明舒服。因为它下雨，昆明一年到头不下雨，有时候真难受，可是西昌不同。

第三个也叫春城攀枝花，全国三个春城，两个在四川，多棒啊，就是这么个定位。现在需要做减法，因为弄来弄去，我不是个简单的，首先我是观光地，这点儿应明确，高铁要通了客流会增长，首先是观光地。趁高铁没通的时候把这事办了。其次是体验地，就是把文化容纳进去。再次是度假地，度假地就需要民宿集群，需要精品酒店，没有这些东西谈不上度假地。度假住宿为王，观光景区为王，休闲娱乐为王。如果这么做，这盘棋能解开，要不然解不开。像刚才说的，社会性消费和文旅性消费，我第一次听到这个说法，不错，这是你们从实践中总结出来的，包括刚才总结的几句话，都很好。但是你这几句话严格说，搂不住抠，你抠就不同了。古城改造的首要任务提质增效，提质很容易，增效很难。极致就意味着你的客群量，你提了半天客群要是来不了，你就没办法。

所以就是什么，用门票，第一挡住低端客源，这是首要的，其次是抓住中间客源，最后是吸引高端客源。比如乌镇旁边有一个乌村，乌村就很好玩，我是在网上看到大家吐槽乌村，说你乌镇就挣这么多钱，你乌村还这么收费，你穷疯了。乌村门票钱258元，我说一个村258元，我得去看看，去了一看我就明白了，他说我们的目的就是挡住观光旅游者。这村一天最合适五百人，可是一个人花费大概700元，一天收入35万元，他说这把挡住了，有一年十一黄金周那天乌镇进去十万人，乌村进去1000多人，他们都说，今天来人太多了。可是他就说，凡是来过的人没有吐槽的，网上吐槽都是没来过的人，他们吐槽证明他根本不是我的客群。一进去30种小吃，30种乡村娱乐，随便玩、随便吃。一个家庭进去，马上服务专员就过来了——他不叫服务员，他叫专员——专员就过来了，爷爷奶奶一通叫，孩子抱着就走。然后到那儿往那一坐，茶水小吃都上来了，大家都觉得这钱花得很值。

所以我觉得这就涉及这个问题，收门票要有收门票的理由，理由就是我这么好的古城，这么大的心血，这么一个文化凝聚，历史的集中，我需要更高端的客人。这样，适当做减法，这盘棋反而容易做活。但是我就说我们以未来文化遗产这个品牌来打行不行。这样的话，比如说我不关注今天来五万人、八万人，每天当地人一万，这是我不能挡住的，外来人一万，两万人足够了。但是来人待多长时间，花多少钱，这是核心。因为这是你们运营，严格说你们要不运营，你们的事儿已经完了。但是你要运营就得研究一个运营模式，而且运营模式基本上叫作一个案例，一个模式，靠一个模式打天下不可能。我不知道李庄你们现在怎么运营？陈向宏在运营啊？那也行，那挺好。

总体来说，城市有机更新的思路，你们要从根本上调整。实际上你已经意识到了，就是昨天你说后两个，但还没归纳出来。要是这么走下来，我记得上次来我说了一句话，我说白马也好，华彩堂也好，应该变成我们行业的头部企业。客观说，你现在已经是头部企业了，但是没有头部企业的品牌，我希望你们的品牌尽快打响，结构进一步优化，然后培育出若干种模式来，打天下。你们现在那么多项目，基本上已遍布全国了，除了北方。北方甭去，去了也没戏，经济落后、思想保守、官员堕落，你去干什么，还不够跟他们运气呢。但是，也确有一些好地方真是值得好好做。就像赤坎古镇，我去了三次，第一次去还没说这古镇怎么开发的，我说这古镇太值得一做了。第二次去是陪着中信产业基金董事长一块儿去的，第三次去我说行了，降降压，但是太难，90亿元投资，可是现在像模像样了。所以陈向宏一说，他从来不说谁投资的，他就说这是我的项目，你们也是，你管谁投资呢，只要有人投资就是好事嘛，然后我来做这些事，这就是你施飞的项目，或者是卓玛的项目，就得立这个品牌，然后就是我白马的项目。我为什么赞成白马，因为藏族里边有一个白马藏族，白马藏族、嘉绒藏族、安多藏族，这词就很好。我在甘肃专门看了一个地方，那地方就叫白马乡，是一个藏族乡，所以我觉得这个很雄壮，确实很雄壮。这样就是淡化你的设计，否则人家说一个设计集团能有什么能力，它不就是做个设计嘛，等于自己矮化自己。

梁溪古运河度假区——文化休闲，城市度假[①]

我来过无锡多次，应该说情况比较熟，但每次来都有新感受。今天上午也是这样，又看了东林书院，过来体验古运河，又在清名桥饭店吃了一餐饭，还是这个感觉，很从容。所以，这个地方就是八个字，文化休闲，城市度假。

一、度假发展

先说度假区的事，现在正在争取国家级旅游度假区。一开始叫国家旅游度假区，这是1990年开始破这个题，1991年国务院办公厅下发了12个文件，这是第一批国家旅游度假区，之后这个事就停下来了。当时经济发展没有到这个水平，市场需求也没有到这个水平。国外考察了一圈才发现我们这个想法是纸上谈兵，因为那时候我们和国际上差距太大了。

但今天不同了，今天我们谈国家级旅游度假区，是以内需为主，也是我们以自己的资金建设为主。到现在为止，全国已经有63个国家级旅游度假区，并不多，因为现在全国5A级景区318个，所以60个国家级旅游度假区并不多。而且有规律，就是5A级景区江浙两省最多，同样，国家级旅游度假区也是江浙两省最多。经济发展水平到这个水平了，市场需求也到这个程度了，这个是必然的。有一次国家旅游局审核各地的5A级景区，当时青海也报了一个，我就问了一句，全国最多的是哪儿？最多的是江苏，当时有24个国家5A级景区，问这个问题意思就是青海太少了，确实如此，所以这个项目顺利过关。

但是，我们今天不同，很多地方都在争这个事。我最近碰到了一堆上5A的，我就问，为什么上5A？5A不是你的帽子，你的帽子应该是国家级旅游度假区。前几年我碰见一些，就说这个事，比如说四川的蜀南竹海，我说你们不要争5A，去年上了国家级旅游度假区，

[①] 根据2023年5月23日在无锡市梁溪区城市旅游发展与古运河度假区建设咨询会的发言整理。

好多地方都是这样。下一步，国家级旅游度假区的争夺就会变成一个热点，比如最近去浙江湖州，已经有三个国家级旅游度假区了，还有四个省级度假区，还在争，我说你争什么争，我看上不去。但是，看了这个东西还是有希望，反映出现在的市场形势是怎么一个形势。因为现在总体的市场形势是休闲度假变成主流。观光旅游这套东西，很难再往下进行了，尤其是三年疫情，动不动就是景区不许去，要不然就是景区免票，所以弄得大家谁也做不起来。那怎么办？淡化景区，强化休闲度假，这就变成了一个市场形势。

二、面子

在这个状况下梁溪区古运河度假区怎么做，怎么争这块牌子？严格说，争这块牌子不是主要的，主要是怎么谋求发展，也有很多地方牌子拿到了也没起来，关键是怎么谋求发展。

梁溪古运河度假区，12.8平方公里，古运河精华段是1.6公里，上午走了一遍，就是刚才邓局长说的这个，边界清晰，要素集中。这两条很重要，一是边界清晰，很多地方边界不清晰，弄半天，说你这到底是哪儿。比如说湖州的西塞山旅游度假区，面积50.8平方公里，中间还有一条铁路，还有两条高速公路，他们就觉得很头疼，就想缩减，我说你干嘛要缩减，现在能有这么一个明确划出的这样一个区域已经很难得了。你这里更好，在城市中，还能有一个大体清晰的边界。

二是要素集中，主要是文化要素集中，再一个是生活要素集中，而且现在的规模已经形成了。一年接待1200万人次，这不得了。现在头疼的无非就是人的停留时间短，人均花费少，无非就是这个，这不是问题。对于你们这样的情况来说，停留时间短，人均花费少，是必然的，不要把它当作一个问题看。但是，深层次看确实是一个问题。要害在哪儿？不要把这个事当成自己的包袱，因为一个城市型度假区，要求像墨西哥的坎昆、大溪地，像这样的地方，永远达不到，也不必想。但是，我有我的特点。现在的核心就是两个问题，第一个问题怎么能拿这块国家级的牌子，这是个面子问题。

拿牌子的问题，我的看法就是八个字，"文化休闲，城市度假"。因为我们讲度假，大家想到第一个就是滨海度假区，全世界顶级度假区都是滨海度假区，这是消费规律决定的，这不是我们努力不努力的事。但是老把滨海度假区当作一个参照系，这个事就错了。其次就是山地度假区，山地度假区全国乃至全世界，成功的不多，无非一个阿尔卑斯山，涉及五个国家，搞了100多年，也就这样。我从瑞士、法国、奥地利三个地方都上过阿尔卑斯山。第三个就是乡村度假区，乡村度假全世界真正做到头部的没有。因为乡村度假特点是什么？就是碎片化，哪个地方做到头部了？没有，但是哪个地方做得比较好，这还是有的。

第四个就是一个新的概念，就是城市度假区，所以我就说，你们现在走的路是什么？是城市度假，文化休闲，就是所谓要素集中，集中的是文化要素，集中的是生活要素，所以，集中文化要素，我们来抓休闲；集中生活要素，我们来抓度假。这是一个核心。这样的话，我们就得研究，首先要打你的品牌，文化休闲，城市度假，这在全国60个现有的国家级旅游度假区里没有，开一个新赛道，在这个新赛道里我自然而然就是领袖。所以你们这篇文章怎么做，就是打这个牌，把这个牌打出来了，你是领袖，国家级的牌子还不给我吗？

这种概念超越了传统的一些概念。比如说巴黎，因为法国人度假是刚性需求，但是毕竟有很多人度不了假，所以巴黎市政府就玩了一套，夏天塞纳河两岸铺上沙子，放上棕榈树、沙滩椅，巴黎市民下了班换上泳装就过去了，形成典型的城市度假感觉。但是，严格说没有城市度假的消费。我说这个意思是什么？就是城市度假不是不可能，我们老觉得城市怎么能度假呢？现在说城市休闲大家都接受，尤其这几年叫城市大休闲。很简单，疫情一起来，孩子不能出城市，大人不能出这个省份，那怎么办？挖掘城市底蕴，所以，城市大休闲反而变成这几年旅游的一个救命的东西。传统旅游都做不下来了，城市大休闲和乡村微度假就构造了两条新赛道，这两条新赛道都是万亿元级赛道。但是，你们现在要高一层，要从城市休闲转向城市度假，那就是得研究我们这篇文章怎么做。

你把这个牌打出来，拿国家级旅游度假区，这个不是难事，面子的事不是很难，但是你们要清楚我要做的什么事，要清楚跟文旅部怎么讲这个事。如果你们混同于滨海度假区、山地度假区、乡村度假区，那你这个道理就没法讲了。

三、里子

里子就是怎么让客人停留时间长，花更多钱。做里子很简单，一句话，梁溪慢下来。有古运河度假区，就需要慢下来。可是这慢下来，就需要有足够容量。现在容量不小，因为没有仔细看，严格说运河两边的民居都可以变成民宿，这个事并不难，只不过变成民宿，老百姓就问你一句话，有没有客人？没有客人你让我改什么？

但是，对应客人，需要研究什么？就是把文化要素弄起来。反正我几次看下来，我感觉问题不太大。因为很简单，这个城市度假确实是个新局面，城市度假第一个要求就是你确实得有好产品。比方说你的民宿就不能等同于乡村民宿，比乡村民宿的档次还要高一点，基本上民宿就要达到精品酒店，至少是精品民宿这个概念。比如昨天看的巡塘古镇，就是一个古镇变成一家酒店，书香酒店，看它里边的配置，绝对高端，价格自然也是高端的。意味着什么？意味着1200万人次打到头了，不必再追求人次多少，但是追求人在这儿停留多长时间，所以要慢下来，追求他花多少钱。第一个就是梁溪慢下来。

第二个要求就是运河停下来，这是你们要打的牌，梁溪能慢下来，就有花钱的余地。现在好多度假区也讲二消，二消是个伪概念，对应的是门票。度假区没有门票一说。第一个概念是停留多长时间，现在很多客人逛景区根本没有时间停留，你还让他花钱，他连消费时间都没有，这时候你说什么二消。我就问一个，能停留多长时间？你现在这点好，清名桥到晚上就是网红，网红一条街，从晚上8点一直到凌晨。可是白天就很清静，很冷清，那就得研究白天怎么吸引客人。白天未必吸引年轻人，吸引长者行不行？有一家机构提了一个长者文化，长者旅游，我很赞成这个词。有一次我在横店，横店在搞老年旅游，我说，你们老年旅游多大年龄？说60岁到70岁。我说这叫老年吗？完全不是老年，我说今天说65岁到80岁，因为时代不同了，所以我就说我们提一个长者文化，提一个长者旅游。我看白天应该是长者的地盘，晚上才是年轻人的地盘，我们干嘛老关注年轻人，孩子们又没钱，又没闲，但是他们有多少花多少。长者是什么？又有钱，又有闲，但是舍不得花，那是老一代长者。我们这代长者完全变了，我们也有钱，也有闲，也想花，找不着对应产品。我白天抓这个空，晚上抓年轻人，不要只追求火爆。我就问一句话，火爆，花多少钱？比如说西安的大唐不夜城，那不是一般火爆，一年到这条街几亿人次，但我去了之后一问，平台公司亏损。我就很奇怪，怎么能亏损？很自然，来的人不怎么花钱，这个大唐不夜城这条街走过去了，看不倒翁小姐姐也不需要花钱，看这个看那个也不需要花钱，花钱就是吃个小吃就完了。平台公司投资了几百亿元，培育这么一个产品，但是资金收不回来，居然还亏损。所以不能光看人气。研究这个事情，一天24小时，这个12.8平方公里空间怎么利用，时间怎么利用，这是里子的核心。这样，市场就需要细分化，需要垂直化，别一说就是Z世代，这个Z世代挺好，就问一个问题，挣多少钱，花多少钱。

可是你这个地方严格说,不需要关注大众,为什么?大众不请自来,忽悠半天,多花钱他也不干,你不忽悠他该来也来。我们需要关注的是中产,比如说坐一次船100块钱,对中产来说有这么一个体验过程,感受过程,觉得很好。要是孩子们,就是说坐个船就100块钱,那我不坐,宁可走过去。这就是两种消费观念。对应中产就得提供中产的产品。这种产品,我的看法是文化方面需要更集中一点,比如今天看了一个窑群遗址这么个群落,挺好,年轻人有兴趣吗?未必,反正我一看能看透,因为我就是窑厂出身,这些活我都干过,我看一眼我全明白。当时我就想起我当年这个活怎么干的,看着这个烧窑的把式怎么烧这个窑,有几个人有这种体验?没有,也就是看一看而已。

所以我就说,要细化到什么程度,比如50后、60后、70后、80后、90后、00后,要细化到每十年一个年龄层,到底关注什么,拿什么东西来抓他。比如长沙的文和友,就是80后怀旧。80后的孩子到现在也算人到中年了,他们想起他们小时候,就是文和友这套,文和友做的就是这套,对应了80后的怀旧。我看完了不以为然,这叫什么怀旧,但是大家就认为这很怀旧。实际上就是不同的年龄层,那我们就得研究一下,不能漫天撒网,就地捕鱼,就得研究每一个年龄层有什么样的需求,然后细分化,把我这些产品对应起来。比如有的民宿我可能对应的就是00后,有的就是对应90后,比如中午吃饭这个清名店,我看70后接受不了,因为他看不懂这套事,但是50后、60后会感觉非常好。

我更看重的是这个里子,所以我们就得说点这样的概念,就是梁溪慢下来,运河停下来,历史走过来,未来感受过来。就应该有这么一套完整概念,这样的话,这个事就做到了。面子的事好办,我不觉得面子的事有多复杂。我担心的是你们把这事说歪了,上来就比,比亚龙湾如何,不是一个东西比它干什么,我比莫干山如何,比它干什么。我这个梁溪区古运河度假区现在没有对标对象,我就是标,将来让大家来对我的标,这话说得多牛。这些事用不着谦虚,该牛就得牛,敢吹会吹经得起吹。我相信你们这事面子不太难,里子也不是特别难,稍微复杂一点,但是市场很难。所以,我们细分化、垂直化,然后把产品区分开来,甚至可以区分出若干区,因为消费都是聚集的。比如我作为一个长者,我就不求闹,你非得给我弄一个闹的地方,我就不去。一个孩子,就喜欢闹,你弄那些清静的地方我也不去。区分开来,就是市场细化,供给分区,产品分层次,事就做起来了。

大同旅游集散中心，一个样本的发展模式探讨[①]

你们这个企业还是很有意思的，能够走到这一步，还真是很特殊。实际上你走的是一个综合性服务，一方面要对政府，一方面对个人，又有平台化的意识，又有自己的实体运营。所以你是方方面面综合到一起，这样的企业无须定型，就是一个企业，但是，主要做的事，就是一半一半，一半公共服务，一半是市场化的服务。

反过来讨论这几个问题，第一个问题，旅游公共服务是个大产业吗？这是个伪命题，旅游公共服务不应该是个产业，旅游公共服务是政府职能。旅游公共服务是个大领域，这是毫无疑问的。如果说旅游公共服务产业化了，那还叫公共服务吗？所以，这个概念本身就矛盾。我专门参加了文旅部公共服务司的一个会，就是讨论旅游公共服务。但是，从国际经验看，公共服务实行市场采购，到私营企业运营，这是一个方向，因为政府做的事一定效率高不了，态度好不了，这是规律性的。这不是在于他们个人，而是这个体制决定了他们就是这样，包括发达国家的政府也是如此。

所以，人家的招就是采购服务，变成一种市场化运营，这是毫无疑问的，你们等于在这个方向里开了个头。你们在趟这条路，这个应该很好。但是不要强化产业，只能说旅游公共服务是个大领域，旅游公共服务里可以细化出很多来，其中有相当一部分是政府做不到的事，那怎么办？但是市场又需要，所以，政府只能来采购，委托，通过企业化方式来满足需求，这样这个事就能说得比较完整。

全域旅游这个概念你们不必提。昨天有一个专家上来就说我始终反对全域旅游，而且全域旅游现在文旅部已经淡化了，没人说这个事了，但是也没人否定这个事。怎么才能更准确，叫全方位旅游，链条式服务，实际上你提供的是全方位旅游，全域旅游容易导向村

[①] 根据2023年6月28日的讲话整理。

村点火,户户冒烟。

第二个问题,市场化该怎么走。你们必须得走出来,大同就是300多万人口,这个市场是有限的,但是周边市场大,很自然就涉及一个问题,怎么吸引。比如北京这个市场怎么打开,你这样做应该说是政府最希望的事情。80年代上半截,大同是中国一个重要旅游目的地,那时候大同国旅老总姓侯,国旅总社开会,他牛得一塌糊涂,因为很简单,法国旅行团到了中国必来大同,可是每天的火车软卧就这么几个,所以他那个不是一般的牛。可是这个态势,应该说80年代过去就过去了。什么原因?就是法国的这一波旅游潮,1974年蓬皮杜总统访问大同,这个旅游潮过去之后,实际上就过去了。但是,我真是为大同觉得可惜,有这么多好东西,无人知晓。

这个就是你们该做的事情,而且你们也应该这样,就是全方位,链条式。我这是以北京为例,北京这个市场特点是什么?北京人不喜欢在周边游。因为北京一部分是官,一部分是商,这是主体。这两拨人平常出差出得够够的,总觉得亏欠家里,所以一有时间,带着孩子海南了,要不然国外了。这几年疫情,逼得北京人开始玩北京了,才发现北京有这么多好玩的。同样,北京周边,一个很突出的概念就是两小时到大同,你从朝阳区到海淀区就得两小时,有这个时间到大同啊,但是北京人普遍不知道。有宣传方式问题,旅发大会的方式就不是好方式,整个就是一个官场的自娱自乐。在这种情况下,你还采用这种方式方法不行,要有些比较巧妙的方式。你们和大同的文旅局商量商量,也可以和省文旅厅商量商量,就是走一条新路,你给拿钱支持一下。比如我在北京请100个直播博主,把他们请过来,全套、全方位、链条式,我就告诉你们直播什么东西。这些人都是有眼光的,而且每个博主都有他的粉丝群,要是有100个直播博主在你这儿一个礼拜,大同马上就起来了。你说这个花多少钱,不花多少钱。可是,大家想不到。山西人观念保守,认识落后,就知道按照传统这一套,给你出点新东西行不行?

再有一个,就是大同不要只强调清凉一夏,只强调清凉一夏,其他几个季度怎么办?大同是全年可游之地,只不过每个季节有每个季节的优势。比如云冈,冬天看云冈也很好,是不是?比如上下华严寺,什么时候看都很好,为什么非得强调这清凉一夏?现在打这个牌子就这么打,我不太赞成,这等于把自己的路给堵了。比如红红火火过大年,这曾经是山西旅游一个品牌,甚至有北京的家庭和山西的农民家庭结对子,过年我就来了,在这儿才能体会到最浓郁的年味,像这些东西都需要我们挖掘。再比如这个火山群很有特色,但是那个土林实在一般,所以不要吹这个土林,可是那个火山群值得看。关键它不光是看,而是要跟你说清楚为什么会形成火山群,火山群到底意义何在。昨天晚上在那儿看节目,我看见城门上两个牌子,实际上这是历史上军事重镇的地位。我们要重新讲好大同故事,不能按照现在这套教科书式的讲法,这套讲法打动不了市场,靠什么?就靠网红,靠这些直播博主。

宁夏沙坡头星星酒店,一个酒店就能变成一个目的地,很多人先订,如果星星酒店没房,就不去了,什么时候有房什么时候去。这么一个东西都能形成,大同这么多好东西不能做出这样的东西吗?所以,你们需要研究爆点,研究四季大同,这样打这个市场才值得。如果你打的市场就为了夏天这三个月,甚至夏天一个月,这不值得。现在来看,原来制约旅游发展的主要因素现在都已经没了,第一个是交通因素,已经完全没有了。第二个是时间,大同对北京来说就是周末大同,周五晚上过来,两小时,周日晚上回去,在这儿度周末。这里边再打一个牌,叫文化休闲古城度假,古城是度假的地方。大同这些文化是一个休闲产品的概念,不能用一个又厚又重的东西来应对市场,你老说文化厚重,我就走。所以要把厚重转化为时尚,把历史转化为轻松,这样才好玩。昨天故宫讲的那套多好,昨天我为什么一直坚持在那儿听到底,我就觉得企业这些东西很棒,这都是一线的,活生生的,而且是拼杀出来的东西。这样的话,思路就要调整,政府就很保守了,你们跟着一个保守的政府又是一套保守的做法,能行吗?他们也不是想保守,是习惯性的。所以,把这些调整过来,市场化这条路就起来了。你们又是股份制企业,这就是一个好体制。所以作为一个股份制企业,现在实际上是两块,一块叫平台化,这块要做大。做到什么?就是大同文旅的头部企业,不是规模最大,但是影响最大,其他企业都得跟着我走。因为我是一个运营平台,是一个服务平台,也是一个信息平台。这块投资最小,效益最好。第二块就是实体化这块,建议你们控制规模,比如现在有36台车了,够了,你弄到360台车,是一个旅游汽车公司了,资产太重,弄它干啥。平台做大,实体控制。因为你有了一个好平台,就可以借助资源,比如灵丘已经借助了,其他区县你也可以借助,你不是想再起来嘛?在我这个平台上,你才能做起来,靠你一个区是做不起来的,靠你一个县是做不动的。但是在我的平台上,就可以帮你们做到。很自然,你们的资源我就可以借助。同样,比如需要车了,借着社会车辆，租行不行？干嘛非得自己运营，运营汽车多复杂。要控制规模，不要认为规模越大越好。

第三个问题，从旅行社运营角度，还是必须以导游为中心。说句老实话，现在旅行社的传统功能已经不存在了，可是，导游始终在，而且现在一个导游带一个助手，实际上全套旅行社业务都可以。比如说外联，有客户就行。什么计调，现在还需要设一个计调部门吗？分分钟网上一查什么都有了，只要联系通了，形成一个业务链，就通了。可是导游是替代不了的。我专门写过一篇文章，就是以导游为中心的旅行社改革。我们这个旅行社将来的发展方向就是这个方向。像前几年出国，就是一个领队打天下。比如说到了德国，路上一路走，下了飞机以后住店的安排，司机的安排，一直到了景区景点，他来介绍，全套都是他打下来。很辛苦，而且熟，不是一般的熟，到了那些景区，那些景区的工作人员他都能打招呼。

从你们的业务来说，培养一批好导游，把权力放给导游，把利益让给导游，你们这套事就可以起来了，这样你真正实体性的东西将来核心在导游。比如你有20个好导游，不用操心了，他们掌握的资源，人脉关系，一放大，那不是一般放大。可是这里边就有一个制度设计问题，就是你怎么把权力放给他又不失控，把利益让给他们又不宰客，这就得有一个好机制。同样，你是一个平台化企业，比如这20个导游，我负责你们的合法身份，我负责你们的五险一金，我负责你们的后顾之忧，这些事靠自己做不到，只有靠企业。所以，在这个意义上，我又建立另外一个平台，就是人才平台，这个事这么做下来，这条路才能走出来。

打着公共服务这个牌子，这是个大领域，转化公共服务的市场化，自然而然就转化了，这个市场化就是平台化。第一，实体化控制，第二，人才平台是最核心的，光靠你们几个创业者那不行，必须得有这么一个基础，这个基础起来了才真正起来。下一步的难题就是这36辆车怎么办？到时候你会感觉这36辆车很多余，但是你已经有了，就先这么弄着吧，不行就把这个车队相应独立出来，也采取市场化办法，反正现在倒是有一条，就是市场化，这是一个根本方向。

这种运营是否可以复制？当然可以复制，复制无非两种方式，第一个就是在这个过程中，你们自己要研究出一套模式来，就靠这套模式输出，靠这套模式复制，就像袁家村一样。我去袁家村看完了，我就说袁家村谁学谁死。但是，前一段我去忻州古城，我一看这个古城挺专业的，出来一个人跟我打招呼，我问你们是哪儿。袁家村的，管理和运营输出了。由于他有这么一套，忻州古城现在就做得不错。你们要及时总结归纳，形成模式，这个模式框架基本就是我刚才说的这套框架。

还有一个重中之重就是古城，文化休闲，古城度假，但是现在这个古城公司还叫古城墙景区公司就不对。古城，怎么能是古城墙呢？不能把它当景区看。就冲这个名称，这个企业就搞不好，定位就错了。别急，等它活不下去的时候你们接手，你们要想真正做起来，核心在古城。这个古城最大好处是什么？这是复建的古城，没有文物保护概念，这里边的文章可做大了，那不是一般大。也可以开始你们和他们合作，反正我最看好的就是古城，我就说文化休闲，古城度假。而且古城修了一大把类似别墅的房子，都空着，都是想按房地产模式卖出去，这不灵，这模式早就过去了。但是，按照度假式的旅居来运营，一定火。

总体来说，你们这几个问题，第一个是前提，第二个是个准确，剩下两个都是伪问题。如果能开旅游公共服务大会，这对你们很有利，一是把你们的品牌做出来，二是到这儿来相当于开一个现场会，这就需要你们现在抓紧时间先总结出一套模式来，然后按照这套模式，哪儿是短板，哪个还不足，哪个应该怎么做，哪个还需要什么，你就梳理清楚了。

这么梳理下来，就看哪儿不足，不能光想这事我做不到，做不到，想总能想到吧，上来就说这事我做不到，不能做，这个逻辑是一个很差的逻辑。按这个逻辑就不需要进去，我现在能做什么就做什么，干吗要想那些做不到的事。就是做不到的事你才需要想，做不到的事才需要去努力。按这套东西，深化下来，结合实际情况，刚才说的这套事挺好，但是思路都落后。按照一套新思路，把张瑞敏先生那几个讲话你们好好研究研究，这样，才能出一套真正对应全国的旅游公共服务样板，才能真正做起来。大同不重要，大同是你们起家的地方。

安江农校,打造绿色革命圣地[①]

安江农业学校,现在叫怀化职业技术学院,名字怎么叫不重要,但是作为旅游产品,还是叫农校好。我想来也不是一两天了,记得前两次在怀化谈旅游发展,就说到这个题目。安江农校定位世界绿色革命圣地,我们可以把它翻译成现代语言,但是定位是这么个定位。第一是世界级的,第二绿色革命,绿色革命这个词不是咱们中国人说出来的,是联合国说的。最早就是在印度搞出来绿色革命这个词,因为那个时候粮食不足是世界性的,但是小麦这支发展不猛,可是水稻这支看到了希望。第三个就是圣地,是杂交水稻发源地。这样定位我觉得很好,而且我见到袁先生说过这个事,袁先生的态度是千万不行,千万别这么搞,作为他来说这不光是谦虚。

再一个因为中国习惯的是帝王将相,所以我们一说历史就是唐宗宋祖,实际上从历史的发展来说,真正的发展是毛主席的话,人民只有人民才是创造世界历史的动力。我那天也是跟袁先生喝酒喝了不少,我说再过一百年,全世界的人还都知道袁隆平。就像我们今天说到爱迪生发明家,说到爱因斯坦大科学家,就像今天一样,真正影响世界历史的、造福老百姓的甚至改变历史的恰恰是这些人。对这个事,绝不能把它看低了。

今天看下来,远远超出我的预想。

第一就是园区261亩,外边还有500亩,面积之大超出我的预想。

第二建筑这么完好,也超出预想,现在变成国保单位了,想拆都不行。有一个好处,这种建筑很有历史感,有点古色古香的感觉,这是民国风,有苏式的,但没有"文革"风。里边又有这么浓重的抗战文化,包括战地医院、指挥部等,更感觉安江农校很深,安江农校很神。

[①] 根据2023年8月20日的一次谈话整理。文中简称"魏""农校"。

第三是保护得这么完好，而且现在陆续在用，这都很不错。现在你们争取4A景区，没有问题，我的意见是过一年你们就申报5A，你们就升到5A。按照现在的主体资源，申报5A没问题。我们很多地方申报5A难在资源本体，这里不同，这是现成的东西。

第四个就是这里目前的完好性。现在从5A角度来说就是缺点内容，比如缺一个游客中心，功能性的东西，按照标准完成一下。这个游客中心不必建一个巨大的豪华建筑，拿出一栋楼改造一下。进门找一栋平房，现在也没什么用，把它改造一下，这样反而符合文化品位，真弄一个游客中心反而毁了你。然后就是把细节完善一下。条件太具备了，比如说刚才看袁先生旧居，现在只看到一点家具，空空荡荡，那里边填满点，要感觉到有点生活的内容。现在的旧居完全没有生活内容，书架上摆一些当年的书，床上铺点东西。蜡像就不必了，弄个小提琴放在那里，当时在阳台上打麻将，你摆一个麻将桌，把这些细节填上，就感觉有意思了。感觉袁老爷子还活着在那里。

第四，这个纪念馆已经很不错了，这个田要弄个栈道铺进去，就近感受杂交水稻，闻稻花香。我这只是举例子说，细节要完善。

第五就是内容，将来这个事到底怎么做？因为现在学校还有，职业学院的功能还有，该上你的学上你的学。但是给我的感觉，这院子里两万多平方米建筑，空房子不少。房子不能空，我建议在你们可能条件下，争取这个房子多功能利用，不拆不建只是丰富功能，比如在里面搞几个咖啡厅，时尚一点。比如说搞点研学设施，弄点上下铺，孩子也可以在这里住。晚上搞点什么活动热闹一些，从运营角度内容更丰富，这样就形成商业模式。以前没有商业模式，以前基本不赚钱，而且研学现在也对得上我们的文化内涵和品牌。

第一总体定位往高拔。第二就是5A目标。你这里最棒的就是袁先生这套资源，习总书记的评价，包括品格，这张牌足够了。这个做好了，内容就要丰富，要形成商业模式。景区说到底是商业化，文保单位可以不搞商业，景区不搞商业能行吗？包括往那边雪峰山，中间这片盆地都在文保范围外了，比如外面搞点民宿。

农校： 我们已经在考虑，围绕安江农校，把稻作文化跟相关的农、文、旅怎么结合起来。周边就是田，农方面就是古朴的小村落、村民的房子，在农田里边刚才也讲修栈道之类可以设计，然后每家每户政府也在跟他们合作，每家每户都修成一个民宿式的。

魏： 这个我赞成，只要这里起来了，周围老百姓就会获利，用不着你投资自己就会改造。

农校：核心区我们初步做出 128 间老百姓的房子。

魏：你们已经想到这些事了，很好。

农校：如果做业态，政府给他们补 30%，纯住我们补 15% 用于改造，改造后周边通道我们搞，属于公共建设方面我们都来搞，包括整个形象打造、绿化、清洁化和亮化这些。我们把基础设施搞完后，老百姓根据业态发展来建立，同时我们把周边好几个老厂房，面积比较大，我们就大面积改造，包括原先老的，把业态丰富起来。而且我们这边高速高铁都有，我们县城的高铁是安江的高铁，也是感谢袁老爷子。

魏：这样就是以安江农校为核心，构造一个安江文旅农耕园区。

农校：书记对安江镇高度重视，他到一个镇里来五次，很少见，所以我们有洪江市也有洪江区，历史渊源。

魏：我去过。

农校：书记把这三个点，资源比较丰富的，但是没有龙头带头的，所以以我们安江农校为主。稻作文化和洪江古商城、黔阳古城，这三座城都在干路上，从上游到下游这么三个点刚好是一个三角形，做一个金三角，好像是占了两个角。后面书记再进一步分析，这个区域就是流动文化区域，他确定我们安江这一块是农耕文化的农业形态、耕作形态。往上走洪江城也是植根于大的农业区，所以它作为农业文化的商业形态。黔阳古城这块本来就是当时的老县城，就作为政治文化的形态。三种形态三个点，构成一个旅游金三角。这个地方交通区位各方面情况还不错，有高速高铁，机场离主城区也比较近，这是书记对发展更好的契机和平台，我们现在在研究书记的指导方向。

赤坎古镇场景化发展[1]

赤坎华侨古镇,我这是第三次来,第一次是局长请我来,主要看开平碉楼,顺便看赤坎。第二次来是董事长请我来,为赤坎古镇站台。后来我就一直关注这个项目,但是我有两个想不出来的事,第一,赤坎古镇折腾来折腾去,到底能折腾什么样子,我想不出来,因为我印象中就是一条河,一排骑楼,到底怎么做,我想不出来。第二,就是这么大笔投资进来怎么回报?第二个问题,我今天不谈,我今天主要谈第一个问题。

下午过来之后,先坐电瓶车,又走路,然后又坐船,把古镇走了一下,我就想谈这么几个看法。第一个看法就是这个事不容易,所以我就想叫四大手笔。为什么说四大手笔呢?第一个,前人的大手笔,我不说古人,因为现在说赤坎古镇就是100多年嘛,叫前人的大手笔,留了这么一片好东西。第二个大手笔,就是产业基金大手笔,投了一把资。第三个大手笔,就是顶度集团陈向宏,这是个大手笔。第四个大手笔就是政府的大手笔,3981户的搬迁,这在任何一级政府都不是容易的事。但是,赤坎古镇把这个办到了。所以我就说四个大手笔聚在一起,聚成赤坎古镇现在的格局,这是我第一个看法。

第二个看法,就是我今天下午刚进来的时候,一看你们那个牌楼不错,进门的牌坊。再往里一看,这不就是一个影视城吗?我今年又去过横店,这不就是横店影视城的感觉吗?横店我原来去过几次,今年去搞了一个老外滩,几乎一模一样。所以进来一看,怎么能是这么一个感觉,这叫第一印象。我刚才谈到了这个,第一印象区,一定是最好的印象区,可是今天的第一印象区不成功,给人感觉是一个影视城的感觉,这显然不对。我的想法是,客人从停车场走过来,看见你这个牌楼,大家打一个卡,拍张照,进来应该是烟火气,各种小摊贩,各种小餐饮,各种小文化,聚集在这儿,这才知道不是影视城,否则给人的感

---

[1] 根据2023年9月7日在赤坎古镇的发言整理。

觉就是影视城嘛。因为我对赤坎留下的印象就是烟火气，今天来看不到一点烟火气。所以很自然，就涉及赤坎古镇下一步的发展。我今天到了酒店就说，一个问题，首先要招商，其次才是招客。但是招商和招客间有一个矛盾，客人不来招商也不好招，可是你要没有足够的商业气氛，客人也不会来，这就是一个鸡生蛋、蛋生鸡的关系。这个问题怎么解决，我的基本思路就是通过场景化来解决。到底怎么做这个事，今天看下来，归纳了几句话。

第一句话，容纳百川，因为这个古镇很独特，独特到什么程度？全世界都没有这样的古镇。我今天在古镇里看，这是我在瑞士伯尔尼见过的建筑，那个是我在法国看到的建筑，那个是我在威尼斯看到的场景，在这儿，都很融洽地融合在一起，所以我们说容纳百川。

第二句话，汇聚四海。这个地方是中国的传统古镇吗？绝不是，也不是江南也不是岭南，也不是北京的古北水镇，也不是你的溆浦古镇，这个地儿有主题吗？看起来没主题。但是真正主题是什么？就在于容纳百川，汇聚四海。今天一路走下来，第一个感觉叫中西合璧，实际上这个地方，严格说中不多，西很多，可是中西合璧，你觉得在这儿看虽然是混搭，可是你觉得可以接受。

第三句话，文商并重。这个地方历史上商业就很繁荣，所以这种文商并重，给现在提供了一个好的条件，可以尽可能来做商业，因为历史上就如此。我们到很多古镇，人家觉得商业化气息太重了，这不行。我们这儿不同，赤坎历史上就是文商并重。而且我今天看见了，长了一个知识，一个叫关氏，一个叫司徒，两个大姓，这两个大姓看完了感觉，关氏的基础是欧洲，司徒的基础是美洲，所以关氏才搞一个天主堂，司徒才搞一个基督堂。可是他们两家良性竞争，竞争最后结果是文化的竞争。所以你搞图书馆，我也要搞图书馆，这个场景太棒了。这样的话，就是这种文商并重给我们现在开拓了一个条件，就是尽可以做你的商业，不用担心别人批评你，说你的地方商业化太重，不用担心。100年以前就做商业，但是商业的升级就是文化，所以是文商并重。

第四句话，新老交融。所以现在这个地方，就得追求新老交融，我们用不着追求什么事都原汁原味，这个思路就错了。要追求的是市场关注什么，这是需要追求的东西。在这个情况下，有文商并重，我们就可以很自然做出新老交融。新老交融，实际上很重要的一个就是时尚，我们就得追求现代时尚点在哪，要看明白。

实际上我觉得现在有一个问题，大家老关心年轻人，00后、10后，他们关注什么？我就说00后，又没有钱，又没有闲，他们的关注很重要吗？可是他们引领了旅游市场的时尚。我关注什么？关注一个新概念，大市场，叫长者市场。长者是什么，60岁到75岁，我就属于长者。这个年龄的人，又有钱又有闲，而且，对互联网不陌生，不像年轻人，年轻人叫互联网原住民，可是我说长者至少对互联网不陌生。80后也要怀旧，长沙的文和友就是80后的怀旧，所以长沙的事情到了深圳就不行。我昨天在深圳就说，深圳要搞一件事，拿一栋旧楼，搞一个80年代的深圳。80年代的人到深圳创业，现在基本都退休了，让他们去怀旧。所以文和友到了深圳就不行，这就是"橘生淮南则为橘，生于淮北则为枳"。我们到底对应什么市场？这是赤坎古镇下一步运营的关键。两个要点，一个要点是年轻人追求时尚，比如说你们弄一个SKP到这儿来，我很赞成，这是年轻人的时尚，但是更多的应该是长者旅游的时尚。比如说像我这样的人，又有钱，又有闲，又有兴趣，又和互联网不陌生，我到这儿来，体会一下，不是我们当年，是百年以前的时尚。所以就说这个意思，做这个事情，就叫新老交融。这样的话，我们就得研究我们这事到底怎么做。

第一个要说的，这个地方不是个景区，如果要说这个地方是个景区，把我们自己贬低了。这个地方第一个定位叫文化体验区，第二个叫旅游度假区。现在看下来，闲了这么多房子，怎么办？很简单，做度假。所以我就说，这个地方至少要3000间客房，为什么？就是让大家到这儿来度假，这个度假叫古镇休闲，文化度假。和其他的度假区就不同，比如说海南，滨海度假区，我这是什么？古镇休闲文化度假。现在这么多房子，你要把度假做起来，大家在这儿至少住两晚，多的可能住五晚。他在这住，有时间，就消费。所以这是一个比较根本性的问题。

所以，一是软硬兼施。现在硬件的建设差不多了，不必再琢磨怎么做了，可是软件的建设差很多。所以怎么把软开发做好，适度硬开发，强化软开发。二是情景交融。现在景够了，我今天下午在这儿走了一趟，手机拍个不停，景够了，但是我没有看到情。

所以我就先说你这个到底怎么定位，第一个定位，是一个影视区，虽然我很贬低影视区，但是对你来说，影视区是你的一个功能，大家跑这儿来拍电影、拍电视，这很好。假设说，因为赤坎古镇变成一个影视基地，外边有一万个人都是群演，周边都起来了。因为我到横店就是这个感觉，横店说我们根本不发愁群众演员，有三万个横漂。所以早上影视剧的副导演到横漂市场，说需要100个人，人家马上就问什么人，哪个朝代，明朝、清朝、民国，一直要问到民国哪个时代，是30年代，40年代，一直问。所以他们就说，群演对我们来说，根本不是问题，可是群演本身就创造了巨大的消费。所以，影视区的功能不排斥，能做尽量做。第二个，根本性的是什么，文化体验区，度假区。所以说现在有1000间客房，不够，至少3000，这就是度假区，这个度假区就是古镇休闲文化度假。

第三个才是景区。景区给你起的作用是流量，度假区给你起的作用是另外一个流量，就是留量。所以很自然，观光出人气，休闲出文气，度假出财气，最终得放在度假上，而且要做度假，条件很好，确实很好，就要把"古镇休闲，文化度假"这八个字吃透。所以这些事儿都可以做。但是却有一个问题，就是到底怎么做——场景化发展。

我最近对场景化发展做了一番研究。中国旅游基本上就是三个阶段，第一个阶段叫资源化发展阶段。上个世纪八九十年代，大家一说就是我有什么好资源，有资源就可以做，这是第一个阶段。大体上20年吧，谁也不说资源的事了，我记得当时的一个事就是有一次开旅游发展规划座谈会，广东省旅游局的一个副局长就说："从传统的旅游资源来说，广东不足，但是从休闲度假资源来说，广东最好。"这个给我印象很深。到今天，资源化的时代早就过去了。

第二个阶段叫产品化时代，是现在主流。所以大家都在研究要做什么样的产品，怎么能吸引客人，这是第二个时代。现在是主流，但是我的看法，过几年这个事也就过去了。

第三个阶段叫场景化时代，是未来。所以我就觉得赤坎怎么抓住场景化时代，是解决问题的钥匙。因为抓住了场景化时代，就意味着走在了前列，走在了尖端。今天看下来，第一个场景，就是我刚才说的几句话，就是世界场景。不要把自己看低了，真是把自己看低了不行，第一个就是世界场景，就是在赤坎应该感受到世界，而且感受世界不是一个简单的表层。比如说到了横店，看来看去横店东西都是假的。这里的东西都是真的，这是根本，就叫真伪相辨。你们那些什么影视城，都是造出来的，我这是真的，所以我觉得这是第一个，把自己的优势搞明白。

第二个要说的，就是现在闲着的房子，这些房子一定要二次招商，二次招商靠客流来招。但是反过来就说，要没有足够的人气商人就不进来，但要没有足够的业态，人气就不来了，这就是鸡生蛋，蛋生鸡的关系。这个问题怎么解决，就是靠场景化发展。我今年上半年看到的，归纳了十个现象，叫作万花筒，中国旅游市场万花筒，可是这十个现象归纳下来，我发现没有靠资源的，也没有靠产品的，都是靠场景。比如说长安十二时辰，平均一个人进去五小时，花费500块钱，靠什么？靠的就是场景。所以进了长安十二时辰，就发现演员就在你身边，而且那边两个人在吵架，其实是两个演员在表演，反映了当时的生活场景。那里历史上是一个商场，90年代的商场做不下去了，想来想去搞了这么一个东西，这个东西一搞真是挣钱大把。最后一个就是天津的大爷跳水。天津大爷跳水靠资源吗，有产品吗？就是大爷跳水，一下把天津带火了。天津文旅局都说，我们怎么在里边起点作用，后来说不需要你起作用，就是天津伯伯，就是这么做。所以我就感觉，今年的旅游市场现象，最突出的现象就是场景化。

反过来说，怎么做赤坎的场景？处处是舞台，时时有场景，人人是演员，个个是观众。赤坎是世界的赤坎，一定要有世界的场景，实际上现在硬件能做到，软件远远没有达到。我第一次到上海新天地，发现所有的商业都满了，尤其临街座位都满了。为什么？不知道，就坐那儿看吧。过了一会儿来了几个人，吹吹打打就走了，又过了一会儿来了几个人表演一下就走了。所以你在那儿吃一餐饭，你就觉得这地方有意思，这就是场景的概念。我得说一个此生难忘的场景，到德国的科隆大教堂，正好是傍晚，夕阳西下，一个金发女郎在那儿拉小提琴，看到夕阳照在她身上，当时就傻了。她这一曲小提琴拉完了，我低头看了一下，盒子放在下边，我就知道这是卖艺的，把零钱都给她放进去了，很优雅地道一声谢谢，这场景我终生难忘。所以我说，场景不意味着一定大，但是场景一定要给人这样的印象。

今天看下来，赤坎古镇第一个场景叫水上场景，水上场景包括赛龙舟，包括下午坐的船。坐船的时候我专门问了一下，这个水路多长距离？徐总说一个半小时吧，我说我问的是距离，为什么这么问？我估计是五公里，要说到5123米，为什么？因为这种事情体现我们的工程量，而且也会有一种场景感。所以第一个场景是水上场景，陈向宏老总，做水是他的得意之作，做古镇没有水能行吗？

第二个场景就叫世界场景，世界场景是什么，就是你在这儿相当于走了一下世界之窗，但世界之窗给你的感觉是假的，我这个地方给你的感觉是真的。

第三个场景叫岭南场景，毕竟是在广东嘛，有一个岭南文化园，这边看一个戏台，到了水上看又一个戏台，所以这种岭南场景很难得。

第四个场景，就是酒店场景。这种酒店场景，奠定一个基础，就是根本上是旅游度假区。

所以我建议你们争取一下省级旅游度假区、国家级旅游度假区,争取一下这个事,这个帽子有没有含金量我不知道,但是弄个帽子在头上也不坏。

第五个场景,更重要的是夜场景。对于你这儿来说,夜场景可做的东西太多了。比如说灵山的拈花湾,夜场景就是你一路走来,两个人给你表演一下,再走来一条船,船上就有两个人给你表演一下,你就这么走,大概走一个小时,最后有一个终结性的场景,就是他有一个雕塑,两个人融合在一起,跟着出来一套烟花。所以一个小时走下来,一点都不枯燥,可是一个晚上就过去了。

这些事都需要研究,现在面临的问题就是没有足够的客流,商人不来,没有足够的商人,也引不来足够的客流,这个矛盾怎么解决?靠场景化发展来解决。就是做场景,做场景日常工作。而且场景的好处是投资量很小,基本上叫锦上添花,这么大把投资都进去了,下一步不需要这种投资,需要的是软开发投资,投资量不大但是效果很好,锦上添花。另一个,就叫另辟蹊径。所以强化软开发,适度硬开发,现在硬开发不小了,因为下午也说下一步要做营销,营销也不必大做,因为营销再怎么做意义不大,现在的营销是网红打卡。

我前年到宁夏,去年到甘肃,就发现不用做营销了。早晨起来100多个网红博主都在沙丘上,都穿着红衣服,确实不需要做,我们现在做的什么?是服务网红博主,还有哪些地方没看到?还有什么困难?我来服务,就够了。传统的营销手段已经过时了。如果每天都有场景化的感受,网红博主就会过来,他们过来了,他们的影响比传统营销的影响要大得多。这样的话,从营销角度来说,不必再搞传统营销这一套。但是,把网红打卡点都挖掘出来,比如到了赤坎古镇,有50个网红打卡点,这不多。有一次我在深圳,一个饭店老总带着我看饭店,看了一圈,说我有20个网红打卡点,大家把20个打完了,就该在我这吃一餐饭了。所以你们谋划一个赤坎古镇百红打卡,弄100个打卡点,让这些网红打卡的人、直播的博主都过来,就起来了。干嘛非得还是那样传统的路数,因为你现在绝对有这个潜力。好多东西,自己没有发现。因为我最近调整了思路,用场景化思维,场景化眼光,研究场景化设计,推动场景化建设,这个事就起来了。我最近到陕西的留坝县,非常小的县,就跟他们谈这套思路,他们说按照你这套花不了几个钱。就是要少花钱、多办事、办好事、好办事,更何况赤坎古镇潜在的这些感受,你们没有意识到,作为一个第三者,从旁边看,真正看到这个地方的好。

我要说的，也是一个高标，世界第一古镇。定这个位，为什么敢说世界第一？因为我跑了五六十个国家吧，今天看的时候，第一个联想的是波兰古城，第二个就是奥地利有一个古镇，第三个是瑞士的茵特拉根小镇。我就想，这几个地方和我们这儿比较，波兰第一，但那是古城，其他都不如我们。我也不敢说我这句话准确，但是至少我们可以说这句话，世界第一古镇，然后做度假休闲观光，第一个功能是度假，第二个功能是休闲，第三个功能是观光。度假是我们的财气，休闲是我们的文气，观光是我们的人气，观光最终不就是来多少人吗？那不重要，可是休闲是靠文化，度假才是我们的财气。所以这45万平方米建筑，要是这么做，我看可以做起来。到波兰那个古城，真是觉得很震撼，但是我看了半天，看不出它的商机。我们这儿有个好处，历史上就是文商融合，所以我们的商气再怎么重，不违背老人家的概念，这样就可以做得很有味道。这样说下来，我对赤坎古镇的发展很有信心。

最后说两句话，就是第一句叫成形，已经成了形状，都起来了。第二句话叫成名，一年成名，一年成名不复杂，就按场景化思路。比如在横店，晚上出去看看，没两步一个匪军就拿枪把我顶住，我就愣了，啥意思？都是表演，往前走，一路全是表演，这就是场景。可是这圈走下来，觉得挺有意思，挺好玩。所以我就说我们这个场景怎么做，就应该有历史上这种感觉。而且历史并不古老，100年以前，在路上走，有个老先生穿着长袍跟你行个礼，说几句话，这种场景感一下就出来了。如果这套东西都有了，到这儿来，不管长者还是年轻人，觉得这个地方能吸引我，所以住个两三晚还觉得不够。然后还有你各种各样的场景在吸引我。未来中国的旅游一定是场景化发展，而且场景化发展在这个基础之上，就是锦上添花，60亿元投资进去了，所有的基础都做好了，硬件没有问题了，差的是什么？差的就是软件，所以我就说软硬兼施，情景交融。

最后探讨一下，世界第一古镇，这个概念能不能立得起来？看下来，完全立得起来。赤坎古镇的形成就是国际化背景，这个渠道就是华侨的渠道。一开始是金融，然后是物流，然后是商业，形成了这个古镇，所以这个古镇的特点就是中西合璧，新老交融。我在欧洲看过很多小镇，那些小镇很美，可是文化单一，主题单一。我们这儿不同，是一个世界的四海汇聚，能立得起来。

再说说这么多文化聚集，在这儿不冲突、不违和，这是我们的优势。因国际化而生，因国际化而长。这就涉及什么？民国黄金十年，就是1927年到1937年，那是民国经济发展最好的时期,国家也统一了,结果被日本侵华打断了。但是实际上,这个地方受的影响不是特别大,就是抗战的时候,日本人来炸过,但是没有驻军,没有实施过统治。这样的话,文化的传承始终延续,包括"文革"的时候,红卫兵破四旧没波及这儿,影响不大。两个原因,第一个原因,这个地方偏远,红卫兵过不来,第二,这个地方有文化传承,当地人绝不会主动破坏,到今天也是如此。因国际化而形成,因国际化而兴旺,未来一定是因国际化而发展。所以从这个角度来说,不必谈古城,谈的是古镇。这样的话,我觉得世界第一古镇是可以立得起来的。

具体有几件事,一个就是在欧洲有一个国际组织,叫世界最美小镇组织,中国一个老板参加了几次活动,觉得这事挺好,就搞了一个世界最美小镇组织中国分会,在国内还有一个身份叫中国旅游协会最美小镇分会,我是他们的专家。你们先加入这个,再深一步,如果说条件成熟了,把世界最美小镇组织的年会在你这里开一下。大家来了都会有感慨,这样世界第一古镇我就真正立起来了。这是一个,立品牌,这是第一个意思。

第二个意思,就是做场景。这里边可做的东西太多了,因为你现在闲着这么多,拿一条街,白天咖啡一条街,晚上是酒吧一条街。就像上海衡山路一样。上海衡山路的酒吧天天晚上满座,这是直接吸引消费者的。然后,就是要搞一些场景化的东西,比如,水上场景怎么弄?一个是河,另外就是五公里的水系。不要小看这五公里,也不能只说一个多小时,一个多小时是客人的感受,但是这五公里的场景怎么弄,你们有丰富的经验,就要产生一个什么效果。白天我体验文化,晚上沉浸场景,就要达到这个效果,这是第二个意思。

第三个意思,就是从产业看,到底怎么做,第一叫作旅游度假区。现在不是在申报国家级旅游度假区嘛,但是我的特点是文化休闲,古镇度假,这是我的特点,既不是滨海,也不是山岳,也不是乡村,我就是文化休闲,古镇度假,特点就出来了。第二个叫作文化体验区。文化体验区主要在白天,将来这些底商起来了,这几个博物馆、文化馆、图书馆,包括宗祠,这都是核心的。我专门去看了一下司徒美堂展示,太单薄了,有点贬低了司徒美堂先生。专门问了一下,这个地方搞没搞过致公党的活动?没有。那我们在这儿来一个"中国致公党寻根之旅",致公党是八个民主党派之一,能够到今天,绝不是偶然的。反过来说,这套东西弄一弄,这就是个题目,致公党员都是很有身份的人,很多致公党员自己都搞不明白,我的根在这儿呢。

同时,我们搞了五次中国九古论坛,这儿搞一次也可以,把全国的古城、古镇、古村,聚集过来。意思是什么?在这个领域我和你们一般高,甚至比你们还高,这个就是行业影响。

这是说几个活动,最终就是靠场景化来追求突破。场景越丰富,客人来得越多,客人多了底商就好办。干这些东西,不必追求招大商,现在招大商也难。就弄这些创意的孩子们,在街里边看见两幅画,我就问谁画的。比如说我选一条街,这条街全是画,外边是画里边也是画,也是营造一个场景,内容非常丰富。在浙江的丽水有一个古堰画乡,到那个画乡居然看达利展,我就愣了,真品啊?是真品。浙江侨乡,对他们来说和欧洲的这种沟通不算什么,说我们过两年要搞个达·芬奇展,弄五幅达·芬奇的真迹过来。他就有这本事,这就是侨乡的能量。所以说就是文化体验区。

还有就是深度沉浸区,先选10个网红打卡点,然后20个,然后30个,最多到50个,50个网红打卡点。你要想把这50个卡打下来,一天时间,晚上还没打呢,小酒还没喝呢,至少住一晚。而且不光是对年轻人,长者也照样有吸引力。长者可能到这来之后,从容舒缓,可能在这儿一住,住两三天,甚至住个五六天,这完全就是度假概念。这条路这么往下走,这事就好办了。

所以我不认同这是个景区,说是景区有点贬低了,休闲度假区、文化体验区、深度沉浸区,最后就是场景发展区。那就做成世界第一小镇,也是世界第一小镇的场景发展突破点。简单,包括龙舟,大家都希望参与龙舟,希望体验,只要是有人差不多我就来一把龙舟赛,临时参加都可以,反正有专业的人指导。要是有团队搞团建,那更离不了这些了。所以这也是一种场景,所以这条河构成一个河上场景,这里面的水构成水上场景。比如在岭南文化区,那边一看就是大戏台,一扭头突然戏台上就有人表演,过了一会撤了,就是快闪式的。我们现在搞一台大歌舞、大演艺,这个时代过去了,大家也没有耐心来看这个东西了,一般来说50分钟,50分钟你都觉得很漫长。可是快闪式的,我还没看过瘾呢,怎么就完了,可是你走到下一个场景,一个小表演又出来了。

总体来说,这个路这么走,不需要花什么大钱,这个事走到这一步已经不容易了,但是把闲置的资产充分盘活。

第四篇 问计地方旅游

珠海斗门旅游问计[1]

斗门需要挖掘资源，提升理念，假设说一条街保留下来就是 80 年代，文和友只是复制了 80 年代一段街景，就形成这样一个火爆，现在这个店开到深圳了。我们县城这么一段 80 年代街景把它保留下来，一定会火爆，还需要文和友吗？这样你这条街上所有商家都会火爆。可是我们就得提要求了，大家想一想 80 年代怎么样，门口要不要停几辆单车，招牌要不要变一变。我们现在不是说网红打卡吗，迅速就变成一个网红打卡地，就像一部《狂飙》推动了江门旅游发展一样。同样，你这将来就会变成大把剧组过来拍片的地方。

80 年代是我们亲历的，现在回想起来已经是历史了。"斗门"这两个字怎么解释，第一是斗方之门。斗方什么概念？每年过春节，除了写春联，还要写一个斗方，当年慈禧太后每年到了腊月，她写 100 张斗方，就是一个福字，然后赐给大臣，所以斗门就是斗方之门，意味着我们蕴含着幸福；第二是物产之门，斗门物产非常丰富，品种多、产量大、味道好；第三是富裕之门，现在我们还不能算很发达，但是斗门给我们指向了富裕之门；第四是幸福之门，所以我对斗门有这么一个解释。这样开拓新赛道，开创新格局，围绕旅游谈几个看法。

斗门很特殊，叫新兴城市化、新型工业化，这是一个总体格局。我昨天先到了东湖，到那儿就有一个很奇怪的感觉，因为在那儿可以看见历史的折叠，看见历史的流逝。先是看河，胜利河、友谊河，一想肯定是 50 年代的痕迹。当时是国营农场，从国营农场脱胎。现在这一片正在进行城市化，看村子就是 80 年代的风格，工地建设风风火火，楼群又是当代格局。历史在这里流失，在空间混荡，这就是一个新兴城市化。但是谋划区域发展需要超越项目层面，需要大格局。这一块的城市化发展，因为是和工业化紧密配套在一起，

---

[1] 根据 2023 年 3 月 1 日考察后在区政府座谈时的发言整理。

怎么做到新型城市化，或者说我们发展晚一点，有后发优势，就是少走弯路。我们现在正在进行产业链招商，这已远远超出了原来项目招商的层面。中国发展这么多年，实际上形成了一个最大的国际竞争力，就是产业链，产业链形成供应链，我们这种产业链的优势非常大。一说这几年我们很多企业转型，到了越南，到了这里那里，但是最大一个优势就是产业链的优势它们不具备。我们原来有人口红利，一开始我们可以借助工资比较低、劳动力成本低，迅速起来了，现在最大优势就是产业链优势。斗门的工业化发展，实际上就是产业链的发展，围绕产业链的发展会形成一系列新格局，需要谋求新型城市化。

旅游在里边什么作用？第一个作用是推动城市化，我们总觉得旅游是锦上添花，我觉得不是这样。斗门我们客观评价，传统旅游资源没有优势，又没有名山大川，又没有名胜古迹，必须开拓新赛道。首先就是推动城市化，因为工业化发展有一套既定格局，大体上就是四大，大高楼、大绿地、大马路、大广场，大家总认为没有这套东西怎么叫新型城市，实际上这套东西已经落后了。城市需要更人性化，更温柔，如果一个城市只是以汽车为尺度，这样的城市没有人味儿。城市必须有以人为尺度的活动空间，这样的城市才有吸引力。我们搞大工业发展，自然就会走到四大这条路上，再加一个大厂房，这样才叫一个新型的工业化发展。这个时候格外需要旅游介入，让我们这个城市更有味道，让城市更有活力，让城市更舒服，更有吸引力。所以第一条就是推动城市化，这就不是一个简单的锦上添花。

第二个作用是促进工业化，因为工业化发展过程中，好像全世界都有这么一个趋势，随着工业不断升级，大厂房模式越来越改变的是一个大科技，尤其是精细化工业发展。所以这种大研发，这种发展就需要城市生活氛围更浓，最典型的就是美国一个跨国集团总部，完全是一个休闲区。一个总部打造出一个休闲区的概念，实际上代表了未来企业的一种发展方式。因为这种比较宽松的生活气息，尤其这种比较宽松的街区气息，使人的创造力发挥更强。

希望我们将来的工业区，一定是和小微休闲区紧密连在一起的。如果出门就得坐汽车，然后紧赶慢赶回家了，这样的城市有吸引力吗？显然没有吸引力。由此向斗门提出了一个历史性任务，就是我们处在工业化发展阶段，但是要按照后工业化发展格局来发展城市，这是一个根本问题。我们专门做过这方面研究，后工业化社会有八个特征，我背不下来，比如一定是一个环境非常优美的城市，一定是一个比较从容的城市，一定是一个休闲化很浓的城市。

这里我举个案例，我有一次到太仓去，就很奇怪，这个城市特别悠闲。它有公共建筑，但是都不大，比如美术馆、体育馆，它们是融在社区中的。中午12点出去吃饭，居然不堵车。吃完饭出来，看见一堆老外坐在街边晒太阳，喝啤酒，完全是欧洲的感觉。后来我一问，太仓的核心有一个德国工业园，德国人正是喜欢这种小城市的感觉，所以就过来200多个德国企业，变成它的一个核心，高端的东西就都带过来了。但是德国人最喜欢的还是这种氛围。下午去看了一个公园，这是在十几年前，公园里边天上都是风筝，大人在玩，地上都是帐篷。现在我们公园允许搭帐篷，最近刚开放，十几年前它就实现了，你就看着孩子欢天喜地在帐篷里钻来钻去，大人就在这，就是已经构建了一个工业化加休闲城市的格局，实际上就是一个工业化发展阶段，后工业化的城市发展。

我就想，我们城市休闲市场在哪儿？昨天看了一个黄杨河湿地公园，有点失望。投资量不大，8000万元，而且实实在在感觉到这8000万元摆在这儿，没有烂尾，没有豆腐渣。但是看完我感觉这是一个首长工程，高大上，但很不人性，很不便利，很不舒适，很不休闲。这个地方调整很容易，第一增加一个名称，黄杨河湿地公园，第一个概念一定是保护，我们需要研究在这个基础上怎么强化利用，所以增加一个名称叫黄杨河滨河休闲区，附加一个功能。第二，增加一个方式，不知道行不行，如果这些地方允许摆摊，老百姓都去，因为路太宽。晚上，一边摆摊，一边可能是小桌子小椅子，大家面向黄杨河吹着凉风，然后就嗨起来了，就是烟火气。这样老百姓也增加了一个就业渠道，即使你就业着，也可以晚上到那儿摆摊，增加一个收入渠道。更重要的是增加了一个消费渠道，这种烟火气使这个城市一下就轻松了，那么宽的路空间浪费，实在可惜。前几年正好在横琴，看见了花廊驿站，就在那儿，我说下来走一走，为什么？就是它和人贴近。我们这个高大上，实际上把人拒之门外。

一个功能增加，一个名声转换，一个方式转换，这个地方就能活起来，变成一个打卡地，只不过在摆摊这个问题上，各个城市都有各自的难处。但确实需要突破一下，我不知道是否涉及环保问题，我们把环保严格控制就行了。实际上这就是构造一个休闲城市的亮点。

第二个亮点，就是斗门旧街，那是历史文化街区，折腾了一番，总算恢复了一些味道。绝对恢复原貌没有意义，实际上它有一个自然发展过程。现在这条街上的商家会得到利益，往里边延伸的这些老百姓，把房子改造一下也就纳入了。斗门旧街现在最大短板是太小，不足以形成规模效益。要是政府折腾一番，老百姓还跟你干仗，不如用市场来诱导他，用利益来引导他。我们顶多提要求，改造时不能乱弄，要按要求来。如果从一条街变成一个街区，这个地就起来了，这就变成斗门城市休闲的另一个亮点。黄杨河这一片是时尚亮点、生活亮点，斗门旧街这一片是历史文化亮点，同样充满烟火气。昨天看了一个店把我镇住了。一进去一个房契，镶在镜框里，是1953年时任省长叶剑英签发的，叶剑英三个大字赫然在目。这个东西可以进博物馆了，这就叫历史。什么叫百年老店？这就是百年老店。这种亮点要挖掘一些。

再一个亮点是那条朝福路，因为朝福路是市中心，所以保留一段80年代的完整街区风貌。我刚从横店过来，横店的街景全是造出来的，我们这是自然留存下来的，充满生活气息。其他地方你楼怎么盖还怎么盖，这条街如果能保留下来，肯定将来成为一个亮点。当然说起来我们不足的地方还很多，资源还有什么我不太清楚，但是我想可以挖掘出来。

这是一个新赛道，就是城市大休闲，基础就是城市更新，因为中国的城市化发展40年狂飙猛进，一直在猛烈往上冲。这条路走不动了，靠速度型、规模型的发展走不动了，靠房地产来拉动，这条路到了天花板，政府靠土地财政，这条路现在越走越困难。所以各个城市现在不约而同都重视城市有机更新。这几年城市公共休闲空间得到了充分利用，很多商业设施迅速转化成休闲设施。百货大楼现在谁去啊？之后就是商业综合体，就是mall的模式，现在也落后了，现在叫休闲综合体，大家到这些地方主要是玩，顺带逛店。因为现在网上商业这么发达，大家到店里逛主要是试一试服装，回去在网上下单。城市模式在不断变化，再加上相当一部分城市有机更新形成的综合体，这不是一个简单的文商旅，这是城市空间新成长，城市价值新提升。我这三年考察了大量城市有机更新项目，没有一个项目失败。原因有这么几个，第一，都是用原来城市的老厂房、老仓库，位置都比较好；第二，基础设施都完备；第三，土地性质不变，还是工业地产，现在转换的是功能，这样没有土地负担；第四，把文商旅新业态注入进去，马上就形成城市火爆的地方，一个不落。我在上海看了五六个，在北京看了五六个，包括重庆、成都，诸如此类。也有一些新建的，但新建的时候注重这个功能。在成都有一个叫西村大院，这片地是体育用地，原来就想搞个体育场，周边都是社区，但是怎么搞，想不出来。最后一个设计师说我来做这个事，他在周围，之前周围建了一圈楼，相当于建了一堵墙，七层，地上五层，地下两层，然后是慢跑的路一直跑到五层。中间院子留出来了，有球场，有竹林，有各种各样业态，那个地方马上变成一个网红打卡地。白天无数网红去打卡，晚上大家都过去了。他们还说："我们现在吸引力还不太理想。"他们想吸引这些最新的、最潮流的这些东西进去，凡是这样的企业我们费用就往下降。后来我就问，谁在运营，文旅集团运营。所以，就和市场紧密结合在一起了，这是一个新的建筑，但是因为它对应着需求，也变成一个很成功的项目。类似这样的50多个项目我没看到一个失败的，也没有那种大投资，只有一个重庆，投资120亿元，把那个老街区完全重新弄了一遍。我觉得城市大休闲这条路我们有得做，这个城市很多东西还可以进一步挖掘。

另一个赛道就是乡村微度假，乡村微度假对应的大背景就是乡村振兴，脱贫攻坚这个历史任务已经结束了，可以说创造了人类发展史上的奇迹，现在防止返贫，尤其是防止群发性返贫，所以这条路就是乡村振兴。中央提了五个振兴，第一个就是产业振兴。这么一个情况下，乡村这篇文章怎么做？昨天看了四个地方，我觉得现在已经破题了，但是真正把它提升起来，还有难度，需要做一下。

广州增城绿道做得特别好，我们专程去调研了，因为当时正在制定绿道休闲道一个国家标准。后来转了几圈才发现增城制造业非常发达，两个主体，一个主体牛仔裤、牛仔衣。做牛仔服装最火爆的时候，全世界有3万个设计师住在增城，70%的牛仔裤出自增城。再一个就是汽车。可是它分区发展，北部是生态涵养区，因为那是东江流域，又有抽水渠、农电站，所以把北部做成一个生态涵养区，不欢迎大家在那儿多待，但是看一看景，享受一下自然环境，这没有问题。中部是城市，这个城市完全就做成一个城市休闲区，南部是工业区。三区并行不悖，相互促进发展。很重要的就是分区，靠绿道串联。增城有两万多株老荔枝树，有的荔枝树已经五六百年了，绿道就在荔枝树林里。我专门骑自行车走了十公里，一路这边是东江，那边是荔枝树，再前面就是城市，实在有吸引力，很舒服，经常骑着骑着把自行车停在那，咱们在这坐一会儿，喝点茶，很自然围绕这个绿道驿站就起来了。这种驿站就有持续功能。你感觉不到这是一个工业化城市，而是像欧洲那些城镇一样。欧洲城镇隐藏了很多隐形冠军，看起来也不大，但是在全世界它是顶级的，隐形冠军嘛。德国一共有4000多个隐形冠军。我们中国现在也有好像80多个，这是我们制造业进步的一种表现，但是中国更突出的一个特点是，我们有隐形县城，就县域经济发展，这是一县一业，有时候你不去你就想不到。

现在好多地方都发展起来了，越是这样的地区越重视休闲和旅游发展，比如浙江的嘉兴，有桐乡，乌镇就在桐乡，桐乡乌镇做得很成功，又做了一个乌村，乌村是我看乡村休闲做得最好的。之后又做了一个濮院古镇，濮院古镇投资100亿元，拆迁花了30多亿元，新建花了60多亿元，正好100亿元投资，这100亿元投资怎么回来？反正正常经营模式我看不到回本的希望。可是，这个濮院是全国毛纺织、全世界毛纺织品的中心。"毛纺织的市场已经形成了，制造力量也都形成了，但是我缺乏生活环境。"所以花100亿元建了一个好的生活环境。我看了真是目瞪口呆。建了八年，今年可能开业。因为我们两次到那儿去参加论证嘛，我一看这材料，我就说这项目不灵，结果陈向宏跟我说："魏老师你多帮我们美言几句。"我就不好否了，我只能从工业化发展来支撑休闲发展，休闲拉动工业化发展，这个角度来做这个事儿。为什么举这些案例？我觉得这些东西对应斗门，就是总的一个思路和中心任务，和中心工作怎么结合。

另外就是基础优势。斗门的基础很简单，大湾区、城市群、特区，特区现在实际上已经无所谓了，但毕竟基础在这儿。可是如果拿横琴和斗门比，你感觉这是两个世界，横琴是21世纪的，斗门是八九十年代的。这个东西不是坏事，我们也用不着老感觉我们落后了。你没有落后，只不过就是后发而已。说说优势，第一个优势山水温柔。第二个，河海交汇，水网密布，感觉特别像长三角、江南，但是大家好像不把水网当回事。这和历史有关，因为你这个地方是一个角，如果历史上你是个中心水网密布就显出来了。但是这个水网密布，还有一个田园梦幻，昨天在研究站，我和镇长聊天，他一说，我说知道你们这儿了，水稻、水果、水产养殖，你是三水农村，山水农业，这很好。这种田园梦幻，实际上我们工业化越发展，城市化越发展，乡村的价值越提升。后来在那个村里边我就跟那书记说，我说你就什么都不干，这个村子也在升值，不要急，从容一点，把这些事做好。

再说交通便利，居然有通用机场，这个通用机场走客机，就是公务机。这个机场实际上相当于斗门的一个会客厅，是斗门高端的显现。公务机这套东西，在中国短期内还起不来，可是在发达国家公务机遍布。1990年代初我去菲律宾，坐了一次公务机，从曼尼拉到碧瑶，农业部长的飞机，我们会走到这一天。现在只不过大家有忌讳，官员不能坐，商人又怕露富，所以现在是最低谷。但是从经济社会发展需求说，这必然是一个规律。实际上可以把它做成斗门的会客厅，它本身变成一个吸引物，我们研学旅行带着孩子到那儿去看一看飞机起落，因为它不像正规机场管理严格，包括很多无人机都可以在那儿玩一把。

再一方面优势就是土地利用，我们这儿还有地，当然这些地是宝贵的，更何况有很多基本农田，就有一个如何利用的问题。农业的核心是在这块土地上能产生多少附加值，即使基本农田，即使粮食作物照样可以做。浙江青田那个地方寸土寸金，今天房价超过了杭州，为什么？有十万人在欧洲，十万人要回家置业，所以青田的农种地更加宝贵。稻田养鱼，养到后来不收稻子了，就让鱼来吃稻子，这种鱼200块钱一斤，炸完了再烧，鳞是脆的，带着鳞吃，200块钱还供不应求，最后还纳入了联合国的粮食文化遗产。同样是一片地它是什么附加值，后来农业部门说了，你这不能这么干，你得有粮食收成，我是高端粮食收成，我一亩水稻收个20斤行不行，反正我有粮食收成。

我们很多东西都可以研究怎么转换，核心就是要提高土地利用率，提高土地附加值，由此就形成一个空间的发挥，这个发挥不光是这点地，我们总觉得土地算是空间，不是，我们的海洋空间、陆地空间、山地空间，这些都是空间，需要充分利用。尤其山地可以做很多户外运动，可以做很多山地项目。我们的山不高不陡，所以安全问题很好把握。尤其你山下边有沟，沟里边有谷，这些我们将来可以谋划一些项目。当然这里有土地指标这些问题，但是我现在想的就是怎么把这个空间发挥最大化。

最后我说一句话，这叫岭南江南，踔厉奋发，踔厉奋发现在是特时髦一个词。岭南江南，我们要把这些优势都发挥出来。

具体怎么做。无非两种方式，一种方式，我吸引大象，做大象，那我就问，吸引什么大象，做什么大象。长隆已经摆在那儿了，圆明新园这种所谓历史性的主题公园已经证明不适应我们这儿，要不然你就做大规模综合体，要不然就做一个大规模主题公园，这些东西有意义吗？我觉得没有意义。这些年我们国内也有一些让我看不懂的大项目，贵州安顺有一个大兴东国际旅游城，投资280亿元，疯到什么程度？一年之间，500万平方米建筑建完了，七台演出，28000间客房。现在还得讲乡村振兴，又划拉了几个村子进来，又讲康养，又建了三间甲级医院。我去了以后，转了一圈，见了老板，姓王，全国工商联副主席。我说："王老板，你这个项目我看明白了，但是我没看明白你的商业模式。"他说："我的商业模式简单，一天来十万人，每个人花2000元，我一天就是两亿元的收入，一年700亿元，我不才花200多亿元吗？"他是这么一套逻辑。我说，你知道十万人什么概念？首都机场一天流量十万人。他油盐不进，只有一条他接受，我说你不要叫大兴东国际旅游城，第一，你没有房地产，为什么要跟城连在一起？第二"国际"这个词已经很low了，不要认为国际就很高大上，我说你叫大兴东旅游世界，好，这个接受。出来后我就一句话，因为香港人在那儿当职业经理人，那个香港人都问我怎么样，我说不行，这个项目必死无疑。工程进展到这一步了，省、市、县三级补基建手续、补土地手续、补环评手续，现在无声无息了，看着很可惜。

没几个月，我就在浙江安吉看了一个几乎雷同的项目龙之梦。看完了，我说这个事有戏，为什么？因为它在长三角，这么大一个市场依托这个项目可以。它是以动物为主，最近五年全国进口动物的70%都是飞龙之梦，疫情期间是冒着险开业，但是维持下来了，今年估计火爆了，因为它在长三角。这老板也发晕，也是28000间客房，七栋大楼，一万人的自助餐厅，园区修了一条高架路。这个老板说他准备3000台大巴，周围300公里免费拉过来。老板姓童，我问童老板，你对这个项目到底有没有信心？你这个大巴表明你没有信心。再说了，3000辆大巴拉回来什么客人，老头老太太免费，你拉过来一堆不消费的人，你干什么？3000辆大巴，这是一个中等城市的公交概念，你怎么养啊？这条建议接受了，魏老师你这个建议很对，我说这个地方自驾车发达，高速公路发达，你只要把这个环节都沟通好就够了。

这样大的项目我们能干吗？有必要吗？我们应该这样，第一个概念，把整个斗门当作一个休闲目的地，因为你之前做度假条件不太充分，微度假可以，也可以说把斗门做成一个休闲度假目的地，这是一个总概念。我做一个大斗门，我干嘛追求大项目，我的方式是什么？积小为大，因小见大，小中见大，这是我的方式。

比如说上兰村、接霞庄、莲江村，这几个村子构建在一起，叫乡村旅游目的地，客观上已经形成了。再加上有个（野学院），（野学院）像个黏合剂，把这些东西黏合到一起。再往下无非就是品牌问题。所以积小为大，这是一个好方式。而且这几个村距离不远，通过绿道把它衔接到一起，骑着自行车这个村转完了，到那个村，饿了吃一顿饭，晚了咱们住一晚，这不很好吗？这样一个集聚化的乡村旅游目的地就形成了。从休闲角度看，就以80年代为主要场景，构造一个城市大休闲，再加上我们水网怎么用，我看着实在有点可惜。我昨天看一眼，空间浪费太大，能挣钱的事儿怎么挣不着呢？

接霞庄我评价甚高，这是赵宋后裔开创的，有护庄河，街巷平直，整齐端正，这和一般乡村完全不同，确实有皇家气派。石库门，青砖房，而且家族私塾很堂皇，但是现在只留了一个遗迹，历代出来不少名人，今天仍能感受到这个遗风，所以接霞庄是一个皇家文化延续、乡村文化体现。这里面，还得把历史好好挖掘挖掘，让大家能感觉到，尤其一说是赵氏皇朝后裔，我以为是南宋的人过来，实际上是北宋赵匡胤那一代过来的，这和其他不同。我在福建看过一个赵家堡，这支是南宋，在那打仗，最后一支留下来了。元朝赵家堡都改姓了，到了明朝又恢复过来，它是一个完整的城堡。但是我们赵家庄，你这其他地方都叫村，只有这个接霞庄，只有它叫庄，别的都叫村，这实际上就是宋朝文化遗留嘛。还有一个我很深的印象，大榕树，现在老树很难看到了，老树体现了你的历史，这是一个。

第二个叫莲江村，省级模范村，一家一品，各式各样，隔三差五还形成小集市，村容整治得整整齐齐，一水的青砖瓦房，真是社会主义新农村。我看着就像幼儿园里的乖孩子，穿着衣服，抹着红脸蛋，挥舞着，然后喊欢迎欢迎，说句老实话，对我吸引力不大，但是我很赞叹，因为毕竟是个省级模范村嘛。

可是上兰村就不同，三面环山，先看了一栋百年老屋，真是有历史，窗户上面都附着铁板，到现在还这样。然后再走街串巷，墙都是老墙，我说这墙都有包浆，透出了历史沧桑。

城乡一体化，谁化谁，城市化乡村化得动吗，乡村化城市把城市的水平拉下来了。所以城乡一体化是什么，是乡村的场景，城市的水平，构建新格局。这个村现有一半房屋闲置，都可以利用，关键在于租期，如果租期合适，前景可期。有两种方式，一种方式，因为你房子便宜，又是宅基地，又没有啰嗦，我就租农民房，如果能给我租10年、20年，我肯定过来。城市里边只能蜗居，中国人追求家园是几千年的梦想，到了今天我们只有家没有园。可是在上兰村就不同，上兰村每一栋房子都有园，所以我租了一个，自己过来住，把它当成我第二居所。这批人只要一进来这个村就变了，跟着一批经营户就过来了，开个咖啡店了，开个什么手绘店了，各种各样新业态都进来，村子就盘活了。当然租期我不知道怎么弄，反正慢慢谈，就是一个，满足家园情怀，然后通过这样一种方式激发市场活力，就把村子盘活。

村子后面三面环山，现在山上的林项目好，一开始说能不能种竹子，后来说竹子在这不灵，我说你这就别动，你就撒花籽，草花，地上撒一把花籽就起来了，尤其那种格桑花，花期很长，没有成本。如果你这三面山变成花山，特色马上出来了。同时山上做一些比如说自行车道、人行步道，甚至搞一些全地形车可以撒野的地方，这个村子自然就起来了。

看了一个岭南大地，去了才发现几年前我来过这儿。我记得当时讨论，他们那个老板很棒，很有情怀，要弘扬中医药文化。我当时就表示质疑，想法有点超前。昨天一问果然，就逼得他不得不向趣味性、娱乐性调整。这个调整是对的，毕竟3亿多元投资进去了，而且现在很多中药文化的根底都在，保留下来了，我觉得有点可惜。这是我们乡村休闲的一个新点，一个特点，所以这几个东西融在一起，我们这个乡村微度假大赛道、新赛道就开拓出来了。而且这些事，严格说不需要花大钱，核心是要激发市场活力。比如昨天见到小野老师他们，他说你们就这么点人折腾这个事，为什么？有情怀，喜欢，但是，澳门的教师都可以请过来，用英文给澳门的孩子讲乡村，多国际化，这才叫高大上。高大上不体现在高楼大厦，一定体现在文化内涵。所以很自然，村里人自然就开放了，自信心大增，大家玩在一起。有一句话我很认同，叫乡村就是课堂，农民就是老师。三个系列，上百门课程，一个黏合剂，把整个一个乡村度假区，不妨说是乡村度假区，我们叫莲州乡村度假区，其他地方也可以如法炮制，比如说靠近海的地方，弄几个点，弄成一个滨海度假区，只不过滨海度假区不是靠沙滩，靠我的滨海物产，靠这一套东西你就觉得好玩了。

再比如说御温泉，有20年没来了，昨天仍然让我很吃惊，内容丰富很多，客房也增加很多，尤其是三年疫情扛过来了，而且在谋求发展。大餐庙会，构造了一个抗疫热点，它就是自助餐形式，庙会格局，客人感受完全不同。所以追求健康，必然向往温泉，一个老企业基业长青，值得赞叹。我那时候连着来了几趟，那时候把御温泉当作全国温泉的一个样板，也变成全国温泉的一个黄埔军校，出去多少人，这是我们的骄傲。

这些东西糅在一起，御温泉规模还需要扩大，另外一个，服务要深化，学一学碧水湾的服务。那是最没有资源的地方，在广东从化，他这个温泉度假村，我说你整个一个伪温泉，可是服务到位，就变成一个样板。御温泉那边不是还有80亩地嘛，规模还可以扩大，服务再深化，把御温泉的牌子擦得更亮。历史上它曾经很辉煌，现在有点淡化了，重新把它擦亮。所以这些东西，联合在一起，在市场上形象、品牌是一致的，这一个区别就起来了，为什么非得搞一个大主题公园？

我们还有一个大优势，昨天这顿晚餐印象太深了，黄沙蚬之乡嘛，在幺幺发酒楼吃饭，车停满，人挤满，平常也这样，真好玩，号称三绝。三绝体现的是我们的物产，黄沙蚬真好，这是当家菜，两种做法，吃起来鲜嫩，入口即化，汤更香，当家菜。第二就是禾虫蒸蛋，禾虫我吃了，一般，后来解释说这禾虫不是季节，是从冰箱里出来，我说如果是冰箱里出来的最好别弄，因为品质没达到，砸了牌子。时令菜不时不食，不到这个时节不要吃。第三就是罗氏虾，个头大，味道满，还有什么水鱼、螃蟹，尤其那道非遗菜鸭扎包独特，白天我在几个地方都看见鸭扎包的招牌。鸭头中间加一片火腿，用鸭肠缠好，然后再卤，味重浓香，最宜下酒。我们还把它当乡土菜来看显然不对，把自己看低了。而且，现在加工方式粗放，不精细。

类似这样的东西，我们美景、美境、美好景色、美好环境、美食、美生活，这是我们另外一个吸引力，而且这个吸引力更大，到哪都得尝尝美食，美食要是不好，这个地方感受就不好。我们现在逛景区，景区里吃的东西最差，但是景色最好，所以最好的方式就是逛完赶紧出去，而且要找街头巷尾小店吃饭，小店才有地道的好东西。粤菜是不错的，但是粤菜代表不在你们这儿，为什么？就是精细化程度不够。现在能到什么程度，比如说上海，中青旅组织一个上海美食团，三天时间九餐饭，一个人收费55000元。他安排这些菜都是私家菜、私房菜，你到了上海，你第一不知道，第二你去预订人家说我不预订，想吃你都吃不着。我看着动心，就跟太太商量，我说咱们来一把，花个11万元体会一把极致，我太太说对美食没那么大爱好，一个人我也懒得去了。我说这个什么意思，就是这套东西的吸引力能到什么程度。

回过头来说，就是我们这个事儿到底怎么干。第一叫标准化基础，就是要以标准化作为基础，因为我们有一个全国休闲标准化基础委员会，到现在为止做了25个国家标准。你们看一看哪些国家标准你能参照，比如说有一个国家标准就是休闲农庄，刚才说的几个村现在还不达标，但是改造提升后，国家级的牌子就拿到手了。第二叫城乡休闲一体化，我刚从江苏过来，在苏州给他们发了一块，那个村子是同程集团和村里一块儿搞的，搞得不错，投资量不大，大概1亿元吧，现在市场开始火爆了，它很符合城乡休闲一体化，这是一个标准。第三个标准，有一个国家花卉休闲区，岭南这个地方好处就是气候，我建议你们找一片地方，弄一片大花园，四季有花。因为这个东西，比如说现在正是油菜花的季节来了，全国都在，尤其是南中国都在秀油菜花，各有各的特点。我见到最火爆的一个就是苏北，苏北盐城有一个荷兰花海，2300亩，最多一天进去36万人，关键根据春夏秋冬，要有不同变化。但是苏北那地方就不行，你这不同，四季有花。这个标准你们可以研究采用，到时候你拿一本标准汇集,哪些标准可以采用你就做,做得差不多了,我一把给你发牌,比如发十几个国家级的牌子,这一把不火爆吗?比如休闲农庄,不限于一个村,没有说你只能有一个,谁达标我给,而且我们这都是国家标准。

大活动影响值得研究。因为斗门知名度不够,珠海知名度够了,但是珠海给大家感觉就是不温不火。所以斗门得弄点大活动,比如说(黄沙县)美食节,因为(黄沙县)一年到头都可吃,可吃的东西这事就可做,要是只能吃三天,你这个事就不能做。比如来一个户外运动节,或者来一个休闲方面的大活动。我们每年搞一个全国休闲度假大会,第一届在浙江丽水搞。会议选址我说了几个原则,第一,不是传统观光胜地;第二气候很好;第三,很温柔;第四,具有休闲氛围。所以这一把搞完了,丽水一把成名。因为我们搞活动,网上观看2亿多人次,这就一把起来了。你们要觉得可以,不妨在这开一届全国休闲度假大会,其他大活动都可以研究,但是一定要对应你,一定要能突出你的品牌,形成斗门的品牌。

第三还可研究一些网红打卡点,研究一些网红打卡地。我到一个景区,老总就跟我说,我有20个网红打卡点,基本上大家这卡打完了,三个小时过去了,肯定在我这吃一顿饭。山下是一片休闲区,下午再玩一下午,晚上就在我这住了,他一个消费在这里已形成了。你这网红打卡我现在没想出来,但是我能看到,就是80年代。你等着吧,无数人来打卡,你现在没有产品概念,只要产品概念形成就不同了。最近一个礼拜北京有一个现象,无数人过去拍鼓楼西大街,拍什么公共汽车,结果司机到那儿不得不停下来,大家冲上去围着拍公共汽车。所有人都纳闷,为什么会突然形成这么一个现象,我也不知道。后来他们说有一个歌手唱了一首歌,歌里边有鼓楼西大街。所以我就说这些东西事在人为,关键得有慧眼,你得发现,然后来营造这些网红打卡点。实际上岭南大地里有不少可以变成网红打卡地,就是它原来的这些东西,比如一个大耳朵,比如手托着一把壶,也是一个大造型,这些都是可能的。把这些东西琢磨琢磨,你就起来了。

市场活力是一个根本。那条黄杨河休闲区靠的也是市场活力,我们这几个村庄靠的也是市场活力,只不过它是城乡市场活力共同进入,共同激发,这样就形成一体化发展,最终形成一种共享式生活。杭州,它就是这个那个的都挺火爆,但是杭州市委书记就坚持一条,杭州就是一个生活城市。所以杭州有一个生活城市共享群,2万多人进去,这2万多人实际上就是监督员,比如有一个人拍了张照片,说这块地砖坏了,两天前就传到网上去了,到今天没有解决,他就在那死等。一个小时人过来,把这块地砖给换了。城市的生活幸福一定在细节,所以一个生活城市,一个活力城市自然就形成,这就是一个共享式生活。我们这儿现在有这个条件,因为我们的城市正在发展过程中,这个过程绝不是复制人家原来的道路,一定是走出一条新路,这样一体化发展共享式生活。

最后我再说几句,关于大横琴。横琴我很熟,也做过专题研究,当年他们要建国际旅游岛,我就反对。海南岛已经国际旅游岛了,福建的平潭也叫国际旅游岛,你还叫你就是第三,老三有出息吗?我建议叫国际休闲岛,后来变成国际休闲旅游岛,至少休闲两个字加进去。但是现在横琴的格局,大横琴这个概念已经很难做了,所以要实行一个战略转移,就是跳出横琴的空间局限,做大横琴的产业发展。这不正好嘛,战略转移,相当于你长征了,我们斗门就是大横琴的一个根据地,就是一个落脚点,也是一个集中点,可是这里边一个根本是什么?大横琴过来,是借助区域发展,我就说你们不要满足于几个项目,拍了几片地,盖了几个楼,楼卖出去了,那是小家子气,那也是传统模式。

借助区域发展,一定要有新思路,有新概念。比如东湖新区这一片是个半岛,我看就像一艘船扬帆起航,看地图给我这种感觉。剩下怎么配套研发,怎么配套工业生产,这一点都不妨碍,一点都不冲突。但是,包括胜利河和友谊河,虽然这两个名字很low,但是它体现了历史,你要仔细想一想,还是挺好玩的。这样的话,现在叫一级待建,不是一级开发概念,一级待建,可是这里边有一个核心问题,就是这几个地方必须得统一规划,必须得有整体化的谋划,而不能要房地产商的感觉。这样如何配套推进工业化,促进城市化,这得有一个总体考虑,这样它就是一个区域发展的概念。这样形成了之后,就会形成一个整体发展格局。

大横琴进来带来了活力,它只有相融相助的一面,没有相冲突的一面。比如找个合适的地方,你再建一个星乐度也可以,这么远距离,我在这再搞一个星乐度,完全可以。这是现成的,建筑模式现成、理念现成、内容都现成,把现在星乐度不足的东西我们抛掉,这是非常好的资源。

至于说其他东西那真得有一个大谋划,我也希望在这个过程中,我们斗门区域和大横琴集团能共赢。祝愿我们斗门在未来谋求新格局的发展,创造一个新的模式。

看好台州，创造未来①

一、关于未来

传统观光旅游是工业化模式，休闲度假发展、沉浸体验发展这是后工业化模式。这两天我有一个突出感觉，台州旅游观念乃至很多格局比全国落后十年。这几天我接触几个旅行社让我惊喜，我们的旅行社扛住了疫情经营不错，很难得。为什么我们旅行社占了这么大分量呢？一个重要原因我们以地接为主，为什么以地接为主，外面客人过来多，这是好事，可是容易强化传统观光旅游观念，强化观光旅游发展模式。

第一，因为旅行社是龙头，强化了这套模式，所以使我们各类产品，各种内容都是观光旅游，语言都是这一套，落后了。我们要超越时代看时代，超越地方看地方，超越旅游说旅游，超越项目论项目。我们认识台州旅游的视角，这个视角很重要，转变中需要创新视角。

第二，社会变化。一是好吃懒做图舒服，好吃是农业社会主要追求，懒惰是工业化时代主要追求，图舒服是服务业增长原动力。历史上如果没有好吃懒做图舒服社会发展不到这一步，尤其工业化很多创造，为什么？就是想偷懒，想提高效率，创造就出来了。二是好玩、玩好，求快活。人类解放大把体力和时间怎么打发，这就形成了后工业化主要追求好玩、玩好。我们奋斗的目的不就是让老百姓过好日子吗？好日子里面好玩、玩好是根本。我干旅游到今年43年，43年我归纳四个字就是好玩、玩好，我们干旅游的就要研究怎么好玩，最终目的是让客人玩好，这个过程中自己自然好玩、玩好。

第三，娱乐刺激追极限。所以娱乐至死成为新的社会现象，各种深度体验方式不断产生。

第四，追求幸福创未来。幸福是发展主旋律，这样会形成一系列新挑战，需要谋求新

---

① 根据 2023 年 3 月 22 日在台州的讲座整理。

发展。未来劳动力大幅度释放，闲暇时间不断增加，带薪休假全面落实。呼吁带薪休假我们呼吁了20多年，没有全面落实，为什么？因为我们工业化发展没有完成。呼吁归呼吁，我们的假日也在逐步增长，真正完成就是工业化发展结束。到那时四日工作制乃至四小时工作制都会成为可能。英国一个集团推行四日工作日，结果工作效率比以前五日工作制还高，也许再过10年或15年四天工作制在中国普遍化了。每周一个小长假你说干什么。将来有四类劳动，第一创造性劳动，第二情感性劳动，第三休闲性劳动，第四服务性劳动，这四类劳动人工智能替代不了，它可以替代功能但替代不了情感，所以六个领域——大数据、大智慧、大教育、大健康、大休闲、大服务，这就是未来的发展。

我们处在工业化发展紧要阶段，说这些好像远了，完全不远，就是下一步。30年前我们研究中国城市居民第二居所，当时感觉离我们太遥远了，40年甚至半个世纪以后我们才谈得上，实际第二居所10年前开始产生，现在第二居所在大城市已开始普遍化了。我们很多旅游地产吃的就是这碗饭，社会加速发展实在不得了。所以需要我们研究新题目，2010年5月22号中共中央、国务院发布了《关于支持浙江高质量发展建设共同富裕示范区的意见》，一定意义上浙江的示范意义已经上升到普遍意义。我们研究台州旅游发展共同富裕示范区，创造幸福生活应该是我们终极追求，这也是浙江对全国的贡献。

在这个过程中文旅赋能推进共同富裕示范区建设是题中应有之义，因为文旅领域涉及面广，拉动力大，这是我们40多年来旅游发展充分证明的事实。

乡村旅游发展在浙江已经有深厚基础，尤其民宿已经成为全国领袖。昨天他们说组团去看民宿，我说你们学谁，浙江的民宿是全国天花板。

品质生活提出形成浙江文旅的共同导向已经成为一个品牌。杭州提出建设品质之城，到现在提出15年、20年时间了，杭州的品质之城也带出了一个样板。

长三角经济发展基础、交通建设基础、丰富物产基础使得一体化格局形成进一步推动文旅赋能。

拉动消费是国民经济重中之重，文旅消费则成为亮点。所以这些我就不说了。

二、台州分析

台州是中国黄金海岸线上新型的组合式港口城市，中国股份合作制经济摇篮，中国重要工业生产出口基地，这是网上看到的，这些词怎么出来的？中国著名水果之乡、华东重要能源基地、中国重点风景名胜区、武术围棋之乡、中国重要商品集散地，台州给我感觉非常丰富，这一堆帽子说下来什么都有。陆地总面积9411平方公里，不小。我刚才看到一句话"台州地不大，物很博"。台州可不是不大，台州地不小。尤其浙江这种地方，只不过七山二水一分田，真正可用的地不多。临海和内水面积约6910平方公里，大陆海岸线长约740平公里，岛屿928个，岛屿总面积273平方公里，主要有台州列岛和东矶列岛等。

看到这我很奇怪，这么丰富的海洋资源，为什么海洋没有成名？谁知道台州啊？这是第一，台州的品牌是现在最大短板。第二这么丰富的海洋资源。为什么海洋没有成名呢？道理很简单，因为我们是东海，这个东海等同于黄海，多数时候海水黄的。另一方面没有好海滩，我们这部山海经，山下来就是海，没有过渡，没有伏地，更没有好海滩。反过来想，全世界海洋真正有好海滩的有几处啊？中国人习惯对标，一对标一定是最好的，如果对标世界顶级海洋旅游资源全中国都没有。虽然我们有320万平方公里海域面积，但是真正对标世界顶级的没有。全世界一个地中海旅游圈，一个加勒比海度假圈，一个东南亚，基本上这三处，基本是热带滨海度假地，中国只有三亚凑合。

三亚资源决不是一流的，但是在中国它是一流，既然这样一个状况我们用不着改变它，可以反其道而行之，独辟蹊径。2022年台州666万人口，GDP6040亿元，财政收入31.5亿元，GDP很高，财政收入不多，大概多数上缴了。产业结构一产5.6%、二产43.7%、三产50.7%，这个结构超出我的预想。我原来认为制造之都二产应该在60%左右，二产43.7%，达不到全国平均水平。我们现在谋求跨越式发展，从工业化到后工业化，人间仙境、千年古城、文化名地、海洋胜地、物产胜地，这就是一个基本定位。

2018年台州共接待旅游总人数11840万人次，实现旅游总收入1402亿元，人均花费1100元，大大超出想象。原来我认为台州旅游体量不大，这一看不得了。北京2018年旅游总收入5000亿元，其中外国人花费500亿元，北京人自己花费500亿元，4000亿元是全国人民贡献的，偌大一个北京无非5000亿元，你们1400亿元，真不得了。可是A级旅游区12个，星级饭店54家，客房8000间，旅行社174家，我感觉我们现在产业和收入人数规模不匹配。我们这么点旅游企业就能形成这么大的收入规模，钱花到哪去了？必有绝大部分沉淀在民间，不是我们这种统计上来的，反过来说我们实际上有一个潜在的旅游产业规模,没有纳入我们统计的旅游产业规模,否则不可能这么大人数和收入。

台州旅游发展处于全国中上水平,已经属于旅游比较发达地区,但台州的品牌处于中下水平。一个是我们的收入规模、人数规模和我们的产业规模不匹配,一个我们这套规模和我们的品牌不匹配。所以在观光旅游时代台州的优势发挥已经很充分了,但休闲度假时代正是台州发力之时,所以台州现在真正面临一个转型升级。第一个转型,从比较单一的观光旅游,转向复合型的旅游发展。我不强调现在就是休闲度假时代,这种思维方式不对,一种倾向掩盖另一个倾向,真正需要复合,你这个地方做观光好做观光,做休闲好,做休闲,你做度假好,就做度假,城市做商务旅游好,就做商务旅游,为什么非得一个模式?

一个复合型旅游产业体系、产品体系应该是对应台州的,评价这个现状第一有资源少产品。我们产品不少,可是和我们这么丰富的资源相比少;第二,有基础少产业,想了半天这个事我没看懂,你这么点旅游企业怎么创造出这么大旅游规模?产业体系没有完备;第三有内容少品牌,这个大家公认;第四有潜力待发挥。我们发挥的点在哪?是不是还得再争取几个 5A 景区呢?我们得创造消费点、增长点,是不是景区不重要。

所以优势资源品种丰富,四季气候适宜,环境极好,交通改善,休闲度假康养资源一流,弱势是什么?浙东的区位,这个不因为交通改善而改变,你这个区位在这摆着,交通便利了,但区位还是在这摆着,并没有改变。

天台山一花独放。这两天看下来我这个观点变了,现在至少是一个领先格局,不是一花独放。还有竞争,我们周边温州、宁波最近的,这里面什么金华什么……而且同质化产生很自然。我们反对同质化,拿什么克服同质化?尤其休闲度假同质化程度很高,观光还好一些,因为景区本身有异质性。这种情况下,就需要扬长避短。

按照国际经验一个大中小结合,高中低结合,因为我们讲转型是复合转型,再一个升级,升级是高质量发展。大家一说高质量发展我们都要做精品,可能吗?我们是大众旅游时代,大众旅游要的是普品,普通产品,不是精品。高质量有高成本,高成本必然高价格,大众旅游高价格能行吗?所以真正高质量发展是一个高端、中端、大众相结合一个完善体系,这是高质量发展,而不是什么都追求精品,决不是这个概念。

我们要突出重点,形成聚集,切忌全面开花。这两天我们聚集局面已经形成,有几个聚集点我感觉很好。

再就是以点带面，不能以传统观光旅游方式强化旅游线。旅游线这个概念要慢慢淡化，一说串珠成链，以链成线，以线带面。我们直接以点带面不好吗？将来发展应该什么格局？台州不只来一次，终身热爱台州我来多次，每次一个点，每次一个点，这个点就是一个面。云南旅游发展有一个经验，它资源产品都有，但是在市场上隔几年推一个东西，一开始昆明，然后大理，之后腾冲，现在推怒江了，所以现在"昆大丽"已经形成了，怒江开始起来了，腾冲已经起来了，给人什么感觉？云南老有新东西，云南确实好玩。实际上这些东西早就有了，但在市场上逐步推出，滚动发展，永远有新形象，永远有新东西，这是我们一个目标。我们不要指望客人来一次台州全走遍了。这两天走的强度很高，直到昨晚我说，别走了，咱们在这待一会吧，实在走不动了。上午爬神仙居，按理说强度不太大，只不过我老同志了，走不动了。我们要把台州之旅变成舒适、幸福之旅。

最后是化短为长。我们讲老少边穷，这都是短处，从旅游角度都是长处。老根据地红色旅游，少数民族地区文化丰富，边境贸易、边境旅游。穷，按理说没有任何优势可言，有一个最大优势，穷得连破坏力量都没有，所以很多穷地方留下一片好山水，留下一片好文化。最怕穷人乍富，一定破坏得一塌糊涂，等到真正有了钱到小康，回头看好东西都毁了，形成什么格局？拆了老的建新的，建了新的想老的，想了老的仿老的，赝品充斥全中国。

90年代有一次陪法国旅游局副局长看了一些城市，他问第一个问题，中国人为什么这么喜欢白瓷砖？我说中国人不喜欢白瓷砖，这是我们工业化发展早期必然的现象，你看15年之后都淘汰了。我打一个比喻白瓷砖是我们装修卫生间的材料，现在把它弄到城市建筑外立面，这是穿着内裤上大街，这还有文化吗？第二个问题，他说你口口声声中国文化丰富，地面上见不到多少。我说对，多在地下，要不博物馆里面，为什么？老东西被我们毁了。所以现在大家体会到哪能保留老东西哪就有希望，往往体会到时已经晚了。

旅游台州发展已进入快车道，规模大，但仍然可以高速增长，关键在于市场。靠传统的观光旅游我们几个点，然后旅行社作为地接社我有饭吃，这个发展格局已经有限了。点是经典、线是旅游线，面是旅游结点，育是目的地，我们最根本是目的地，境是场景的境界，精是精品拉动。所以点线面、育境精，城市旅游超越城市创造新格局，村庄是景区、庭院是景点、街巷是风景线，超越农民，超越现状，追求未来。

海洋旅游要对标法国蓝色海岸。我去过两次，最典型的是尼斯。到了尼斯一看所谓海滩都是绿豆沙，客人是什么？带一块毛巾被子铺在绿豆沙上躺下来晒太阳，为什么？那个沙滩躺不住，硌人，就这样还号称蓝色海岸。说起尼斯我想起来一个国际化故事。1998年世界旅游组织召开旅游影响经济分析方法的世界大会。那次会我当团长，国家外汇局、统计局、旅游局三个局去人听了两天会。后来我说咱们出去走一走。没有车，800人的国际大会，毫无感觉。尼斯只是一个40万人口的城市，要在我们这开这个会不得了，倒计时、志愿者一套花样全出来了，恨不得全城动员。到了大堂门口想要出租车，打一个电话两分钟车肯定来。后来问这个出租司机，司机说这样的会尼斯一年开300个，我一想也是，都按咱们这套国际化人家别活了，真正国际化你感觉不到它的国际化，是国际化融入市民生活。

在这种情况下我们确实需要好好研究，我们600多万人口的城市你弄一个县城好几十万人，就是尼斯的概念，尼斯是何其有名的国际旅游城市，号称蓝色海岸我实在看不出来。所以战略目标第一个高目标，对应后工业化时代谋求后工业化发展，建设世界一流休闲度假城市。一流是水平要求，世界是一个市场要求，休闲度假城市是一个品牌要求，所以吹号角、当领袖、建平台、谋发展，中国一流，一流格局……一流环境遍城乡，这两条台州已经有了。一流模式超前越，一流品质人人夸，这两条需要努力。

三线城市不是三流城市，一线城市未必能成为一流城市。我们北、上、广、深都是一线城市，北京未来能成为一流城市，为什么？北京在疏解非首都功能，疏散城市人口，所以北京城区将来在全世界肯定一流，上海半个，广州、深圳没有戏，它怎么成为一流城市？但它是一线，聚集人才、资金、技术、发展这是一线城市。世界一流呢？市场依托、资源独特、个性化表现、差异化格局，这是世界一流。

因为世界一流旅游城市我都去过，世界旅游城市联合会我是首席专家，但是依托它没有走多少地方，我自己走了很多地方。角度不同，我出去是专家眼光，和一般旅游者眼光不同，我归纳起来就是，战略目标是高目标，我们可以努力追求，也可以努力达到。

第二个深目标。建设强大的休闲度假产业体系。第一强市场、第二强品牌、第三强地方、第四强企业、第五强文化。这个深目标是我们下一步更需要追求的，怕小不怕大，怕窄不怕宽，怕近不怕远，怕浅不怕深，用旅游激活城市，以激情创造明天。归纳下来游在台州、吃在台州、住在台州、玩在台州、买在台州、养在台州、健康到台州、快乐到台州、享受到台州、发财到台州、发展到台州。后面这两个都不是对旅游的，是对小商人说的，商人想发财到我这来，想发展到我这来。这是我们一个总体的综合性目标。

这样就需要大产业，第一产品体系，第二淡化景区、淡化开发，这是新要素，第三企业体系，第四结构体系，第五产业融合，第六新兴产业体系，需要一个大格局。一个是传统旅游领域转型升级，旅行社、饭店、景区、娱乐、购物这都是传统旅游领域，必须转型升级。旅行社要以导游为中心转型，我们行业协会专门有一个导游板块，一定要以导游为中心转型。酒店要景区化，酒店以城市为中心转型，酒店发展不在于旅游市场，在城市化发展。景区要以目的地为中心来转型，景区不是一个单纯景区，是一个目的地，这些东西都需要转。新兴旅游领域开拓进取，交通格局决定旅游格局，这是现在全国的大势，只要交通解决了，区位问题淡化了。原来老风景区也好，但是交通不行，好区位虚的。休闲度假满足新型需求，新技术崭露头角。

泛旅游领域彰显未来。泛旅游领域是什么？超越工业化发展，配套城市化发展，对应新生活需求，推动世界化发展。这样一个大格局。

我重点说一说项目瓶颈。

第一，天台山。天台山就是国清寺，国清寺变成我们一个标志，我就说只因国清寺要天台，不为国清掩天台。国清寺是隋代寺院，是锦上添花，但不能因为一个国清寺把天台山掩盖了，天台山太丰富了。我这次没去国清寺，国清寺去过两次了，不必去了，我把这几天看到的一些项目和地方说一说。

江南三月多春雨，遍地菜花黄灿灿。多年未来台州，城不像城，乡不像乡，这是我一个感觉。后来一想三个区县合并所以有三个小城区，只有新区拉出了一个大城市框架。所以涉及台州旅游城市到底怎么搞？按照现在的格局形成三个小中心也好。之后吃饭，台州美食天下一绝，光在上海就有上千家台州菜馆。东海食材一流烹饪是一大长处，所以台州美食遍天下，台州美食冠天下，这个牌子是重要的牌子，一定好好打出来。我当过一任中国烹饪协会副会长，所以我对吃还懂一些，我到一个地方就关注吃。

我这几天深有所感，不管在哪吃饭都很好，又有新容器，这个确实很棒。之后看到了葭沚老街，这是无锡灵山集团的新作品，有浓郁的吴国平的风格。我前段在南京住在金陵小城，金陵小城里面有一个精品酒店，他们说民宿，我说你这不是民宿你是精品酒店，35间客房，太棒了。这个项目借助地理挖掘文化，先看看大隐书局，规模不小，内容丰富，而且又有表演场所，又形成聚会之所，完全不是一个书局概念，是一个文化休闲地。葭芷老街前面是宫观风格，隔条小河，后面街巷深深，曲折盘桓，小中见大，现在完成1/3，168亩，形成了都市文化休闲区，各种业态融入其中精致、精彩，所以我感觉休闲度假是台州优势，山海休闲地，天台度假巅，可以达到巅峰水平。最好的东西就得精致、精彩、经典。什么叫经典？百读不厌，百看不倦这个叫经典。所以文化休闲、山海度假这是我留下的第一印象。

第二，浙东多山，以天台、括苍二山著名，山上多雾，雾中多洞天，道教一百零八洞天，台州有十一，十大洞天，台州有其三，所以洞天果然福地，水果满山，河流满谷。当代社会则是卡车文史，物流山谷，但是不影响总体感觉。怎么打洞天福地这张牌，这是一篇大文章。一个小时到天台山，一部《全唐诗》半部在天台，浙东唐诗之路此地集大成。李白有一个雕塑，还有一个《天台山赋》是南朝人写的，唐、宋、明、清四块石碑反映千年历史，水墨丹青，天然化足。之后看天台山大瀑布，高325米，九级跌水层层而下，最宽处可达百米。

怎么描述天台山大瀑布，山上汇聚，日夜变化，化腐朽为神奇。瀑布第一贵在天然，第二珍贵在单独，一条大瀑布下来，这两条天台山大瀑布都没有，所以你不要说什么山上弄了一个水库，把层次降低了。就是山水汇聚日月变化，第三珍贵在自古传承，今日大观，确实自古就有了，只不过自古没有这么壮观，今天大观，堪称天下第一瀑布。国内大瀑布我去过了，最宽的中越边境德天瀑布，最有名的贵州黄果树瀑布，黄果树瀑布现在上面也有一个水库，也是那样。今天客人来得多，多放点水，领导来了更多放点水，平常也是水流稀稀拉拉。贵州的十丈洞大瀑布，你可以在后面的洞穴看到瀑布在眼前泼洒而下，震撼，声音巨大，不能往上走，往上走一看又是一个水库。所以我们中国的瀑布就是这样，称天下第一瀑布怎么了？尼亚加拉大瀑布下来汇成五大湖那才是世界第一，巴西的伊瓜苏大瀑布也是这样，我们不必比那些，天下第一就够了。

上天台山一路山花灿烂，一路山水清澈，过石梁镇看到山腰云海极低，山峰重重叠叠，很有意思。这个地方海拔不过千米，但气象变化丰富，当地人也说运气好，今天看上去不错。一般来说看云海景观没有两三千米看不到，黄山云海上三次看一次就不错了，峨眉山云海包括金顶佛光上十次未必看到一次。看了莲花小镇，这就是上海人第二居所。又看了嘉助酒店，这是一个文化主题精品酒店，在台州有这样的作品，实在没想到，无可挑剔，恐怕只有住下来才能知晓到底怎么回事。莲花小镇和这个酒店,实际上已经树立一个康养、旅居、度假高端品牌,到那感觉人在仙境中,而且到那你心静了,心态放缓了,那就是一个康养、旅居、度假这样一个感觉出来了,而且文化氛围浓郁,是日本星野集团管理的。

我想讨论一个问题,台州被称为和合圣地,现在又说是现代化和合之城。我一出机场看到这个,制造之都、和合圣地、山海之城,三句话立在机场外围。和合的起因是寒山、拾得二僧在国清寺的故事,现在看太单薄,他们说的只限于人际交往。今天我们重新解读和合文化,和是世界和平,第二个合是全球发展,合作,所以和平是方向,合作是途径,和平和合作,方向与途径。对于传统的东西,要有新的解读,传统文化现代市场,传统资源现代产品,必须有新的解读,有了这套新解读可以上一个新台阶。

之后我进临海,这个县城怎么这么大,拉出一个地级市框架来。半个旧城,完全是80年代风貌,马赛克外墙、大排档餐饮,乱糟糟地建设。往里走那半个是新城,高楼联排,新市场酒店也高大。反差很大,我就感觉40年中国城市的变化在这一个空间展开了。下了高速路走临海市,作为市区你感觉40年的变化。

临海东湖是钱家的后花园,按照苏式园林风格建设,但是湖面一览无余,亭台楼阁努力变化,一条中轴线清清楚楚,又增加一条九曲桥。如果从苏式园林角度来说这个园林不是一流的,也就二流,但是它纳入我们整个府城文化旅游区就不同了,湖山胜景了。而且老树虬枝,无论人间是非,却为人所欣赏,点缀到其中,感受到古老,这个园子还是不错的。

之后看古城镇,雄镇东南,称为江南长城,看城楼、走城墙,形成转折点,我们看过就此攻守意识,也由此培育出戚家军,之后北上。这段历史我清楚,1982年我刚到北京旅游局工作,第一件事就是慕田峪修长城。慕田峪修长城就谈论戚继光带领修长城,所以有很多戚继光活动遗迹,还有他的石碑都有。

这一圈看完了难怪感觉是一个地级市,原来1400年都是台州府治所在,1994年才搬到椒江。台州府城鼎盛于宋代,今天仍留存4000多米城墙,还有5座古城门实属难得。晚上灯光璀璨,成为临海一景,可以大做文章。

全国可以比拟的一个是云南建水古城,规模没有临海大,它有一个文庙保留最完整;一个就是山西平遥古城。它府城文化旅游区这一块完全具备世界文化遗产资格,不知道现在是不是?这个牌子很难得,好像现在正在申报,在旅委名单里。这个给我感觉很好,我们比较完整的古城还有一个辽宁兴城，50年代很完整，后来拆得差不多了。进入新世纪以后复建，但复建的东西差点意思。我们不必追求府城完整，也不必复建，我们追求每一个时代有每个时代的痕迹，各个时代痕迹留下来，你的历史就留下来，这样更有价值。

紫阳街长1000多米，演唱的、画画的，最多还是小吃和小店，人来人往，周末摩肩接踵，山叫巾山，上面三个塔，两座是宋代的基础明塔，一座是元代的千佛塔，古刹悠远，别有风格。这个紫阳街不亚于大唐不夜城，大唐不夜城是完全复建出来的，只不过网红打卡，做了一堆东西现在形成热点，真正讲品位不如紫阳街，而且紫阳街人气将来不亚于大唐不夜城。

这个府城不是一个简单府城文化旅游区，虽然上了5A，品牌有了，还是说小了。整个府城连在一起加上外面还有一条河，它构成了州治、府治这样一个古城概念，它不是一条街，不是几个门。按照我们今天说建水、平遥都是县级，我这是地级，地级里面可比的荆州古城。荆州古城好在哪？城墙好，但是古城里面什么都没有，之所以荆州古城保下来，是因为那个地方老发大水，所以城墙谁都不敢拆，可是能拆的都拆了，城墙上面的门楼子统统拆了，就是把城墙留下来了，护城河也极好，上百米宽的护城河。

严格说能和台州古城相比的没有。浙东民间信仰发达，身边时不时还有寺院，山中必备道观，这就是洞天福地，乡村也起来，民居成排成列整整齐齐，像个兵营，哪有乡愁可言？我们现在看得见水容易，留得住乡愁不容易，乡村都快没了还有乡愁吗？所以我们能够体验到乡愁的地方是宝，一定要好好留下来，让大家真正感受到乡愁。

之后到神仙居，神仙居168平方公里，核心景区10平方公里，都是火山留下来的地质构造，形成悬崖绝壁，产生巨石变化。我以前曾来过，感慨，早知神仙居何必去黄山。所以缆车、滚梯、栈道、桥梁不仅是交通工具也是体验工具，体验工具更胜过交通工具，各种组合、各条线路，这有湖南崀山的感觉，也得到好评。尤其高山跳台，三层500多米，还创新几个花样，有一片蓝天顶，让大家观景照相，有一个类似佛龛，可以直接照到那个地方。所以上去的时候人人心惊胆战，下来的时候个个兴高采烈，觉得钱不白花。

我说四句话，神仙居里住神仙，凡人一到即登天，观音大势常护佑，一帆风顺永向前。这是一个过硬的5A景区。什么都挺好，但是近景单一，进了山看那块观音大石，在山上走一圈都离不开它。所以我提出来你们搞一个远景设计，让大家看，因为那个山连绵起伏，连绵起伏以成景，连绵起伏必向人。你设计几处远景，让大家看，也引发大家的感想。下次还要来，因为好景太多，这也是一个发展的远景。

神仙居从景观资源到规划设计，到建设一直到运营我认为都不错，比起府城这个5A相应软一点。当然两个不同类型景区，不能完全用一个标准看。总体都不错，可是我更看中神仙居度假区，现在正在创建国家级度假区，这国家级度假区有一个要求，按照这个要求走就行了，但是这个地能够突出，能够出彩是乡村民宿聚集区。一个下叶村、淡竹村、南七村，每个村都很漂亮，每个村都整整齐齐，而且都依山傍水，那条水就有点像福建的永安溪，也像温州的楠溪江，所以一个永安溪，一个神仙居，是一个最佳组合，也是一个观光和度假的最好品位。它有很强的观光顶级资源，而且形成了强大外溢效应，正是因为神仙居火了，客人来多了，在山上5个小时下山就要住，所以把山下几个村拉起来，也是一个最好的品类。

打这个牌，就是乡村民宿聚集区，这不是一个市场品牌，这是我们创建国家旅游度假区的一个抓手，其他零零散散。这个民宿应该说都不错，扩大了外延丰富内涵，持续发展。

然后两小时到温岭，一路上景观还可以，不如从天台到神仙居，天台到神仙居完全是一条景观文化路。山区是一条旅游路、交通路，这两个小时基本是交通路。但是到了温岭打开车窗是浓郁的海鲜味道。

温岭石塘镇，镇上10万人口，滨海运动休闲小镇，我感觉就是一个县城架构。而且比较好的一点，前几年政府投资4000万元，修建了6公里绿道引导民营经济进入，今天见到成效了。昨天下午看了四个民宿，一个蝶蓝（音），一个在海边，还有一个什么名忘记了。看下来档次都够，后来我和七个民宿业主座谈，他们认为到底对应哪个层面，毫无疑问高中，你不能低，民宿做低了是什么，是农家乐，你让农民做，为什么你要做？民宿做的就是中端，精品民宿是高端。所以从农家乐到民宿，到精品民宿这是一个三级跳，也是我们乡村旅游发展三个阶段。我关注的第一个商业模式，第二个能不能可持续？这两个问题各有各的答案。但是可持续问题，现在租渔民的石头房子都是16年，16年以后呢？你有多少时间租期我就是什么样的心态，最后归纳到一个文化竞争。民宿首先功能要舒服，其次精致有吸引力，第三是文化，因为业主品位决定了有品位的客人。昨天一个陈老板说卖2000元/人，我客人不能和卖200多元客人一样吧？宁可空房不打折扣，就是为了保持品位。这个理念我很赞成.总体来说，还都不错，这个地方构造了一个滨海民宿聚集区。

后来晚上吃饭的时候说温岭发展，我谈了几个建议。第一建议创造一个世界级的品牌，2万间石头房子，这就是世界级的，全世界没有这样规模，当然现在利用的只是1/20。可是房子闲置着，摆着，先打出这个概念，这个概念打出来温岭尤其是石塘镇一把成名，构建世界第一的滨海民宿集群。

第二组织一次石头房子艺术大赛。在全国美术院校里面，台州有艺术学院，在那也有大师工作室，吴冠中先生50年代就在那写生过，可见在吴先生眼里这个地方是何等美。这个大赛组织完了之后，获奖项目招才引智，获奖项目引入落实，要按照获奖项目的设计来做，这是有门槛的，要做出顶级项目，不是你想来就来，有钱你就来，那不行，你得有这个情怀，得有这个品位。这把做出来就不同了。

我有一次在四川宜宾看了一个村子，这个村子请了一堆艺术大师做设计，包括日本的，我说，这样的大师做这样的项目？他们喜欢，又喜欢这个地方，所以这一个村子投资7000万元，后来我说你这个村子应该命名为大师艺术村。

同样我们把这个艺术大赛做完了，大家知道我的品位顶级，招才引智做完了项目落下了，有了高端，高端拉动中低端，精品拉动大众，很自然它就起来了。最后是组织一个全国海钓大赛，凸显温岭的海鲜实力。我很奇怪我们有一个词小海鲜，到舟山沈家门也说我们小海鲜，我说，你们说说什么叫大海鲜？大海鲜产地是哪？谁也说不出来。大海鲜无非就是鲍鱼、海参、花胶，无非就是这些，但是大海鲜产地没有。全世界最好的鲍鱼在日本，但这个鲍鱼捞起来之后必须把它干透。香港有四个商人专门做这个生意，他们每年到日本包一片海，组织日本渔民下海捞，这个有很大运气成分，碰见好就是好。他们做什么？我家里面存着，餐馆需要好鲍鱼大鲍鱼找他们买，这生意也做下来了，但这不是海鲜，这是干鲍，它不是鲜。

所以，我们不要说小海鲜，我们就说台州海鲜天下第一，什么叫小海鲜？这个词就不对。

总体来说我归纳几句话。

第一句话文化休闲，山海度假，这个和刚才蔡局长说得一样。如果说文化休闲，佛宗道源，唐诗宋韵，府城独存。因为从府治来说府城独存，你可以说有唯一性。从山海度假来说康养旅居。因为我们不但追求流量，还要追求留下来的量，我们要把人气流量转换成消费留下来的量，这就是康养旅居。所以台州美食满天下，神仙居里居神仙，洞天福地敢生活，风从东海创新篇。总体定位是这样一个定位。

第二句话，助力城市化、促进工业化。台州的城市化差一块，它有天然弱点，比如说椒江这一片就是这个问题。三个原来的区县并，这个要融合、要消化需要很长过程。可是光靠新区拉动我们城市旅游显然不足，所以葭芷老街这样的项目，如果我们在一个老城区都有这样一个类似项目，城市旅游就起来了。而且这样城市旅游项目它有外溢性，就会拉动一个片区的改造。

中央刚发了一个文件，倡导工业厂区变成商业综合区。这就是一个城市有机更新，在城市有机更新基础上形成城市大休闲。你这虽然城不像城，乡不像乡，但是城乡融合一体化感觉很强，出门可以看到油菜花，哪个城市有啊？可以做比较独特的城市化的文章。而且通过旅游休闲度假助力城市化发展。城市化不只是高楼大厦，现在高楼大厦大家看烦了。城市有没有人的活动空间？真正的城市一定以人为尺度，好的城市一定会有很多人的活动空间。

促进工业化也是如此，因为工业化带来我们的财政基础，工业化本身也会创造很多旅游资源，所以也需要通过旅游的发展促进工业化。

第三句话，共同富裕领先，幸福产业创造。共同富裕示范区浙江全国第一个，现在也是唯一一个，已经具备了全国意义。国家发布的《"十四五"旅游发展规划》明确旅游产业定位就是幸福产业，所以台州曾经三次被评为幸福之城。我们有这个基础了，幸福之城需要幸福产业，幸福产业创造幸福之城，这样就会进一步推动我们很多事情。

三、发展重点

第一个海洋旅游。我们三类海岸，自然交错、模式交织，严格说中国做海洋旅游前景不大，沙滩海岸很少，礁岩海岸很多，如果另辟蹊径前途出来了。你这基本是礁岩海岸，到了江苏那边滩涂海岸。礁岩海岸第一叫有海景，就是礁石成景；第二山海交错，没有缓冲余地，但是海鲜丰富，海产丰富。所以换个角度一定是好东西，为什么倡议搞一个中国海钓大赛呢？两种类型一个在岸边礁岩钓，用手杆钓，一个是出海有专门的钓鱼船，30年前我在墨西哥看过，一个船上6个钓位，所有先进的潜水设备都有，还有一个龙门钓，说这个是干吗的？钓着大鱼把它挂起来，大家拍一张照片，大鱼放回去了。这么一套路数，一个礼拜一个人3万美元。现在中国海钓的人不少，越玩越高端，越玩装备越专业，完全不是以前的概念了。海滨旅游的本质体现新型方式，追求快乐享受，这篇文章我们可以做下来。

说到底是全方位、复合型、大视野、深层次海洋旅游。全方位从旅游角度看海洋不单是一片海水，物产海洋、历史海洋、运动海洋、风动海洋、风景海洋、军事海洋，等等。复合型就是从地理组合元素说，涉及陆地、海岸、海水、岛屿、礁石、生物，每一个元素中每一类都可以形成创新的东西，各类之间的组合可以提炼出独特主题。

第二休闲度假。因为休闲度假是长远前景，这个赛道大，比如说现在碰到投资商想投旅游，投什么？新赛道就在休闲度假，城市大休闲乡村微度假。所以时间维度、空间维度，尤其城市发展，满足休假度假城市基本功能之一。城市休闲以人为本，休闲引人，休闲动人，休闲宜人，休闲养人，休闲创造快乐，休闲创造价值，这是我们归纳出来的一些格局。

度假也是如此，中国现在度假格局基本形成，但是产品体系尚待完善，缺乏国际竞争力。资源不足、产品不高、价格不低需求外溢。所以我就说三亚很丢中国的脸，石塘要给中国争光。今年春节三亚吐槽无数，价格又贵，景又差。现在国内同质化严重，多数是大众产品对应周边市场，自然环境不足，雾霾严重，所以我们市场条件好自然环境差。这样东南亚成为中国人的度假目的地，今年开始又向世界扩充，但是不可能都到海外度假，这个需求在转移。所以滨海度假、山地度假、乡村度假这三个方向应该说台州迎来了新发展机遇。因为你滨海、山地、乡村都有，尤其文化休闲，配上三个度假更上一层楼，所以需要研究休闲标准化。因为五星标准、5A标准大家都很熟了，这是政府主导下的一个休闲标准。

现在是什么？现实市场主导下的品牌导向，这个已经不同了。工业化实际强调旅游标准，后工业化实际推广休闲标准。标准和个性什么关系？标准保底线，个性求高线，创造是无限，一般一个标准有一个生命周期。现在的饭店星级标准，生命周期基本结束了，所以现在好饭店不要星级标准。我们很多精品民宿远远超过五星饭店，价格也超过，市场经验也超过，但是我不要五星，因为我追求创造，这是无限的。所以工业化时期的标准，包括A级景区，5A景区大家还在争，再过十年看。我就说星级标准生命周期基本结束了，5A景区标准现在生命周期如日中天，但是它也得下滑。现在全国318家5A景区，如果说到了1000家还有含金量吗？我们追求个性创造，但是标准是底线，底线是保证我们服务品质的底线。

我们现在做休闲标准，就是综合标准化，综合性强，全面推进，总体见效。我们现在已经发布了25项国家标准，城市的、度假的、社区的、乡村的、创意农业园区、汽车营地、休闲绿道、实景演出包括商贸休闲区、花卉休闲区这些都已经发布了。我提一个建议，台州抓试点，这些标准国家标准委网站上都有，你等同采用。各项标准都有试点性质，比如说休闲农庄，这个首先神仙居下每个村都够，每一个村都可以拿一块牌子，不是说我非得拿一块牌子。第二个抓重点，紧抓构造大项目形成拉动，比如说石塘，抓推广好经验传播，形成面的影响。抓营销构造新形象，培育大型项目，抓体系国内一流，世界知名的休闲目的地，因为这两件事都是我管。

你们抓紧和我们对接，25个国家标准拿过来采用、创建、验收、达标，一到两年，你们搞一个活动我一口气给你们发15块国家级的牌子，这不是很雄壮嘛？我们现在拿一块国家级的牌子很难，哪有那么难？标准保底线，这个牌子是一个底线牌子。这样工作就有了抓手，包括各个地方。我们这几个市县，包括各个镇研究一下你能拿哪块牌子，能拿你就做，只要达标就发牌。这样就把台州一个国内一流世界知名的休闲目的地大牌子打出来了。

乡村旅游不多说了，已经说了一个案例。升级一村一品一地一景，专业村主题镇，这里面核心什么？国土精致化、城市田园化、感受舒适化、体制和谐化，可观可触，可触可观。有些东西有些地方很好看但不可触，你待不下来。有些地方比如到欧洲，它的景观没有那么独特，但是可让你待着舒服。我们到西北、西南那个大山，大水，你看着真棒，可是你待不下来，山的特点是什么？好看不好用，好用未必好看。我们浙东的山就是这样，小山小水，看起来非常温柔，但是不那么险峻，不那么震撼人心，可是待着太舒服了。所以你的山水格局，你的自然环境，你的纬度和你的高度，天然决定了这个地方，包括我们700公里海岸，包括现在的滨海一号公路，天然决定了台州是一个休闲度假之城。

所以需要生态推进，狠抓新兴领域，度假、温泉、营地、户外、考古挖掘，主题酒店、精品酒店、文化休闲、城市度假，旅游综合体，城市型的，目的地型的，特色小镇、旅游推进，说到底三个方面追求。

新兴业态，第一时尚求酷，第二文化求护，第三健康求养，这个目标和原来做观光旅游的目标完全不同。现在很多新兴业态已经起来了，过几年新兴业态变成传统业态了，就会有新东西产生，所以需要构造各种新兴领域形成新发展。总体格局就是城市发展靠文化，乡村跟进要精致，景区创新适度，产业融合扩张。转型升级是必经之路，产品转型从单一到复合、体系化，发展升级从粗放到精品层级化，产业构建是跨界融合全面拉动，城市推动就是提升品牌促进完善。这就是大旅游发挥的功能，而不只是某一个项目如何。现在薄弱环节是公共环境、公共设施、公共产品、公共服务，所以文旅部公共服务司现在正在推进一系列工作就要做这些事情。然后精品景区、酒店、娱乐、设施、服务，精品不是奢华、效率、个性、便捷、舒适、文化，所以从精品角度来说我们现在差距偏大需要全面提升。

这样就需要进一步研究大策划、大市场、大推进、大转型。

从旅游开发角度说，一次开发二次招商这是最佳模式。但是一次圈占逐步推进这不行，所以核心资源要培育核心吸引力，这是发展的基础，但是不能局限，扩张多元化主体，多样化，核心拉动培育区域，关键什么？

第一，市场感觉，你对市场有没有感觉？我看很多投资商完全没感觉，有人领投我跟投。第二，项目选择，你选择什么样的项目？有一堆要求。第三，运行要求，实际上现在好多项目运营前置，现在我能不能有合适的人？能找到合适的人再干这个事，如果合适的人找不到你光有钱不行，这个项目很可能砸了。第四政策利用，现在是一个政策包，各部门得有政策，我们打一个包，一个项目如果打政策包也不错，所以很重要。总之，好玩玩好。

一是年轻无休闲，老来没文化，所以要提倡闲，从容人生、得闲空、续闲心、做闲事、学闲机、交闲友、触闲境、读闲书、养闲绪、用闲钱。生活里如果没有休闲就没有质量也没有品位。

二是今天不养生，明天就养病。我们老说长寿，实际康寿乐命比长寿还重要，所以就需要十养，品质生活。山水养生、森林养眼、宗教养心、修炼养气、文化养身、运动养兴、物产养形、气候养颜、学习养成、生活养情，这十养哪一条在台州都成立。

三是玩。今天不会玩，明天就寂寞。所以要适应玩的心态、研究玩的学问、建设玩的项目、开拓玩的市场、培育玩的氛围、追求玩的艺术、丰富玩的功能、创新玩的产品、创造玩的文化、谋求玩的财富。所以这个玩是个经济体系也是一个快乐体系。

祝愿我们台州在闲、养、玩的过程中，让客人玩好，自己也好玩，谋求新的更大发展前景。谢谢大家。

沁阳旅游新格局①

一、关于形势

今天看下来，感觉沁阳资源确实很丰富，但是很容易成也资源丰富，败也资源丰富。我很担心弄一大堆小景点，说起来半天，大家问一句，我来干什么？怕形成这种状况。越是在这个时候，越要集中精力办大事。从全国看，市场复苏到什么程度？我到今天，43天在全国奔波，海南、广东、江苏、浙江，这次到河南，过两天去陕西。跑六个省，大概十几个城市，看了50多个项目，接触无数人，也讲了一些话，至少我心里有底了，形势并没有达到很多人说的乐观程度。现在一说起人数都很好，但是实实在在收入增长没多少。

八百里太行我基本上走遍了，北太行宏伟、壮丽，但不好玩。中太行奇特的东西很多，芦芽山的万年冰洞非常独特。我第一次到芦芽山就愣了，怎么会有万年冰洞？越到三伏天，冰结得越厉害。进去走半天，辉煌灿烂。到三九天冰冻开始化，潺潺溪水出来。云丘山那个洞也是这样。第一次到云丘山，老板就跟我说，山里边老有冷气冒出来，我说不妨请地质专家勘探一下，弄不好有冰洞，结果一开出来，比芦芽山的冰洞还棒，马上变成一个热点。

太行山很神奇，可是到了南太行，最突出的是什么？景观第一，南太行景观远超中太行和北太行。云台山是做出来的第一家。严格说，云台山资源品类不是一流，我第一次评价云台山，把一个二流资源做成了一流产品，不客气的话是把一个三流资源做成了一流产品。因为这种景观在南太行很多，林州的林虑山大峡谷，很棒，去了很震撼。山西长治，一个平顺县，20个国保，其中一个寺院，唐宋元明清五代的建筑这个寺院里都有，看得目瞪口呆。中国唐代木结构建筑只有四处，两处在五台山，就是佛光寺和南禅寺，两处就在平顺，山水也好。我就奇怪它怎么就做不起来，交通还便利，下飞机40分钟就到中心景区，

---

① 根据2023年3月23日考察后的发言整理。

为什么没做起来？一个重要原因就是不重视，主要领导不重视，投资商自然不去。按我的看法，平顺可以做到顶级，到现在也还没起来，恐怕就是这个原因。

另外一个原因是经济不行，山西地底下都有煤，一个平遥没有煤。平顺这个地方也是底下没有煤，所以只能做农业，所以没有足够财力来支撑旅游发展。

沁阳至少在河南算经济发达地区，经济力量足以支撑旅游发展。反过来说，旅游发展也要给沁阳足够回报。今天中午我说了一个感觉，中国山水画，尽出南太行，首看神农山。我们一堆古代画家，画了一堆中国山水，迅速变成一个高峰，画的都是南太行。你看历史上的名画，宋元，基本上都是南太行。这么好的基础，确实需要研究一下怎么发展。

今年一个特点就是各省市都在集中精力研究怎么抓旅游，我就奇怪，你们怎么一下子对旅游都重视起来了？

今年需要什么，需要扎扎实实做好基本功。沁阳的旅游发展正面临再次起步、再次腾飞的新时期。第一感觉资源丰富，但不能捡到碗里就是菜，要选择拳头产品，最终打出品牌影响力。要不然客人问到沁阳来看什么，总得说几样，不能说沁阳资源太丰富了，历史上名人辈出，把所有名人数一遍。今天一问，李商隐的家乡，很兴奋，再一问还有什么，什么都没有了，只留了一个概念。朱载堉还有一个故居，可是朱载堉影响不大。

二、丹河谷

我们到底打什么牌，我这次来主要任务就是看一看丹河谷和神农山。

第一，现叫丹河峡谷，我不太赞成，建议叫丹河谷，因为谷的感觉很强烈，峡的感觉很单薄。恩施大峡谷，最窄处两手可以撑住，往上看一线天，这是峡的概念。但是你这儿只有谷，没有峡，我觉得还不如说神农山、丹河谷，这样更适合。我编了一段三字经：

太行陉，丹河谷，猕猴峡，石头村，六郎寨，战旗扬。480，串历史，仍在目，感奋斗。丹水绿，山花红，山连绵，水烂漫。丹河谷，出沁阳，好休闲，真度假，一旦起，天下知。

太行八陉，就叫太行陉，那边河北有一个井陉，到了张家口有一个飞虎陉，这就是太行八陉，只有你这儿是正正经经叫太行陉。太行八陉，正牌在这儿，八百里太行只有太行陉。

丹河谷，丹水感觉不错，虽然今天天气很差，但是可以想象好的时候什么样。而且，丹河谷现在准备修水库，虽然水库不大，2000多万立方米，有这片水就不得了。山无水不秀，水无山不幽，有山这水就幽静了，山有水，山就秀丽了。所以，丹河谷这种感觉就很好。

猕猴峡，因为有猕猴，所以可以说峡了。说到猕猴头上，只不过在那儿没看见猕猴，在神农山看见猕猴了，还这么多，这不妨碍你当个说法。

九渡村，一个山村，但是到那儿你感觉是个水村，真像江南，感觉非常好。尤其石头房子，给人感觉极好。九渡村，四渡村，五渡村，都是石头房子，还有一个沟里，这个沟里小村一个，7户人家，但是你到沟里感觉世外桃源，隔离了尘嚣。

六郎寨是山里有一个军事设施，历史上如此，就是一个屯兵防御的城堡，这就增加了很多历史气息，它就不是一个单纯玩的地方，丹水绿，山花红，山连绵，水烂漫。

这几个村子，一条路，做民宿，而且要做中高端民宿。我前两天刚在金华看了几处民宿，都是民宿村，一个村都是民宿，便宜的一晚上1000块，贵的一晚上3000块。我说，你们这价格卖得出去？卖不出去怎么可能这么定价呢？其中一个老板说，卖不出去也不降价，为什么？我对应的是有品位的客人，我就必须得拿价格门槛把大众挡住。你们这几个村完全有条件做，就是对应中高端客人，比如沟里这7户人家，做高端精品民宿，先不要说会有人来吗？这些事情完全可以这么操作。

这不是简单一个项目，是一个项目群，丹河谷首先要做一个高中端精品民宿项目群，就是这几个村子，可以把它当成一个项目看，因为操作时肯定是一把操作，涉及基础设施怎么保障，水、电、气、通讯，污水处理、垃圾，涉及一系列东西，都得政府来做。如果只是靠民宿业主自己折腾，肯定不行，一定意义上就是得有一个平台化的运营。

三、480

我说480，串市场，串历史，新市场，新生活。

480的条件很好，因为企业撤出时间不太长，十几年时间，所以房子结构非常完整，无非就是门窗没有了，那不算什么。树木，建筑结构是完整的，建筑肌理是完整的，大树是完整的。480，尤其有800亩可用土地，等于就是一个天然项目，里边放什么业态，文商旅一体化。把它一起串起来，里边既有传统农村的东西，农业社会的东西，又有工业化的东西，现在要有后工业化的思路来改造。让人到这儿来，有很强的历史怀旧感。今天在九渡村我就问村长，那个房子多少年了？五六百年了，五六百年的房子我们还在用，还是活的，这是什么感觉？尤其那个水磨房，感觉很好。所以，480条件很好，那个桥两边又有水，不要小看这点水，这些水就把480上了一个层次，两边山形都不错，再看还有条铁路，站名叫后寨。

可是480的做法和丹河谷是两回事。480必须追求流量，必须对应大众，尤其要对应年轻人。第一，它不光面积大，体积也大，那么多闲置房屋，做高端的做不上去，可是，对应大众就不错。第一叫研学旅行市场，研学旅行现在教育部门已经明确这个政策，中学生必须参与研学旅游，这作为教育改革一个重要内容。我看过的研学旅行，最大规模是在黄山火车站，1000多个孩子，我就问，你们哪儿的？北京的，我说你们来这儿旅游吗？我们怎么能是旅游，我们是研学旅行，特骄傲。

这个地方做研学旅行，一是得有一个专业团队，要设置相应课程，研学旅行现在竞争力在课程。我到一个研学旅游地就问，你们有多少门课？100门，200门，这是多的，少的说我们只有3门课，3门课别做了。它就要求充分挖掘本地文化，充分挖掘本地资源，文旅深度融合，这是一个客群，而且这个客群比较稳定。第二个客群就是年轻人，今天看到，墙上已经有涂鸦了，有涂鸦给它保留下来，只要不是那种低级的东西，说明有很多人已经到这儿来过了，他们自发来过了，这就是一个市场基础。所以，专门弄一栋楼，比如礼堂前边那片，那是个球场，就把那儿作为一个中心地点，孩子们来了，晚上一定在这儿有活动，有篝火晚会，可以跳舞，可以烧烤，可以嗨，然后礼堂里边又可以搞一系列活动，这就优势凸出来了，没有一个地方有这么好条件。

480这个名很棒，一下子历史感就出来了，军工企业，要不然怎么会有番号？所以480的优势要完整挖掘出来，要把我们的好多东西，做一个完整设计。投资量肯定是有的，但严格说比一个新项目投资量小。所以，480串历史，新市场，新生活。同时也得留一片区域，叫怀旧区域，让这些长者，又有钱，又有闲，像我这个年龄的，经历过那个历史时代，看着这些东西就很熟悉，也很亲切。来这儿之后，在丹河谷的山村里边住，然后到这儿来怀旧，玩一把，这种怀旧心理，我们必须留一片区域来满足。甚至可以从50后、60后、70后、80后，不同场景来对应他们，剩下的才是Z时代，是孩子们玩的时候。

这个项目再进一步研究，需要研究山怎么用。这儿山不高，一般来说，好看的山不好用，好用的山不好看。因为是山就有谷，用是用在谷，以山成名，以谷生利。但是我今天问了几次，这个山叫什么名？没有。那个山叫什么名？没有。那哪行。所以需要做一套完整的景观设计，把山名编出来，就会发现故事就出来了。总体来说，太行深处有人家，休闲度假感烟霞，关于太行的丹河谷，很可做，这是一个方面，只是从资源角度判断。

另一个方面，我们要从体制机制角度发力。严格说，这种事情靠政府做都做不好，但是没有政府支持也做不好。所以，很多城市更新的项目基本都是这样，政府出题目，有一个平台化企业进入，平台化企业不是有多少钱，而是有多少思路。

我对这个项目的看法也在这个地方，如果没有这几条，折腾什么。就为了一个480，铁路可以过来，公路可以过来。我在宜昌看了一个这样的项目，叫318基地，就是这套。原来是个军工厂，山沟里的，就把房子都改造了一遍，客人全去了。可是最头疼什么，是停车，将来你这儿要真起来，停车恐怕是短板。所以从一开始，尤其配套水库建设，研究几个好的停车点，而且停车场不能只是简单的停车功能，应该是综合性功能，得考虑淡季和旺季，一般停不下车都是在旺季，淡季怎么办？所以综合性地配，这个事就比较好处理了。

从沟口进去16公里，将来这是一个区域性开发，就有一个区内交通问题，这些问题都存在。浙江莫干山的裸心谷，占地30多平方公里，所有车停在外边，里边全是自己组织的交通——电瓶车，实际上它的电瓶车就是汽油车，因为靠电瓶车拉不动了，只不过改装一下是个电瓶车的样子。但是能解决客人的问题。裸心谷就是，总得打电话，我在哪儿，想去哪儿，两分钟内肯定有车过来。将来你们都会涉及这些问题。这个地方我很看好，第一，打南太行牌子，第二，打沁阳牌子，第三，丹河谷就是丹河谷，有一首加拿大民歌叫《红河谷》，丹河谷和红河谷异曲同工，甚至可以把这歌当作你们的一个主题曲，这都可以。

四、黑陶小镇

黑陶小镇第一叫历史形成，第二叫市场形成，政府在黑陶小镇方面没怎么发力，我看也不需要发力。而且我感觉老百姓都有旅游意识，墙上都画上画，也写了各种类似广告语，到后边看见那套东西。应该说小而全，把黑陶整个工艺过程都组织起来了。尤其旁边就有一个太行古道，其实你叫太行古道不如就叫太行陉，这个陉字一般人不认识，只能猜意思。为什么这儿叫太行陉？古道太多了，这么一说，太行八陉只有太行陉在这儿，一把就把这个黑陶小镇提起来了。这样人在黑陶小镇转一圈，跟着可以往那边走一走，体会一下太行陉古道，那里边得做点文章，这样就有可能把这个小镇拉起来。这个小镇的东西，我专门问了一下，市场怎么样？最好就是水器，在北京，甚至在上海，在河北，水器是最好的，其他不可替代，一个陶缸子我养鱼，和空气是交流的，所以最适于养鱼。

其他东西评价不高。山东有黑陶，五千年的龙山文化，出土的黑陶，比我们现在还精致，薄得像蛋壳一样，透亮的，我们现在都达不到。你们卖那么半天工艺，取了那么半天巧，这些东西白送我都不要，为什么？和我家里不搭。可是，拙的东西，萌的东西，拙的东西长者喜欢，萌的东西孩子喜欢，这两个我觉得是方向。有一次我在陕西，宝鸡有一个泥塑村，家家户户做泥塑，我进去到了一个院里，跟着进了房，一个老太太80多岁了，盘腿放在床上在那儿画，就在泥塑上边画图案，眼不花，手不抖。正好一束阳光，从窗户打进来，照在她身上，我当时都傻了。看完之后出来，我才反应过来，赶紧找那老太太买点回去，就这么大一个泥老虎，1200块，不便宜，可是我就喜欢。就是这种拙的东西，这种萌的东西，而且真正体现的是文化，而不只是体现工艺。这个地方我们也不必督促，市场是最好的老师，最好的学校，老百姓自己也会感觉，比如说有一个传承人他做了点萌的和拙的东西，销路很好，马上大家就开始跟着学，一个村都开始跟着学，一个小镇都开始跟着学。

五、神农山

也是在神农山，我编了一个三字经：

百草坡，神农山，人文祖，五千年。峰陡立，直上天，崖深深，探到渊，二仙庙，碧水边。河山庙岭一体化，太行乡情换新颜。

这个山一个特点就是景观很好，我不能说景观特好，客观评价，景观很好，尤其在南太行形成了自己的特点。客观评价，神农山的山体景观肯定比云台山强。而且，这个山起伏连绵，还真有特点，现在也算5A级景区，要真从5A来说，这个5A太软了，软在哪儿？设施不足，精致程度不够，就软在这儿了。

如果从5A角度说，神农山最牛的是游客中心，一个唐代大殿变成一个游客中心，没必要，有必要做那样的东西吗？但是已经做了，我觉得需要把精力放到怎么提升景区品质上。现在第一就是精致程度不够，比如走山路，山路不平，走的时候有点磕磕绊绊，这就不对，因为很容易发生安全事故。安全事故就是你的责任，除非你免费，那另当别论。而且，其他几处也是这个感觉。第二，现在的索道不行，严重不符合需要，这是第一代索道的感觉，这个厢式索道太小了，一个轿厢坐两个人，运力肯定不足，所以，这是两个明显短板。

我倒觉得可以做一个格局调整，就是在二仙庙那儿做一个新山门，从那儿上山，先看看碧水，在南太行能看到这么一片碧水，客人感觉马上不同。跟着转一圈二仙庙，这个地方挺有文化，进门就是索道上山，至于说怎么看到你那个长城，衔接上了，因为最精彩的就是那个长城。看完长城，坐这边索道下山，这样一个环线也形成了，最精彩的东西也让大家感受到了，就会感觉这个5A是硬碰硬。

同样，这里面还有一些知识性的东西，比如为什么这儿的景观这样，首先讲知识，然后再讲故事。现在上来就讲故事，无非就是孙悟空、猪八戒这套，有什么意思？比如白皮松，你们觉得稀罕，在北京人眼里这个白皮松算什么？北京北海的团城，里边的白皮松直径至少这么粗，顶这儿好几棵，还说除了我们这儿就没有白皮松，我不认同这个。你只能说，在南太行只有我们这儿有白皮松，而且只有海拔800米这个高度才能有白皮松，可以这么说，但是在我眼里这白皮松实在不算什么。我从小看北海团城的白皮松，我们就围着它玩，旁边就是元朝的一个渎山大玉海，是雕刻的这么一个大容器。所以你就得想一下，对应什么样的客人，怎么来说这个事，但是把白皮松当作一个主打显然是错的，主打应该是那个长城，也就是说你这个地方主打的是山岳景观。而且我一路走，一路就问，为什么那个山上边是平顶，为什么这个山峰是这样的，这才是能够让人震撼的东西。

同时，这些地方就得设若干网红打卡点。景区有规律，5分钟要有一个兴奋点，哪怕一个垃圾桶，也是兴奋点。浙江新昌大佛寺，垃圾桶设计很好玩，垃圾桶旁边一个小和尚，光头，抱着垃圾桶，然后无数个孩子抱着小和尚，妈妈就在这儿说那是垃圾桶，孩子根本不管，这就是一个兴奋点。15分钟就要有一个高潮点，比如我今天坐索道坐了20分钟，这20分钟感觉缺乏高潮点。景观不错，满山连翘，黄花开着，还能看见白皮松，可是，有几个很好的景观点没有提示，下来才看到。下来后我和韩总一块儿走，韩总说你看那个长城就是这样。之后3个小时有一顿饭，6个小时有一个晚上，所以要想办法让客人最少待3小时，3小时下来就有一顿饭，这才是真正的二消。这个地方有条件这么做。

中国做山岳旅游有一个人物，黎志老先生，今年75岁了，他做山岳就一条，需要客人走的路一步也不能少，为什么？让客人好好欣赏景观，不需要客人走的路，一步也不能多，不能让客人太累，太累了，花钱都没有力气，他这个观点我很赞成。神农山要从这个角度要求，差距很大。八一湖这片水怎么用？这片水不能就这么一片绿水，让大家看一看，应该有点其他功能，要想尽办法让客人哪怕延长5分钟都可以。研究这些事，韩总最有经验。下来的时候看了看牌坊，牌坊上几幅画，叫河山庙岭。河就是丹河，山就是神农山，庙就是二仙庙，岭就是黄龙岭。河山庙岭一体化，浓郁乡情情焕新颜，焕发新颜，不是呼唤新颜。

六、怎么做

我们这个就是一体化，河山庙岭一体化，庙和岭都没看，但是至少河山这个一体化，河山庙这个一体化是达到了。我今天到神农山，下车就问，从丹河谷到这儿多长时间，高速5分钟，现在没有高速，20分钟，20分钟也不算长。客观来说不是两个景区，也不能当两个景区看，而要把它一体化。运营那是另外一回事。

一体化，第一个问题就是连通，现在看起来连通没什么问题，无非就是交通的连通，如果高速5分钟，就更不是问题了，完全连通了。

第二个是整合，一叫文化资源整合。二是市场整合，将来客人到神农山玩一天，再到丹河谷住两晚，最好能形成这样的格局。去丹河谷的客人，包括研学类客人，最终还要走一下神农山，就是这种整合。文化资源的整合是产品，是两类不同产品，一类是典型的观光景区，观光景区也用不着琢磨把它做成休闲度假。丹河谷是休闲度假区，一个观光景区和一个休闲度假区这种结合，可以达到比较理想的程度，需要市场整合，更需要品牌整合。

今天看了一个词，如梦河内，诗乐沁阳，看不懂。诗乐，李商隐是诗人，尽人皆知，朱载堉是乐圣，没几个人知道，这个牌子内涵不足，实际上拉不动沁阳。我想了两句话，供参考。沁人肺腑，阳光万年，字头就是沁阳两字，沁人肺腑是文化沁人肺腑，阳光是我的景观，我的生态，所以阳光万年。类似这样的词可以慢慢想，更何况有的词，这个阶段需要，下个阶段不需要了。类似这样的东西不怕有争议，反正我看全国旅游广告基本上都是正确的废话，还花了大把钱。实际上就是这些东西经常从资源出发，从供给者出发，这些东西一定要打动消费者。我刚才讲了，沁人心脾嘛，别人就问你有什么沁人心脾，文化。阳光万年，靠什么？生态，景观。所以从消费者角度来研究这些事，才会觉得这些事对。

我们现在短板是什么，不是设施，大体的设施都有了。只不过随着发展会发现，比如城市的酒店有好几家了，你会发现城市酒店运营不了，非得搞民宿，搞度假酒店才行，这就是短板。现在最大短板就是沁阳的品牌，这个韩总一开始说沁阳，我还问，是晋城？因为晋城也在沁水流域，有一个沁水古堡，我专门到那儿看了，我第一反应就是晋城那个。今天过来才知道怎么回事。所以我们的品牌如果起不来，大家都问沁阳在哪儿，就不行。

两种方式，一种是靠主打产品拉动地方品牌提升，另一种就是靠品牌提升拉动主打产品，这两个方面要结合。我的意思不是说现在非得琢磨出个词来，这是一方面，就是个工具性的事，不是主体，主体还是怎么把产品弄好。神农山现在已经是个产品，但还不是精品，5A要达到精品程度。丹河谷现在连产品都不是，完全处于没开发状态，可是现在最大优势就是这个。正因为没开发，所以才可以把文章做好，少走弯路才能加快速度，要太急了，走一堆弯路，花一堆冤枉钱，速度也未必快得了。从这个角度，我对沁阳还是很看好。

从市场角度说，这边郑州是大市场。那边华北市场，比如北京、天津，这个市场大。如果真正做好了，打长三角市场。长三角的人和北京人不一样，北京人有时间就出国，不愿意在国内玩。长三角不同，沁阳这些东西和长三角差异化很大，正因为差异化大，才吸引人前来。可是你一说太行，北京人说家门口就是太行山，更何况现在太行这条路正在修，从北京门头沟一直修到这个。所以，华北市场余地反而不太大，更大的是在长三角，乃至珠三角，这样对应他们的需求，把我们的事好好琢磨琢磨，这个有做头。

旅游起来了，品牌起来了，招商引资都没问题了，工作也好做了。这里边一个核心是部门协同，我从来不认为旅游发展就是旅游部门的事，如果光靠旅游部门，做不下来。美国连旅游局都没有，就是靠旅游协会，法国、韩国、日本都这样，有旅游局，功能不强，主要功能是海外营销。国家旅游局干什么事，就是向全世界讲中国故事，这是旅游局的正差。所以他们就奇怪，中国的旅游局怎么管这么多事，建设你们也管，运营你们也管，营销你们也管，我们只管营销。所以到法国去拜访法国旅游局，意义不大，可是法兰西之家必须拜访。有一次我们到法国，法国旅游局在文化遗产部，部长出来见我们，部长还是个共产党员，上来就介绍说我是共产党员，你们是共产党国家，大家一下觉得距离拉近了。但是我们中国这套做法很有效，他们基本就靠市场自然增长，我们这套做法很有效。所以中国才能通过40年时间，从一个旅游资源大国变成一个世界旅游强国，我不认为现在我们只是一个世界旅游大国，我认为中国现在已经是世界旅游强国了，比如我们景区这套东西在全世界顶级，做得最好。

淄博经验：建设友好型城市[①]

淄博火了，四月份就开始顶流，五一期间达到顶峰。很多人都担心，这么短时间内，淄博能不能顶住。在几乎全民总动员下，淄博平安度过，而且好评如潮。很多地方跟着蹭热度，忽悠我们的烧烤更好，我们的美食更佳，这只是表象而已。也有人称之为"淄博模式"，认为可以推广，大面积构造网红城市。我以为，模式云云，也仍然是表象，无法复制，如同袁家村，谁学谁死，也在于只学表象，学不到根本。但是说淄博经验，则可以学习，可以调整，可以进步。而淄博经验的根本，就是建设友好型城市。

淄博火爆的起因，是去年上万名被隔离的大学生，政府关怀，市民心疼，像对待自己的孩子一样，这是很温暖的事情，并没有引发关注。今年，大学生们像回家一样，赶赴淄博，变成了一个温情事件，迅速发酵。政府敏锐意识到其中亮点，发动群众，放松摆摊管制，全面整合资源，营造友好型城市，引发一波又一波高潮。其间，第一个友好是政府对市民友好，也构造了一个新格局，官不欺民民自安，官不扰民民自富。自然形成了第二个友好，市民对游客友好。官员全情投入，市民全体动员，绝不宰客欺客。各种美食摆满大街小巷，房子不够腾出自家住房。喊了多年的好客山东，得以充分体现。更重要的是，憋了三年的大众，在这里可以撒欢，一个一个地方，歌声不断，狂舞不停，戾气充分释放，成为一个城市级的狂欢节。

淄博经验，第一是城市管理突破，放松管制，放开市场，给市民以机会。第二是城市理念突破。城市是为人存在，而不是为物质存在。在工业化狂飙猛进过程中，大高楼、大广场、大马路、大绿地，都以汽车为尺度，只有人的生存空间，而缺少人的生活空间。第三是城市文化突破，一个烧烤点亮一座城市，成为一种独特文化现象。说到底，烧烤只是

[①] 根据2023年5月4日在淄博讲演整理。

一个引子，根本是温暖和温情。市民对政府也投桃报李，不需要管制，也不需要号召，淄博的牌子成为所有人的追求，通过一件一件暖心的小事发散出去。第四是城市凝聚力提升，五一的客人凝聚，也是市民凝聚，成为一个暖炉，人人在其中感受温暖，人人给大家以温暖。多年没有感受到这种场景了，尤其三年疫情之后，可以说淄博感动了全国。这样的经验，可以推而广之，不要口口声声以人为本，时时处处却与人为敌。这些做法，不需要巨额成本，但需要共情心，同理心，需要从小事做起。

淄博经验的产生，绝非偶然。首先需要领导班子理念变迁，乃至决心坚定，敢为天下先。其次需要干部队伍操作能力和顽强精神，在官场工作过的人，都知道其中的艰难。三是淄博的城市格局，不是传统的中心区，层层放大，而是五大块，各自推进，这就形成一种新的治理模式。四是文化传承，倒推一二百年，周村旱码头，就形成独特现象，商业集中，没有水路，居然也成为大码头。倒推两千年，临淄是齐国商业中心，摩肩接踵，不亚于今日淄博。稷下学宫，开坛辩论，百家争鸣，正是思想解放先河。千年潜移默化，形成文化传承，也形成市民风尚。五是淄博现象，不仅在于市场启动，百姓高兴，而且会产生连带效应，拉动城市经济各方面发展，形成良性循环。

希望淄博经验，能推广到各地。希望我们的城市，不必那么高冷，不必那么整齐，而是多彩多姿，多一些烟火气，多一些百姓风，再抓一抓特色，培育友好型城市，自然能够起来。如此，则百姓幸甚，城市幸甚。

泰安旅游转型发展，摆脱"快餐化"[①]

泰安多年来旅游发展始终不理想，下也下不来，上也上不去，一言以蔽之，温吞水。为什么如此？是增长到了极限，还是发展到了天花板？因为泰安旅游流量很大，但就一条，人均消费不高，停留时间短，那我们就这么一个模式走到底吗？

一、壮美泰山

五岳之首，国泰民安。然而泰山在旅游市场上却成了快餐化产品，泰安的旅游模式也从 80 年代两天一夜转变为现在一日游甚至半日游。我第一次到泰山是 1978 年，从山下爬到山顶，在碧霞元君祠门口躺了一夜。第二天早上看日出，然后下来，在泰安城里又逛了一天，把岱庙细细看了一遍。那是大学生暑假，那时候真正感受泰山。从那以后我就从来没这样感受过，为什么？越来越快，时间越来越短，直接原因是高铁加索道，形成极大便利。一个北京人什么行程？早上 8 点上火车，10 点钟到泰安，坐索道 11 点上泰山南天门，甚至上了顶。12 点下来，吃一餐饭，3 点又上高铁，晚上到上海吃晚餐。我描述的是一个标准行程，就是高铁加索道，使一桌盛宴变成一个汉堡包，这恐怕是个根本问题。另外，是消费者形成了惯性，登顶即可，打卡完成。深层次原因，则是泰山的内涵挖掘，尚未形成吸引力。

各地普遍存在三个误区。说文化就叫文化厚重。中国词汇这么丰富，说历史悠久，文化丰富不好吗，说文化多彩不好吗？非得说文化厚重。旅游者追求时尚，追求快乐，追求玩，追求高兴，你弄一个又厚又重的东西压在他头上。对不起，走了。泰安全城都是文化厚重这个词，我们用惯了，无所谓，实际上要想想它在消费者心目中产生的这种潜在影响。

第二个问题涉及自然，动不动就是氧吧，天然大氧吧。80 年代日本处于工业化发展阶

[①] 根据 2023 年 5 月 19 日在泰安会议上的演讲整理。

段,空气质量不好,日本人弄出一个氧吧来。到了90年代,日本工业化过程完成了,氧吧随之淘汰了。这个时候这个词进入了中国,我们还觉得是高端,这是用美玉比顽石,用高端比低端,怎么能把氧吧当成一个正经词呢?太low了,但是各地普遍有,一直到现在,走了好多地方,我都说你们把这个词调一下,除了这个词就没别的词了吗?

第三个问题就是后花园。很多地方一说我们是哪里后花园。20年前江西开会,就叫长三角后花园江西发展研讨会,会议题目我不赞成。为什么?后花园意味着你把自己贬低了,在分工体系里有一个垂直分工,后花园就是在垂直分工末端。有一个水平分工,水平分工是平等的,说大花园不好吗?非得说后花园,听起来好像谦虚,实际上是认知出了问题。

同样,我为什么要说到这儿?第一,对泰山,要有重新认识,复合型的泰山,泰山是历史山、文化山、朝拜山、自然山、景观山、生态山,运动山、探秘山、休闲山。就是三个方面,九个方位对泰山的认识和把握,但是现在泰山基本上就是一个观光山。也是,这么丰富的资源,我们仅仅把它局限在观光上,这条路可不是越走越窄,所以多功能泰山对应多元化市场。

我们要确定复合型模式,以观光为主体,以文化为延伸,以新品为拓展,要确定这种模式。上世纪30年代蒋冯阎大战,冯玉祥打败了,他在泰山山半腰找地方休养了好一段时间,他那时候都知道泰山是休养的地方。现在还有这个概念吗?莫干山,庐山,大家公认是休养的地方,泰山什么时候能形成这样的印象?没想过,因为我们觉得没有必要,这就错了。

还要深度挖掘,比如说泰山的N种玩法,泰山不光是一种索道上南天门,然后在山上走一圈下来了,不能只是一种快餐式玩法,要研究N种玩法。要探索不认识的泰山,什么意思?就是用多样化产品对应多样化需求,所以我觉得这个对于泰山下一步来说这是一个根本问题,对于我们整个泰安来说这也是一个根本问题。如果这个问题不解决,我们还满足于五岳独尊,满足老子天下第一,甚至满足世界天下第一,我要做世界型旅游城市,那肯定就得世界第一,如果满足于这个东西,实际上是阻碍我们发展。

二、新美泰安

泰安城区,山城一体,开门见山,在任何一个位置都这样,泰山都在我们眼前。第二古迹遍布,很多,第三是城市格局,这三个方面是我们传承的一面。另外一方面就是感觉厚重，不从容，不轻松。我大概有十年没来泰安了，和十年前比，这次来我感觉格局更大了，框架更大了，但是泰安的风格没有变，平，直，方，正，增加了很多大高楼，剩下就是大屋顶。这个城市怎么就没有一些曲线呢？这个城市怎么就没有一点柔美呢？这样的城市能把人压倒，但很难吸引人，这就是一个根本问题。当代生活需要城市大休闲，三年疫情激发了潜在需求，城市大休闲成为主赛道。现在泰安城区仅仅成为上泰山的跳板，下泰山的饭馆，我这话说得有点重，但感觉就是如此，这恰恰是泰安的短板，所以需要在城区丰富内容，增加吸引力。

也就是说，我们的城市总体风格能不能调整，能不能更柔和些，更从容些，更吸引人。我们不但要靠泰山，城区本身也要形成一个目的地。现在整个泰安，包括泰山，都是一个顺访地，不是目的地，更谈不上终极目的地。这样就造成一个结果，大家来了，打卡了，走了。钱呢，留不下来。所以，我不关注泰山一年能来几千万人，我就关注留下多少钱，而且得是心甘情愿，自觉自愿掏。同时，泰安范围内各县市也需要强化城市功能，发挥特色，形成群体效应。比如东平，一个东平湖多好，但是东平这个城市我去过两次，没有印象。肥城也是很好的地方，也是城市本身留不下印象。为什么？城市特色不够突出，城市没有形成真正格局。实际上每个城市都有故事，都需要挖掘故事。一个泰安的城区，再加上我们几个县的城区，糅在一起，构成一个大泰安，这个泰安就应该是一个新美泰安。

历史文章做不完，也说不完，永远说不够。但是我关注的就是让客人停留更长时间，让客人花更多钱，让客人有更好感受。根本在于什么，培育友好型城市。淄博的经验，烧烤只是个引子，我不关注。第一就是城市管理突破，放松管制，放开市场，给市民机会。第二是城市理念突破，城市为人的存在而存在，而不是为物质的存在而存在。第三是城市文化突破，一个烧烤点亮一座城市，成为一种独特文化现象，说到底烧烤只是一个引子，根本是温暖和温情。所以，淄博现象引发了淄博经验，我认为就一条，培育友好型城市。可是，泰安这种大框架压人，我就问一句，一个城市如果没有人的生活空间，只是以汽车为主导，而不是以人为主导，这个城市能叫以人为本吗？这就需要我们从根本上进行调整。

三、秀美乡村

秀美乡村不只是表面上的美丽，根本是要研究乡村的价值。泰安面积7800平方公里，这么大面积，只有挖掘乡村价值，才能推动深度发展。

第一，产品的价值。从历史价值来说是观光，从文化价值来说是体验，从精神价值来说是家园，作为一种旅游产品，最终追求家园。

第二，衍生价值。一是环境价值，这里边的生态环境价值，不光是自然生态，也包括人文生态。二是山水价值，也是一种扩展。三是农副产品价值，在这个过程中得到提高，就地取材，就地市场，就地生意，这种提高对当地老百姓来说也是一个重要的利益格局。

第三，实体的价值。一是从资产价值来说，这些地方资产价值老旧，没法评估，但是不评估怎么招商引资？怎么资本运营？实际上很大程度上不是资产评估，而是文化价值和感受价值评估。二是土地价值转化，这些地方只要可以利用，尤其得到深化利用，土地价值一定转化。三是产业价值得到提升，也就是在乡村发展过程中一定要研究怎么形成产品，培育产业，这样才能把事做到位。

第四，市场的价值。一是区位价值在变化。在农业社会区位价值高，要不然为什么形成这样的格局。但是工业化发展，区位价值大幅度下降，现在交通改善，区位价值又在提升，这就是变化过程，从高到低，又到高。二是判断市场价值，真正价值在于聚集，所以这里如果形不成聚集格局，只是说好，市场价值还体现不出来。历史聚集是一回事，现在要培育新的聚集方式。三是品牌价值，基本上是永恒的，一个地方如果品牌形成基本上就可以，但是新的东西只要起来，照样可以形成品牌价值，所以对于乡村的认识。

第五，长远价值。一个是资源可持续，绝不是说一堆老房子摆这儿就可以了，注意维护就是可持续了，这种可持续包括生活状况可持续，文化感受可持续。二是环境可优化，在这个过程中不是绝对不动，绝对不动也不可能，只不过动的方向是环境越来越优化。三是市场扩充，扩充是两个方面，首先是量的扩充，每年来的人都多，其次是质的扩充，内涵越来越深，我不认为来的人越多越好，往往来的人多了就毁了，但是质的深化让人停留更长时间。

乡村微度假形成另一条大赛道，对应的自然是长度假。微度假时间较短，距离较近，行程较快。美丽乡村走到今天，大家也认为乡村振兴其中一个重要渠道就是乡村旅游，我认为不能一概而论。乡村振兴第一是产业振兴，旅游充其量是产业之一，不能把旅游作用夸大。在乡村振兴过程中，纳入旅游元素，就可以起更大作用，这也是一个普遍现象。

刚才局长也谈到，今天我们上午刚看的这个九女峰乡村度假区，感觉确实不错，我刚才谈到这一系列价值实现在九女峰都存在。很简单,因为我们现在政府还没有政策,还没有涉及这块,比如土地怎么评估,集体土地,国有企业进入,收购不了,只能租赁。租赁下来资产评估,先说一个能不能变成资产。所以一系列具体问题都存在,这些问题,具体问题如果解决不了,就会看起来风风火火,实际上很难做下去,势必涉及这个问题。

说到底就是因地制宜,因时制宜,因市制宜,形成自然发展,延伸发展和多样化发展。已经形成了六种基本模式,三种延伸模式,五种创新模式。从目前看,一是星星之火可以燎原,迅速形成规模,二是包容业态丰富,乡村改造、民宿、营地、餐馆、娱乐,在乡村场景之下,各展其才,各放其彩。三是政府支持,农民融入,公司运作,模式创造。所以,随着脱贫攻坚历史任务完成,乡村振兴成为国家战略,乡村微度假则成为突破点,也构造了新产品,更是成为媒体热点。

泰安的乡村有山有水,做乡村微度假是一条新赛道,我们不能老打一张观光牌,老用文化厚重这个词,最终把自己压倒。这里边,乡村背景,城市品质,构造新型生活。从需求看,城市第一缺生态,第二缺健康,第三缺人文,第四缺快乐。按照实际生活水平,我们现在比以前不知道提高了多少倍,可是幸福指数并没有增长,快乐也没有增加,这正是对乡村旅游长期且持续增长的市场需求。但是市场不能笼统而论,得分层,分时,分地,分项。

另一方面,就是都市群发展使城市连成一体,工业化压缩了乡村空间,使乡村资源逐步短缺,全面升级。比如我们现在到珠三角,到长三角,很难看见连片的乡村了,也很难看见大面积庄稼了,都看不见了。有一次我在湖南看见大概有千亩稻田,我说停下车来好好看看,好久没看过这种千亩稻田了。到黑龙江的三江平原,百万亩田野,那时候你是另外一个感觉。这意味着这些东西已经变成短缺资源了。城市日益扩张,边界逐渐模糊,城区成为核心区,近郊区成为城区,远郊区纳入城市带或城市群,这是一个发展模式。另一方面又形成城中村,所以,城际乡村,乡村小城,家园一体,休闲发展。

美丽中国,美丽自然,美好心态,美好生活,这应该是我们追求的目标。说到底,我们辛辛苦苦干,目标是让老百姓过好日子。所以,泰安三美,壮美泰山,新美城区,秀美乡村,最终要的是各美其美,美人之美,美美与共,天下大同,所以我也希望我们能够按照城市大休闲、乡村微度假这两条新赛道,谋求新格局。这样说,不是贬低泰山,是为了凸显泰山,泰山如果变成一个复合山,而不局限在观光山,泰山的价值才能真正体现出来。

衢州：建设友好型旅游城市[1]

建设一个友好型旅游城市，这个难度超过一切，什么文明城市、优秀旅游城市，但是我们最值得创的是这个称号，这个称号没有人发，但是做出来就是我们的。

这就涉及对衢州旅游发展的一个判断。我们辛辛苦苦努力了这么长时间，领导也很重视，基层更加努力，但是思路没有调整过来，观念仍然有待突破，需要深化。

"南孔胜地，衢州有礼。"经过多年培育已经形成了市场影响，树立了城市形象，只要说到衢州，两句话很自然就出来。还有几个吉祥物，都挺好。但不能流于表面，深层次的发展就是建设友好型旅游城市。

历史衢州，军事重镇，交通重镇，四省通衢，首先是一个军事重镇，这样我们才有廿八都，才有我们很独特的一套文化传承，也形成了比较独特的体系。今日衢州环境高地、文化高地，首先一个就是环境高地。衢州的自然环境在江南首屈一指，文化也是如此。未来衢州应该是生活新地、质量新地，是非常适宜生活的地方。"十四五"期间总基调就是高质量发展，我们要追求一个质量新地，衢州经济通衢、交通通衢、文化通衢、思想通衢、友好通衢、旅游通衢、幸福通衢，这是我们值得追求的，这个目标完全可以达到。

为什么提出这个题目？这是新题目。也是大题目。我这次来才发现，我们已经开始儿童友好型城市建设，已经提出了这个题目。这是一个好的基础，意味着我们有足够的意识。

全国真正讲垄断性的资源，自然资源黄山、九寨沟，黄山归来不看山，九寨归来不看水。文化资源北京故宫、西安兵马俑，这是必须的。不管你好不好大家也得去，可是其他地方就全在市场竞争。通过淄博现象和淄博经验，我们就关注市场变化。资源型时代早就过去了，一流资源第一批进入市场，二流资源基本开发殆尽。现在到哪儿人家都说我们旅游资源丰

---

[1] 根据2023年6月9日在衢州的讲座整理。

富,没有一个地方说不行。我们旅游资源不丰富,但是我们旅游业还要搞。

只有一次广东说传统的旅游资源广东不行,但是休闲度假资源广东全国一流。重新定位,重新判断资源,现在也是这样。资源型时代已经过去了。

资源下去就是产品型时代,产品型时代多年持续,花样百出,反正我们能想到的花样都做了,全世界有什么新花样我们都学了,到底做什么?很多人现在搞不清楚到底做什么。在这么激烈的竞争形势下,我们还坚持唱资源丰富、历史悠久、文化厚重,行吗?

第一,从旅游角度,我反对"文化厚重"这个词。旅游者出来玩,追求时尚、快乐、享受,你非弄一个又厚又重的东西压他头上,对不起,不来了,我用脚投票。

还有一个词我很反对,氧吧。到哪儿都说我们是天然大氧吧,还很荣耀。氧吧这个词是日本出来的。80年代日本工业化发展,空气污染厉害,所以创造了一个氧吧这种形式。到了90年代工业化时代结束了,环境好了,氧吧早就没了。

第三个我反对的词,后花园。一张口就是后花园,比如说衢州是杭州后花园,浙江是上海后花园。你说后花园,本身就把自己处于二流,甚至末流位置。还有一个分工体系叫水平分工体系,你是大工厂,我是大花园。我说调一个字好不好?大花园行不行?非得说后花园,自己贬低自己。

同样,我们建设新产品,新在哪?现在叫"场景化,沉浸式",这个新时代开始了。首要就在于环境是否友好。一个好的环境吸引力超过一切。淄博就是例证。淄博我去过好几次,一些地方我都看过,那个地方确实没那当红的东西、亮点的东西、让你不得不去的东西,但是就这一步走出来了,而且成功了。新时代是环境型和友好型的。这个就是超越和领先。

因为我们从市场角度看,从需求角度看这个变化,市场在细分化。我们就要对应不同市场,尤其是这种垂直性的新文化,研究怎么做对的事,怎么做好的产品。有一次我和一堆富翁一块吃饭,他们说你是旅游专家给我们推荐一下。我说,你什么要求?他说在中国全家五口人出去,一个礼拜能花100万元。我说中国没这样的地方。全世界这样的地方也少,除非你到拉斯维加斯去赌博,多少钱都能赌。一般消费到不了这种程度。后来又一次我碰见他们,他说带着全家到东南亚去了一趟,一共花了20多万元,比我预想的100万元还好。他就觉得物超所值。所以一个地方给人感觉物超所值,真叫成功。现在的潮流又变成酷不酷、红不红，一说这个地方网红打卡，那我就得去，不管它对不对，我追求的就是这个。

但从长远看，第一好不好，第二值不值。另外一个是阅历型旅游追求观光。休闲式旅游追求乡村，度假式旅游追求享受。还有一种是撒欢型、撒野型的，我们现在这种产品比较少。今天上午看严家淤岛，严家淤岛就应该变成一个撒欢之地。撒野是另外一回事。

还有一种是自虐式旅游，比如登山、潜水，纯属自虐，但是他喜欢。登珠峰，我见过两个登珠峰的，一问，你们登珠峰多少钱？装备100万元。那些登山的一打量你的装备就知道你在哪个层级，然后请向导+后勤保障150万元。别以为登山光靠自己本事，光靠自己毅力就行，没有庞大的供给体系是不行的。你登珠峰图什么？他们说没什么可图，登上你就后悔了，因为随时有死亡危险。可是下来之后就有一个感觉，天下无难事。

现在市场变化很复杂，追求也多样化，但有一个共同的东西，温暖的感受、温暖的追求、温和的起点、温情的打动、温暖的回想。你到一个地方，第一站就是车站、机场，挺有礼貌，挺有规矩，你就觉得这地方不错，这是第一印象。一个地方第一印象一定是这样的。

从市场变化来说，我们构建友好型旅游城市的必要性就突出了，新的市场需求、新的竞争格局、新的发展导向。这就要求我们，甚至一定意义上迫使我们要走这条路。如果一个地方有顶级资源和产品，你还可以在市场上坚持，但是即将被淘汰的必须另辟蹊径。大众旅游热潮可以在短期内填满山谷，比如今年五一哪儿人都多，后来我一看，旺丁不旺财，一算账，赚不着钱。我们现在还没有算利润账，算的只是收入账。今年五一人均花费540块钱，还是在长途旅行显著增长情况下。到了旅游企业你盈利能挣几个钱？有多少利润可言？所以也就大家玩一场，热闹一场。这样的话，长期坚持基本没有可能。

所以一些地方或运营商开始出奇招，这种奇招出奇难以制胜。第一打牢基础。环境友好、文化友好、社会友好、生活友好，这是最重要的基础。到了衢州，上街吃顿饭不用担心人家敲竹杠，可是在海南就不行，你在街上吃饭就担心人家敲你竹杠。海南一年12个月，磨11个月刀，一个月宰客。可是这种环境友好，基础打牢了，可以放心上街，放心消费。比如坐出租车随便坐，不用担心人家宰客。当然现在电商网络运营这一套，很大程度上制止了出租车宰客。可是不同地方还是有不同感受。

第二打出品牌。友好型旅游城市胜过一切品牌。既然"南孔胜地，衢州有礼"，为什么不在这个基础上继续深化？深化目标就是友好型旅游城市。淄博做到了没说到。我们应该做到说到，我都替淄博可惜。因为我写了一篇文章，他们说淄博领导看完之后说"这篇文章写得深"，是从淄博现象到淄博经验。但是怎么往下持续也需要研究。

关于衢州，我编了一个地名谣，"烂柯山中时光焕，千年衢江一线连"，就是柯城区和衢江区，"江山万里之通衢，龙游天下看江南。常山常在绿野美，开化开源到海边"。开化县是钱塘江源头，最终到海边，"南孔胜地今犹在，友好城市创新篇"。开发资源，开拓市场，开放运营，开明治理，开一代风气之先。我评价衢州是山水汇聚之地，生态优美之地，文化丰富之地，历史悠久之地，发展融合之地，生活幸福之地。

我们要建设友好城市，基础何在？

第一，经济基础。基本情况是8845平方公里，253万人。面积挺大，人口不多。因为我们山区很多，七山二水一分田，城乡交融，山水交融，古今交汇，气候宜人，城市宜居，发展宜业。经济发展，2019年GDP 1574亿元，财政收入223亿元。三年疫情，到2022年仍保持增长，GDP达到2003亿元，财政收入278亿元。但是从产业结构看，我们是工业化后期的一产，工业化初期的三产，三产不足。总体判断，衢州经济是工业化发展中期，这个基础已经具备了。产业结构不合理，需要发展升级，城乡环境国内一流，需要全面转型。从发展阶段看，从工业化中期到后期，到后面工业化，浙江沿海地区基本上后工业化了，产业格局从213到231，到321。现在我们是213。下一步，或者说现在已经231了。但最终是321，对我们城市发展质量要求越来越高。这种质量不体现在大马路、大高楼，不体现在这儿。我五年没来了，这次来很明显的感受：衢州仍然很绿，水多，高楼增加不少。这是我们城市必然的变迁。但是我问一句，现在房地产已经到天花板了，下一步怎么发展，发展基础何在？尤其要大力发展第三产业，发展旅游，基础何在？经济基础已经具备了。

第二，产业基础。温暖的感受、温暖的追求、温和的起点、温情的打动、温暖的回想。所以国家发布的《十四五旅游发展规划》很明确，旅游是幸福产业，这是一个新定位。幸福产业，就是给人带来幸福，我们给人带来幸福的同时自己也感受到幸福。

假设衢州旅游发展价值1000，现在我们感受到的是200，还有800的价值是存量，潜在升值，就得把它挖掘出来，因为现在市场需求持续。还有一个特点，现在叫"大钱花不起，中钱不用花，小钱敞开花"，这是旅游消费一个特点。买房子是大钱，买不起。什么买个车，买点家用电器，现在基本上不用了。可是旅游给大家感觉还是小钱，小钱敞开花。

我有时候就奇怪,不同商品和服务的价格体系一打通,你会发现没打通的时候,比如说买一个电视1600元,我得到商场看半天。最后买完了,送上门给我安装好,我还得挑半天,不行我就退,这就是花1600元。吃一餐饭就1600元,大家不皱眉头,觉得吃了也就吃了。

有一段时间北京有一个旅行社打出口号"一平方米游欧洲"。一个洗手间周游世界,北京10万元的房价,一平方米10万元,10万元游欧洲没有问题,一个厕所可能就七八十万元。七八十万元周游世界也够了,把这两个价格体系打通了,大家才发现旅游消费还是很值。房子多一平米少一平米你没有意义,可是你玩一趟,周游一趟欧洲就完全不同了。

衢州资源丰富,品位高,品种多,环境一流,条件极好。所以产业选择:大、特、长、圆四个字,规模大、特色强、链条长,形成循环经济。旅游发展恰恰符合这样一个产业选择,优势产业优先发展,很自然。这样我们就是品牌商、渠道商、运营商、生产商,四商合一。

我们面临什么任务?第一,规模扩大。第二,结构优化。第三,水平提高。现在我们面对的是有经验的旅游者,要实现他们多样化的诉求。发展基础也是如此,城市基础也是这样。美国城市学家刘易斯·芒福德说,"城市的主要功能是化力为形,化全能为文化,化腐朽为活灵灵的艺术形象,化生物繁衍为社会创新"。这个话有点绕,简单说,不要追求这种外形,或者不要过分追求这种外形,但是要追求根本,"最终的任务是促使人民自觉地参加宇宙和历史的进程,城市通过它自身复杂和持久的结构,大大扩大了人们解释这些进程的能力,并积极参加来发展这些进程"。"通过感情交流、理性传播、技术上的精通熟练,尤其通过激动人心的表演,从而扩大生活各个方面的范围,这一直是历史上城市的最高职责,它将成为城市连续存在的主要力量。"这是一本经典著作,我摘了两段话。这个恰恰和我们这些年的追求相反。

我们这些年追求投资能力、建设能力、扩张能力、控制能力,所以中国市场让全世界非常羡慕,他们想办法到我们这儿,中国市场想办的事一般都能办到。但是我们的二流能力是什么?文化能力、聚集能力、商业能力、科技能力、吸引能力、公共能力。按理说,二流能力应该上升为一流能力。很遗憾,客观判断,恐怕只能是二流能力。三流能力是创造能力、环境能力、输出能力、服务能力、休闲能力。所以和国际一流城市相比,我们创造力严重不足,环境更谈不上。

中国的发展已经到了一个根本性的转折点，每个城市都是一个新挑战。所以友好型旅游城市就是题中应有之义。我们要追求未来，未来是什么？未来就是创造能力、环境能力、输出能力、服务能力、休闲能力，这是我们值得追求的，更何况现在城市建设基本上到头了。

我这三年考察了70多个城市的有机更新项目，都是成功的。这就是我们城市下一步发展的新方向。长三角城市群现在已经成为世界第六大都市群。我们衢州在长三角城市群里面是什么位置？在分工体系里是什么分工？衢州的选择是什么？人粗我精，人挤我缓，人脏我美，小生活、小享受、小趣味，应该是一种慢节奏生活。这不需要资金大投入，但是需要文化大投入，需要智慧大投入。历史叫"千载衢州"，未来应该是"万年佳境"。衢州已经拥有很多城市称号，最根本的是超越城市，创建未来城市。

这两天看了两个未来社区，看得津津有味，引领发展潮流。山水城市、田园城市、生态城市、森林城市、文化城市、创造城市、数字城市、休闲城市、幸福城市，有这样的基础我们就完全可以做这些事情。一个经济基础，一个产业基础，一个城市基础。

浙江是经济强省、制度兴省、旅游大省，这是我对浙江的基本判断。浙江我都走遍了，几乎每个县都走到。现在浙江各地都重视旅游，结果市场分流。大家都说上海是我们主要客源地，多少只狼盯着上海这块肥肉，它怎么能变成你的主要客源地。衢州需要追求差异化发展。作为一个传统观光目的地，衢州是"灯下黑"怎么办？我把我这盏灯点亮，所以要树立新形象，友好型旅游城市，要构造新产品。这个新产品现在第一位就是友好环境。我们可以搭便车，但是不能搭错车。

我就想到一个问题，为什么曲阜没有衢州这样的传承？曲阜我也很熟，去过无数次了。一说中华文化发源地，一说就是文化厚重，曲阜三孔这三套，但是它为什么没有这样的传承？实际上曲阜是什么？三孔压倒了曲阜，三孔压制了曲阜。当年华侨城接手曲阜的运营和管理，第一件事是制定了一个保护条例，而且当成企业宪章来规定的。第二件事，太脏了，搞搞卫生，结果卫生一搞就演变出一个"水洗三孔"这样一个事件。这个事件一直惊动了国务院，我那次去国务院开会就说这个事，一个副总理主持会议。我见到华侨城的董事长和总经理，我说你们"出师未捷身先死，长使英雄泪满襟"。

开会的时候我说我是旅游局来的，我代表旅游局说几个看法：第一个，此事程序不对。文物部门自己举报，然后文物部门自己当侦察员，自己当检察官，自己当法官，至少从程序上就是错的。第二,"水洗三孔"的来龙去脉我们得把它了解清楚。第三,"水洗三孔"到底造成多大实际影响我们得搞明白。结果一位领导说,"你不要说了,这个事已经定了",然后华侨城撤出。本质原因是什么?就是文物部门管理每年有4500万元门票收入,这个4500万元他们自己随便花。华侨城一接手动了他们的奶酪。后来我碰见曲阜市委书记,他就说我们那个文管会主任迟早得收拾他,那里面肯定有问题。后来风波过去了,一查有问题,双规。他们又想把华侨城请回来,华侨城说打死我也不回去了。这一个曲阜三孔自己压倒了自己,自己压制了自己,这能行吗?

反过来说,"衢州有礼"文化基础何在?

第一,四省通衢,衢州是高地,所以形成了衢州人的文化自信。周围城市比一下,我们这儿就是一个文化高地,这是从历史上来说,否则不会有廿八都这样的地方。第二,人口流动,文化交融,形成了开放格局。所以衢州人不排外,严格说,整个浙江不排外,越是落后地方的人越排外,我们历史上有这样的基础,就形成了一个开放格局。第三,战事无扰,生活无忧。说起来你是军事重镇,但是真正打仗没怎么打到你们这儿,形成了一个传承序列。第四,南孔高标,领袖群伦,形成了一股传承力量。有这样一个文化基础,才有了我们"南孔胜地,衢州有礼"。有这样的基础构建一个友好型旅游目的地,这不好吗?这是我谈的第二个问题。

第三个问题,友好旅游城市创建,我们发展的约束条件是什么?

第一,"衢"字阻挡了衢州,形象不清。我们一说四省通衢,我们得益于四省通衢。但是我们的形象到底是什么?你是一个开放的形象,交流的形象,奋发的形象,看不出来。

第二,"大"字压倒了衢州,奔波不停。8800平方公里,比上海大。上海才6000多平方公里,山区又多。反正我在衢州就一个感觉,到哪儿我就问:"多长时间?""一个小时。"到哪儿就问:"多长时间?""一个小时。"刚好一个小时我可以在车上睡觉。但是你要让客人这么奔波,那显然不足。

第三,"多"字掩盖衢州,重点难抓。到哪儿都说我们如何如何好,重点在哪?比如江山重点是什么?一说说一堆。龙游重点是什么?一说又是一堆,开化也是如此。

第四,"快"字屏蔽了衢州项目选择。现在大家追求快,但是旅快游慢。可是你这个一快,市场上这个快就涉及我们选哪些项目。

第五,"忙"字影响了衢州。对应应该从容不迫。

第六,"旅"字拦住了衢州,扬长避短。

所以传统观光旅游模式已经不是我们需要的模式。休闲度假是一个选择,自驾车营地是一个选择,这是产品型选择,包括乡村度假。这几年,一个城市大休闲,一个乡村微度假。因为疫情管制,所以大家都在挖掘城市内部的东西,培育了一个新赛道,城市大休闲。我看到70个城市有机更新项目成功了,恰恰是这个市场起来了。我们衢州的城市大休闲怎么做?我找到答案了。第二,我们的乡村微度假怎么做?我这两天已经看到了答案。

这种约束条件有的是市场约束,有的是我们自己的理念约束,有的是我们的选择约束了我们自己。这样就有一个优势和弱势转化。"衢"字不是约束,我们要求新。新的落脚点就是友好型旅游城市,或者叫友好型旅游目的地。"大"我们要求缓,"多"我们要求分,既然产品很多,要分类,对应市场的垂直细化。"快"就要求精。这是我们很薄弱的一个点。现在精品太少了。大家都求快,萝卜快了不洗泥,一看那个项目有模有样,仔细一看,精细程度不够。"忙"求一个浪漫、缓慢。"旅"我们就要求一个休闲度假。

很自然,就要形成高端形象、高端产品、高端设施、高端服务。我到衢州几次,还没有看到高端。可是长三角追求的恰恰是高端。所以就意味着我们和那些具备高端形象、高端产品、高端设备的还有一个很大距离。长三角这个区位好在哪儿?消费溢出、市场溢出、投资溢出、品牌溢出、效益溢出。实际上我们回想一下长三角这些年的旅游发展,恰恰是五个溢出的过程。上海人在上海玩,马上不知足,这个时间很短,就开始往长三角溢出。

第一批长三角的旅游产品都是上海人投资的,上海人过来玩,赚上海人的钱。这个过程现在大体结束。上海这么一个龙头,靠旅游2000多万人口拉不动整个长三角,更何况现在长三角的概念是大长三角,现在已经扩充到安徽了。我们对应这样的市场形势,研究弱势、弱势的转化。我下面重点讲一下发展点评。

第一,衢州城区的优势:文化传统丰富、自然条件具备、新老交汇的生活特点,古今交织的文化现象,这是衢州这个城市的特点。

第一个问题,重景区,轻城区。景区是吸引中心,城区是利润中心。所以我们的城区你什么景区并不重要。说句老实话,孔庙那么吸引人吗?我这次是第三次去了。第一次去我觉得孔庙内涵很深。第二次去转了一圈。今天去恨不得扭头就走,因为我觉得孔庙太局促。

现在基本上是半公益性的。半公益性这个事不错,但是怎么把它内涵的东西挖掘出来变成吸引力。所以孔庙不能定位为一个景区,不然,首先,贬低了孔庙,因为这是家庙。其次,它客观的吸引力也发挥不出来。孔庙就是一个文化核心区,怎么把它的文化给做起来,这是我们需要考虑的。很自然涉及它的周边,周边出来就是北门街。看了北门街我兴奋起来了,这就是孔庙做大,空间上放大,文化影响放大。所以"重景区,轻城区",我觉得这个现象现在已经调整了。

第二个问题,城市要配得上资源。我们有这么好的资源,我们城市配得上吗?资源不只是一个孔庙,资源是我们的老城区。

第三个问题,孤岛式的文化遗存。这一块,那一块,都是孤岛式的。不光是我们城区,包括其他县城里面也是这样。

第四个问题,设施层次低,规模小。

第五个问题,城市总体文化氛围不足。

城区是这么几个问题。这是我五年前的看法,现在正在调整。我今天看了南孔胜地文化旅游区,先看了北门街,之后看水亭门,之后又去看了鹿鸣半岛,又去看了一个严家淤岛,这一片在空间上是相连的。把这一片连起来构造一个南孔胜地文化旅游区,四位一体。

首先,空间四位,就是我刚才说的。

其次,内容四位。第一个内容是文化,孔庙和北门街这一片它的核心是文化。第二个内容是水亭门,水亭门的核心是休闲。这个休闲要做比较独特的休闲概念。第三个内容是鹿鸣半岛,它的核心是时尚。第四个内容是严家淤岛,它的核心是生态。所以从内容上也是四位。

从市场上来说也是四位。做研学和游学。研学都是孩子的事,就是100万研学的人来也花不了几个钱,就是给你凑人气,但是游学不同。我们把全国对研究传统文化的学者和对传统文化有兴趣的这些人吸引过来,这就是一个游学概念。古代学子都有游学经历。今天我们通过这一个核心资源推进游学,这也是个好事。这是一个市场。

第二个市场,水亭门。水亭门是宋韵,如果说西安是唐风,衢州追求宋韵。水亭门这条街太有条件了。我玩的就是宋朝这一套,宋韵,就是瓦舍勾栏,《东京梦华录》,古人给你描述得清清楚楚,我们按那个复制一下不就行了嘛。用不着拆房子盖房子,也用不着这个地方怎么弄,那个地方怎么弄,都用不着,就是软开发,把这些内容弄进去就行了。

鹿鸣半岛就是时尚,而且时尚引领,当代体验。他们说大草原,我听了几次大草原,一看,我说你们换个词吧,叫大草坪。你叫大草原,大家马上和呼伦贝尔相比,觉得你言过其实。你说大草坪,大家会说:"这么大的大草坪啊!"而且它好在哪儿?这么大的草坪现在缺乏内容,没有充分利用。这个地方就以婚庆文化为中心,还缺点东西,缺一个标志性塔楼。类似教堂,但是我们不能建教堂,就是一个塔楼,旁边是孔门,前面就是大草坪,这是天然一个婚庆地。第一个是婚,第二个是庆。

我在上海看过一个婚庆中心,这一个婚庆中心一年营业额80亿元,利润50亿元。但是我们不能只局限于年轻人结婚,老年人的金婚、银婚,各种花样都可以。另外一个就是庆,可以有校庆,可以有店庆,可以有各种各样的庆,把这个做起来,这个环境就起来了,要充分利用,否则就会变成公司负债。你一天到晚想着草坪怎么维护,得花多少钱,先想想怎么赚钱好不好?白天草坪,晚上就是地下城,设备都建好了,都是现成的东西,这不好吗?

第三个市场是鹿鸣院。珠海那个香山谷我去看过好几次。我一看,这不是香山谷的格局吗?就是那个公司过来做的。它不是对大众的,可是它树立了一个高端,这叫高端形象、高端产品。红礼堂,那是对大众的。所以这个地方大家可望而不可即,扭头过来就是大草坪,晚上就扎到地下城,这样一个很完整的消费链就形成了,一个产业链也形成了。

第四个市场是严家淤岛。严家淤岛我听了几遍我没听懂,问了半天才明白,这个词不行,换个名,叫"六艺岛"。因为现在想做的也是老六艺、新六艺。

六艺岛它的核心,生态。这是基础。所以这个岛不需要大动,也没有大动,把野草改成野花就行了,变成一个百花岛,野花便宜。一堆花籽往地上一撒就出来了,什么扫帚梅、格桑花,随便弄,花季又长,效果又好。然后各种专项营地,比如说这个是射,那就搞一个射箭营地。那个是车,我就搞一个车的营地。把它变成一个在生态基础上玩的地方,简单说,这个岛就是一个撒欢的地方。

这个四位一体,时尚引领,当代体验,生态基础,也是盈利模式,而且各种产品互补丰富,按照一个目的地模式来构建四位一体的南孔胜地文化旅游区。所以光说一个争5A,这个东西目标小了。第一个目标5A景区。第二个目标城市中央休闲区。第三个目标是欢乐时尚体验区。第四个目标生态娱乐区。这四个区就构成四位一体,构成了一个核心型目的地,把整个衢州城市一把拉起来了。这不需要花多少钱,但是确实需要文化大投入和智慧投入。将来应该形成一个结果,千里到衢州,四位一体南孔胜地文化旅游区,就为这个就可以来。

所以需要把我们的产品打造高,突出一个核心,任何地方都涉及这个问题。而且你还有夜里,夜游效果更好,景观也更好。所以你这个东西弄起来,白天晚上都热闹,地上地下都热闹。如果再有一些其他好玩的东西就好玩了。我这几天到处都看到95联盟,那天我们讨论讨论下来觉得这倒是个思路。我们这个地方如果变成一个中心营地,很自然,95联盟可行性就强了。我们现在老说四省一个桥头堡,你是要攻打这个桥头堡还是要变成一个桥头堡?我是一个中心,衢州中心,四处出击,中心开花,四处出击,这样就好了。人来了,到了衢州先玩两天,挺好玩的,之后自驾车,今天黄山了,明天武夷山了,后天三清山了。回来再转,我再把这个地玩一遍,一个礼拜行程就出来了。

我们既然要构建一个中心,就得有中心思维,有中心产品,这个产品就是南孔胜地。两子文化要落地,无非就是孔孟之道的文化符号、文化元素多一些,那就可以了,这是城区。

然后是开化。开化,开天辟地,化育万物。我对开化就是这么一个定位。钱江之源,这一路山水青绿,看到各种路标都是胜景之地,衢州居中也是宝地,我那天去就这么一个感觉。你一看路牌,黄山、景德镇、杭州,路标前是这些路标,你马上感觉到,尤其是没有去过这些地方的,这个地方值得去。但是它不是一个简单的我们说自驾车就自驾车。找专业的人做专业的事,请自驾车头部人物、领军人物,一个中心营地你需要我做什么我就做什么,你给我组织人,组织车。我见过这些领军的人,确实厉害。但是我去开化这一路我就这个感觉,这些地方我都去过多次,对我来说没有什么诱惑力,但是对于新人有很强的诱惑力。

在开化看第一个是金星村,金星村提出建设未来乡村,这一套理念非常好,而且非常通俗,什么原乡人、归乡人之类的,这一套说法都很棒。看了民宿,民宿也很好。现在已经有23个民宿了,也有乡村精品酒店,各路投资都有,也有各类标准,井然有序,环境颇佳。我们的乡村微度假真需要开一个新局,条件都有了。浙江乡村民宿做得好的是丽水,你看丽水那个民宿都在山里面,奔波半天。到一个民宿,民宿做得都不错,条件实在差了一点。

所以金星村也是乡村振兴培训基地,在那儿都是两句话,叫"人人有事做,家家有收入",这是领导当年视察时候的要求,这两句话非常好。所以当地准备形成"两有论",对应浙江共同富裕示范区。但是我觉得这"两有论"我们可以深入理解,因为"人人有事做,家家有收入"这是对村民提的。还有这么一套话,"有人来,有钱赚"。我那天在金星村感觉就是"处处有亮点,时时有感觉",这是对应游客,最后是"主客共享,大家有幸福"。这个地方给我一个很深感触,我们在政治上立得住,在市场上叫得响,在产品上打得开。

之后看了一个金凤凰民宿,这是开化食材制作的体验基地,果然不错。我们要摒弃资源导向的观光模式,谈自然友好、人文友好、社会友好、温暖如怀,这是我们需要追求的东西。

再次看的是花牵谷,讨论它的发展模式。花牵谷现在完全乱了,我就问你们到底想干什么?或者是度假区模式,或者是主题公园模式。原来就是想做花卉,思路不错,但是停不下来。停不下来重要原因是什么?花卉都做乱了。比如说江苏大丰,它就集中做荷兰花海。这一个荷兰花海,我第一次去,四点钟到,就在那儿喝茶,喝到六点,我说怎么进不进去?进不去。那一天进去了36万人,火爆。但是我说这种火爆不可能维持,所以得研究后续。第二次去的时候它就把后续做出来了,做了一个荷兰风情小镇。这个小镇做出来后,第一个租房营业的就是婚庆公司。第一家公司第一年挣了7000万元,真是感觉到了。所以荷兰花海到现在品牌形成了,还在市场上挺着呢。但是也确有这个问题。

反正我的看法,维持现状,现状为基础,增量谋发展。它下一步想做主题公园这种模式。我不太赞成,因为主题公园这种模式要求不断更新,你开业时就得考虑下一步怎么迭代,不断迭代就意味着不断投资。我的看法,在这个基础上走假区模式,靠这个增量来谋发展。现在的模式对应大众市场,因为现在负担也不重,但是要谋求高端发展。实际上不要说开化县,就整个衢州市都缺乏高端产品。你没有高端产品就没有高端客人,也就没有高端市场,这是"鸡生蛋,蛋生鸡"的关系。但是我弄了半天,高端客人不来怎么办?那就是你做得还不够高端,或者你的价格还不够高端,你的价格加一个0可能就卖出去了。原来卖500元没有人来,卖5000元就有人来了。人家就得想一下,你敢卖5000元,你必定有卖5000元的道理。

现在一个重点还是根宫佛国。2012年我来过,当时叫根博园(根雕博览园)。现在面积增长了6倍,都是唐代风格,变化很大。我曾经在这儿提过一个意思,叫今天的精品,明天的文物,后天的遗产。后来开了一个创造未来文化遗产的大会,第一次树立理念,创造未来文化遗产。第二次又开了一次，叫创造未来文化遗产示范单位，在全国选了12个，其中一个就是根博园。那次开会，我希望大家把这三句话都弄你们门上，树立我们的理念，自然遗产是老天爷给的，文化遗产是老祖宗给的。我们这代人给后人留什么？

根博园我转了一圈，整个一个中国传统文化大聚集，过分了，反而不利于传统文化弘扬。因为这些东西我懂，所以好多东西我看着真好，但是就有一个问题，过大压人，建筑体量巨大，根雕作品巨大，缺失吸引力，缺少舒适性。你这个东西，硬建设别再搞了，26万平方米了，闲置房子一大堆，需要软开发。第一，要有故事。我那天见到徐大师就问，你的根雕怎么来的，从哪儿来，怎么运过来的，山上怎么弄下来？他说每一个都有故事，我说那就对了。把故事挖掘出来，就把你的艰辛挖出来了。第二，你为什么想起来这块树根做这个东西，那块树根做那个东西，这里面包含了艺术的创造性。这又是一段故事。

现在还没完没了盖房子显然不行。软开发涉及另外一个问题，现有的这些东西到底怎么利用？房子不能闲着，怎么利用？这就需要系统设计。我对这个项目有信心，这个项目具有唯一性，原料是唯一的，现在再弄这样的原料已经不可能了，创造是唯一的。我说徐大师，你过了这个时代了，好多东西你现在都做不出来了。比如说五百罗汉，那五百罗汉我评价叫神来之笔，恰恰是一个机缘那时候才会有这样的东西，广东人他就做不出来。

有了这样一个基础，有了这样一个唯一性，这个项目绝对有信心。但是因为太大了，所以反而压倒了妨碍了它的发展，需要进一步微调，就是适度硬开发，强化软开发，丰富内容，拓展内容。不能光指着一个研学，研学大家现在都很看重。但是说句老实话，从文化角度我看重，因为研学是传统文化的一种传承方式，尤其现在教育体系对研学有硬性要求，这我很赞成。但是从旅游角度说，研学培养的是什么？培养的是我们未来的市场主体。比如说现在他大了，想起来我还得去一趟，这是培养未来的市场主体。

而且这个根博园它搞研学有一个大问题，它没有课程。按理说，以根博园这样的文化内容，从任何一个角度切入都是一个课程系列，底线是有100门课，高线是有1000门课，你才能对应不同的研学。也可以说它现在面临二次创业，就是从硬开发、硬建设转向软开发、深度建设、深度挖掘。

寻根是揽天地精华，根雕真正的意义在这儿，揽天地精华。探微感人间奇迹，震撼第二次生命。因为大师把这些树根转化了，变成了艺术精品，给了这些树根第二次生命，这才产生了震撼。所以需要扩大规模，这个规模不是建筑规模扩大，而是市场规模扩大，这就需要丰富业态，创造模式，树立品牌。

再说江山，我简单说一下。锦绣江山遗产型，世界江郎山，千年廿八都，名人传奇过，五观聚集处，悠悠绿道情，这是我对江山总体感受。古城、古镇、古村、古道、古观、古街区，古意盎然。我们曾经开过六次会，第一次会叫全国三古论坛，就是古城、古镇、古村。第二次会叫六古论坛，加上了古镇、古观、古街区。第三次叫九古论坛。后来我就说一个泛古，实际上我们现在这些东西已经不多了，廿八都好就好在它古的资源品类太丰富了。所以江郎山需要树立品牌。但是江郎山那个地方，要叫我说就是一个10分钟的产品，马路边上车一停，走过去，"啪啪"拍个照片走了，因为你也上不去。内容怎么丰富？江郎山下必须得有一个江郎山村。我们守着江郎山，我们深度体验一把，否则现在就变成一个网红打卡地。一说世界遗产，这世界遗产我来过了，这不行，挣不着钱怎么能行。

廿八都是乌镇模式，乌镇模式是什么？生活引导。到了廿八都，说老实话，你光看一下，这个古镇比起一般古镇差，没那么好。为什么？因为它什么玩意都有，感觉乱七八糟，恰恰这是它的特点，你只有住下来才能真正体会到。所以就靠生活引导。毛氏文化村、戴氏老宅，这是传奇取胜。这两个地方都极具传奇性，人物也是传奇人物。所以古观聚集创造一种独特。这是江山。所以地貌聚集也创造一种独特。所以我觉得江山应该做中国最美的绿道，需要什么项目？自驾车营地、背包旅游营地、精品酒店、户外运动基地、民宿，需要这样一些项目。

再一个是龙游，龙游上次我也看了，这次看这个地方倒是挺有特点的。龙游石窟，先看了一个视频，那天下大雨，好久我没有感受到这么大的雨了，反正浑身淋湿了，不过也挺好玩的，冒雨前行。龙游石窟被称为"人类第九大奇迹"，一个凤凰山0.38平方公里，1992年以后发现24石窟。特点是什么？相连不相通，相依不相连。因为发现以前这儿是水潭，称为无底潭，不知年代，不知用途，史无记载。一窟300多平方米，有三幅岩刻。二窟1200多平方米，有无头半身人像。石窟曾经有九个学说，其实就是九个猜想。所以这个石窟看下来，我的感觉，第一，他们跟我说有可能是汉代的，我说这个说法不要有，本来打的就是神秘感，你非得把它明确出来，你明确它干什么？而且你明确的依据也不够，你凭哪条说是汉代的？保持神秘感，这是一个核心。但是它也是这个问题，它就是一个一小时的产品。基本上除了一张门票钱，还是少了。景区特点是什么？三小时有一顿饭，六小时有一个晚上。

所以它里面有一句话我很赞成，进去都是踏谜者，出来都是解谜者，我说这个很好，就是保持一种神秘感。又地处北纬30度，北纬30度在全球就是一个神秘纬度。中国北纬30度最好。所以这个地方就这么做，黄山有花山谜窟，北京有古崖居，都是如此。大家猜半天猜不出来，历史学家也分析不出来，因为它这儿有一个最大特点，三个地方都没有文字，也没有工具，什么都没有。那就这么留着。但是以龙游石窟为核心的龙游旅游度假区，这是可以做的，因为它出来之后就是苦竹禅寺，然后衢江水面宽阔，水里丰满，所以这个旅游度假区可以做起来。这个地方不能争什么5A。第一，你体量不够。第二，资源辨识度很高，但是资源丰富度不够。你现在4A就做4A吧，还不如好好搞一把以龙游石窟为核心的龙游旅游度假区，这个事倒是有戏。因为现在建设得也差不多了，就是一个填平补齐工作。这是到龙游看的一个项目。

第二个项目就是红木特色小镇，赶了一把时髦。30亿元投资下去，建了一堆格子，留下一片寂寞。项目建得很好，都是唐代风格。所以也是强化软开发，强化内容拓展，老板听不进去，听不进去就算，那怎么办，有钱就任性。那天我实在不太高兴，本来我好心好意给他提点建议，他就来一个，你说那些东西我都考虑，很牛，那你就牛吧。但是这个小镇这么走是走不下来的。所以自己先碰，碰得差不多了再说。要把他这堆东西盘活不难，确实不难。问题是得干，不是一个简单的一说规划80亿元投资，还是这种规划，还是这一套思路，这已经违背了发展方向。因为这个特色小镇，特色产业小镇，大概是2015年、2016年建设部牵头，发改委、财政部呼应，提出全国要建2000个小镇。我当时就说这个事大的思路错了。有一次开会我就问了一句，能不能谈不同意见？他们说可以谈。我就谈了一堆不同意见。这个会议的导向，大家原来是想鼓鼓劲，后来这个劲发现没鼓，因为我谈的意见有道理。反正我不看好。现在来看真正做成特色产业小镇的极少。当时浙江积极性最高，这个老板就是想搭这个便车。他想搭便车，结果搭错了车。搭错了车，那该调整就调整。

再一个项目是六春湖。六春湖叫湖，但是不见湖，以前是火山，形成火山湖，山上六月才是春，所以才叫六春湖。现在龙之梦正在和县里合作，计划投资90亿元，做一个缩小版龙之梦。即使缩小规模也巨大，山上建滑雪场，山下有1万间客房。我觉得这个事有点含糊，我的看法是缩小规模。你1万间客房规模弄成5000间行不行？因为很简单，我就问，吸引力何在？第一个吸引力是山上滑雪场，72天雪期。第二个吸引力是山上冬天有雾凇，雾凇大体可以维持两个月。第三个吸引力是杜鹃，映山红，20天花期。就靠这么三个东西，1万间客房，怎么吸引？怎么支撑？我说把规模缩小，最重要的是增加吸引力。

我后来提了几个建议：丰富内容。怎么丰富？还是靠你的山，靠你的林。但是栽野花，就是林下遍植野花。分区规划，这个季节看什么花，下个季节看什么花，叫作春天看花，夏天也看花，秋天看林。所以林相必须改造，包括路都得改造，路上的林相都得改造。比如说水杉，水杉到了秋天红得太漂亮了。所以哪个地方有这种水杉，你一路都会兴奋。冬天是玩雪观雾凇，这样你四季形成了吸引物，你才会产生长年的吸引力。包括路将来修完了，路就是变成一条花路，路两边遍植，就是用野花替代野草，吸引力就出来了。

但是这种规模我还是担心，因为我跟童老板挺熟，童老板也是有钱就任性。另外一个很固执。我上次见童老板，我就跟他谈，后来他给我来一句，"魏老师，我是不是很自以为是？"我说自以为是不是个贬义词，人能自以为非吗？可不都自以为是嘛。但是别人的意见你得琢磨琢磨，你得听一听。那天在工地的时候我去过一趟，我给他提了几条，他就接受了。现在他这个项目算是成了，但还不能算成功，这他就急着扩张了。当然老板有钱他任性他就任性，我担心的是县里能不能撑得起，我担心的是这个问题。所以这个我的判断还在两可之间。

后来看了一个溪口镇，一个明清古镇。这个给我感觉太好了，老街险陡，业态丰富，居民仍在，见面还都打招呼，我就感觉这个地很温暖。我对溪口镇，我说此溪口不是彼溪口，此溪口胜过彼溪口。为什么？因为那个溪口文化太厚重了，到了那个溪口就是看历史，没有享受感，你这儿不同。而且清华大学美术学院的林教授在这儿还建了一个工作室，叫竹艺，传播艺术，推动水平。我始终不太赞成文化下乡。文化下乡是用粗暴的城市文化强暴温柔的乡村文化。但是我很赞赏文化人很下乡，因为文化人下乡他会挖掘再利用文化，形成市场需求，拉动左邻右舍。所以基本上一个人文化人下乡他能改变一个村，因为他是长远的。

比如说看到一个乡村邮局也变成了创意亮点，我们说无事不可创意，但是无新则百无一成。又看了一个矿区的员工宿舍，叫未来社区，也是一个创意社区，聚集了120多个年轻人，我看得很吃惊，因为这种场景只发生在大城市，没想到居然在龙游感受到了。所以溪口镇是时尚小镇、艺术小镇、未来小镇，一套完整的理念，各种工作室，难的是什么？大家过来没在这儿打水漂，这是新乡贤，而是扎根创造。

所以龙游，包括这几天看下来，给我感觉最好的地方是溪口镇。虽然说起来现在还没有名气，但是此溪口彼溪口，它成名很容易，而且到这个地方确实会有这种温暖之感。有的古镇做来做去没有原住民了，就是一个博物馆。做古镇最好的第一人陈向宏就说了一句话，他说"古镇没有老人和孩子，这就不是古镇"。为什么？因为没有生活。可是在溪口就没有这种感觉，而且理念很到位。还有一个讲堂，讲堂里安排了各种课程，包括未来社区看下来，还有一个乡村振兴学院，你觉得这个地方还真是不一样。

龙游、江山、开化这几个地方各有所长，也各有所短。所长不用多说了，所短的就是还是沉浸在传统观光旅游模式中。思维方式也是这种方式。老板说："我现在才300多间客房，一个旅行社都喂不饱。"现在做酒店的不找OTA，还指着旅行社？这都什么年代了，这种思路至少落后20年了。而且大家普遍都是这么一个思维，这种思维不摆脱是不行的。新时代我们必须得有新的运营模式，新的市场模式对应新的需求者。这是我们必须要做的事。

这些东西我们把它进一步完善，你就会感觉衢州确实不同。反正我上次在衢州，包括再上次到衢州，我就感觉，比如说晚上睡觉没有一张好床。昨天我住的酒店规模不大，也是个民宿型酒店，但确实是精品，别的没有，床好。因为我们很多民宿讲情怀，追求特色，结果弄来弄去造成一个什么结果？客人不舒服。你一个酒店让客人不舒服，这个酒店能行吗？大概也是因为我年龄大了，所以年轻人这些东西我都不接受。

有一次我在安徽齐云山，那儿搞了一个树屋酒店，强迫我去住了一晚，早上起来我就说给我换个酒店，我不接受。很简单，在这儿可以看见星星，我说晚上要睡觉，你们先给我把这些东西都关上。这个地方拉一下挡上，那个地方拉一下挡上。结果早上5点多我就醒了，天光把我照醒了。他们说我们追求的就是这个境界，我说我不追求，我追求早上睡个好觉。所以这些东西，这是个基础性东西。高端不高端，首先就在这张床上。

比如首旅酒店，它的口号是"一星的墙"，从外表看一星，"二星的堂，三星的房，四星的床"。我的床至少要达到四星，他说客人到这儿来，因为它是商住型酒店，要的就是一张好床，能睡个好觉，这就很对应市场。度假酒店是另外一个概念，民宿也是另外一个概念。但是有一个基础,所以很自然就需要我们研究这一系列事情,一步一步到底怎么走,确实需要研究。

下一步究竟要做什么?第一,要做的事就是按照友好型旅游目的地、友好型旅游城市这个思路来做。真正需要做的事情,第一,我们能不能形成共识。比如说杭州,杭州当时的书记提了一个目标,打造生活品质之城。他的目标很超前,做到什么程度?专门组建了一个生活品质之城微信群,选了2万人,相当于监督员,每天有简报送到书记办公桌上,就汇总出了这么厚两本书。这两本书我都看了,比如说其中有一个案例,有一个人说三天以前这块地砖就碎了,当时已经在微信群里反映过了,到现在还没有解决,他就在那儿等着。大概过了一小时来了一个工人,拿着几块地砖就把这个碎的给换了,他就在那儿看着,然后就表扬一番。举这个案例什么意思?城市的这种细节一定要做到。大家形成共识,这个事才能完成。所以同样它是一个生活品质之城,我们一个友好型的旅游城市,那得涉及多少细节。所以第一就是理念和共识。

第二,得有一套工作机制。现在我们动不动投资几十亿、上百亿元搞大项目,我不赞成这些事。首先,市场不需要了。其次,你这么搞完了之后,究竟能有多少成效,我看不出来。现在国内旅游最大的项目就是北京的环球影城,投资620亿元。620亿元投资,财务成本就多高,不得了,到现在这口气缓不过来。它不像上海迪士尼,迪士尼进入市场早,所以有疫情的时候它难关已经过了,它就是慢慢熬疫情。环球影城顶着疫情进入市场之后,动不动就关,动不动就关。所以到现在这个包袱过不了,你再大还能大过这种项目吗?没有意义。

所以我们形成一套工作机制,重点做填平补齐的事,努力做一些高端的东西,这是一个大的环境建设。这个如果搞不好,其他你这个项目如何,那个项目如何,并不重要。

第三,要有一些亮点。这些亮点,一能体现衢州的资源盆地。二能聚集产品特色。三能促进友好发展。比如这两天看你们要搞音乐会,这个很好。因为这些事情它不光是一个市场需要,更重要的是一个城市需要。说句老实话,现在城市能搞音乐会需要点胆量,治安怎么弄?秩序怎么保障?如果这个音乐会有什么过分的东西,你怎么办?但是我们需要做这样的事情,也就是说在一定意义上需要追求一种突破。突破点是什么点,谁也说不清楚,你也不知道突然一个什么偶然的事可能这个点就突破了。

第四，我们在各个领域都需要有一些高端项目。比如精品民宿，精品景区，精品服务，有一堆高端项目。不需要大，有一个高端，这一领域的形象就出来了，自然就有高端客人过来。高端客人过来，这就是一个相互促进，原来说鸡生蛋，蛋生鸡，现在我就说相互促进。

怎么把这个事做到位？全国现在讲住宿业，不是酒店，顶到头了就是上海的养云安缦。这个项目很好玩，江西抚州修一个水库，伐树、拆老房子，有一个当地企业家看着心疼，挪了40栋老院子、1万株老樟树搬到了上海。老樟树到上海还都活了，大概成功率在百分之九十几。可是这个老院子怎么弄他就不知道了，而且他是倾家荡产干这个事。后来安缦集团的老总说这个事你找首旅集团借钱，用我的品牌做一个养云安缦。做了40个老院子，又附带建了40个新院子。建起来之后，政府就一条，老院子不能卖，新院子可以卖，一栋院子卖1.5亿元，老院子一个晚上8万元。所以我那次去转了一圈，吃饭的时候我就说，咱们别在这儿住了，太贵了。人家说你们来不行，必须得住，开了一个院子给我们住。确实好，设计师是澳大利亚的，这也是这个老设计师的封笔之作。项目建完了，设计师走了，大家都觉得有点缺憾，但是有这么一个封笔之作摆在这儿，有这么一个作品，中国在世界上都立得起来。

当然你达到这种极端有难度，可是我们做一些小而精的东西，这是可以的，应当体现的是形象。各个领域这种形象起来了，整个这个形象就出来了，而且高端的好处是什么？高端拉动中低端，精品拉动大众。所以我现在的看法，先把南孔胜地这个文化旅游区作为重中之重把它做起来。因为第一，不需要大工程。第二，我们可以用很快的速度就把这个事做好。第三，迅速形成聚集力，迅速形成品牌。而且这个品牌它吸纳了各地好的东西都融合到一起。所以就形成了衢州的一个引爆产品、形象产品、核心产品，有了这个东西，这盘棋就活了。这盘棋活了，各地各做各的文章。反正我现在看好的就是溪口镇，这个地方能起来。只不过现在缺乏市场渠道，缺乏引爆点，弄点网红过来一直播就起来了。

用友好激活城市，以休闲创造明天。第一就是友好。我一再强调友好型旅游城市。但是我们不必再追求观光，因为我们没有顶级观光资源，观光这条路我们走了40年了，基本走到头了。但是以休闲创造明天，或者说以生活创造明天，我们提供一种新的生活方式，是什么呢？游在衢州，住在衢州，吃在衢州，玩在衢州，买在衢州，养在衢州，快乐到衢州，健康到衢州，享受到衢州，发财到衢州，发展到衢州。这是我们长远追求的一种目标。

山西旅游的转型升级

三晋大地,表里山河,五千年文明史,元代以来地面古建筑占全国七成,什么时候说起来,都是津津乐道。经过多年努力,山西旅游已经形成了相当的产业规模,取得了相应的成绩。但是却始终存在一个现象,山西旅游总是比全国慢一拍,一些地方如火如荼,山西却是温吞水;全国都在推进休闲度假,山西尚无有影响的产品。何以如此?三个落后。一是思想认识落后,二是人才落后,三是模式落后。

近年来,全国有三个火爆现象。第一个是西安千年古都,但没有倚老卖老,而是倚老卖新。老产品中除了兵马俑仍按部就班,华清池基本已经被《长恨歌》替代。新产品则层出不穷,大唐芙蓉园、大唐不夜城,现在则是长安十二时辰,以沉浸式和场景化构造新热点。整个西安成为一个网红城市。第二个是长沙,也是历史文化名城,索性直奔时尚娱乐之城走,原有基础就是市井文化,强化时尚。文和友不过是新怀旧,茶颜悦色只是网红打卡,长沙的热闹构造了又一个网红城市。而且,这两个城市都是以老托新,以新拉老。第三个是淄博,不经意之间,又一个城市火爆。舍弃了所有传统概念,靠烧烤出圈。淄博经验,一是城市管理突破,放松管制,放开市场,给市民机会。二是城市理念突破,城市是为人而存在。三是城市文化突破,一个烧烤点亮一座城市,成为一种独特文化现象。说到底,烧烤只是引子,根本是温暖和温情。市民对政府也投桃报李,不需要管制,也不需要号召,淄博的牌子成为所有人的追求,通过一件一件暖心的小事发散出去。四是城市凝聚力提升,五一客人凝聚,也是市民凝聚,成为一个暖炉,人人在其中感受温暖,人人给大家以温暖。这样的经验,可以推广,这些做法,不需要巨额成本,但需要共情,同理心,需要从小事做起。

相形之下,可以得出几个判断。

首先,资源型时代早已过去。可以看出,传统旅游概念已经完全落后了,口口声声资源丰富,甚至从长处变成了包袱。山西旅游的思想认识落后,主要在此。传统文化,现代解读,传统资源,现代产品,传统产品,现代市场。传统如果不和现代结合,有学术意义,有研究价值,但是很难进入市场。学术价值、历史价值、考古价值为一极,审美价值、娱乐价值、市场价值为另一极,有些可以画等号,有些则是两个层面。前三个价值只能形成专业考察和小众旅游,后三个价值则对应大众旅游。当然,最好的情况是文旅融合,价值全面体现,但这只是希望,而不是规律。旅游者出门,追求玩,是时尚和快乐,一定需要文化,但不是文化厚重,如果山西总是强调厚重,旅游者只能用脚投票。

进一步说,中国一流的旅游资源,在旅游发展之初就形成产品,进入市场,代表性的自然资源是黄山和九寨沟,文化资源是故宫和兵马俑。二流的旅游资源,在中期全面进入市场,之后形成了泛资源的状况,纷纷进入市场。现在,大家努力的项目,是借助环境旅游资源、社会旅游资源和生活旅游资源。或者说,传统资源概念已经没有多大意义,再强化资源甚至会形成"资源诅咒"。

其次,产品化时代强化进行。短短几年,随着数字化普及,已经从注意力旅游升华到影响力旅游,不仅是简单的市场营销,引发注意,而是产品升级,形成影响扩大,是主动扩张。也就形成了产品强化,拉动市场的新格局,是产品与市场双主导。从产品角度看,从历史到时尚,从厚重到轻松,恰恰可以补齐山西旅游短板。其中,如何拓展内容,也成为重中之重。这个时代,人才的力量充分显示。资源化时代锤炼出来的人才已经落伍,新型人才是多元化复合型的一代。

再次,场景化时代正在来临。张瑞敏先生名言,万物互联时代,只有场景没有产品,只有生态没有行业。场景化消费已经成为时尚,场景化发展则必然成为旅游前景。沉浸式和场景化,正在成为大家共同的追求。贵州村BA和村超,正是场景的变化和吸引。这个时代的竞争,转向模式竞争,场景化模式,外延扩大,内涵深化,远远超出了传统的景区景点。也正是在这个关键点上,映衬了山西的落后。

我1970年第一次到山西,先去大同,我的姐姐妹妹在那里插队。但是作为一个旅游爱好者,还是去了云冈石窟和上下华严寺。之后去原平,我哥哥在那里插队。再后去了太谷,同学在那里插队。最后到太原,看了晋祠,知道了迎泽大街。那时的资源都在,然而没有旅游,纵然如此,仍然为山西文化所惊叹。改革开放以来,旅游兴起,我也进入了旅游行业,无数次到山西,全省走遍,很多地方深耕。了解、熟悉,有感情,交了很多好朋友,也见证了山西旅游发展的全过程。

在新时代,山西文旅需要新战略,谋求新发展。二十大报告提出中国式现代化的战略要求,山西旅游业也需要谋求山西旅游现代化。当前,政府主导形成旅游发展的强大动力,工业化发展提供旅游投入基础要素,城市建设创造旅游环境优越条件,区位交通强化旅游产业综合功能,多元模式提升旅游产品多种优势,传统复兴带来旅游市场广阔前景,文化产业构造旅游社会独特魅力,科技提升带动旅游全面转型升级。也就是说,以前制约旅游发展的主要因素已经消除或弱化,尤其是交通因素,基本不成障碍。

现在的主要制约因素是市场。从市场角度看,消费变化过程:多不多,贵不贵,好不好,对不对,值不值,绝不绝,红不红。从客人行为看,越来越细化,追求全面感受:眼界型大众观光,家常型民俗休闲,享受型各类度假,撒欢型主题乐园,撒野型户外运动,自虐型特种旅游。为此,对应新变化,需要采取新措施。强化软开发,适度硬开发。挖掘潜力,提高效率,增强效益。

一是树立新观念,讲好新故事。没有新观念,还照本宣科,很难打动人。山西的故事题材太多了,可以吸引人的元素也太多了,怎么变成网红打卡地,是一篇大文章。比如,五岳之中,北岳恒山最弱,因为只是一个观光型产品,难以应对现代市场。再如,一篇《西厢记》,是追求爱情和自由的绝唱,但现在只是一个普救寺的普通产品。而德云社的一曲《探清水河》,则成为众口传唱的名曲。

二是培育新赛道,形成新格局。城市大休闲和乡村微度假,是疫情中逆势崛起的两条新赛道,其背景是城市有机更新和乡村振兴。恰恰在疫情的特殊环境中,形成了独特发展,也给困难的旅游业助力。乡村微度假更成为媒体报道热点。但是在山西,还没有真正形成影响的项目。

三是建设新体系,创造新场景。这是下一步文旅市场竞争热点,不需要资金大投入,但是需要智慧和文化大投入。比如,大把投资建设的古城修复,样子很好,本身已经形成了新体系的框架,又不涉及严格的文物保护问题,可以做大文章,好文章。但是内容不足,烟火气不足,按照场景化构想,大同岂能示弱?

四是开拓新市场,谋求新亮点。目前,大家关注的新热点就是年轻人,所谓Z世代。

但是，还有一个更大的新市场，就是长者市场，55岁到75岁的市场。这些人有钱有闲有愿望，也有精力。不是上一代的老人，一分钱都舍不得花。而且，虽然不是互联网原住民，但是也不生疏。这个市场，是山西天然的市场，现在缺乏对应产品，缺乏服务体系。文化和康养就是两个新亮点。比如，芦芽山的万年冰洞、云邱山的冰火两重天，都是极好的题材。山村康养，山居体验，感受新生活。

五是运用新技术，形成新体验。尤其是城市，需要创造性项目，也应当借助现有项目，谋求新效果，创造新体验。最需要的，是太原和大同两个大城市，需要好好设计。又见平遥，已经开了一个好头；黄河三县，则可以开出另一片天地。

六是新老结合，新老互动，发挥新优势。山西真正的优势，还是古代建筑与文化，所以不能只是追求时尚，而是以新带老，以老带新。这样，对于传统，就需要区分。第一类是历史和文化价值极高的，需要形成专业市场，比如丁村和陶寺，永远不可能成为大众产品，专业做精足矣。第二类是有故事可讲，有市场潜力，需要做特。五台山佛光寺，在世界建筑史上，都是极品，遗憾的是理解的人不多。这就要把这个故事讲透彻，不仅是建筑学的意义，最动人的还是梁思成先生当年发现的过程。第三类是需要重新解读，增加吸引力。比如洪洞大槐树，一说就是根祖文化，其实需要区分，临汾华夏寻根，大槐树祭祖。再如黄河铁牛，在那个时代，是经济枢纽的表现，之所以有鹳雀楼，也就顺理成章了。现在所谓四大名楼，除了岳阳楼是清朝复建，滕王阁和黄鹤楼都是当代建筑，现在都成为城市标志，也成为中央休闲区，夜经济亮点。第四类就是与山水相融，既可以满足文化追求，又可以体验山水之美，最具潜力的就是平顺。南秀北雄聚为一体，国保级文物遍布，太行天路震撼，山村如世外桃源。第五类就是丰富多彩的民俗与非遗。大同的旺火、朔州的架子火、晋中的社火，曾经构造了山西红红火火过大年的灿烂。美食和烟火气，是现在的普遍追求，山西应首当其冲。

总之，山西需要锻长板，补短板，淡化资源概念，强化产品概念，追求场景概念，培育新机制，培养新人才，适应趋势，以谋求未来。

房山形象讨论[1]

我是搞旅游的,更关注市场,这就涉及传统跟现代的关系——传统文化现代解读,传统资源现代产品,传统产品现代市场。传统有很高的学术价值,有更高的科研价值,但是有很高历史价值,未必有审美价值、未必有市场价值。所以有些东西可以融合到一起,有些东西未必非得画等号。比如周口店,这是中国第一批进入世界文化遗产的,历史价值、科研价值都是顶级,但是市场价值不够,现场看价值也不高,从旅游角度,我不止一次听到吐槽,远天远地跑过去,就看见一个洞,几根烂骨头,烂骨头还未必是真的,大家感觉很失望。但是搞古生物的、古脊椎、化石的这些专家兴奋得不得了,所以周口店这样的地方需要做专做精,不需要做大,它也不可能做大,因为就不是一个大众产品。我刚才一看,还准备上5A,我认为这个5A没有意义,因为你上5A目的是追求市场,周口店这样的产品不可能追求市场。每年有五六万涉及专业或爱好者够了,可是在这一类产品上我在全世界是顶级的。类似这样的东西世界都很多,我们没有必要都这样要求。

可是像云居寺石经山,又具有科研价值、历史价值,又具有市场价值、审美价值,这个地才需要做大做强。我们这些东西就是传统和现代结合,我们得区分到具体产品,不能这样笼统。这样笼统听起来雄壮,但是具体操作不下去。我对房山很熟,包括南窖古村、圣莲山这些地方我都去过,一般人没有去过,我都去过。南窖我是1970年去的,当时给我的印象村里有很多傻子。看了很多抗战遗迹,那个时候有拉练,我是拉练把房山走了一遍,霞云顶、十渡,我是一路山里面走下来的。

但是我就说房山挺好,在旅游市场成名的现在到底是什么?我看在市场上成名的,大家皆有愿望去的,第一个十渡,第二个有点文化的恐怕就是云居寺,云水洞等。房山洞多了,

---

[1] 根据2023年7月2日在北京文物局会议上的发言整理。

一共12个洞,现在开了6个,有必要把12个洞都开吗?完全没有必要。因为溶洞有很大重复性,所以溶洞严格说是你一个特点,但并不是你主打的一张牌,更何况现在旅游者眼界开阔了。我跑这些地方,都是初级旅游者的时候,现在你请我去我都不去,因为我眼里没有这些东西了,现在市场已经成熟了,走到这一步了。传统与现代结合,这是我们必须要想到的这个事。

还有一方面,北京16个区,门头沟、房山、延庆、昌平、怀柔、平谷西部,都是山区,你的特色何在?你的辨识度,就是刚才熊教授讲的你的唯一性何在?这样说下来,我倒觉得有的很好把握。比如北京东城区,就五个字"天、地、君、亲、师",很简单,天坛、地坛、故宫、国子监再加四合院,这就是东城特点,"天、地、君、亲、师"五个字好把握,玩出来了一个故宫以东,突出一个东字。

实际上我的看法把传统和现代结合。第一个,北京之源大家都认。以至于你是人之源、还是城之源,还是什么之源,不用解释。北京之源加上一句话叫一脉相承,叫作北京之源一脉相承,再一句话叫作时尚房山好玩玩好。房山不能老那么厚重,我就不赞成老是用厚重这个字说文化,旅游者出门追求轻松、快乐、时尚,你非得用一个又厚又重的东西压着他,对不起我用脚投票,我不去。哪里说文化厚重,基本上相当于逐客令。说文化丰富不好吗?说文化多彩不好吗?为什么非得说厚重啊?再说,中国哪里都是五千年,历史悠久。我就说北京之源一脉相承,时尚房山好玩玩好。好玩是供应商琢磨的事,玩好是客人需要达到的目的,我们琢磨怎么好玩,让客人来玩好,这就是房山。

为什么房山非得给人一个厚重、悠远、不好玩的这种形象?所以确有一个现代解读问题,我看好的十渡也就是这样。说句老实话,十渡是一个老产品,40年十渡了,还能做出什么花样来?环境搞得再好一点,大家都去一下,把业态做得丰富一点,比如营地、烧烤、民宿、自驾车,把这套东西,包括低空运动,把十渡做成一个好玩的基地。

第二我看好的就是云居寺包括石经,这个地方真是有唯一性,而且第一叫作可看,我们好多地方很有说头,很少看头,很没玩头,那你怎么搞啊?云居寺第一很有说头,第二很有看头,第三也有玩头。它的玩就不是大众性的玩了,一定有文化的,现在不是想搞一个禅性文化园吗?这个我赞成。这个东西也是文明的体现,古代文明到现代文明这样一个体现,也是我们可以做的一篇比较大的文章,因为那个地方体量比较大,所以可做。抓这么两个重点，房山内容太丰富了，不能村村点火，户户冒烟。今天开会，不是讨论形象吗？说句老实话，这个事，做我不反对，不做我也不反对。你们还好，开一个专家座谈会，真正把这个事搞大了，三亚花1500万元搞城市名片，100多万人参与，得了十几万条，最后也是两句话八个字"美丽三亚、浪漫天涯"。我去了，一句话，正确的废话。领导急了："你说我们应该怎么改？"我各改一个字"美美三亚，浪浪天涯"，你们说哪个好？因为我们这些话都是从资源出发，没有从市场出发，怎么对应市场？怎么对应消费者？怎么能够直抵人心？直抵人心才有效果。

所以我为什么说时尚房山好玩玩好，就是这个意思。我就感觉前面一句话叫官话，后面这句话叫作市场的话，我们把官话和市场的话糅在一起。不说官话也不行，政府弄这个事你不说官话能行吗？但是得对应市场。在这个事上我认为没有必要这么积极，但是锤炼出来一个好的话来，这就挺好，更没有必要在这事花大钱。我们现在反对形式主义，形式主义反而越反越烈，用形式主义反对形式主义。我刚从山西回来，一个旅发大会花费4000万元，搞这个大会什么目的？不就是官场自娱自乐吗？老百姓也不能参与。一个旅发大会搞完了，一台大歌舞，演了五十分钟，就演这一次干什么？我不太赞成这些事。我觉得这些事，如果吸引老百姓来参与，或者让老百姓直接感受我们的力量，感觉到我们吸引力和影响力，这就可以。因为最终目标是市场，官场无所谓评价不评价，比如说领导看了，房山有这么一个话。有一届北京市领导很追求这个，要求每个区都得弄出这么一个东西来。所以像这样的东西可以搞，不必下太大功夫，真正下功夫下在市场上，才能真正起到作用。

秦岭福地　神仙留坝[①]

一、市场变迁

这三年疫情，我们苦挣苦熬，今年开始实质性恢复。一开始，大家看法普遍是我们又开始火爆了，市场又开始井喷了。我从来不这么看，对市场不要这么乐观，不要认为这个事还像以前那样。

1. 十个新现象

我发现今年以来的市场特别有意思，我归纳了十个现象。

第一个长安十二时辰，很多人都去过，我们说沉浸式、互动式，在这里体现最强。原来有一句话，处处是舞台，时时有场景，人人是观众，个个是演员，在这里体现很充分。原来这里是个商场，经营很差，就想调整一下。36000平方米，利用了24000平方米，就做起来了。我去之前以为是一个街区，后来发现不是，可是全面的场景化，大体上每个人在里面待5小时，花500块钱，人流不断，生意那么好，这是新的市场现象。它用什么样的传统资源？没有。后来我问下一步怎么考虑，他们问我怎么看，我说第一空间要扩大，36000平方米都用上不好吗？第二时间延长，以前只是12小时，晚上10点结束，我说你们延长到2点多好，这么好的生意，而且大家花钱尽兴。里面很重要的一个，有72台演艺，短的5分钟，长的8分钟，你走到这里，招呼一下坐，坐下来演艺就开始了，看几分钟觉得没过瘾，怎么就结束了？往前走过一会儿就看，我是看场景，这种场景感给我触动太深了。

第二个是洛阳汉服热，这是国潮风一个高潮，所以在洛阳看到穿汉服，女孩儿们就在大街上这么走，其他人也觉得很正常。在西安看，穿唐服，在大街上走也很正常。国潮风

[①] 根据2023年8月16日在留坝的演讲整理。

体现出强烈的社会化，都是时尚。国潮风的产生和我们国家的经济发展、文化提升有直接关系。现在的孩子生下来就是中国蒸蒸日上的发展过程，他们没有我们潜在的自卑，就觉得中国很好，这是国潮风的根本。我前几年又一次到新加坡坐邮轮，去了之后再去看一下圣淘沙，有点看不下去，太差了。实际上是我们的眼光变了，这是今年第二个现象，也是一个场景。年轻人成长的时代就是中国和世界平视，没有仰视的过程，没有自卑感，所以国潮风起来，大家才知道我们老祖宗的东西太棒了，这些好东西我们要挖掘和表现。

第三个，淄博烧烤。核心是烟火气，基础是友好环境。我作为旅游专家，在全国讲了几十年，到哪个城市都提，城市不像城市，没有人味儿。这些年，城市化发展追求大高楼、大广场、大绿地、大马路，以汽车为尺度。一个城市如果没有以人为尺度的区域，就没有人味。现在开始调整，所以淄博创造的是城市管治的变化和城市文化的变化，烧烤热只是引子。说到底，城市更新挖掘城市细节，提升城市品质。

所以我对留坝特别赞成，不是一般的赞成，这样的城市给我感觉，小有小的味道，小有小的美。我们错过了房地产发展的机遇，反过来说，现在抓房地产发展机遇的那些城市，房地产都变成了包袱。我们是错过机遇，但没有包袱，今天用不着甩包袱。全国2200个县城我跑了1600多个，真正让我感觉不错的没有几个，积极赞赏的更少。留坝这样一个发展格局，比较像四川古蔺，古蔺县就是生产青花郎的县，有条赤水河，以酒为主要产业。古蔺县长就跟我说，我们楼高不能超过八层，为什么？一个山城，楼高了，就压倒了山，城市就没有味道。另外，没有大广场、大绿地，本来土地就不够，再折腾大广场大绿地干什么？所以感觉很有味道，小而美、小而精。城市主题文化就是酒，有一组雕塑，东倒西歪的酒坛子和东倒西歪的喝酒人，一下子酒城的主题文化感觉就烘托出来了。

留坝给我感觉也是这样，但是留坝现在的城市文化还没有形成主题，需要深入来做。

第四个，特种兵旅游，特种兵旅游是一个短期现象。很简单，三年疫情大家都憋着，现在钱包都瘪着，所以就玩出一个特种兵旅游，这个东西绝对不能长久，违背人性，按这个旅游方式，旅游不要发展了。所谓特种兵旅游就是大学生，到北京一天时间，五个点下来，晚上火车上过。然后到西安，一个城市五个点又是一天时间。最典型的有一个特种兵花了五天时间把五岳走遍。严格说，这些都是我们玩剩下的，但有一个阶段性的表现也挺好玩。

第五种现象，宿集开拓，宿集开拓是乡村旅游品质提升。这十年来，民宿发展非常好，但也起起伏伏。2018年全国民宿24万家，2019年跌到20万家，2020年第一年疫情来了，跌到十几万家，2021年又恢复到了20万家。这是非常奇特的现象，在疫情下大家不能出门，出不了远门，所以民宿就起来了。今年民宿又开始往下跌，起起伏伏，也是一风起一刀切，大家都感觉做民宿太难。现在创造了一种新形式——宿集，全国有十来个。这次来留坝，秦岭宿集正在建设，非常好。因为宿集大体说是这个行业的天花板，有一个宿集，形成集群，所有的民宿都要跟着它走，引领品质，也引领品牌。我去年看过黄河宿集，长三角一个商人，建了新村子，把老村子的人都搬走，之后引来几个品牌，头部做民宿的企业，一共130间房。去年营业额6500万元，没有疫情至少做到1亿元。我们可以想一想，130间客房，城市五星酒店一年收入多少？所以，留坝的民宿是重点，有了宿集打头，就会走到前列。

第六个，营地扩张，这个要有新方式。国家规划到2020年全国营地达到2000个，现在已经突破了，很多准营地，还有很多伪营地，这两年冒出来很多，今年也急剧下降。去年一个营地如果转让，可以转让500万元，今年10万元都转让不出去。因为疫情管制，营地一时兴起，为什么大跌，疫情管制放松了，觉得营地不重要了。多少营地人说哭都找不到坟头。可是从长远看没问题，只不过我们一风起一刀切。如果营地能正常发展，作为一种新的生活方式，以中国这么大一个市场，2000个营地算什么？2万个营地都可以。

第七个现象就是贵州的村BA和村超，这是一个全面的场景体验。当然大家各有各的关注点，有的从体育角度关注，有的从竞赛角度关注，有的借此贬低我们的海参队，什么都有，但是给我感觉就是全面的场景体验。贵州那个地方文化太丰富，叫文化千岛，处在山地，所以每一个地方文化独立性都很强。榕江有条都柳江，我第一次到就在都柳江坐竹筏，感觉就是一种仙境，一路就有人在旁边唱山歌，沿江漂到一个侗寨，一上岸千人唱侗族大歌，侗族大歌就是无伴奏多声部合唱，当时身上都麻了，你就感觉那个地方的那种文化氛围，所以就是有这样的传统，就起来了。

第八个，最好玩的就是最近东方甄选进旅游，陕西、山西、甘肃，还到西安去火了一把，大家说这是新的营销方式。如果只是简单把它视为一种推广产品那就太低了。他们文化基础很扎实、表现很充分，而且都是场景化表现。今年市场万花筒的表现都是新现象，市场火爆有多少是传统东西火爆？除了顶级旅游产品，北京的故宫、西安的兵马俑、安徽的黄山、四川的九寨沟，这四个是中国顶级的旅游产品，营销不营销都不重要，现在都是控制流量。

第九个，友好型目的地开始培育。不是传统资源，而是靠环境建设。友好型城区，友好型社区，友好型乡村。借助淄博经验，全面提升。

第十个，旅游演艺和演艺旅游成为新力量。旅游演艺有点规模的全国300多台，少数拔尖，多数在维持。而演艺旅游则成为新现象，只有河南·戏剧幻城度过了艰难时刻，开始兴起。临时性演唱会层出不穷，直接拉动了城市旅游。

这些新现象，根基在生活，同时通过互联网传播，数字化提升，集中体现都是场景化的。这样的市场现象，对我们有很大启发，如何认识这些现象？如何判断下一步的发展？

2. 三个时代

通过这样的市场感受，我们可以得出几个判断。

第一个判断，资源型时代早就过去了。我们原来一说旅游资源如何丰富，到哪儿第一句话都是旅游资源非常丰富。四十多年过来了，现在还在讲旅游资源，早就过去了。严格说，这个语言体系和思维方式都应该过去，更何况你的旅游资源好也罢，不好也罢，丰富也好，顶级也好，关键是做出什么来？到现在为止，有些人还是这种思维方式。我这次来，史书记第一句话说，留坝旅游产品内容还是不错的，类别还是比较多的。我一听，书记对路。时代在不断变化，我们必须要有一些变化。

第二个判断，产品强化的时代正是主流。现在大家关注产品强化，我很赞成。短短几年，随着数字化普及，我们已经从注意力旅游升华到影响力旅游。这不是一个简单的市场营销，案例发出去，引发注意。而是产品提升，影响扩大、主动扩张，现在形成了产品强化拉动市场新格局，是产品和市场双主导。有些人觉得我东西不错，是市场营销不够，后来发现花了大把钱营销，没有多大意义，根本是产品吸引力不足。所以怎么加强产品建设，怎么形成产品与市场双主导，必然是大家关注的。

从产品角度，从历史到时尚，从厚重到轻松，恰恰可以补齐我们产品的短板，核心就是怎么扩展内容。要说中国旅游发展的短板是什么，是内容不足、内容抄袭、内容复制，所以怎么扩展内容是一个根本问题。我们现在还用手工业的方式，人家这么做了我就这么做，把人家好东西弄过来就可以了。这个思维方式本身就是错的，要研究怎么结合我的优势。这个时代，人才的力量充分显示。

因为在产品强化的时代，有些东西还可以过渡，可是时代过去了，现在需要的人才是多元化人才，这样的人才现在是主流，没几年也会过去。新型人才不仅多元化而且复合型，刚才说的市场十个现象，有几个是干旅游出身做的？导游出身、旅行社出身、酒店管理出身甚至景区出身。除了张小可，都是外来的，反而开拓新局。这个时候，我们真正的短板就是人才。这些新人才我也接触过，干什么的都有，但是有一个共同点，不拘一格。

产品强化是一方面，另一方面就是产品细化，在具体事情上都是细化，甚至垂直化，市场也在细化，所以我们研究细分市场，一个产品做出来肯定行。

从消费变化过程，有几个阶段。第一阶段追求多不多，要多看。第二阶段贵不贵，太贵就不去了，第二阶段就是选择。第三阶段是好不好，这就是品质化提升。第四阶段对不对，你喜欢的我未必喜欢，这就是市场和产品细化。第五值不值，是对性价比的追求，不怕多花钱，一定要值，如果少花钱甚至不花钱照样不值，因为花了时间和精力，浪费了心情。现在这几年就问炫不炫、绝不绝、红不红。很多人就喜欢打卡，这种只是为了打卡的旅游长不了，因为网红不等于长红，真正长红的东西才有价值。从消费变化过程看，大家认为打价格战就能活下来，确实不行，完全不符合这个时代，有的东西很贵，觉得值就可以。

另一方面就是全面感受，大体上是六个类型。大众观光就是开阔眼界型，所以要多看。家常型是民宿休闲，享受型是各类度假，撒欢型是主题公园，撒野型是户外运动，自虐型是特种旅游。实际上大众观光现在基本淡化了，但也不可能取消，因为第一代旅游者一定是观光旅游者，可是观光型产品如果更丰富一点，吸引力自然更大。

市场这么变化，产品细化到这种程度，绝不是搞一个景区就行。所以不同时代、不同追求、不同变化、不同情分，现在形成这么一个格局。产品强化现在是主流，也在持续，所以这是旅游的第二个时代，产品强化细化，这是现在的主体任务。

第三个时代是场景化时代，已经来了。前些年就有旅行社推产品叫免购物，后来又推出免景点，免景点旅游怎么组织？实际上感受的就是场景，所以场景化是大趋势，谁能走到前面，谁就能把握市场主动权。

张瑞敏先生他有一句名言，互联时代只有场景没有产品，只有生态没有行业。现在场景化已成为市场，中央文件里面有一个词场景交配，在高层次意识到这个改变，这实际上代表了我们未来的趋势。所以场景化发展必然成为竞争，转向模式竞争。场景化模式，外延扩大、内涵深化,远远超出我们传统的景区经典。所谓场景,一是场就是空间,二是景是氛围,三是情就是情景交融,这个有很强参与性和互动性。

举个最简单例子,看云海在飞机上最好,变化起伏,可是在飞机上看不兴奋。如果登山看到了云海你心中是不一样的,绝对不是飞机上看的云海,有这么一个过程、体验和沉浸,是眼耳鼻舌身心神全面的沉浸,所以你才兴奋,这就是旅游的意义所在。去年有元宇宙我始终不说话,后来我说别忽悠了,元宇宙对旅游没么重要,如果按照那个说法我们干旅游的都别干了,在家里躺平什么都能体会到,那还叫什么旅游?这是违背人性的。

简单来说,资源型时代早已过去了,产品强化的时代现在是主流,场景化时代预示未来。旅游现在面对未来,留坝的优势何在?我们怎么做这件事?

二、秦岭福地,项目点评

① 留坝小城。留坝1900多平方公里,只有四万多人,城区一万人。群山环抱、空气清新,为了天际线完美不建高楼,这一点非常赞赏。河水绕城,老街幽深,群山环抱,花田烂漫、白云缭绕,这是我到留坝第二天,早晨起来第一个印象。

② 古驿道。河水蜿蜒,老街深深,花田烂漫,白云缭绕。

秦岭古道,金牛道、陈仓道、傥洛道、褒斜道、米仓道、子午道、荔枝道,都在留坝交织。有一个古栈道流动博物馆,11公里,各种古代工程工艺体现,场景化展示。走一段,山水清清,鸭子欢畅,小花点缀。题材丰富,山水相间,安全平稳,可以打卡。

这个地方是研学的好地方,素材丰富、山水清幽、安全平和,要做成一个全国研学旅游样板,做成网红,而且我看成为网红不难。现在研学旅行变成旅游市场的重要内容,而且有各种各样支持。现在的家长是孩子教育需要花多少钱都可以。日本人两个概念,在国内叫修学旅行,出国叫研学旅行。那个时候中国做日本研学旅行,有家长就事先把孩子的行程走一遍,包括住哪个酒店。现在我们也到了这个时候,人均GDP12000美元,这个时代就是研学旅游的时代。所以古栈道博物馆可以大做,在一个细化领域把它做出来。现在第一就是课程,研学旅行核心就是课程,比如到这里研学有三门课,多的一百多门课,因为把课和研学旅行紧密结合在一起。现在第一就是要有一套比较完整的课程,比如景点就是一门课,古栈道又是一门课,历史变迁又是一门课,随便一数就数出几十门课。第一件事就是要组织课程，教育部门还是旅游部门组织，谁来做谁负责。第二就是树品牌，你的产品已经有了，走到哪里有一幅展示，展示很清楚，有些东西你们熟悉，外人看就不一样的，秦岭我走过多次，但是我都不知道秦岭往东往西往南往北路是通的。

③ 火烧营。号称秦岭最美小镇，旅游是主导产业，现在以农耕文化为主题，处处民宿，秦岭宿集现在也开始建设。整个留坝都是这样，留坝第一产业就是文旅产业，现在说文旅产业，已经不是第三产业，是融合了一二三产业，都在文旅产业里容纳。乡村旅游是第一产业还是第三产业？我感觉现在已经做得很不错了，也是一个园区品牌。但是品牌怎么做出来？我专门问了一下四季情况，这里就包含景观和场景。我形成这条思路后，很多东西在变，我用场景化思路和场景化眼光来看留坝，和我原来用资源化和产品化的思维来看完全不同。现在很多场景里面没有，但是如果我们意识到了，能够主动做，就越来越大。山水之间，小镇点缀，氛围浓郁，水边就有咖啡，所以留坝确实可留，这是个休闲度假的好去处。

④ 温铁军先生设立工作室，成为信息交流地、人员培训地、客人打卡地，人与自然和谐共生，这是个好项目，还有人给我发微信，水边就是他设计的，是清华大学教授。再看新村民，很多人认识。有这么多人关注这个事，所以三农书院应该成为一个网红打卡地，而且现在的格局也确实如此。所以小镇的感觉特别好。

⑤ 场景自发。之后路过一个很有趣的村庄，墙上都画画，年轻人的想象力和乡土气息结合，又开了一家民宿，叫书与田，这是回乡大学生的作品，颇有文化追求。我当时就感觉这就是在引导场景，而且是自发引导。我在贵州看了一个村，叫七彩部落，就是村支书找村里大学生暑假来干个活儿，咱们村旅游怎么搞？那个大学生是学美术的，就带一帮同学来做，村里画得花花绿绿的，一把就火爆了。包括墙上画的是3D画，地上也是这样画，连停车场都有这个标识，火爆到车都停不下了。书记说今年算是义务劳动，孩子们通过这种事有一种创造性，他们也很兴奋，我当时就感觉这种营造场景确实起作用。

⑥ 一路盘山，上上下下，突然冒出一个南沟牧场，马和羊遍布，人与车拥堵，是草原感觉。这不是景区，却变成留坝必去之地。先发展，现在开始规范了。你跟他说环境保护没什么用，我就问一句话，想不想挣钱。我到好多地方都是这个态度，想不想挣钱？想挣钱听我的。但是你谈环保，没人接受。二十多年前，我有一次到泸沽湖，在修一条路，沿着湖边，我说能这么搞吗？第二天县长陪我上山去看，确实好。县长说我要修一条全世界最美丽的环

湖路，我说你打住，环湖路是城市公园概念，你这怎么能修环湖路？后来回到凉山州开会，他们询问我的意见，我就说此次到凉山州泸沽湖，我有一个感觉，你们太有钱了。州长就急了，他是彝族人，站起来说，你有什么事批评我们可以，不能讽刺我们。我就问一句话，湖周边土地按我看至少价格二十亿元，你们放着二十亿元不挣，花两个亿元来修路，到底想干什么？湖滨土地一定要保住，到了湖边，遇村绕村、遇山上山，多花点钱，保住发展。然后我就走了，过了三天给我打电话，又重新开了一次会，决定接受我的意见。实际上里边隐含的道理是怎么保护环境和文化，但是说道理没用。后来四川省交通厅火了，说辛苦拿钱支援贫困落后地区，国家旅游局司长一句话给我们否了。过了十年，碰见一个人说还认识吗？就是当年的县长。我就问后来怎么样。他说后来坚持按照那样做下来，结果每一年过去我们都感觉魏老师的意见太棒了，留了一片发展和发财的余地。你跟他们说高大上，完全没有必要。可是这么说就踏实。同样我觉得这里就四万多人，而且生活状态不错，所以留坝老百姓工作好做，可是好多东西没有意识到，包括我们自己都没有意识到。

⑦ 关于餐饮。现在你们变成一个民宿镇，吃农家饭，饭也硬、菜也硬，下点面条勉强果腹。这个事我多说几句，我到留坝已经吃了六餐饭了，说句老实话没有一餐饭满意。昨天在营盘村叫铁龙山庄，果然是铁龙山庄，吃不下，一个原因是我牙口不好，还有一个东西是吃不好，再一个味道实在很差。昨天晚上在汉王城吃饭，我说这是你们这里最好的饭吗？差不多，但是我的评价餐饮仍然是短板。很简单，第一这里历史上贫困，贫困的地方不可能有好吃食，能填饱肚子就不错了。第二这里区位不川不陕，要说关中碳水内容丰富，要说四川百菜百味，这里不川不陕，历史上又贫困，怎么可能有好吃的？但是我不希望将来留这么一个形象，留坝哪里都不错，就是吃不行。所以餐饮提高是你们现在迫在眉睫的一件事。大体上就是两类，一类走川菜路数，一类走陕菜路数。陕菜严格来说都不是一个菜系。我们这里什么都没有，如果将来到了留坝，就来一个留坝菜又粗又硬又咸，显然不行。第一要提高基础水平。今天早上早餐还不错，但是包子吃了一口就不吃了，面皮还能吃，最后吃两个鸡蛋。这是历史跟传统给你们的，但是希望提高。第二，打出几个留坝宴，一叫秦岭宴，因为是秦岭福地，怎么做你们研究，反正品牌就叫秦岭宴，二叫山野宴，因为你们有这么多林下食药，很多食材宝贵。第三，针对旅游者，不要大盘大碗，把菜量减一半，品质提高一倍，这个菜就起来了。但是这些地区就一条，便宜。我们对旅游者不能

老说便宜,应该说吃得很值。今天看了遇鲵居民宿,我就跟他说你这里八间客房,将来住宿不重要,重要的一定是你们的娃娃鱼。我就给他讲吃娃娃鱼的体会,介绍一些好的做法。现在收购价30元,销售价60元,我说60元一斤能行吗,至少翻倍,最好加个预定。在北京吃河豚必须提前预订,一条河豚大概三两重,200元,加个零不新鲜,关键是精致。所以还是孔老夫子的话,食不厌精、脍不厌细,精细二字是餐饮关键。留坝粗,就是粗糙,就是缺乏精细,这是大短板,如果不补足,将来会严重影响发展。

⑧ 营盘村,正在完善一个运动小镇,建设差不多了。建了七块标准足球场,再加网球场和乒乓球场,房车营地,还有可居住400人的接待设施。如果再加民宿之类,可以接待两千人。就连学校都有运动风格,我很奇怪,秦岭福地居然有这样的项目,而且活动不断,都是大活动,网红活动。这里本来就是国际青少年培训基地,做一个少年超级足球赛,营盘少超,现在缺的就是一个品牌。从组织来说,循环赛、淘汰赛,之后就是四分之一决赛、半决赛、决赛。而且现在海参队已经不灵了,中国足协也基本瘫痪了。有一个好处,没人管闲事,否则你的活动,中国足协就有可能把你停下来,没人管闲事正是我们发展的好时机。关键怎么炒作,这是核心。现在东西都有,而且比赛也都有,就差一把火,需要锦上添花。类似这样的有海南白沙县,以运动为主题,有五个国家队培训基地在那里。我去看了一下,说那里有一个陨石坑,我到陨石坑看了一下,也不知道何年何月留下来的,现在根本看不出来坑,就是一片洼地。但是说得很棒,还是资源化概念。运动肯定是玩法,而且有这个基础,为什么不行?因为他们的运动都不是大规模运动,很难引发大规模观众,而且怎么把它衍生深化出来。这个事我建议你们专门开一次研讨会,这个事一定能红,错不了。榕江一个多月时间,来了大概几十万人,增加收入好几亿元,更关键的是这一把起来了,所以这个事看了很兴奋。

⑨ 紫柏山,方圆123平方公里,主峰海拔2610米,72洞,82坦,92峰,高山草甸36000亩。我现在已经爬不了山了,只能在山下看,靠经验补充,看烟气氤氲,追想当年,从赤松子游,不知所终。这里很独特,道教十大洞天排第三,但是这个地方怎么大众化,怎么真正把它转化成产品乃至转化成场景?这是一个好东西,一定能做出来。高山草甸南方很多,最大一处在贵州,120多万亩,说了很多也没做起来。也就是说资源和产品中间有一个桥梁,这个桥梁就是市场。你们这里涉及秦岭保护,现在第一个问题就是索道不灵,

第一索道上面差一个台阶，第二索道运量太小，一天 1500 人，一小时 1500 人还差不多。我是中国索道协会专家组专家，刚开了一个会。好多索道本身就吸引人，华山的西峰索道很不容易，为了建索道跑北京跑了 200 多次。做起来后，世界索道协会在华山开了一个现场会，外国人一直说太棒了。我说西峰索道开了以后，华山旅游的格局就会变，从北峰索道上山，从西峰索道下山，会变成环山，这样华山事件永远不会发生。现在核心就是索道，工作怎么做我不知道，反正涉及保护。尤其这个 82 坦这个词，我第一次听说，所以先维持着，将来这是一篇大文章，而且这个大文章做好了，很可能变成一个顶级场景，像这种高山草甸，非常好的就是春天百花盛开，然后这里又有洞、坦和峰，景观变化很多，所以构造这种情景交融的场景。

⑩ 张良庙。前半部分是庙堂风格，牌匾高悬，感慨良多，无非都是功成身退这一套。实际上在那时，皇权还在培育中，官僚体系也不严密，尚可全身而退。后世只能羡慕，但是留侯留下了一个标高，至少还能羡慕。张良庙后半部分是山林风格，树木葱茏，亭台楼阁，最后一副对联是于右任先生大笔，不从赤松子，安抱黄石公。横批是避谷寺。多亏导游王华先生讲解，夹叙夹议，有知有识，最后索性坐在亭间石凳上讨论一番，快哉。园中还有竹园，都是曲竹，下弯上直，奇哉。看完出来，又看周边环境，大家一起讨论怎么把留侯文化做起来。历史上，东汉即修庙，在半山，现在的庙是康熙年间所修，随着交通道路变化，张良庙也起起伏伏。现在看，一是范围扩大，二是内容深化，三是商业模式，四是品牌独特。五是紫柏山联通。这是国家级文保单位，所以庙里面不必搞活动，保护为主，可以做大文章。这个庙我的看法要出彩，要做成一个中心。

第一范围扩大，正好今天早上我又看了一下，到老街那里拐弯，这样腾出 1500 米距离，扩大就有余地了，我昨天看半天，实在局限，能不能搞主会场和分会场这样的方式？今天一看没有必要。

第二内容深化，我的想法就是留侯庙会，到现在已经开了 1801 次，这是历史传承，所以不需要其他，跟着开就可以了。

第三是内容深化，一是文化庙会，二是民俗庙会，三是商业庙会，商业模式就是这条路。这两个门楼就是主会场，距离大概 500 米，这样管理，两个门楼一卡，外面停车，交通从老街那边过去了。现在停车很难，按照千米的路来停车，里边三个内容的庙会，这种商业模式不复杂。历史上有传统，我们现在就是怎么把它做得火爆起来。

第四个就是品牌独特，张良这个品牌非常独特，到里边一看，就知道历史上大家怎么评价，英雄神仙。所以这个庙会，想当英雄也来，想当神仙也来，这种独特品牌中国没有第二个。比如诸葛亮，大家感慨，出师未捷身先死，长使英雄泪满襟，但是张良不同，张良的品牌影响大过历史上这些皇帝。

第五个就是和产品连通，这个慢慢做，是从1801届开始，接着往下做。这个庙会每年阴历三月廿八号，基本就是五一，这就是留坝旅游的启动点，怎么也要折腾半个月，甚至可以一年搞两次庙会。一次庙会是新年庙会，春节时候搞一次，主要是当地老百姓热闹。一次就是张良诞辰，这是个大题目。同样，这个题目开几次研讨会好好讨论一下。

⑪ 小院宁静，古街睡醒，叠床架屋，连栋飞檐。管家问候，三言两语，上下观瞻，民宿精致。小城宁静，小楼优雅，街上早餐，面皮，菜豆腐，包子鸡蛋，生意不错，味道勉强，热乎乎吃个舒服。

⑫ 又过张良庙，五山环抱，二水交错，紫柏山白云缭绕。再走，居然是宝鸡凤县门楼。留坝与凤县历史上分分合合，现在也交叉。遇见修路，索性走一段。

⑬ 民宿。永归川，24间客房，2000万元投资。混合所有制，市场品牌，民间运营，满房。初遇鲵，回乡年轻人，利用宅基地做民宿。200万元投资，8间客房。养大鲵，吃大鲵，讨论餐饮，形成核心竞争力。娃娃鱼是生态环境标志性动物，现在合理合法，天下第一奢侈烧烤娃娃鱼，天下第一汤，清炖大鲵。小两口高高兴兴。道班宿，24间客房，千元房价，原来的道班改造成民宿，收益颇好。小院深深，在深深秦岭。凉风习习，感受从容生活。栈道渔村，古之褒斜道，一条褒河，流水滔滔。渔村依托，形成新村，花样不少，日子好过。溪谷九度，800万元投资，11间客房，预计6年回本。

密集调研5家民宿，留坝现有151家，4000间客房，计划发展到300家，形成10个集群。民宿建设和运营成本都高，房价自然贵。集群可以降成本，扩内容，增渠道，是方向。

三、留坝的总体思路

1. 做出一个汉字

汉初三杰，在我们这里都有痕迹，但是我们的主体是康养，尤其现在形成的产业结构，比如做留侯庙会，这是品牌，也是产品。整个陕南三市，将来这是最火爆的景区，包括川北都过来。而且这个庙会有什么好处？老百姓获益，一个庙会下来，三五十万人不是问题，这种民间传统到现在还是有的。这样的话，突出汉初三杰，就是一个品牌，在这里都有丰富的内容，但主要是品牌，当产品做就复杂了。比如是不是要复建那些建筑和搞什么东西，没有必要。真正的主体是康养，汉中就是做出一个汉字来，留坝就是这么一个产业。

2. 做足一个留字

这个留就是从留侯所来。但是我们今天解释，第一留印象，相信到留坝来的人印象都不错。第二留心情，就是方方面面都要让人感觉不错。第三留好感，这是前三个留，一般旅游者来了有这三个留就够了。第四个，跟着就是留客人，把客人留下来。第五留时间，一定要有时间在这里，因为留坝已经超越了传统旅游，到留坝不是说看几个地方就可以了，场景化发展一定对场景有根本性感受，这样才能消费。现在旅游景区加强二消，基本瞎扯，因为过一个景区，一个小时也好、两个小时也好都是急急匆匆，没有时间怎么消费？更不用说二消了，非要有足够时间才行。规划一个景区，三个小时就有一顿饭，六个小时就有一个晚上，但我们不是景区，我们是场景，所以这是做足一个留字。

3. 做好一个长字

四季怎么做？四时怎么做？四季是一年四季，四时就是从早到晚。一般来说，一个好的休闲度假地方，早上闲，早上睡懒觉，全世界所有度假区，早上一看，这个区域里没人，都在睡懒觉。下午逛，晚上活，然后到了夜里又睡懒觉，这是一个正常状态。四时怎么做？早上健身，下午体验，晚上活跃，包括晚上看星星，还专门有一个天文台。

4. 做先一个特字

这个特就是因地制宜，因时制宜，因市制宜。留侯庙会就是打产品，少年超级杯也是一个网红的事。所以好好琢磨，一百个网红打卡点、一百个直播主直播，把这些东西挖掘出来，这不是我们旅游资源，应该是旅游场景化概念。

我解释一下场景，第一是场，空间；第二是景，风景；第三是情，情景交融。现在说场景，风景、风情、风貌、风物,风景还是居大,没有风景不行,但是风景已经淡化。现在越来越重要的是风情。少数民族地区风情是自然而然的,比如说到了新疆,各种民族风情,到了西南也这样,我们是汉地,没那么多风情,但是我们的文化也有一些风情。风貌,风貌是综合性感受,是一个地方的全面展现。风物就是农副土特产品。所以这是一个场景的概念。

四、目标:中国第一场景县

这个题目,我第一次说。原来到有些地方,我曾经说要构造中国风景县,人间新天堂。但是对我们来说,叫中国第一场景县,就走在前列。一是生态场景,林木覆盖92%,我今天上午就说,秦岭南麓,山连山,遮断天,树压树,满眼绿。有路皆林荫,民居多民宿,形成产业,大行其道。二是森林场景,三是山地场景,四是生活场景,这是我们的基础,而且非常结实。我没有评价景观如何,说句老实话,如果从景观角度,秦岭的景观除了太白山那一片,剩下的无非就是山,可是场景的评价就完全不同。

第一要建立场景化思维。此前,我在北京整理了一篇文章,感觉这次看很多东西眼光变了,因为我的思维变了,所以你这里有几个基础,有场景化才行。第二就是场景化设计,实际上你现在很多场景化已经有了,比如说古栈道那里都是场景化的。第三就是场景化建设,怎么来建设这个场景化,这个场景建设不但需要产品开发,更要需要市场开发,长安十二时辰就是场景化建设,最终文化密集、感受密集。第四是场景化运营,就是在运营中形成沉浸感,强化参与感,处处是场景,时时是舞台,人人是演员,个个是观众。

所以这四个场景化需要好好研究,我说几个例子,也是需要做的事。第一是城区,现在给人感觉很好,小楼很优雅,但是需要美化的感觉和艺术设计。这个城市没有文化主题,也没有艺术设计和美化感觉。昨天碰见城区的书记,我就提个建议,城区的楼能不能设花台。我到瑞士,在日内瓦湖畔走,看到小城镇,都有花台,在阳台上养花是给自己看,花台是给别人看。为什么这样?很简单,希望环境美,有了这么美的环境大家就会来。我说你们不妨先找几个楼试一试,下面有一个台子,这个台子上的花就是给大家看的,这就是一种美化的感觉。在中国我只看到一个地方,湖南郴州有东江湖,小镇就有花台,这是我在中国只看到的一个地方,搞了都说好。再比如我们乡村里边画画,城里也可以画画,走到哪里都是白墙,不能美化一下?这就需要完整的艺术设计,有的地方留白,有的地方填补,而且就把文化的主题提炼上去，感觉这是文化。包括路上，不需要建筑载体，看老街有几组铜雕，要是没有这几组铜雕就差一口气。所以现在基础有了，在这个基础上锦上添花。很多白墙不是灰的白粉墙，也不是原先的白瓷砖，效果不错，但是在上面点缀一下。比如说从大连机场出来，拐过弯迎面就是两幅大画，整个楼一面墙都是画，一下子把你镇住，一个海滨城市的感觉油然而生。我们很多地方实际上都需要做点这样的工作。

第二，乡村的画图，我非常赞成，但不用是个村就画画，也不必，有了这个点缀，乡村给人的感觉就完全不同。

第三是路，我对交通局评价甚高，因为交通局有美感，有对美的追求。昨天在路上还看到八个字，交旅融合，山水画卷。作为一个旅游县，以旅游为主体的县就要研究这些事，交通路、文化路、景观路、绿化路，四路合一。现在走起来，有的地方还有交通驿站，有的地方专门有平台让大家照相，非常好。我昨天就说了一个，因为有很多护坡，都是长方格子不好看，比如这一片，上面就是道教天尊，那一个又是什么主题，这样一路就看画。从拉萨机场下来，有一个点，这边是雅鲁藏布江，所有车到那里都停下来，为什么？对岸岩壁画了一个佛像，所有人都在这里打卡，那是很早的事了，但是我就感觉是一种宗教表现，实际上我们是文化表现。

所以需要总体设计，这个总体设计包括有的在很高的地方，可以把它当作一幅山水画。我说的这些都不是花大钱的事，但是需要智慧和文化投入，文旅融合在场景层面上才能真正深度融合。我们没有搞大建设，一堆大高楼、大绿地、大广场，这实际上留下了最好的发展基础。所以我刚提出来题目中国第一场景县，下一步的旅游发展就是场景化时代，在场景化时代我们走在最前列，意味着把握了未来。一个原则是少花钱、多办事、办好事、好办事，更何况我们有这个秦岭保护，生态保护，这是个硬性东西，我说这些东西都不涉及，要搞什么大项目诸如此类的也没有必要，再说了你搞就一定成功，留坝有必要追求这些？

第一场景县，整个文化就是一个大场景，所以我们每个点都要琢磨怎么做场景化文章，大家动脑筋把这个东西做出来了，你才会发现这个东西好玩，而且老百姓也好参与。因为汉地缺点内容，活灵活现的内容，我为什么说留侯庙会？第一件事文化庙会，第二件事民俗庙会，把民俗表现出来，第三件事才是商业庙会，自然而然就觉得有一点东西出来。我们还有很多新民俗的创造。有一次我到山西大同，山西人红红火火过大年，我说咱们正月十六去,火车进大同,就是一个灯笼城。第二天到朔州,朔州玩架子火,原来没这传统,整个就是新民俗。他们有架子火的设计师,你想花多少钱?20万元,全由你设计,我那天在街口一看,十字路口四个架子火,一个小时这一盆架子火才完。

在发展过程中很多新民俗也会产生,反正大家怎么玩都热闹,都可以。我们搭个台让老百姓来玩,这里面创意无穷,但最终形成一个好的场景。

最后说一下民宿。我们现在151家民宿,4000多个床位,产业规模形成,而且质量不错。上午看了五个民宿,评价都很好。

一是民宿在民。上午看的永归川,是国有资本、市场品牌和民间运营结合在一起。遇见鲵,这是回乡青年来折腾这个事,但是他们现在不太清楚该怎么做,可是很努力。第三个也是这样,很牛,价格也低,900多元。第四个也同样,也是纯粹民营,所以民宿在民。现在考虑要做300家民宿,形成10个集群,能达到8000到1万个床位,想可以这么想,不必这么严格要求,因为这个关键在市场,民宿就是一年几个月,所以一定要想办法延长运营时间,这是根本。否则,考虑什么时候回本,至少六年,严格来说旅游项目六年回本不算什么,比如说酒店,高档酒店基本上回不了本,民宿要是能六年回本算不错了。

二是民宿在乡。有些地方民宿开到城里了,我不反对,我昨天进的一个民宿就在城里,感觉极好。前一天晚上我住留坝宾馆,太差了,整个回到三十年前。第二天我就换房,马马虎虎,至少可以容忍,结果看到民宿,一问还有房,好像还是一体化的,搬过来。昨晚我好好睡了个觉。没有方便、舒适,光讲情怀,能行吗?情怀和资本要联系在一起,没有资本支撑,情怀就是虚的,没有情怀的资本就是耍流氓,所以民宿在乡。

三是民宿靠城。民宿最终还是靠城市输出的消费力,所以全国民宿做得好的就是浙江丽水,真的是民宿集群,确实不错,但有个前提,依托长三角。所以民宿这个事,市场有需求就可以发展。他们对市场判断比我们清楚得多,我们毕竟隔着。今天我就问,你怎么想回家来搞民宿?他说原来想在西安做,市场已经饱和了,这里还有空,就过来了。我们只是需要创造一个好的营商环境,这是我们要做的事,至于谁来做、怎么做,我们可以研讨,反正秦岭宿集起来了,样板就出来了。就像当年洋家乐起来了,大家才悟出来,还可以这么干。实际上那个阶段,是资源化时代转化成产品化时代,我们今天说的是产品化时代怎么转化到场景化时代,所以依托我们的生态场景、森林场景、山地场景,还有我们的生活场景，这个事情我觉得不难。最后是场景化语言，怎么说这个场景？百花深处山谷香，清清溪水夏意长，五色斑斓山川美，冰雪雾凇民宿忙，这是描述四季，就是场景化语言。

严格说，在北方春天都没戏，大体上春天以后四月份以前，瞎折腾也折腾不起来，所以百花深处山有谷香，这是清明以后才能满足。今天上午我走的路太好了，树都是水杉，到了秋天都是红的，成了中国最美乡村公路，旁边就是一路的水，一边山一边水，确实好，五色斑斓山川美，这也是一个优势。冬天第一有冰雪，因为海拔在这里，第二雾凇，要说雾凇中国最有名的就是吉林省的吉林市，我到吉林去过五六次，只有一次完整看到了雾凇。后来我给他们提建议，要找个地方，就在江边上，弄点喷气管子，每天晚上喷点水蒸气，到了早晨至少有一片雾凇，否则带着这么高希望来，什么也看不到。南方的山，海拔一千三四百米，水汽多，所以南方冬天山上的雾凇非常好看，但是没做几篇文章。留坝冬天有这么多水，就变成冰，看一下雪是什么情况，这样冬天滑雪场，我们现在觉得是短板，我觉得不是。真正短板是春节后，清明前，否则四千床位的民宿过了十一基本歇了，这不行。

春节前后先搞新庙会，然后阴历三月二十八再搞大庙会，就是组织场地，一直有半个月，有这么好的题目把这个事做起来，包括少年超级杯，时间节点上把握住，这个事火候够了。

最后我说一个留坝的地名谣：

玉皇紫柏留侯，火烧武关江口，马道萧何追韩信，青桥汉军靠筹谋。赤松仙踪飘渺去，留坝古道温情候。

这是昨天中午在国际青少年培训基地那里，突然看见一张留坝全景图，一看八个镇，就编了一个地名谣，概括一遍，而且这个文化地名都很好。说句老实话，我们这些年破坏性的建设和建设性的破坏，现在能留下的就是地名。所以我到哪里都很关注地名，地名是历史遗迹，看一看这些地名，就包括留坝本身，这就是我们的优势。总体来说，我觉得这是中国第一场景县，诗画秦岭，场景留坝。

考察了一天半，也没来得及看其他资料，留坝作为一个旅游县，小县可以做大旅游。需要新思维，需要场景化思维、场景化设计、场景化运行和场景化建设，这样，一个个细节抠出来就不同了，感受完全不同了。

我希望，有一种生活叫留坝，有一种场景叫留坝，有一种享受叫留坝。

大兴安岭怎么火[①]

2018年我曾来过一次大兴安岭，当时只是点了一下，加格达奇、南瓮河、520小镇再加北极村四个点，后来以《辽阔兴安岭，中国大北极》为题，讲了一次大课。疫情三年，中国旅游很不容易，跌到了谷底。今年上半年，我抓紧时间做了一个系统考察，跑了25个省50个城市，看了大量项目，接触了很多旅游企业家和地方官员，有一个深刻感受，中国旅游从今年开始，根本上发生了变化。

1978年中国改革开放，旅游业开始发展，那时候旅游是中国改革窗口，开放龙头。40年时间，也可称为中国旅游上半场。从2023年开始，我们进入下半场。市场变了、格局变了、环境变了、条件变了，一切都变了。

最近去了陕西、湖南，又到了大兴安岭，我把新思路和地方发展对应一下，很有信心。今天的题目是大兴安岭旅游新格局，重点讲大兴安岭，但是前面一些思维方式和观点我希望大家能接受，至少能参考。

一、气候与旅游

我在北京准备课件的时候，觉得大兴安岭气候问题是一个大问题。但是想来想去，大兴安岭气候是一个大优势。在旅游消费和休闲体验过程中，气候因素的重要性无以复加。

第一是气温。酷暑追求避暑，严冬追求避寒，只有春秋两季，全国都适宜，因此五一和十一自然是高潮。可是承德提出夏都形象，吉林打出22度夏天，也产生了副作用，如果这个地方一年只有暑期三个月，全年怎么运营？也有一些地方做极端文章，吐鲁番火焰山全国最热，大兴安岭是中国北极，等等，反而见效。和大兴安岭能对应的是三亚，大家

[①] 根据2023年8月25日的演讲整理。

说三亚好,没有淡季。4、5、6月就是淡季,天气热,又是旱季。我们觉得旺季来了,它淡季来了。任何地方因为气候影响,都会有淡、平、旺季,只不过想办法来变化。三亚本来旺季就是一个春节,大家吐槽三亚宰客,磨360天刀宰5天客。这是市场规律,解决不了。但是他们也痛感这一点,比如大年初七房价5000块,到了初八,房价跌到500块,初十跌到200块,过山车式状态。他们现在努力把黄金周变成黄金月,黄金月变成黄金季,但是淡季也躲不过去。这个问题对大兴安岭是客观存在的,我们怎么认识它,怎么运用它,怎么把被动变成主动,这是根本。

第二是空气质量,突出指标是负氧离子含量。这个指标在20年前是高标准,10年前还好,现在不重要了。随着全国环境改善和空气治理强化,这个指标的吸引力越来越小。

第三是气候特殊性,因为这种特殊性构造差异性,也会形成独特性。比如四川雅安是中国雨都,福建平潭是中国大风集中地,平潭一年120天大风。有一次我们研究平潭发展,我就说谁要能解决在大风过程中如何发展旅游,可以重奖。他们把全世界研究一遍,确实有一些地方即使有风,也可以做特殊文章。

第四,与地形相联系的空气体验,也就是说气压。一般而言,海拔1000米左右是最佳高度,空气凉爽,呼吸顺畅,过高就不行。

第五,和纬度相联系的空气体验,纬度低必热,纬度高必寒。

把这五方面因素综合到一起,就知道这个地方气候如何影响旅游发展,反过来说则是气候如何推进旅游发展。对于多数地方而言,气温适宜,质量良好,就具备良好条件,但是气候还有约束性,需要做四季文章。

春,百花深处山谷香,大兴安岭的春5月12号开始,兴安杜鹃满山灿烂。这个时候全国秀油菜花,浙江甚至打出了十大油菜花之地,江西婺源打了一个品牌叫中国最美丽乡村,为什么?春天油菜花遍地。可是不新鲜。兴安杜鹃不同,先开花后长叶,所以开花时漫山灿烂。

夏,清清溪水绿意长。夏天就得研究如何充分利用优势,尤其是生态优势。

秋,五色斑斓山川美。对大兴安岭而言,秋天很短,大概只有一周到十天左右,一闪过去了。所以秋季文章做什么?做全国最早的秋天,大兴安岭最早迎来五色斑斓。

冬,冰雪雾凇民宿忙。做好全年文章,做足夏季文章。一般觉得短板是冬季,我不这么看，冬天恰恰是大兴安岭最大优势。我专门问了一下，每年大概9月20号，头场雪下来了。北京有四五年时间没下过一场像样的雪，所以北京下雪恨不得全城狂欢。我昨天在龙江第一湾，问冰雪的情况，雾凇的情况，突然意识到一个问题，大兴安岭的气候可以说是一种次生性海洋性气候，也可以说是一种准海洋性气候，有没有这个说法我不知道，我凭感觉。

比如讲冰雪，搞冬奥会，习近平总书记说了要推动中国3亿人上冰雪，这个目标达到了。现在大把冰雪爱好者，尤其滑雪爱好者产生了。所以北京周边是第一圈，刚学滑雪的这滑一滑；第二圈张家口、延庆，都是冬奥会举办地，那里雪的品质很差，长久不了。第三圈吉林、黑龙江。我原来看法，冰雪两字，两省应有分工，黑龙江观冰，吉林玩雪。黑龙江做雪，条件太差，为什么？太冷。全世界最好滑雪地都是海洋性气候，中国具备海洋性气候的滑雪地只有两个地方，一个新疆阿勒泰，因为在伊犁，地理上开了口子，800公里，大西洋海风过来了。在北疆一直到阿勒泰，所以阿勒泰的雪最好。世界冰雪组织命名阿勒泰叫人类滑雪起源地，因为在阿勒泰山洞里发现一幅岩画，11个人撑着滑雪杖围猎一头野牛，专家研究后说岩画是一万年前的，旧石器和新石器交接这个时期，而且他们用的滑雪板、滑雪杖，今天当地牧民还在用。我昨天在白银纳看到，鄂伦春人的滑雪板就是这样，几乎一模一样。再有一个长白山，日本海的海风过来，到了长白山挡住了，所以形成雪，下到长白山，也是海洋性气候。

这次我发现了第三个点，就是大兴安岭。大兴安岭这种准海洋性气候，集中了黑龙江和辽宁两省的冰雪优势，同时还有雾凇。这种优势加在一起，如果文章做到位，大兴安岭魅力无与伦比，我们的冬季旅游就真正起来了。全国讲雾凇，就是吉林省吉林市，以气候作为主要资源打城市品牌。大兴安岭的气候已经形成良性循环，因为植被最丰富，生态环境最好。这种良性循环格局，走遍全国，除了北疆，其他地方没有看到。但是北疆是牧区，我们纯林区，牧区涉及牛羊放牧一大堆事。大家都认为北疆是中国的瑞士，我说不是，中国瑞士是大兴安岭。干吗非得中国的瑞士？如何重新认识我们的气候优势，充分发挥我们的气候优势？

这里最大优势在冬季，我们冬季雪期长，9月到5月将近8个月，我们不努力充分做，就做夏季三个月文章？这三个月来的人多了，肯定服务下降，品质就得下降，大家吐槽一堆走了，第二年又来一帮，吐槽一堆，这叫发展吗？怎么达到产业化发展？这两天我有一个感觉,大兴安岭没有旅游产业,现在叫旅游接待业。三亚是忽高忽低局面,至少产业格局形成了,我们现在产业格局没有形成,这是第一个问题,绕不开。

秋季中国哪里火?秋季的中国哪都不错,春秋两季,中国气温适宜哪都不错,所以秋季愿意远走就远走,愿意附近就附近。冬季怎么办?大家认为冬季该东三省了,我不这样看,辽宁肯定火不起来。因为辽宁要冰没冰,要雪没雪。吉林雪不错,现在条件也不错,所以今年冬季应该热在吉林。我最近问了一下,吉林北大湖几个主要滑雪场,现在都预定满了。所以冬天的冰雪首先在吉林的雪,其次在哈尔滨的冰,哈尔滨冰雪大世界起来,年年如此。但是,冬季该大兴安岭发力。这样就形成一个全国均衡发展格局,当然冬季另外一个热点就是海南和云南,年年如此,海南宰客云南坑客,去了以后吐槽一堆回来了,感受并不好。

我希望在大兴安岭能看到民宿集群,看到宿集,尤其看到头部的品牌宿集过来。

大兴安岭现在薄弱点是什么?不是接待能力薄弱,是接待品质薄弱。什么样的品质什么样的客人。中高端客人来了,不满意不会再来。如果客人就是大众客人,只能这样的品质,那就变成恶性循环。所以大兴安岭这几个月很火爆,绿皮车的客人、大巴车客人、旅行社拉来的客人,这些客人花几个钱?这些客人不但花钱少,毛病还多,不断吐槽,这样的客人最好少一点。中高端客人比重一定要加大,怎么吸引中高端客人,有没有中高端产品。

这两天在大兴安岭,还听大家说旅行社如何如何,我觉得好像是古代语言,至少是传统思维。在互联网基础和数字化社会之上,传统旅游方式基本淘汰,这样形成了新业态的特点。第一碎片化,现在大项目基本搞一个死一个。可是好多地方还觉得必须谋一个大项目。第二个积小为大。比如说宿集,十几个民宿过来了,形成一个宿集,投资量多大?没多大,十几个大概一亿多元。第三掉头快、变化多。

现在说新业态,还有什么东西能算新业态?我们说民宿说营地,实际上已经不是新业态了,现在新业态是什么,场景化。这些东西掉头快变化多。第四是渠道平台化。从市场渠道来说基本靠平台,我们就得对应这样的情况。

这也形成了下半场的开局特点。一是在消费层面,文旅深层次融合,对文化的追求达到了旅游历史上新高。我们老说文旅融合,二十大报告里又提出文化和旅游深度融合,这个融合根本是市场融合、是消费融合,消费者追求到这一步了,才可能融合,不是说出来就能融合。二是投资层面已经不需要高大上项目,而是小项目聚合,但是追求小而美、小而精。所以政府要提供好的投资环境和营商环境，而不是折腾大项目，这是一个根本性判断。三是在市场层面，起起伏伏。春节大规模客流，但是主要不是旅游客流，是探亲客流。清明不如人意，五一旺丁不旺财。到暑期，真正复苏来临了，又碰到高温酷暑，暴雨洪灾，气候对旅游的影响越来越重要。所以城市旅游在市场权重自然越来越高。2023年呈现出来的特点不是短期表现，而是下半场长远趋势的萌芽。趋势是自下而上的，也会形成星火燎原之势。消费层面叫安全、近距离、短时间、快速度，对应这个供给层面是小精特新趋势，政府层面应该是亲、合、质、保这样的对策，亲商、和缓、品质、保障。这是我们市场根本的变化，意味着我们很多传统东西已经走不下去了。

二、大兴安岭该崛起了

1. 场景化发展

因为场景是感受、体验、参与、沉浸，是这么一串词。首先对这个地方要有感受，到哪都会有感受，没有好的感受还不能有坏的感受吗？二是体验。我们觉得深层次的，实际上不是，只是一个表层。三是参与。我此生难忘的一个场景，到德国，在科隆大教堂台阶上看到一个金发女郎拉小提琴，正好夕阳西下，当时浑身像触电一样，站在那听她拉，拉完后我一看小提琴盒在下面摆着，卖艺的，把兜里零钱放在盒里面了，她很优雅跟我道声谢谢，这个场景终生难忘，因为你沉浸进去了。所以参与场景，最后是沉浸进去，这么一个过程。

可是从资源到产品再到场景，有一个融合、过渡、衔接，有这样一个过程。实际上到了场景化阶段，是融合了产品化阶段和资源化阶段的，这里面有过渡和衔接。现在产品化是主流，不能说什么都做场景，也未必什么都能做出场景。所以有一个衔接，也有一个过渡，但方向一定是场景，这是我们的发展方向。这个场景，我们可以用风这个主题，说出一堆词汇来，风景、风光、风貌、风物，这是几个主要的，先有风景然后有风光，然后有风貌，最后风物，风物是当地特种产品，包括非遗。之后，是风云、风月、风韵、风流。我说了八个风，这实际上都是和场景紧密联系在一起。

2. 两个参照系

第一个是瑞士。瑞士我去过五次，瑞士的参照是品质。瑞士历史上很穷，穷到什么程度，没有任何产品可以出口，最后出口雇佣军。直到今天，这个历史传统还有，到梵蒂冈、英国王室，那些卫兵都是瑞士人，瑞士雇佣军家族传统，能够穷到这份上。一直到16世纪，有一批法国人过去了，就开始搞精密制造，发展起手表制造。到了19世纪，一批犹太人过去了，发展金融业，20世纪发展旅游产业，所以瑞士被称为花园国家。但也是山地国家，4万平方公里，大兴安岭正好是它的一倍，地质地貌、自然状态、风光风景非常相像，可是品质差距尚大。

我最后一次到瑞士，是有一个世界金钥匙组织邀请，主要是做酒店服务的。我们跟他们聊过几次，说你们得扩充，不能老在酒店服务里面。他们想做金钥匙旅行服务，扯着我们到瑞士去一趟，我才知道高端。第一个酒店老总，一上来就说，我这个酒店185年了，第二个酒店我这个酒店170年。人家既不追求连锁，也不追求扩大，就是细细地把自己做好。我那次体会到了，什么叫瑞士品质。其中有一个细节，在日内瓦湖畔走，路边是小村小镇，房子都是两层，中间都有一个花台，阳台养花是自己享受，花台养花就是给社会。这一个小镇到处都是花，尤其是花台，你会感觉这个地方特别好，就这么一个细节，体现出它的品质追求。我们要比高端，必须比瑞士，当然需要文化积累，我们历史很悠久，但是缺乏文化积淀。

第二个，西伯利亚，我去了四次，海参崴、雅尔库茨克、贝加尔湖，包括列宁流放地，我都去了一下。西伯利亚那片地方和我们这很像，最顶级资源是贝加尔湖。贝加尔湖我们比不了，那是世界顶级的。但是旅游没有怎么做起来，俄罗斯人大概觉得这个东西没那么重要。可是我到贝加尔湖看完了说，如果贝加尔湖真正发展起来，那么东三省都没戏了，滑雪可以滑到四月中旬。而且那个地方不冷，贝加尔湖冰面上1月份零下20℃，可是那个时候哈尔滨零下32度。有一个交通组织方式，我觉得很有意思。公路都很差，因为人少，不值得修路，100公里以内开汽车胡乱跑，100公里以上都是直升机，再远一点就是飞机，飞机都不大。我们是把飞机的事弄得太神秘，弄得太高大上。到非洲，很多机场就是一条跑道两个茅草房，飞机往这一落，茅草房就是它的候机厅，我们一做就得高大上，完全没有必要。

在西伯利亚，坐直升机感觉就像坐公共汽车一样，我们到列宁流放地500公里，到机场，到处都是直升机，上了一架直升机，每个人拿一副耳机一扣，飞行员探出头看看，走了，两个小时到了。吵得一塌糊涂,也不舒服,这就是公共交通。他们的公共交通就是这种方式,但是方便。因为他们也是永冻层,年年公路翻浆,没有必要折腾这些事,可是生活品质并不低。这个给我印象很深,我那次带着一个中国旅游投资考察团,我当时跟老板说,这个地方相当于中国30年前,我们30年前有多少投资机会,现在在西伯利亚就有多少投资机会。最近我又碰见一拨俄罗斯人,布里亚特共和国旅游部长、市长都跑来了。我觉得资源我们可以用,但是他们那种发展模式我们不能用,因为太粗放了,可是总体来说很像。所以这两个参照系,我们好好研究研究。

3. 点 评

因为我上次来就是看几个点,缺乏完整概念,尤其缺乏穿越大兴安岭的感受,这次从呼玛到塔河、到漠河,所以看过的东西我做一个点评。

第一,八十里大湾,千里界江。黑龙江是世界上最长的边境河流,千里界江,八十里大湾格局本身就很好。这个地方我感觉不需要大动,弄点营地、民宿搞个宿集,就起来了。难点是冬天,只要解决了冬天取暖问题,就可以火爆。

第二,呼玛县城。小城不大风景如画,确实这种感觉。我这几天跑的这几个地方都是这样,不需要修大路,盖大楼,更不需要大广场大绿地,折腾那干什么?可是地大,是个院子就挺大。像这种县城要是做起来,可以做到顶级,而且这种场景,市场最缺乏。比如说长三角、珠三角这些地方的人,天天高楼大厦,看什么东西?什么东西看不着,就变成水泥森林,高楼峡谷,对自然向往最强。

第三,关于餐饮。在呼玛吃一顿早餐,很丰盛。从这里引发我对我们大兴安岭餐饮评价,实惠但是浪费,味道好但不精致。所以这个不能供给方主导,必须细化市场需求。如果做好,首先所有料减一半,可是东北人吃饭不剩哪行。这是文化,风俗习惯,是一种观念误导,这不是有文化的表现。把量减下来,做到精致,东北没有这种传统。我建议你们到长三角学一学,把你的厨师拉过去历练一下,跟人家学一学,淮扬菜两个字,精细。孔老夫子两千多年前就说,"食不厌精,脍不厌细",这是中国餐饮文化几千年的精髓。我们是大盘大碗可劲造,结果造不了,这显然不行。这样做,降低成本提高品质,还能多赚几个钱,市场主导,这方面得学。如果能学到淮扬菜哪怕1/10,会有大的提升。我当过一任中国烹饪协会副会长，所以我懂餐饮。第一次参加会长办公会，十点半开会说点事，到十一点半吃饭。我想，烹饪协会会长办公会吃什么东西？都是家常菜。最后一道清蒸鱼，服务员把鱼往上端，第一个人看了一眼1.4斤，说它的重量。第二个人看一眼，火候差一点。第三人拿筷子夹一下，差两分钟。把厨师长叫出来，差两分钟怎么上来了？厨师长说我再回一下锅，大家笑了，清蒸鱼有回锅吗？你再来一条吧。我不懂就请教，第一人说，清蒸鱼最好的分量1.2斤到1.4斤，这个鱼略大，1.4斤重。第二个人说，它的眼睛已经爆出来了，但是没有爆透，所以火候不足。第三个人说筷子一夹，里面还有点红差两分钟，这样的清蒸鱼，满屉上气，八分钟，这就叫精细。我们东北菜能行吗？大兴安岭的菜原料很好，就是我说的实惠但浪费，味道好但不精致。因为现在吃是最大吸引力，比如说一到西安，碳水之城，网上没完没了西安的碳水，油泼面诸如此类。我上礼拜去西安，下了火车一个小孩跟妈妈说，要吃羊肉泡馍，我问他们从哪来，从江苏来。美食，应该成为大兴安岭一张王牌，但是怎么做？找厨师，找烹饪协会餐饮协会，让他们好好研究，必须上一个大台阶。让大家一说，大兴安岭吃的不错，原料第一，味道也好，吃得很精致，很舒服，这就行了。

第四，鹿鼎山。鹿鼎山是金庸先生题字，当地想做一个武侠小镇，这种小镇可以说，未必真做，我不太赞成，这个地方是金庸梦幻，当代天堂。放眼一看，鹿鼎山后面九个峰连绵起伏，下面三条河汇流形成一个湾，九峰连绵成龙脉，三河汇流聚龙湾，别有一番天地。鹿鼎山不是偶然的，把这些东西和金庸先生的内容组合到一起，才能把这个文章真正作起来，而且下面河边都是中草药，要把它组合起来，就可以变成顶级场景。

第五，金山林场。占地六万亩，也是国家森林公园，看标本馆才知道大兴安岭有1400多种动植物，多姿多彩。又看金山林场民宿，孩子们用松塔制作文创。再后面营地，鱼汤鲜美，烤肉喷香，周边大片樟木松林，松风飒飒，泉水潺潺。鱼汤怎么熬？熬了三小时，用他们特有的泉水熬，感受真不同，但也是这样，粗糙。

第六，画山。江山如画，所以命名为画山，江对面是俄罗斯，游船在江中，石头砬子高耸。龙江之美，尽在呼玛。

第七，一路走呼玛，是农区感觉。田野美丽，花黄草绿。这里我说四个"在"，一是美在乡村，不仅是田野，也包括民居。二是学在乡村，学是什么？农民要学习，学习旅游知识、服务知识、烹饪知识。三是闲在乡村，休闲的人过来，在乡村休闲避暑度假。四是富在乡村，构造新型产业。整个呼玛县应该形成民宿集群，对应远程市场，不能只对应周边，周边市场8万平方公里大兴安岭大家天天看这一套，烦不烦？可是远程的人来了一定高兴。比如北京市民，看好一个地方，每年过来住半个月，甚至住一两个月，相当于把呼玛当作一个避暑地。

第八，国道331。东起辽宁丹东，西到新疆阿勒泰，是东北和西北边境公路，也是最美公路。一路走，阴云过去蓝天白云，阳光灿烂，果然最美。一开始担心下雨，结果看着天蓝了，阳光出来了，太漂亮了。现在已经形成了营地链条，这很好。但需要提高营地水平，创造新模式。我们现在这些营地，基本功能都有，可是缺一个玩的功能，玩是营地文化的本质。营地文化就是玩，要好好玩好。看了几个营地，都是这种感觉，住宿有了，吃饭有了，专门问有没有篝火晚会。可以搞篝火晚会，不是搞不搞？是有没有？有时候有，没有形成传统、没有形成品牌。比如说大兴安岭火了，火在营地篝火，这是一个说法，大兴安岭篝火晚会，创造一个新格局。我们很多地方不让搞，虽然林区护林防火第一位，但是营地里面完全可以搞。

第九，鄂伦春部落，就是白银纳。鄂伦春是中国六小民族之一，今年又是下山定居70周年，所以我们那天很有节庆感觉，再加上一个自驾车队伍过来了，开会一个队伍也过去了，热闹得一塌糊涂。桦树皮的碗，沙棘的果汁，乡土菜也是量大，糊里糊涂吃完了。后来看民俗风情馆，看鄂伦春民族的历史、生活、建筑、饮食、服饰、节庆，我感觉是这是一个完整的森林生活系统，一个与自然和谐的方式。最后到萨满小院，见了最后一位萨满传承人，也60多岁了。我询问萨玛的仪式，请教通灵，探讨感受，她没有想到我这么问问题，尤其是通灵，她问，你信吗，我说我信。她说我这个事不能跟别人说，一说别人说我胡说八道，要不然稀奇古怪。所以她自称文化传承者也是文化传播者。我就说，鄂伦春文化在萨满身上高度凝聚、集中体现。在白银纳部落，这种场景感已经很充分了。后来就聊，我说我给你做一个解释，很简单，物质深一个层次是能量，能量深一个层次是信息，所以现在量子力学、量子纠缠，当代科学这些理论完全可以解释，不是神神鬼鬼。萨满可能掌握了更高一级信息获取方式和传递方式，因为萨满作为一种信仰，在欧亚草原普遍存在，从东北到中亚，从俄罗斯那开始，一路都有萨满。这套东西我觉得很有意思，萨满做法事的服装100多斤重，做完一场累不累？她说不累，精神很好，这就是能量发挥作用。

第十,第十二站。这个地方已经到了塔河了,这是古驿道遗址,一个线性文化遗产。明朝是25个驿站,民国33个驿站,311国道必打卡之地。一段复杂的历史,一个曲折的过程,现在一个叫奏捷之驿,一条是黄金之路。驿站复建挺好,很有文化,也有历史依据。可是干嘛把它当文物古迹弄起来?复建的不是文物古迹,能不能让大家体会一下,旁边就是营地,比如晚上,可以到这个驿站打卡,我吃一吃站丁当年的伙食。我们不必拘泥,现在是有场而无感,场景有了,但没有感觉,有景而无情,情景交融不可能,这个地方完全可以做。甚至在议事堂里面,可以在这开一个会,一下达到了情景交融。

第十一,龙河驿站。龙河驿站就是阿木尔林业局,下来看见一副好对联,可以接待200多人吃饭,100多人住宿,而且自驾车过来加水充电都免费,博得一致好评。我跟老总说,你很阔,很有钱。他说不是,我希望好的服务引发好的客人。理念非常好,可是这个地方给我感觉大而无当,很大,但是缺乏内容,有场景意识,可是被市场局限了。所以市场在变化,我们要应对未来。

第十二,荒野文化,北极岛,20平方公里。进入27公里砂石体验路。我上次去的时候路非常不好,颠得一塌糊涂,这次好。还问我,有水泥路有沙石体验路,我说走沙石体验路,走起来很舒适,沿途白桦林。我想起来一个概念,荒野文化。晚上吃饭,我说你们一不留神登上了世界前沿和时尚。为什么?发达国家现在倡导一个文化概念,荒野文化,对自然最少破坏,但是最深的体验。美国国会专门通过了一个《荒野区域法》,做了一系列细致规定。中国这个概念还没有,你这一不留神到了最前沿最时尚。有时候我们觉得最时尚恰恰落后,有时候我们落后恰恰最前沿,以前我们不懂,因为你经济没有发展到那个阶段,你不理解。但是现在明白了,我干旅游进入这个实际运作,第一件事修厕所,1983年到北京旅游局修厕所,一直折腾到后来还在说旅游厕所革命,我们那个时候实在不理解。现在呢,这些年轻人,城里孩子们,没有卫生间绝对不去,这是基本配置。生活到这个水平了,所以为什么刚才说撒野型的旅游类型,实际上乡野文化这一套就很对应。

第十三,北极岛,号称龙江第一湾,大家觉得这个名称很牛。实际有局限,我上次来的时候曾经提过,应该换一个名称,天地湾。对应黄河,有一个乾坤湾,黄河99道湾,其中有一个湾和我们这很像,在河中央绕出一个岛来,有一个地质学家把这称为乾坤湾。对应黄河乾坤湾,叫龙江天地湾,先天地而后乾坤。但是大家说怕镇不住,那无所谓。但是这次看，这事说乱了，又北极岛、又金环岛、银环岛，环来环去环什么呢？金环岛、银环岛都是人家俄罗斯的，换一个说法吧，两环拱卫北极。天高地远，一望无际，黑龙江蜿蜒曲折，形成半岛，江水宁静从容不迫，绿树覆盖江风浩荡，北国好风光，尽在北极岛。正好夕阳西下，曲折成岛，又看大江东去，远方流逝。感觉空间和时间的变化，感知北极找北的追求，此情此景，不负辛苦。

但是调整一个习惯的说法，老说找北，找北，找北从这里开始，我说错，都到了北极了，找北还从这里开始吗？要从这里开始再往北找，找俄罗斯去了。应该说，找北就此明确，幸福从此开始。到了北极，已经找到北了，人生找到北了，幸福从此开始。

第十四，看民宿，堪称物美价廉，而且区位便利，只是没有上网，很少有人知道。我奇怪，现在上网变成生活必须了，做民宿不上网？分分钟的事。

第十五，省道218线，也是生态路、景观路、文化路，一路穿越森林，感觉辽阔兴安岭，中国大北极。

第十六，北极冰蓝莓酒庄，一年收获300到500吨野生蓝莓，酿出来以后储存5到8年，有冰酒有干红，入口稍酸但是越喝越香。我在瑞士看了一个酒庄，干白葡萄酒，那个酒庄的葡萄园就是世界自然遗产，60多平方公里葡萄园一片，本身就是世界自然遗产。在世界自然遗产里面做干白，一年8万瓶，多了不生产。因为是家族企业，每年采葡萄的时候，雇点工人，剩下家族自己弄，生产多了干的过来吗？不干，就是这句话。可是，我是顶级的，我看到蓝莓酒庄，想起来这个地方。

第十七，进漠河，漠河像一个童话小城，到处是中国最北符号，有点像新疆的布尔津县城，在阿勒泰，也有像满洲里。我在满洲里看过一个东西，挺有意思，每年雪下差不多的时候，搞城市雪塑，冬天去的时候，到处是雪的雕塑，不是冰雕，是雪塑，觉得城市一下子有味道了，实际上就是在营造场景。冬天到满洲里，最冷的时候零下58℃，但是也觉得很棒，很热闹。为什么？屋里面热闹，反正出去五分钟回来，就这样也得多出去几次，受不了赶紧回来。可是有一次我看哈尔滨冰雪大世界，零下32℃，把所有厚的衣服穿上了，40分钟，最后冷得回酒店放热水泡半小时才缓过来。所以冬天很好，但是户外不能长，可是户外又不能不去，不去体会不到冰雪，所以是一个很矛盾的事情。

第十八，极北大石林。离开漠河小城，115公里进山。愈往北，海拔愈高，秋色愈浓。

去石林，据说很好，将信将疑，去过人不多。一个警示牌把人镇住，确实少见，野趣十足。漠河石林，面积很大，海拔800到1500米，九个组群。先看第一组群九龙壁。花岗岩垂直节理发育，又经历冰川运动，形成独特的球状风化。巨石嵯峨连障起，辉映兴安岭上情。第三组群，冰缘石海组群，大片石海，都是片状花岗岩，可见冰川运动之剧烈。放眼望去，大兴安岭层层叠叠，真正显现出气势。第四组群，一线天。石景形态变化，石海蜿蜒散布，象形名称自然产生。偃松、苔藓、花楸、石耳、过火木独立，老树根盘桓。马上就是五花山，春天则是满山杜鹃。

看了三个组群，可以得出判断，如果看完九个，就能强化判断。一是名称，现在称为漠河石林，说小了。极北大石林，尽看兴安岭。二是特色，生态多样性，形态丰富性，景观逼真性，石海广袤性，系统。三是定位，中国北方第一石林，或者中国花岗岩第一石林。石林大则为峰，黄山华山皆为峰林。石林小则为石笋，也有一批，多是石灰岩。所以，花岗岩石林此处为尊。

第十九，到北极村，5年过去，变化颇大，已经有度假区的感觉了。沿黑龙江而行，新建筑不少，还有一个新广场。北极村刚度过旺季，大家都很兴奋，今天还有3000人。到驯鹿园，50多头驯鹿，看见人就围过来。驯鹿主要吃苔藓，还必须是岩石上生长的，果然一方水土养一方生物。江边，看落日余晖，有一个中国万里骑士俱乐部在此立碑。富二代，玩哈雷摩托，有爱国心。景色很美，蚊子很多，想浪漫也不得浪漫。中国最北一家，客人都在打卡。难得在此吃农家饭。过漠河广场，浏览了演唱，各种图案用激光表现。何必乱七八糟？集中表现极光。到北极村，感受北极光，天天可以体验，形成场景，必火。

第二十，观音山，距北极村20公里。清朝即有小庙。2016年，请来三亚南海观音原身像，高10.8米。雕塑精致，法相慈祥。山腰是老沟金矿遗址，当年中国人、俄国人、日本人集中过来，大把黄金被掠夺。此地风水好，是个人就能看出来，今天不看重了，绿水青山第一，国防安全第一。

三足鼎立，发展漠河。一是城市，从中转型向目的地发展，包括图强林业局和阿木尔林业局，开会，体验，知道从小就知道的地方。二是石林，极北大石林，尽看兴安岭。跟着书记打卡。三是北极村，市场自然形成了分层，中高端度假和大众观光。

4. 大兴安岭怎么火

那天产业发展大会的时候，我说两句话。一句话大兴安岭该火了，另外一句话我们准备好了吗？很多人说准备好了，我心说，准备好了什么？完全不知道将来怎么样，没有准备好。可是我们应该怎么做，以场景化为核心的创新模式，有几个核心场景我们必须做出来。

第一个北极场景。北极场景不只是北极村，也不只是北极岛，北极场景是什么？是整个大兴安岭8.3万平方公里都是北极，本来你是中国大北极，这个北极场景怎么做？第一做冰雪，第二个做雾凇，第三个做生活。我们这生活到底怎么样？比如说到了白银纳，你到冬天的时候就应该看见点鄂伦春人穿着皮衣服，驯鹿雪橇，这个场景出来了，这个场景打动人。再比如说炕头一坐，小酒一喝，东北菜细细地吃一吃，这也是一种场景，这种场景给人以温暖。所以说第一是北极场景。

第二个，天地湾，龙江第一湾。要做一个复合型场景，我上次看过才知道，他们说上午去看，我说不要上午看，赶上夕阳西下看第一湾，感觉太好了。可是这种场景叫可遇不可求，不是每个人都可以碰到，这样的话，现在准备修一个高塔，这个高塔起来后感觉更好一些。而且20平方公里足够大，可以容纳很多内容，把这些东西弄进去。

第三个，南瓮河岛屿林湿地，这是具有唯一性的。全国主要湿地我都看过，岛屿森林湿地凑在一起很不容易。但是现在方式不行，感受不足。我提什么，直升飞机或者热气球，系留式热气球，因为游荡式热气球安全不保障，系留式的安全没问题，让大家上去一看，就能明白岛屿林湿地怎么回事，夏天看好看，冬天看也好看，所以这就是一个大场景，自然场景。我到哪个地方就研究三个事，第一，想唯一，有没有什么具备唯一性的东西？唯一性是最大吸引力。第二，干第一，我们就得研究第一场景在哪。最后，去之一，别老是研究搞一个5A景区，全国318个了，你搞完了350个，有多大意义？得投资3亿到5亿元才能上5A，所以现在好多地方上5A，我说不要上。虽然5A标准是我搞的。需要研究第一场景，但是不要研究之一。

第四个重点场景，大兴安岭林海雪原，直接的林海雪原方式不太容易，最好是森林火车，我们历史上没有森林火车，可是吉林包括伊春都有。有一次在吉林看了三个湖，坐火车，还在开着，所以出了一个题目，我的家在东北松花江上，靠什么？就是靠森林火车。我们现在有一列呼伦贝尔号列车，据说特贵，这个事有点意思。实际上呼伦贝尔号列车给我们带来一个高端。大家知道我这个地方可以这么做，可以这样卖钱，样板都有了，就得研究这个林海雪原怎么做。无非让大家来体验，体验过马拉爬犁，包括黑龙江上，林海雪原内，时间不超过十分钟，然后赶紧回来，时间再长受不了。要经历这么一个场景，我敢说终生难忘，终生难忘大兴安岭，为什么？因为体验到了丰富的第一场景。

再一个331，331现在条件也不错，可是有一个问题，冬天下雪路怎么办？我在日本北海道看见一个事很好玩的，电线杆拉出来一个标识，很长，一个指示箭头垂下来，这个干吗？这个东西就是告诉你这是马路中线，因为你看不到路上的交通标识，马路中线在这。然后一看路边，凡有坡的地方都有容纳积雪的设施，所以雪很厚，可是走起来非常舒服。331将来这些东西差不多就都得上。我非常看好大兴安岭的冬天，大兴安岭的冬天在全国具有唯一性。大湾区的人到大兴安岭肯定傻掉，一辈子想象不到。他们知道林海雪原，电影里面看，到现场才知道什么是真正的林海雪原，才有了场景感、沉浸感，进而有了参与感。

另外，我们的城市都是小城，加格达奇也都是小城，但是小城很整齐、干净、漂亮，各有各的味道，毕竟是边境，俄罗斯的建筑风格蛮有味道的，也舒服。还有一个优势，机场群，我这两天走过来才发现，到这是一个机场，到那是一个机场。所以我刚才专门问了一下机场，这种小机场构造的群，使得大交通方便。对航空公司来说，有客人就有积极性，可是你要是机场群形不成，客人怎么来？变成鸡生蛋，蛋生鸡的关系。我们先组织客人，客人多了，需求起来了，航空也起来了。所以从漠河到加格达奇，两个机场很通，包括路上这几个地方都有机场。这样的话，参照西伯利亚模式，除了航班以外，通过直升飞机模式，也给客人增加新鲜体验。这样构造了更加丰富的交通体系，这是我们的好条件，其他地方怎么可能呢？

总体来说，关于大兴安岭旅游发展，可以确立几个目标。

第一个目标，友好型旅游目的地，要温暖，温情；第二个，生活型旅游目的地，到大兴安岭体验另外一种生活，享受另外一种生活，是一种新的生活方式；第三个，康养胜地。在呼玛他们说有一个地方长寿老人很多，想申报长寿之乡，人口太少，申报不了。干嘛非得申报啊，你自己说不就完了，呼玛长寿之乡，大兴安岭康养胜地。非得人家给你戴帽子？江西婺源打一个牌子，中国最美丽乡村，我见到县委书记问，谁发的帽子？他说没人发，我自己造一顶自己戴，行不行？十几年过去了，大家公认中国最美丽的乡村婺源，春天油菜花，秋天篁岭晒秋，篁岭晒秋什么？就是一个村，这个村年年秋天的时候都晒，晒辣椒、玉米，很大的竹编的匾，都晒在台子上，所以这个村庄秋天五彩斑斓，真是好看。我今年刚去了一趟。这就是老百姓传统，只不过现在开始运营了，就不一样。

自己打牌子不行吗？有依据啊，一个生活型目的地，康养胜地，就得有这些标志性事物。

第四个目标，荒野文化体验区。我昨天才产生的想法，因为现在中国没有一个地方打这个牌，荒野文化体验区，我们打，我们就是第一，也是唯一，也不需要谁来批。因为天保工程在这顶着，护林防火第一要务，做荒野文化最适应我的生态，最适应中央要求，最适应大兴安岭实情。但是需要一顶帽子，这个帽子就是荒野文化。甚至可以进一步考虑，在全国倡导荒野文化，可以到网上查一查，倡导荒野文化。我昨天还问，查一查有没有一个国际组织，叫荒野文化联合会，说没有。如果没有，大兴安岭可以发起，组建世界一个组织，叫世界荒野文化联合会。不是老说中国落后吗？告诉你们，中国走在最前面，这个事简单。因为我参与组建了好几个国际组织了，我有数。先组织专家做一番研究，形成主体概念，大家都接受。然后研究一套理念，这个基础上找几个国家，比如说俄罗斯、美国、加拿大、北欧五国，找几个国家的地方合作一下，类似于我们这样的地方，联合发起组建世界荒野文化联合会，总部在大兴安岭。无非就是省政府支持，报上去，民政部审一下，国务院批一下，这就成立了。北京搞了一个世界旅游城市联合会，我是首席专家，因为整个筹备过程我都参与。贵州搞了一个世界山地旅游联盟，基本是一套模版抄过来。最后国家旅游局索性搞了一个世界旅游联盟，总部在杭州，这不都起来了吗？你们把模板拿过来，一弄就完了。凭什么人家外国人搞国际组织，我们屁颠屁颠跟上去，能够参加一下都觉得很荣耀，完全没有必要。我来当头，搞国际组织，大兴安岭全世界成名，全世界都关注。尤其这些赶时髦的青年人，要到大兴安岭体验荒野文化，这个概念完全不同了。中国改革开放到现在45年了，我们应该有这个眼界，也应该有这个魄力，干一把这样的事。

总体而言，辽阔兴安岭，中国大北极，这还只是就中国说大兴安岭，但是现在要从世界看大兴安岭，大兴安岭的世界，世界的大兴安岭，把我们文旅产业真正培育发展起来。

漠河旅游探讨三足鼎立，漠河旅游[1]

上次来我就到了北极村，说句老实话印象一般。这次把这几个点看完之后，对漠河有了一个全新想法。所以我说三足鼎立，漠河旅游。

第一足是城市。漠河这个城市，第一中国最北城市，进入了小学生教科书，所以是个中国人就知道漠河。第二市容市貌特别好，远远超出我的想象，后来我才想到上次没到这里来，一有异国风光，二整齐干净漂亮，三周围环境特别好，四还有机场。

所以漠河这个城市不能只变成一个中转地，要向目的地城市发展，大家到了漠河后，感觉不能马上走，要在这里住一晚，看一看、玩一玩。另外，会议功能现在已经起来了，到漠河开会不算到景区开会，不犯忌，可是到了漠河就像到了景区一样。

所以这个地方，不需要做太多工作，实际上就是把冬天怎么做研究好，不能说冬天不来人，漠河这个城市本身，冬天也应该是一个大家向往的目的地。比如说我有一年冬天去满洲里，看见这个城市里有雪塑，门前都用雪搞一个雕塑，花样百出，我就问，雪塑多长时间？至少半年，这个城市冬天一下子就生动活泼了，类似这样的文章做一下。另外一个就是周边林业局，看看怎么联动一下，这样就把这个城市作为一个旅游目的地城市做一下，这是一足。

第二足是石海。现在叫漠河石海，我昨天看完说这个名不合适，名说小了，去一趟不容易，所以去过的人也不多，115公里再回来就是230公里，但是那个地方很棒，所以一路上问，比起内蒙古的克什克腾怎么样？我说得看完了才能说。我们昨天看了三组，一组九龙壁，三组是冰原石海，四组是一线天。看完了可以得出判断了，虽然只看了三组。第一我建议叫极北大石林，叫北极大石林也可以，可是什么都说北极有点贫，叫极北大石林，尽看兴安岭。在这里，大兴安岭的感觉最强烈，因为一路走上千公里过来，就是感觉森林，

---

[1] 根据2023年8月27日和漠河领导的探讨整理。

岭的感觉不强烈，这里不同。而且这里的石林，一是生态多样性，二是形态丰富性，有各种各样形态，不光石林形态，三是景观逼真性，都不用说，大家一看自然明白，四是石海的广袤性，这种广袤的石海不多见。因为这里石海特点都是片状花岗岩，说明历史上冰川活动非常剧烈，九龙壁的石头是球状风化。

这四个特点，我们可以有两个定位，第一位叫中国北方第一大石林，这一比就出来了，它比你的石林更震撼一些，但是不足。

第二个叫中国花岗岩第一石林。石林要大就变成山峰了，比如黄山华山都是，花岗岩的峰林，小的就叫石笋，只有这种状态才叫石林。南方石林都是石灰岩石林，就是昆明石林，所以，花岗岩石林全国真是第一。这个石林现在做得不错，累计投资将近三亿元，现在可进入性很强了，可是设施不足，大家玩完到哪吃饭，哪里住宿？想把九组走下来不是一天的事。

支撑漠河旅游的第三足，就是北极村。我五年没去，这次去北极村感觉不错，而且北极村市场的分工自然而然形成了。我住在张仲景养生院，到了那里周边一看，有度假区的感觉，到了北极村就是大众观光地。就让它这么做，只要别弄得太差了，大家都投诉，这个事情要管。因为涉及老百姓利益，也涉及旅行社、导游、司机这些人的利益，不碰你们的。可是度假区这块可以走中高端。现在已经是5A景区了，这块的发展实际上也用不着下大力，因为闲置房子很多，就把闲置的房子产权关系搞明确，可以采取赊销方式，就是你来装修你来干，产权是我的，我可以以产权入股，也可以你干着，你挣的钱慢慢还我。这样政府也不用花钱，投资商也放心，因为吸引投资有难度，投资商就不放心。有一个明确的政策界限，政府什么钱都不花，组织操作就可以了，这样把闲置的房子用起来，度假区就形成了。这样，一个层面是中高端的就是度假村，一个层面是大众的，就是大众观光区。

这样三足鼎立，发展漠河。最关键就是把冬天做火，这里冬天最有吸引力。昨天在广场上看有人唱歌，几个人稀稀拉拉在那里看，背景不断打激光，各种图案都出来了。我就想何必打这乱糟糟的图案，就打一个北极光，来到北极村感受北极光，我不说北极光是真的，也不可能是真的，但是每个人来了都可以感受到。就这么一个变动，保你365天吸引人，来了打卡，不但打到广场，打到石刻，打到黑龙江，晚上在这里打出北极光来，就够了，冲着北极光也得来，三足鼎立发展就起来了。

深圳与大湾区旅游①

一、大湾区与深圳国际化

会议组织者希望说说深圳国际化目标,我对这个命题不太认同。

1. 大湾区

世界级的大湾区,中国改革开放45年,培育了粤港澳大湾区,已经客观存在,现在大湾区这个说法已经明确了;二是上升为国家战略,港珠澳大桥建设成功成为标志性事件。我只能说建设成功,现在谈不到运营成功,因为这个事本身就很别扭,港珠澳大桥居然在深圳没有口子,我不知道当时怎么想的,但是毕竟是一个标志。现在东京湾区、纽约湾区、旧金山湾区被称为世界三大湾区,粤港澳大湾区有11个城市,5.6万平方公里面积,6671万人口,1.36万亿美元GDP,直追三大湾区,自然形成世界四大湾区,未来几年内粤港澳大湾区将成为第一大湾区,这是我一个基础判断,也是深圳发展一个背景。

湾区形成,一是临海、二是成片、三气候适宜、四区位便利,所以才形成湾区。湾区发展借助城市群、推动城市群,形成分工体系互补互促。三大湾区里面,纽约和东京是公认的世界城市群,形成发展高地,旧金山湾区借助硅谷,也是创新高地。湾区旅游各擅所长,因地制宜、因时制宜、因市制宜,所以湾区的旅游一是区域化发展,二是旅游输出输入并重,三是都市型目的地,四是各有特点。

都市型目的地才构造了湾区的特点。所以旧金山湾区是世界驰名的旅游目的地,与洛杉矶联动,转型的拉斯维加斯始终热度不减,原来说拉斯维加斯就是赌城,实际转型转了20年了。拉斯维加斯转型,一是活动型城市,二是文化型城市,三是度假型城市,四是娱

---

① 根据2023年9月6日在深圳改革开放干部学院的讲课整理。

乐型城市，赌博只是其中之一，如果还认为拉斯维加斯是一个赌城，这个认识已经完全错误了。原来拉斯维加斯只有成年男人可去，现在拖家带口都可以去，为什么？就是因为转型。

纽约湾区是城市群和历史文化结合，也是各类新潮的发源地，这是重中之重。所以纽约的百老汇，伦敦的音乐剧，都是世界顶级的。

东京湾区是京、阪、神联动，也是都市旅游格局，但是这么多年不瘟不火，在旅游方面没达到预想。

很自然，大湾区也是旅游区，是世界旅游发展的制高点。这样来看，粤港澳大湾区旅游发展目标是什么？就是成为世界旅游的制高点。包括香港、澳门、深圳、珠海、广州、东莞、佛山、惠州、中山、江门、肇庆，都是响当当的名字，已经是旅游发达地区，也将成为世界级的旅游目的地，这是一个前景。

为什么这样说呢？首先是资源评价，自然条件，大湾区气候适宜，山清水秀，海湾曲折。文化条件，有澳门的历史城区，开平碉楼和村落等世界文化遗产，还有突出的地域文化，生活条件物产富饶，鲜鱼水菜，饮食讲究堪称第一，这是传统资源评价。

其次是发展评价。香港东方明珠熠熠生辉，澳门历史名城博彩精彩。珠三角经过改革开放40年的发展形成了巨大旅游产业规模，多年以来广东始终处于全国前列，星级饭店总数位居全国第一，达到658家，其中五星级饭店达到103家，9个城市都是中国优秀旅游城市，5A级景区达到8家，同时形成了集群发展格局。深圳的主题公园群，广州温泉群，整体的乡村休闲群落，等等，这种集群式的发展形成了。

第三是市场评价。港澳客人从来是入境旅游大头，广东多年以来是全国第一，而且是输出输入并重。另一方面，市场机制逐步成熟。深圳80年代是五湖四海一中心，90年代升格为主题公园群，进入新世纪走的是精耕细作的路子，城市吸引力增强，文化吸引力凸显。这样的地方不需要大建设，但是需要大发展，不需要过多的硬开发，但是需要强化软开发。所以对于深圳，核心观点就是这个，不必琢磨搞什么大项目，深圳本身就是大项目，搞什么大项目？可是深圳传统吸引力在下降，新兴的吸引力怎么把它打出来？这是核心。

第四是管理评价。20年前，旅游方面粤港澳大三角就开始提出，从自然联动到市场联动最后到管理联动，现在已经进入成熟阶段，保持了较好的管理格局。这些年以来，虽然有起伏波动，但是市场秩序始终比较好。这么多年以来，广东旅游形象很少产生负面影响，不管是珠三角还是粤西、粤北都是这样，不像很多地方大起大落，忽高忽低，为什么？就说明广东的市场机制是比较成熟的，社会条件、社会环境也是比较友好的。

第五是前景展望。毫无疑义，粤港澳大湾区旅游前景无限，也将成为四大湾区领袖地区，继续成为今后旅游发展的重头，尤其在体制机制创新方面将引领一代新风。当然这是一个展望，我相信这个展望可以达到的。

2. 挑战与机遇并存

粤港澳大湾区旅游发展困难也是明显的。

一是两个特别行政区、两个经济特区、三个自由贸易区，多种体制交汇，形成大湾区内部政策洼地和政策高地，这就涉及旅游便利化、资源整合、资本运作等。

二是旅游产品不平衡。由于休闲度假产品不足，庞大消费力也会转移，这一点很突出。现在大家都看好，一说中国旅游市场，首先大湾区，然后长三角，京津冀都不怎么说，因为京津冀这个市场太不平衡了，这么两大市场大家都盯住了，消费力自然就会转移。

三是市场溢出、投资溢出、品牌溢出，这是一柄双刃剑，需要处理好各种关系。我们的优势溢出了，自己怎么办？空心化？

四是三年疫情，对于大湾区不是伤筋动骨，也是伤了元气。

五是国际政治和经济形势变化，从根本上影响国际化的发展。

这是现在遇到的困难。有一些困难是长期的，有一些困难可能是阶段性的。这样的话，涉及深圳旅游发展，在大湾区的总体背景之下，深圳旅游业面临着新机遇。

80年代的时候三大优势，第一个特区优势，那个时候靠特区本身就有足够的吸引力，第二个口岸优势，毕竟是口岸，而且这种口岸优势持续不衰，第三个创造优势，所以这么多年以来深圳城市创造力，尤其是五湖四海汇聚过来，深圳没有排外，深圳也不能排外，一个移民城市怎么排外？30年以前我说过，再过50年，全中国最优秀的男人和最漂亮的女人都会在深圳，为什么？因为最优秀的男人和最漂亮的女人现在集中到深圳了，30年以后他们下一代出来了，50年代以后又一代出来了，这是必然。

90年代是市场优势、都市优势和品牌优势。

新世纪的优势，第一个群体优势，大湾区这么一个群体构造了这种优势，这种优势在深圳感觉不太出来，可是在外省感觉很强烈。第二个产业链优势，深圳形成了强大产业群，不光是产业链，形成了产业群，这种产业群使制造业创新方面优势无以复加。第三个国际优势，这种国际优势目前来看还是一种潜在的优势，没有真正发挥出来。第四海洋优势，海洋优势现在看起来更是一个潜在优势。比如说深圳海洋旅游，就是深圳一个薄弱点，一定意义来说是深圳空白点，这个滨海城市哪有海滨的感觉啊？真是看不出来。这么多年了，这些优势，尤其新世纪这些优势怎么发挥？

3. 目标

市场平台构造基础，人才开拓长远发展，这是根本。第一国际深圳，这个国际深圳实际现在整个国家战略紧密联系在一起，但是深圳应该突破，所以这种国际化突破很自然的。

第二时尚深圳。深圳时尚感不强，不像长沙，长沙太时尚，也不像海南，海南现在大家追求时尚。现在国内有很多地方追求时尚不是洋派，现在更多的时尚是国潮。

第三文化深圳。我从来不认同深圳是文化沙漠。只不过有一条，现在还没有形成自己的文化主题，深圳的文化主题到底是什么？因为我们在座的都涉及文旅，包括我们各个地方的文化主题是什么，都需要提炼。所以这个文化深圳我现在感觉，深圳的社区性文化很突出，文化设施、文化需求和这种文化感受，这都很突出，这点很好。

第四海洋深圳。海洋深圳就需要发挥海洋优势，比如说大鹏新区，我前几年专门去过一次，看了几个地方，我觉得有潜力，而且我当时提的是什么？大鹏新区做海洋旅游，对标三亚海棠湾。海棠湾32公里海岸线，二十几个酒店，投资大概上千亿元，但是做到了世界一流。比如说海棠湾的亚特兰蒂斯，全世界三家，巴拿马一家，几乎没有市场影响，就在北美有，阿布扎比一家，那家效益最好，但是要说到时尚，说到高端，就是海棠湾这家，投资110亿元，复星集团投资的，一把做起来了，这几年包括疫情期间生意都不差。所以深圳作为一个滨海城市，没有类似这样的项目，当然不见得非得追求到这一步，你叫什么滨海城市？没有海滨的感受。大小梅沙，到了那里看见沙滩了，不错，居然在深圳能看到沙滩，还挺火爆的，肯定得火爆，因为整个广东就没有什么好沙滩。一个珠江出海口，把我们可能有的好沙滩全淹没了，只有到了阳江的海陵岛，有广东最好的沙滩，又稍微远了一点。所以你这大、小梅沙有这么两片沙滩，大家感觉确实不错，但是规模不够。

第五生活深圳。深圳不仅是让人打拼的地方,也是让人生活的地方,进一步发展,深圳是让人享受的地方,但是现在大家到深圳享受感不强。第一次到深圳,毫无例外把三个园子走一遍,走完了就是深圳走完了。第二次到深圳看什么?因为大家的习惯还是看什么?实际上现在的都市休闲不是看什么,而是感受什么。80年代外国旅行团到上海,要求在上海只住一晚,因为上海无从感受,90年代提出来在上海住两晚,现在提出来在上海至少住三晚,而且客人两个晚上自由活动,为什么?衡山路酒吧一条街、新天地、田子坊诸如此类,上海现在这样的花样太多了,所以就感觉整个上海这个大都市在向场景化发展,就是这种感觉。当然最热的还是外滩,外滩曾经出过踩踏的事故,为什么?场景对人的吸引。

所以我就感觉深圳现在缺乏场景,所以深圳的国际化目标我觉是一个伪目标,因为国际化发展是一个过程,不是一个目标,真正的国际化是融入日常生活。1998年我带一个团参加世界旅游组织一个国际会议,那个会很有意思,叫旅游影响经济的计量方法的国际大会,我带着旅游局、外汇局、统计局,我当团长参加这个会,当时说了一套关于旅游统计的东西,说了一堆。可是让我很奇怪,在法国的尼斯开会,这个城市40万人口,一个800人的国际会议,其中有30多个国家的旅游部长参加。如果我们中国碰见这种事,可以想一想,肯定是全民总动员,志愿者无数,肯定是这一套。可说在那开会什么感觉都没有,街上没有招手的出租,要坐出租打电话,两三分钟出租车过来。有一次我们出去,坐出租车,我问司机,知道不知道这个会?他说知道。那怎么这个城市这么安静呢?我问到会议负责人,这样的会议在尼斯一年有300个,基本每天都有这样的会议。所以他们后来说一句话,什么叫国际化?国际化融入了我们日常生活,而且不影响市民的日常生活,这才叫国际化,我那次真的感触很深。但是不像我们这么方便,可是老百姓正常生活。我后来想起我们这个过程,北京搞亚运会、奥运会,全民动员,包括冬奥会全是这一套,花钱无数,城市变化很大。可是上海搞世博会就不同了,上海世博会之后基本上复原,只留了两栋建筑,让大家知道这里搞过世博园,剩下的土地项目升值了。杭州搞APEC会议的时候,建了一栋建筑,剩下的都是原有建筑的升级,所以APEC会议搞完了之后,觉得杭州这个城市精致了很多。后来厦门搞金砖会议,当时习近平总书记专门指出不许大拆大建。后来弄得厦门市民失望,这么大一个国际会议,原来以为市民放几天假,大家出去玩一玩,结果就一条,会议不能扰民,市民生活基本上没有什么变化,城市更没有什么变化。这是中国城市理念逐步提升的一个过程，这才是真正的国际化。

我觉得这就是一个过程，不必把国际化当作一个目标追求，追求半天也没有用。像海南一样，海南2009年提出国际旅游岛，2019年我去开会，他们问，国际旅游岛十年您感觉有什么变化？市容市貌当然有变化了，但是这十年以来来的外国游客越来越少，比重越来越下降，这个国际化在发展还是在倒退呢？实际上我们也不必用这种指标框定自己，最终看国际化水平，世界一流目的地城市这是目标。首先是世界一流，其次是目的地城市，大家到深圳来不是顺访，而是这次就是要到深圳来，到深圳看完之后我再顺访一下，应该是这样的概念。所以需要世界性市场、世界性影响、世界级水平、世界级产品、世界化环境。

世界一流目的地城市，这才是我们真正值得追求的目标，这个目标需要我们仔细研究，需要切碎分解，这样来做。杭州曾经提出一个目标，生活品质之城，这个目标提出来，一系列的工作都下来了。我为这个事专门做过一次调研，生活品质之城，组建了一个品质生活群，选了两万人参加这个群，对他们的要求你们看到什么毛病，就上这个群。这个群每天会有摘要，市委书记要看。其中有一个案例很有意思，有一个人拍了一张照片，这两块地砖碎了，前天说这个事，到今天没有解决。这种事情一般谁能关注得到？可是这个事情他们当作一个特殊事情马上报上去，过了一个小时，来两个工人把两块地砖换了，又拍了一张照片，效率很高，表扬一下。因为生活品质都在这些生活的细节，只有浙江人，杭州人能做到这一步，非常好。就可以感觉一个城市越这么走，市民对这个城市的感情越深。

有一次在北京，我碰到北京主管旅游的副市长，我说我虽然在北京长大，这么多年了，我说句实在话我没有过多感情，因为北京城市口口声声以人为本，时时处处与人为敌。我后来跟这个副市长说，要写一本书《北京与人为敌100例》，我拍照片，这边是照片那边是我的评点，后来说，你能不能再加一个《北京以人为本100例》啊？我说我在北京没有看到以人为本的案例，我看的都是与人敌。北京有北京的特殊性，有很多中央单位，北京市政府也没有办法。但是我就说，一个城市细节怎么体现，这是一个城市品质的根本体现，所以一流的旅游目的地城市靠什么？就是靠这些东西。

比如说是不是一个旅游友好型城市？这个城市是不是让人温暖？实际上，中国老百姓好，投桃报李，淄博就是这样，政府对老百姓好，老百姓就维护政府。最近又火起来了，一首《罗刹海市》一支歌，把蒲松龄聊斋文化园又弄起来了，确实觉得这个事好玩。我们市场不知道什么时候突然冒出一个什么东西火起来。实际里面有规律可循，这个规律是什么？就是天津伯伯的话，生存一分钟快乐60秒，是什么？大家尤其在现在追求快乐，追求幸福，这是根本性的诉求，所以什么东西只要触到这个点，这个东西就火爆起来了。

4. 文旅新思路

深圳，世界城市群的组成部分，世界城市群的经济实力，大湾区核心城市，这就是深圳的底气所在，后劲所在。因为深圳从来不是靠传统资源发展的城市，而是靠创造发展的城市，旅游方面更是如此，下一步创造性哪里体现？

第一是城市有机更新，空间性开拓、价值性成长，因为这种项目他们说就是文、商、旅，就是人、货、场。这不对，你们看到都是表层，这种城市有机更新项目是什么？是城市空间新提升，城市价值新成长，城市生活新感觉，不是一个简单的文、商、旅、人、货、场。

第二个场景化发展。下一步创造性主要这么两点。需要转型，从单一到复合。转型是横向扩张，其中一个重点一是休闲发展，二是商务推进，三是文化扩张，四是市场和产品细分化，这就是传统的文旅转型，从单一到复合。第二是升级，精品化发展，这是一个纵向整合，要按照市场细分化态势，促进传统产业产品升级，推出一批在世界上可比的特色场景，精品交通、景区、饭店、购物、文娱，创造中国旅游新品牌，形成旅游中国新形象。

这里面，优质旅游是高线，就需要优质基础设施、优质城市环境、优质产品建设、优质组织流程、优质服务体系、优质技术跟进、优质平台扩张，这是必须要追求的。

均质旅游是底线，均质旅游发展的基础设施、基础服务、基础水平，大体可以保障。如果说深圳的均质旅游还达不到，那不行，应该说在深圳每一个角度均质旅游都要体现出来，优质旅游这个高线都要表现出来。

精细旅游是追求，目前中国作为世界旅游大国，规模达到世界第一。我们的均质化水平比较高，尤其是跑西部，到新疆、西藏会感觉这些地方现在旅游均质化水平都这么高了。原来去一趟九寨沟，八个小时坐汽车，太辛苦了，这一路上别的不说，上厕所解决不了，现在都不是问题了。像深圳这样的发达城市更不是问题，所以我们需要追求优质这个高线。怎么追求？国际上参照日本、瑞士、德国，花园国家，优质环境，精耕细作。时时是场景，处处是舞台，个个是观众，人人是演员，这种感觉。这是中国旅游目前最大的差距所在。97香港回归之前我到深圳，有一次看五洲大酒店，看完了之后他们问我，你对这个酒店怎么看啊？我说看这个酒店，才知道深圳还是社会主义的深圳。大家听着愣住了，什么意思？一个酒店如此浪费，没有我们这个体制绝不可能，走廊宽得像马路，大堂像礼堂，那是给香港回归备用的饭店，后来没有去过，不知道怎么样了，这件事给我印象很深。所以不必追求这些大而无当、华而不实、费而不惠的，追求精细。这种精细珠三角不如长三角，长三角是现在中国旅游发展最精细的地区。比如说无锡的灵山拈花湾，拈花湾做竹子篱笆和门，全世界招标，70多个方案最后日本的三个工匠中标，把这三个工匠请来。中国工人很不服气，尤其江苏人，玩竹子我们是祖宗，他们怎么能行？人家做完了，就是竹篱笆和竹门，做完了日本人说一句话——将来竹子烂了我打的结也不会开，中国人彻底服了。我们知道什么叫精细，精细体现在每一个细节，尤其在休闲状态之下。如果我们观光，比如说爬山，一下就爬过去了，打完卡走了，不关注细节。可是我在这个地方一坐一个小时，地上有一个蚂蚁你都可以看见，自然就关注精细化发展。

最后，场景化建设是突破。所以都市场景、社区场景、海洋场景、生态场景、文化场景、生活场景这一系列场景我们都得做到。首先要有场景化思维。我最近调整了一下我的思维，我就感觉看很多东西都不一样了。有了场景化思维就有了场景化眼光，就需要研究场景化设计、场景化建设和场景化运营，我刚才说了那么多案例基本都是场景化。我们现在还需要传统的这套东西吗？完全不需要。主题公园构建的是什么？是一个又一个场景，只不过它是有文化主题的场景，对应不同的年龄场景。我到环球影城看了一圈，什么感觉都没有，后来回到家找哈利波特电影看了两遍，回想起来，才明白孩子们这种兴奋，就不是对应我的产品，我也就是看一下而已。旅游专家不能不看，说句老实话，真没有兴趣。可是真正研究起来，就是这种场景打动人。一个城市，真正吸引人的也是这种场景，不是高楼大厦，中国不缺高楼大厦，水泥森林、高楼峡谷，我们天天看已经看烦了，但是可能在一个角落里看一个场景，就会打动你，这是我们真正需要研究的。

具体怎么讲呢？反正我有感觉。最近到陕西汉中留坝县，我就用场景化这套思维给他们说了一番，他们就说，你说这套事花不了多少钱啊，我说对，这个思维少花钱多办事，办好事，好办事，场景化思维是什么？是建立在我们产品化发展的基础上，我们怎么大把投资进去了，我们现在要做什么？锦上添花，引人入胜，要做的是这样的文章。所以城市更新才这么重要，在城市更新基础上，我们构造新的场景，而且不同地点有不同场景，这就不同。比如有的地方一场大演出，我刚才说的60亿元、80亿元，就这种东西，可是长安十二时辰里有72台演出，每个演出最短5分钟，最长8分钟，你往那一坐演出来了，你觉得没有看过瘾结束了，都是工作人员在演，可是这种参与感、沉浸式马上形成了。干嘛非得追求那种正规大演出？要能做到也行，我们没有文化积淀，做不到纽约百老汇、伦敦音乐剧，我们现在的文化绝对达不到，但是我们有我们的一套。所以就这种快闪式的小场景，多场景，反而给人感觉更好。

现在问题是什么？一是需求膨胀，全面渗透，迭代不断。所以中国现在真正可以讲点历史的，除了老祖宗和老天爷留下了的，还就是我们华侨城这几个。从1989年到现在始终在运营，运营状态始终不错，这算是有历史的，剩下的起起伏伏，但是迭代不断。二是细化不足，但是市场要求细化，难以适应。三是相互替代，各类产品难以定型，真正定型的产品有多少？确实不多。同样，高端消费转变炫耀性，所以这是成长中但是不成熟的旅游消费，简单说，缺乏时间积累、缺乏世代积淀、缺乏休闲技能、缺乏休闲文化，这是我们现在的问题。因为需求的这种短期性，变化又快，就造成供给乱七八糟，我们有什么东西一说百年。到瑞士去，这个酒店185年了，这个酒店170年了，上来都是这个话，不追求扩张，就是世世代代把这个酒店做好。那就会觉得人家的精细不是偶然的，人家那种传承也不是偶然的。我们是发展太快了，现在想快也不可能了，既然我们慢下来了，我们就得有慢下来一套思路，就得用精细化来对应。

运营格局也在不断变化，一是效率竞争，现在我们是越快越不觉得快，二是便利的竞争，越懒越想懒，三是个性竞争，追求唯一性，四是细节竞争，关注点不断在转移。所以确实让我们也很难做，需求也在不断变化。

从深圳来说，这样一个城市，实际已经形成了城市精神，也形成了城市文化，就需要弘扬出来。所以简单说，优质旅游是高线、均质旅游是底线、精细旅游是追求、场景化建设是突破，这样的话，通过在新时代新追求，谋求深圳再一次站到全国旅游的前列，成为全国旅游的高端。

编 后 记

这是一波三折的一本书，转到我手上已是9月20日。还要年内出版，非常急。粗粗扫了一眼，书稿有点另类，是根据演讲稿整理的。

花了2天时间，非常快地浏览了全稿，50多万字，根据演讲记录整理，口语化明显，重复处不少。作者魏小安，在旅游界大名鼎鼎。这不是一本坐在书斋里坐而论道写出来的书，而是一路跑，一路看，一路想，一路说，这样形成的内容，绝非一般学者能写出来。有些类似田野调查、案例教学，里面充满了对行业的真知灼见，金句频闪。

9月22日，与施文球先生联系上，交流了对书稿的初步印象，双方一拍即合，意见高度一致。对于下一步的操作，施总表示充分信任。时间非常紧张，还好今年国庆长假有8天。

接下来就是一些技术问题了，非常棘手，需要逐一解决。书名、内容调整、篇幅压缩。原来的书名《中国旅游：下半场·新开篇》，很宏大，但不够清晰，和整个文本的风格也不太吻合。这个调整可能最难。9月26日施总发来一个经整理的删节版，有41万字。

当晚，仔细阅读书稿时，书名突然跳出来了：《成功一定有方法：一个江湖学者的旅游业观察》，就是它了！晚上特别兴奋，12:13关电脑，不算太晚，但通宵未眠。第二天一整天瞌睡懵懂，不过最大的问题解决了。

我参考删节版，重新调整，包括将《只有河南·戏剧主题文化园区》等2篇已删除的重新"捞"回来。大部分篇目重新命名，有少量文章的编排也作了调整，特别补充了《关于旅游场景化的几个问题》一文。最终形成现在的四大板块，字数压缩到最初的2/3。

长假8天，最疲劳的是眼珠子，每天十几小时盯着电脑。所幸这本书对于文旅行业从业者一定会大有帮助。

陈立群，2023年11月5日于南通

以下图书已经出版,敬请关注

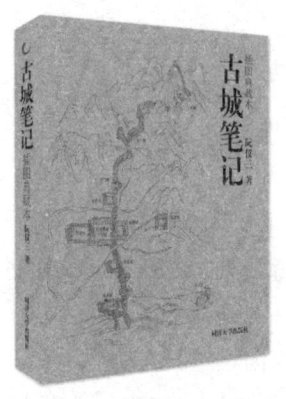

《古城笔记》(插图典藏本)

收录"古城卫士"阮仪三教授早年撰写的文稿和近年来的部分回忆文字,再版增补大量内容。翻天覆地几十年后,一些材料愈显其价值。

《历史城市保护学导论——文化遗产和历史环境保护的一种整体性方法》(第三版)

国内第一部系统论述历史环境保护的著作,2001年底出版至今,好评如潮,已成为该领域的基础文献。结合最新进展,推出第三版。

《回望江南:一所私立大学的激荡五年》

今天,当人们漫步后湾山的太湖饭店及梅园、荣宅时,几乎无人知晓,七十多年前,这里曾诞生过一所江南大学……

《中国城池图录》

原书1940年前后由侵华日军司令部刊行，详细介绍了华北、华中、华东、中南等地100余座城郭，基本以1/10000平面图、剖面图等标示城门位置、城内主要街道走向、城墙壕沟和护城河及桥梁位置等。部分城郭还标记有城内住户和人口数。标示尤为详细的是城门结构、城墙厚度和护城河深度，并有多幅1/500详图，对研究城市史、建筑史等，具有重要参考价值。

《青岛开埠初期的建筑（1897～1914）》

本书系目前介绍青岛早期建筑最为详尽的著作。第一次系统梳理了青岛开埠初期的建筑，并对150余座早期历史建筑进行综合评述。涉及青岛历史城区现存一大批早期重要建筑遗产及空间节点，包括重要政府建筑、军事建筑、著名商业建筑及宗教文化建筑和大量私人住宅。作者综合运用了多方面的材料，包括德国国内及日本所藏档案资料，涵盖范围广，资料翔实，也可作为城市深度游的参考。

详情垂询，请 E-mail：clq8384@126.com

日常生活是第一生活，休闲生活是第二生活，露营生活是第三生活。
户外的方式，追求大自然，实际上是追求伪自然，大自然是感觉而已。
旅游者追求眼耳鼻舌身心神的全面感受，这才是深度体验。
乡村振兴根本在于城市。城市消费愿望发散，城市消费输出，城市转换力量的乡村化。
乡村的价值，从历史价值来说是观光，从文化价值来说是体验，从精神价值来说是家园。作为一种旅游产品，最终
以小积大，以散对应，以活创造，小项目照样能作出好成绩。
文商旅只是业态，真正定位是城市空间新成长，城市价值新提升，城市生活新提升。
精品不是豪华，精品是美。
少花钱，多办事，办好事，好办事，这样的项目就是好项目。
传统生活态度，现代生活设施，未来生活方式。
众多花样，汇总项目，集中消费，丰富功能，娱乐第一，快乐度假，商业充实，新型生活。
聚集文化，突出特色，延长产业链，扩大产业面，形成产业群。
传统文化现代解读，传统资源现代产品，传统产品现代市场，要让历史变得时尚，让文化变得可亲，让自然可以接触
场景的感染力、浸润力、吸引力，就形成我们的竞争力。
文化需要积累，娱乐需要轻松，演艺需要市场，客人需要丰富。
我尽量不用"开发"这个词，这个词太"强暴"了。在旅游领域应该强化利用，少谈开发。只要得以利用，尤其是得
视觉震撼力。历史穿透力。文化吸引力，生活浸润力，快乐激荡力。
我们面临研究转型。一是重新定义旅游。旅游是生活，个人旅游是生活的一个过程，大众旅游则是社会长存的生活方
旅游是生活服务业的前端和高端。
吹牛嘛，第一要敢吹，第二要会吹，第三要经得起吹。
用新产品巩固老市场，用老产品开发新市场。
要摒弃传统的流量观念，形成一个新的留量观念。
新老交织、新老交融，城市更新的区域，定位就是城市空间在成长，创造新的价值空间，这就需要功能化、场景化、
度假住宿为王，观光景区为王，休闲娱乐为王。
要把厚重转化为时尚，把历史转化为轻松，这样才好玩。
我们要超越时代看时代，超越地方看地方，超越旅游说旅游，超越项目论项目。
乡村环境、城市享受，反差越大越有吸引力。
国土精致化、城市田园化、感受舒适化、体制和谐化，可观可触，可触可观。
温暖的感受、温暖的追求、温和的起点、温情的打动、温暖的回想。
我始终不太赞成文化下乡。文化下乡是用粗暴的城市文化强暴温柔的乡村文化。但是我很赞赏文化人很下乡，因为
消费变化过程：多不多、贵不贵、好不好、对不对、值不值、绝不绝、红不红。
我们好多地方很有说头，很少看头，很没玩头，怎么搞啊？
不必追求做大做强，大未必强，强也未必需要大。古人造词为"强大"，我们把它颠倒过来说"大强"，就是找死，
场景化运营，就是在运营中形成沉浸感，强化参与感，处处是场景，时时是舞台，人人是演员，个个是观众。
好看的山不好用，好用的山不好看。
拆了老的建新的，建了新的想老的，想了老的仿老的，赝品充斥全中国。
不要口口声声以人为本，时时处处与人为敌。
风景、风光、风貌、风物、风云、风月、风韵、风流。这实际上都和场景紧密联系在一起。
观光出人气，休闲出文气，度假出财气。

家园是中国人的终极追求。

入生活。

土地价值一定转换。

活追求，是体验生命价值，是文明的彰显。二是重新定义旅游业，是生活服务业的前端和高端。生活服务业是大领域，

利化、生活化和生态化

会挖掘再利用文化，形成市场需求，拉动左邻右舍。

最终在市场上不灵。